国际税收岗位通关宝典及全真模拟测试

立足岗位学习　突出新政新规　题型分类精析　助力税务实战

本书编写组　主编

中国商业出版社

图书在版编目(CIP)数据

国际税收岗位通关宝典及全真模拟测试/《国际税收岗位通关宝典及全真模拟测试》编写组主编. --北京：中国商业出版社，2023.5
ISBN 978-7-5208-2457-6

Ⅰ. ①国… Ⅱ. ①国… Ⅲ. ①国际税收-岗位培训-习题集 Ⅳ. ①F810.42-44

中国国家版本馆CIP数据核字(2023)第065113号

责任编辑：王　静

中国商业出版社出版发行
（www.zgsycb.com　100053　北京广安门内报国寺1号）
总编室：010-63180647　编辑室：010-83114579
发行部：010-83120835/8286
新华书店经销
涿州汇美亿浓印刷有限公司印刷
*
787毫米×1092毫米　16开　25.25印张　520千字
2023年5月第1版　2023年5月第1次印刷
定价：98.00元
*　*　*　*
（如有印装质量问题可更换）

前　　言

为深入贯彻国家税务总局持续提升新时代税务干部队伍税收治理能力新要求，进一步提高税务系统广大国际税收岗位干部业务素养、业务能力、业务作风，本书编写组精心筹划、有的放矢，认真组织国际税收专家骨干编写了这本《国际税收岗位通关宝典及全真模拟测试》。

本书是以国际税收最新政策规定为依据编写的大容量、高质量习题辅导用书。共分为三章，第一章为国际税收知识点汇总；第二章为国际税收热点问题解答；第三章为国际税收练习题。

特邀于培培老师负责习题部分的编写工作。本书紧跟立法，依据准确，内容全面，知识结构设置独特、新颖。希望本书成为国际税收岗位干部学习的参考书、督察审计的工具书、练兵比武的备考书。本书依据政策截止到 2023 年 3 月 31 日。

本书在编写过程中，由于时间仓促，加之编者政策水平所限，难免有疏漏或不足之处，敬请广大读者谅解并批评指正，以便及时修正和完善。

本书编写组

2023 年 3 月

目　录

第一章　国际税收知识点汇总

第一节　国际税收概论

一、国际税收的概念

国际税收不是具体某个税种的名称，也不是仅有我国才有的，而是指两个或两个以上国家（地区），对纳税人跨境交易产生的所得行使各自征税权力而形成的税收分配关系。具体体现在以下几个方面。

（一）从所体现的税收分配关系来看，国际税收体现国家与国家之间的税收分配关系

国际税收体现了国家与国家之间对同一征税对象的税收权益划分问题，如果一国征税影响到他国不能征税或者少征税时，国家间的税收分配关系就产生了，因此，避免国际重复征税和防止国际避税是国际税收的主要课题。

（二）从所协调的经济关系来看，国际税收体现国家与国家之间的税收协调关系

在全球的开放经济环境中，国家不是孤立的个体。因此，一国在制定税收制度时往往需要考虑与其他国家之间的经济关系，最终表现为国家间的税收制度和税收政策达到一定程度的协调、平衡。

（三）从所涉及的利益关系来看，国际税收体现的是国际税收与国家税收的关系

国家税收反映的是国家与纳税人之间的利益分配关系，而国际税收反映的是国家与国家之间的税收分配关系和税收协调关系。国家税收是国际税收的基础，国际税收不能脱离国家税收而独立存在；同时，国家税收又受到国际税收一些因素的影响，国家在制定本国的税收制度时要考虑国际税收关系。

二、国际税收的产生与发展

(一)国际税收的产生

国际税收的产生需要两个客观条件:一是收入的国际化,二是所得税制的普遍推行。

国际税收是经济发展到一定历史阶段的产物。19世纪末20世纪初,随着资本输出的增长形成了大量的跨国所得,出现了国家之间对同一笔所得如何分享税收权益的问题,导致了严重的国际重复征税,阻碍了贸易与投资。为了促进国际经济合作和世界经济复苏,消除针对跨境所得的重复征税,20世纪20年代,国际联盟确定了不同国家(居民国与来源国)对不同类型所得(消极所得与积极所得)的征税原则,奠定了现代国际税收法律框架。

(二)国际税收的发展

国际税收的发展大致经历了三个阶段:一是对国际税收的分配以及国际税收问题的处理,仅从一国国内法的角度通过单方面规范加以解决的萌芽阶段;二是有关国家针对出现的国家间重复征税问题,经过双边或多边谈判,共同签订书面协议,以协调相互之间国际税收分配关系的非规范化税收协定阶段;三是有关国家和国际组织不断总结经验,税收协定由单项向综合、由双边向多边发展,逐步实现税收协定的规范化阶段。

三、税收管辖权

(一)税收管辖权的含义及类型

税收管辖权,是一国主权在税收领域的体现,是一个国家或地区独立自主征税的能力。是指主权国家根据其法律所拥有和行使的征税权力,是国际法公认的国家基本权利,属于国家主权在税收领域中的体现。一般基于两个因素:属人或属地。税收管辖权大致分为以下三类。

1. 居民管辖权

居民管辖权是指一国对本国税法中规定的居民取得的所得行使征税权。政府之所以对居民征税,是因为个人或企业居住在某国,享受了居住国提供的公共服务并取得了一定的利益。居民包括自然人和法人。

2. 公民管辖权

公民管辖权是指一国对拥有本国国籍的公民取得的所得行使征税权。公民是指取得一国法律资格,具有一国国籍的人。采用这一标准,并不考虑纳税义务人与征税国之间是否存在实际经济社会联系。国际税收中所使用的公民概念不仅包括个人,也包括团体、企业或公司,是一个广义的公民概念。

3. 地域管辖权

地域管辖权是指一个国家对来源于本国境内的所得行使征税权。这体现了收入与产生收入的经济活动所在地之间的内在联系。在地域管辖权下,通过确认所得的地域标志来确定该项所得的来源地,从而纳入所在地域的国家税收管辖范围。

(二)税收管辖权的行使

税收管辖权属于国家主权,各国可以根据自己的国情选择适合自己的税收管辖权类型。从各国税制来看,主要有以下三种情况。

1. 仅行使地域管辖权

这种情况下,一国只对来源于本国境内的所得行使征税权,对本国居民的境外所得不行使征税权。属于仅强调属地原则的范畴。其中包括本国居民的境内所得和外国居民的境内所得。

2. 同时行使地域管辖权和居民管辖权

这种情况下,一国对本国居民的境内所得、境外所得,以及外国居民的境内所得行使征税权。其中,对本国居民境内和境外所得征税所依据的是居民管辖权,对外国居民在本国境内取得的所得征税所依据的是地域管辖权。目前我国采用的是这种类型。

3. 同时行使地域管辖权、居民管辖权和公民管辖权

这种情况主要发生在个别强调本国征税范围的国家,应用范围比较小,其所得税除了按照地域管辖权和居民管辖权征税之外,还坚持行使公民管辖权。

大多数国家在兼用居民管辖权和地域管辖权的同时,认同并遵循地域税收管辖权优先原则。

(三)居民身份的判定标准

所谓居民,不是公民的概念,也不是各国移民法中所说的公民,而是由各国的税法规定的。各国对居民的定义,主要常见于企业所得税法和个人所得税法。居民身份的判定是实施居民管辖权的前提,对征税权的行使具有十分重要的意义。

1. 自然人居民身份的判定标准

国际上对自然人居民身份的判定,通常有以下三种标准。

(1)住所标准:根据某一自然人是否在该国拥有住所判定此人是否为该国的居民。一个人固定的或永久性的居住地,通常为配偶、家庭和财产的所在地。

(2)居所标准:居所这一概念更多地考虑个人的物理存在和社会关系。有不定期居住意愿的住处,即为了某种目的,如谋生、经商、求学等而作为非永久性居住场所的所在地。

(3)停留时间标准:是依据一个人在某个国家的居住和逗留时间是否达到该国税法上规定的时间标准来判断该人是否为税收居民。尽管没有住所或居所,但是由于在一个纳税年度内停留在该国的时间较长,超过了规定的天数,被视为该国的税收居民。

2. 法人居民身份的判定标准

国际上对法人居民身份的判定,通常有以下四种标准。

(1)注册地标准:又称为法律标准或组建地标准,该标准以是否在本国依法注册成立来确定是否具有法人居民身份。凡依照本国的法律在本国注册成立的法人,无论其投资者归属哪个国家,都是本国的法人居民。采用注册地标准比较客观,很容易判断,较少引起税务

机关和纳税人的争议。

(2)管理机构所在地标准:该标准以法人的管理机构是否设在本国境内来确定是否具有法人居民身份。即根据法人的实际管理和控制中心所在地设在何国,就认定其为何国法人。凡是法人的管理机构设在本国的,无论其在哪个国家注册成立,都是本国的法人居民。管理机构没有统一的定义,一些国家采取的是管理和控制中心机构的标准,通常为公司董事的居住地或公司董事会开会的地点;还有一些国家采取的是实际管理机构所在地的标准,一般是指公司日常业务的管理机构。

(3)总机构所在地标准:该标准以总机构是否设在本国境内来确定是否具有法人居民身份。凡是总机构设在本国的法人均为本国的法人居民。这里的总机构是指公司内进行重大经营决策,负责统一核算公司盈亏的总公司或总店等。比如新西兰的税法,就是按照总机构所在地标准制定的。

(4)选举权标准:又称为控股权标准,该标准以拥有公司控股权或控制公司选举权的股东是否为本国居民来确定是否具有法人居民身份,即法人的股东选举权或公司控制权如果被某国居民股东所掌握,则这个法人为该国法人居民。采用这一标准的有澳大利亚。

在上述标准中,最常用的是注册地标准以及管理机构所在地标准。美国只采用法人登记注册地标准。

(四)所得来源地的判定标准

所得来源地的判定是实施地域管辖权的前提,同样对于征税权的行使具有十分重要的意义。

1.判定经营所得来源地的主要标准

(1)常设机构标准:常设机构是税收协定中的重要概念,构成了能否对非居民取得的经营所得征税的门槛。常设机构是指企业进行全部或部分营业的固定营业场所,主要包括管理场所、分支机构、办事处、工厂、作业场所、矿场、油井或气井、采石场或者任何其他开采自然资源的场所以及达到一定时间标准的工程或劳务项目。一般情况下,非居民通过设立在一国的常设机构取得经营所得,则可以判定该经营所得来源于该国,该国可以就该笔所得征税。

(2)交易地点标准:一些国家侧重使用交易或经营地点来判定经营所得的来源地。例如,贸易所得以合同订立地点为标准,制造所得以制造活动发生地为标准。

2.判定个人劳务所得或受雇所得来源地的标准

(1)劳务提供地标准:以纳税人提供劳务地点或工作地点,来判断其获得的劳务所得或受雇所得的来源国。

(2)劳务所得支付地标准:以支付劳务所得的居民或固定基地、常设机构的所在国为劳务所得或受雇所得的来源国。

(3)劳务合同签订地标准:以劳务合同签订的地点来判定劳务所得或受雇所得的来

源地。

3. 判定投资所得来源地的主要标准

(1)股息,一般是以分配股息公司的居民国为股息所得的来源国。

(2)利息,各国判定利息所得来源地标准不同,主要包括:①以借款人的居住地或借款的使用地为标准;②以债务利息支付者居住地为标准;③以借款合同的签订地为标准;④以贷款的担保物所在地为标准。

(3)特许权使用费,判定标准包括:①以特许权使用地为标准;②以特许权所有者的居住地为标准;③以特许权使用费支付者居住地为标准。

(4)租金,判定标准包括:①以租赁财产的使用地为标准;②以租赁合同签订地为标准;③以租金支付者居住地为标准。

(5)财产转让所得,判定标准包括:①对于不动产转让所得,一般以不动产所在地作为所得来源地。②对于动产转让所得,来源地判定标准包括动产销售或转让地、转让者居住地、被转让动产实际所在地。③对于权益性投资转让所得,各国差异较大,一些国家规定仅由纳税人为其居民的国家征税,但是,如果非居民个人在居民实体中拥有重大权益,则一些来源国也会对该所得征税。此外,部分国家按照被投资企业所在地作为所得来源地。

第二节 国际重复征税及其消除

一、国际重复征税的产生和影响

(一)国际重复征税的含义

国际重复征税又称为国际双重征税,是指两个或两个以上国家对同一纳税人或不同纳税人同一征税对象分别征收所得税。即两个以上国家对同一税源征收两次以上同类型的税收。

(二)国际重复征税产生的原因

各国行使税收管辖权的相互重叠是国际重复征税的根本原因。具体来说,税收管辖权的重叠主要有下述三种情形。

1. 居民(公民)管辖权同地域管辖权的重叠

甲国行使居民(公民)管辖权,乙国行使地域管辖权。在这种情况下,甲国对甲国居民来自境内、境外的全部所得征税,包括甲国居民来自甲国境内的所得和来自乙国的所得:乙国对来自乙国境内的全部所得征税,包括乙国居民来自乙国的所得和甲国居民来自乙国的所得。这样,两国就出现了对甲国居民在乙国取得的所得重复征税。由于多数国家同时实行居民管辖权和地域管辖权,因此这两种税收管辖权的重叠最为普遍。

2. 居民(公民)管辖权与居民(公民)管辖权的重叠

当两个国家或地区同时认定某个纳税人是本国的居民纳税人,对其同时行使居民权。

对该纳税人的全部所得征税。由于各国法律规定及其确定纳税人居民身份的标准不同，会出现同一跨国纳税人被不同国家同时确认为其居民的现象，从而产生不同国家之间居民（公民）管辖权与居民（公民）管辖权之间的重叠，导致国际重复征税问题。例如，对于法人居民身份，甲国采用注册地标准，而乙国采用管理中心标准，如果企业在甲国注册成立，而管理机构在乙国，则甲、乙两国均有可能视该企业为本国居民企业而双重征税。

3. 地域管辖权与地域管辖权的重叠

由于各国对不同类型的所得，有不同的来源地确定规则，有时会出现同一笔所得，两个国家或地区均判定为本国所得的情况，这时两个国家或地区都要求行使来源地管辖权，也会产生双重征税。地域管辖权的不同国家，如果判定所得来源地的标准不同，也可能导致国际重复征税。例如，对特许权使用费所得的征税，甲国以特许权使用地为标准确认所得来源地，而乙国以特许权使用费支付者的居住地为标准，若该转许权使用费由乙国居民企业支付，但是专利技术在甲国使用，则两国均可能认为该所得为来源于本国的所得，而对其双重征税。

(三)国际重复征税的影响

国际重复征税会产生一些消极的影响，主要表现在对投资者的利益、税负公平原则、国际经济交往、国家间税收权益以及跨国公司行为等方面，具体体现在以下几个方面。

1. 加重了跨国纳税人的税收负担

对同一征税对象进行重复征税，不合理地加重了跨国纳税人的税收负担，削弱了跨国纳税人在国际竞争中的地位，影响投资者对外投资的积极性。

2. 违背了税收公平原则

税收公平原则要求同等收入纳税人承担同等税负，无论是其来自国内还是国外的收入。国际重复征税使跨国纳税人的总体税负高于仅在一国应承担的税负，妨碍了公平竞争，违背了税收公平的原则。

3. 阻碍了国际经济发展

国际重复征税会打击跨国投资者的投资愿望，妨碍了资金、技术、人员和商品在国家间的自由流动，从而不利于全球经济一体化的进程，阻碍国际经济自由贸易的发展。

4. 引起国家间税收摩擦

国际重复征税会使国与国之间产生冲突，特别是引起国与国之间的税收权益冲突，会使冲突各方均认为自己权益遭受损失，他国征税是对自己权益的侵害，从而引起国家税收摩擦，加剧了国际关系的紧张。

国际重复征税使从事国际贸易和国际投资的纳税人税负较重，不利于国际贸易与国际投资的发展，也不利于资源在全球范围内实现最优配置，为促进全球的资源配置与经济发展，有必要消除重复征税。所以，国际组织和各国政府非常重视国际重复征税问题，都采取措施避免和消除国际重复征税。

二、消除国际重复征税的方法

未解决国际重复征税问题，各个国家可以单方面采取措施，在税法中规定避免重复征税的具体办法，主要有扣除法、抵免法和免税法三种方法。各国的国际税收制度和国际税收协定中，最普遍使用的消除国际重复征税的方法是免税法和抵免法。

(一)免税法

免税法，是指实行居民管辖权的国家，对本国居民的境外所得给予全部或部分免税待遇。即居民国完全放弃对本国居民海外所得的征税权，对本国居民的海外所得免税。由于境外所得在居民国免予征税，因此免税法可以有效消除国际重复征税。在国际税收实践中，一些国家对本国居民从境外取得的股息和资本利得实行免税法。

(二)抵免法

抵免法，是指行使居民税收管辖权的国家，对纳税人国内、国外的全部所得征税时，允许纳税人将其在国外已缴纳的所得税税额从应向本国缴纳的税额中抵扣。抵免法最早出现在美国，1918 年，美国国会通过法令，在全球范围内第一次建立起外国税收抵免制度。按照抵免法，居住国应征所得税税额的计算公式为：

居住国应征所得税税额＝居民国内、国外全部所得×居住国税率－允许抵免的已缴来源国税额

抵免法既可有效消除国际重复征税，使本国纳税人在国际市场有较强的竞争力。同时，抵免法承认所得来源国的优先征税地位，又不要求居民国完全放弃对本国居民境外所得的征税权，有利于协调和维护各国的税收权益。目前我国实行抵免法。

抵免法分为直接抵免和间接抵免两种形式。

1. 直接抵免

直接抵免，是指企业或自然人直接作为纳税人就其境外所得在境外缴纳的所得税税额在居民国应纳税额中抵免。直接抵免主要适用于自然人境外缴纳的个人所得税、企业就来源于境外的营业利润在境外缴纳的企业所得税，以及就来源于境外的股息、红利等权益性投资所得和利息、租金、特许权使用费、财产转让等所得在境外被源泉扣缴的预提所得税。抵免的是本国居民直接缴纳或实际负担的境外税额。居住国应征所得税税额的计算公式为：

居住国应征所得税税额＝居民国内、国外全部所得×居住国税率－允许抵免的已缴来源国税额

实施抵免法的国家通常会规定本国纳税人只能在抵免限额以内进行抵免。抵免限额是允许纳税人抵免本国税额的最高数额，通常等于国外所得按照居民国税率计算的应纳税额。纳税人被允许抵免的来源国税额为其在来源国已缴税额与抵免限额相比的较小者，即允许抵免的来源国税额不得超过抵免限额。对于超过部分，各国有不同规定，一些国家允许将超过抵免限额的税额向以后年度结转，根据我国的《中华人民共和国企业所得税法》规

定，超过抵免限额的部分，可以在以后5个年度内，用每年度抵免限额抵免当年应抵税额后的余额进行抵补。

2.间接抵免模式

间接抵免，是指企业作为税款的间接缴纳者，就其境外所得在境外缴纳的所得税税额在居民国应纳税额中抵免。

间接抵免一般适用于股息所得。例如，甲国居民企业W在乙国设立子公司Y，Y公司取得利润，乙国对Y公司的利润征收企业所得税，Y公司是纳税人，Y公司以税后利润向W公司分配股息，甲国须就W公司的股息收入征税。在间接抵免法下，甲国允许W公司就股息收入在境外已经缴纳的税款从应纳税额中抵免，这部分税款是Y公司作为纳税人在乙国缴纳的，但是作为股东，W公司是这部分税额的实际负担者，可以从W公司的应纳税额中进行抵免。

此外，税收饶让抵免是抵免法下的重要问题。税收饶让是指居民国政府对本国居民在国外得到减免的所得税，视同已经缴纳，允许这部分被减免的外国税款在本国应纳税额中抵免。税收饶让的实行，通常需要通过签订双边税收协定的方式予以确定，通常发生在发达国家与发展中国家之间。发展中国家为了吸引外资，往往向外国投资者提供税收优惠待遇，但是如果投资者的居民国采取抵免法，则投资者的所得汇回居民国后还要补税，导致发展中国家提供的税收优惠并未起到任何刺激投资的政策效果，反而造成税收收入由发展中国家向发达国家转移。为了解决这个问题，发展中国家可能要求发达国家实施税收饶让，对其减免的税款视为已经实际缴纳，允许抵免在居民国的应纳税额。我国签订的税收协定中，有近40个包含税收饶让条款。

第三节　国际税收协定

国际税收协定是国与国之间为避免对所得和资本双重征税和防止偷逃税而签订的协议。

一、国际税收协定及其范本

(一)国际税收协定的含义和法律地位

国际税收协定，又称国际税收条约，是指两个或两个以上主权国家或税收管辖区依照对等原则，通过政府间谈判达成一致后缔结的确定其国际税收分配关系的具有法律效力的书面税收协议，旨在避免对所得及财产双重征税和防止国际逃避税。有关资料记载，世界上第一个税收协定是由英国和瑞士在1872年签订的，主要内容是避免遗产税双重征税问题。

国际税收协定是以国内税法为基础的，在处理国际税收协定与国内税法的地位关系时，有两种模式：第一种模式为国际税收协定优于国内税法；第二种模式是国际税收协定与国内税法具有同等的法律效力，当出现冲突时，按照新法优于旧法和特别法优于普通法等处理法律冲突的一般性原则来协调。在我国，一般情况下，当协定与国内法发生冲突时，协定优先，但国内法规定的待遇优于协定时，则适用国内法。

（二）国际税收协定范本

国际上存在两个有影响力的税收协定范本，分别是经济合作与发展组织（OECD）《关于避免对所得和财产双重征税的协定范本》（以下简称经合组织范本或 OECD 范本）以及联合国《关于发达国家与发展中国家间避免双重征税的协定范本》（以下简称联合国范本或 UN 范本）。

1. 经合组织范本

经合组织范本有两个基本前提：一是强调居民管辖权，对所得来源国的征税权进行限制；二是居民国应通过抵免法或免税法消除双重征税。由于 OECD 成员国多数为资本输出国，经济实力较强，该范本更多考虑经济发达国家需求。

2. 联合国范本

联合国范本采用了经合组织范本的体例，其中许多条款与经合组织范本基本相同，主要区别在于较少限制来源国的征税权，从而在一定程度上保护发展中国家的税收权益，促进发达国家与发展中国家以及发展中国家之间缔结税收协定。

实际上，在 OECD 范本与 UN 范本之间，有着很紧密的联系。联合国范本基本上延伸了 OECD 范本的体例，很多条款和注释也基本上是复制 OECD 范本的条款和注释。但是，UN 范本中，也有一些条款与 OECD 范本不同，甚至有很大的差别。

二、国际税收协定的主要内容

经合组织范本与联合国范本的产生标志着国际税收领域的协调进入了规范化阶段。从各国所签订的一系列双边税收协定来看，其结构及内容基本上与经合组织范本或联合国范本保持一致，其主要内容包括：

（一）协定适用范围

国际税收协定必须首先明确其适用范围，包括缔约国双方或各方的人和税种的范围。这是协定执行的前提条件。

1. 人的范围

税收协定范本第一条第一款规定，税收协定适用于缔约国一方或者同时为双方居民的人。

2. 税种范围

税收协定范本第一条在规定税种范围时，采用了一般定于与特殊说明相结合的办法。税收协定一般适用于所得税和对财产征收的直接税。

3. 空间范围

税收协定规定各缔约国各自的全部领土和水域，以及各国有管辖权的区域，比如专属经济区等。

4.时间范围

指税收协定的生效和效力终止的时间。

(二)协定基本用语的定义

对于在税收协定各条款中经常出现的基本用语的定义,一般会在协定内容中引入专门条款加以明确,以保证对协定的正确理解和执行。

1.一般用语的定义解释

一般用语的定义解释主要包括“人”“公司”“缔约国一方企业”“缔约国另一方企业”“国际运输”“主管当局”等。

2.特定用语的定义解释

特定用语对协定的签订和执行具有直接的制约作用,必须对特定用语的内涵和外延作出解释和限定,如“居民”“常设机构”等。

3.专项用语的定义解释

国际税收协定中有一些只涉及专门条文的用语解释,一般在相关的条款中附带下定义或给予说明。

(三)税收管辖权的划分

对营业利润(经营所得)、投资所得、劳务所得和财产收益等所得征税权的划分,是国际税收协定的主要内容。税收协定中根据各类所得的性质、发生地等规定了不同的征税原则,划分了居民国和来源国的征税权,为缔约方处理具体问题提供了标准和依据。

(四)消除双重征税的方法

消除双重征税是签订国际税收协定的重要内容。缔约国各方对消除国际双重征税所采取的方法和条件,以及同意给予饶让抵免的范围和成果,都必须在协定中加以明确。两个协定范本均提出可以采取免税法或抵免法消除重复征税,具体选择哪种方法,由缔约双方在协定谈签时决定。

(五)税收无差别待遇原则

税收无差别待遇反对任何形式的税收歧视,主要包括国籍无差别待遇、常设机构无差别待遇、支付无差别待遇和资本无差别待遇。

(六)情报(信息)交换

交换税收情报(信息)是加强各国税务机关征管合作,防止国际逃税避税的有效手段。根据两个协定范本,可以由缔约国一方自行主动发起,进行信息交换,或应协定伙伴国的具体请求,通过自动信息交换。税收情报交换是我国作为税收协定缔约国承担的一项国际义务,也是我国与其他国家税务主管当局之间进行国际税收征管合作,保护我国税收权益的重要方式。

(七)相互协商程序

相互协商是税收协定中设计的解决国际税收争议的一个重要机制，为了实施相互协商程序，国家税务总局在2013年制定了《税收协定相互协商程序实施办法》。如果缔约国一方居民认为，缔约国一方或双方所采取的措施或将导致不符合协定的征税，则可以向缔约国一方主管当局申请救济。如果主管当局无法单方面解决争议，可通过相互协商程序与缔约国另一方主管当局协商，以解决争议。

三、我国缔结税收协定(安排、协议)的情况

我国税收协定谈签工作始于1981年，于1983年9月签署首个税收协定——《中华人民共和国政府和日本国政府关于对所得避免双重征税和防止偷漏税的协定》。截至2021年12月底，我国已正式签署109个避免双重征税协定；内地与香港、澳门两个特别行政区签署了税收安排，大陆与台湾地区签署了税收协议。此外，我国还与10个国家(地区)签署了税收情报交换协定。同时，在我国与其他国家和地区签署的海运、航空协定中也包括了一些税收条款。这些税收协定(安排、协议)的签署，在加强我国与缔约国家(地区)间的经贸往来，尤其是在吸引外资和促进我国企业"走出去"等方面发挥了重要作用。

第四节　国际避税与反避税

一、国际避税产生的原因

国际避税是指纳税人利用两个或两个以上国家的税制差异和征管漏洞，以及国际税收规则存在的缺陷，规避或减轻其全球总体税负的行为。

与国内避税相比，国际避税有以下几个特征。

一是国际避税的主体往往是跨国公司或在国际范围内拥有和配置资产的个人。与跨国公司相比，非跨国纳税人在竞争中处于劣势，导致不公平竞争，这也是国际避税行为广受经济学家诟病的原因。

二是国际避税的主要目的是降低在全球范围内的税负，或实际延迟缴纳税款。从一国的范围来看，某些避税行为未必导致企业的税负降低，甚至会有增加，但从全球范围来看会降低。

三是国际避税行为相对国内避税行为更加隐蔽。本国税务机关很难掌控纳税人在海外的资产和收入情况，因此对于发现纳税人的避税行为具有滞后性，很难第一时间掌握。

国际避税产生的原因，可以概括为一条，那就是利益的驱动。无论法人还是自然人，都想最大限度地降低纳税支出。关于原因，包括主观原因和客观原因。主观方面，纳税人有尽可能减轻税收负担，实现利润最大化的强烈愿望。客观原因主要是各国税收制度的差异，具体表现在以下三个方面。

(一)国家间的税制差异

1. 征税范围和征收方式上的差异

各国对跨国纳税人征税范围的规定,如对于哪些所得征税、哪些所得不征税,以及对不同的所得采取什么方式征税差别较大。比如,有的国家仅实施地域管辖权,对来源于境外的所得不征税;有的国家对资本利得不征税等。这些规定直接影响到跨国纳税人税负的高低。

2. 税率的差异

税率常常是各国税收制度差别最大的一个要素。如同样是对所得征税,有的国家采用比例税率征收,有的国家采用超额累进税率征收。实行比例税率的国家,其税率也不尽一致。与此同时,避税地和低税地的存在,也为跨国纳税人进行逃避税活动提供了可乘之机。

3. 税基的差异

在计算应纳税额时,首先要确定计税标准,而确定计税标准又必须先确定税基的大小。对于从事跨国经营活动的人,需要掌握每类税基所包括的具体范围及其各国的差异。例如,对于所得税,各国都规定对应纳税所得额征收,但对收入和扣除的规定,各国是有区别的,采取的税收优惠也各不相同。在税率一定的情况下,税基的大小决定税负的高低。

4. 避免双重征税方法的差异

为了消除和减轻双重征税,各国都采取了不同的解决方法。通常主要有抵免法和免税法。这两种方法在消除双重征税上是有区别的。其中,免税法对纳税人最有利。对纳税人来说,当然希望能最大限度地避免双重征税。由于各国税负不同,高税负国家若采用免税法来消除国际重复征税,就有可能给本国纳税人创造国际避税的机会。

(二)国际税收规则存在的缺陷

根据传统的国际税收规则,各国在协调对跨国经营所得征税权的冲突中,普遍采用"实体存在"作为来源国征税的前提,通过定义常设机构和利润归属规则界定来源国征税的门槛和范围。然而,随着数字经济的快速发展,商业模式发生巨大变化,"实体存在"已经不是取得经营所得的必要条件,传统的时间和空间概念也在悄然发生改变,劳务的发生地、销售行为的发生地、无形资产的内涵和外延等传统概念越来越难以界定,直接挑战传统的国际税收规则。

此外,设立在第三国的企业可以通过在协定缔约国设立"导管公司"享受本应属于协定双方国家居民的税收优惠待遇,导致税收协定的滥用。传统的转让定价规则,过于强调合同中风险分配对利润分配的影响,导致利润与实质性经营活动的分离,跨国企业的利润向避税地和低税地转移,严重侵蚀各国税基。

(三)税收征管能力不足

1. 实际征管水平有限

由于多种原因,各个国家之间对跨境税源的管理水平存在一定差距。虽然有些国家对纳税义务的规定比较重，但由于征收管理水平跟不上，税法得不到严格遵守和执行，导致实际税负远低于名义税负。

2. 征管信息严重不对称

随着经济全球化进程进一步加快，各国对资本、技术和劳动力等经济要素的流动管制趋于放松，跨国企业在全球配置资源越发便利，而各国税务主管当局往往仅掌握跨国企业在本国经营的有关信息，难以获悉其在全球价值链的分布情况和税收安排。在此背景下，跨国公司利用国家间税收征管信息不对称，采取多种方式转移利润，逃避居民国税收。

除上述原因外，还有一些非税收方面因素，如银行保密条例的宽严程度对国际避税的形成也具有重要影响；再如移民法、外汇管制、公司法以及是否存在通货膨胀等，都可能影响跨国纳税人的避税选择。

二、国际避税的常见手段

在国际经济活动中，跨国纳税人采取的避税手段多种多样。

(一)选择或改变税收居民身份

可以采取人的流动方式避税，不仅包括自然人和法人的跨国迁移，设法改变其税收居民身份，还包括避免成为税收居民等做法。

1. 转移住所或实际管理机构

将个人住所或公司的管理机构迁出高税国；或者利用有关国家国内法关于公司或个人的居民身份定义的差异实施虚假迁出，即仅仅在法律形式上不再成为高税国的居民；或者通过短暂迁出并成为其他国家临时居民的办法，寻求享受特殊税收优惠。

2. 人为操控在一国的停留时间

在实行居民管辖权的国家里，对个人居民身份的确立，除采用住所标准外，不少国家还采用时间标准，即以在一国境内连续或累计停留时间达到一定标准为界限。对于居住时间的规定，各个国家规定不尽相同，有的规定为半年(183 天)，有的则规定 1 年(365 天)，这就给跨国纳税人避税提供了可利用的机会。他们可以自由地游离于各国之间，确保自己不成为任何一个国家的居民，既能从这些国家取得收入，又可避免承担其中任何一个国家的居民纳税义务。

(二)利用转让定价避税

利用转让定价避税即利用关联交易转移利润避税。利用转让定价手段在企业集团内部转移利润，使集团利润尽可能在低税国或避税地的关联企业中实现，是跨国公司最常用的避税手段。转让定价是指集团内关联企业或内部机构之间在发生交易时制定的内部交易价格。例如，高税国企业向其低税国关联企业销售货物或提供劳务时制定低价，低税国企业向其高税国关联企业销售货物或提供劳务时制定高价。这样，利润就从高税国转移到低税国，从而达到最大限度减轻其税负的目的。

(三)滥用税收协定避税

国与国之间签订的税收协定是通过让渡部分税收管辖权,向缔约对方国家的税收居民提供税收优惠,从而促进两国之间的资本、技术和人员的流动。滥用税收协定,是指第三国居民利用其他两个国家之间签订的税收协定获取其不应得到的税收利益。滥用税收协定通常采取设立“导管公司”或签署中间合同的方式。例如,甲国A公司从乙国B公司取得股息,如果甲国和乙国之间未签订税收协定,乙国按照国内法就要对该股息扣缴30%的预提所得税;假设乙国和丙国之间的税收协定规定对股息征收的预提所得税率为10%,而且丙国对境外所得不征收所得税,也不征收预提所得税。A公司通过设立在丙国的控股公司C间接持有B公司的股份,同样的股息所得税负由30%降低至10%。如果A公司设立C公司的主要目的是享受乙国和丙国税收协定的优惠待遇,则构成滥用税收协定避税。

(四)利用外国控股公司避税

在跨国公司通过转让定价将利润转移到低税负国家的子公司之后,如果子公司把这些利润分回母公司,母公司所在的国家一般会对母公司从境外分回的所得征收企业所得税,那样就无法实现避税的最终目标。因此,需要把利润尽可能保留在子公司,以规避利润分配需负担的预提所得税及母公司所在国的企业所得税,实现延迟纳税的效果。通常的做法是,母公司居民国对外国控股公司取得的营业利润不会立即征税,除非这部分利润以股息的方式由子公司分配给母公司,母公司居民国就取得的股息所得征税。跨国企业常见的避税手段之一,就是在低税地或避税地成立控股公司,将集团利润转移到控股公司账上并长期不作利润分配,从而推迟在居民国纳税。

利用外国控股公司间接转让股权。根据一些国家所得来源地规则,一国居民企业直接转让另一国(东道国)居民企业的股权,其取得的股权转让所得可能需要在被投资企业所在国纳税。在这种情况下,跨国企业往往采用间接股权转让方式避税,即通过设立在外国的控股公司间接持有东道国居民企业的股权,再以转让外国控股公司的股权间接实现东道国居民企业股权的转让,由于被转让的企业并非东道国的居民企业,不属于来源于东道国的所得,无须在东道国纳税,从而实现避税目的。

(五)利用资本弱化避税

在利用关联交易避税的诸多方式中,有一种方式叫作资本弱化,是指企业和企业的投资者为了最大化自身利益或其他目的,在融资和投资方式的选择上,降低股本的比重,提高贷款的比重,造成企业负债与所有者权益的比率超过一定限额的现象。资本弱化,又称资本隐藏、股份隐藏或收益抽取,是基于一般情况下利息支出可以在税前扣除而股息红利不能扣除的规定,企业所有者在向公司注入资金时,人为降低股权投资的比重,提高债权投资的比重,导致公司的资本结构中债权投资的比重大大超过股权投资的比重。资本弱化作为避税的一种手段,以增加利息支出来转移利润,降低税负,其特征就是债权投资和股权投资的比率明显高于正常水平。

(六)利用避税地避税

实际上,对于什么是避税地,到底哪些国家是避税地,世界上并没有清晰而统一的标准。世界上有些国家(地区)不征收直接税或直接税税率较低,或者实施特别的税收优惠,这些国家通常不征税或征很少的税,在这些国家(地区)投资的企业可以拥有财产而无须纳税或仅缴纳很少的税,这样的地方被称为“避税地(Tax Haven)”,亦被称为“避税港”“税收绿洲”“避税天堂”。世界有名的避税地有开曼群岛、百慕大群岛、英属维尔京群岛、中国香港、毛里求斯、马来西亚、卢森堡、荷兰、爱尔兰等。

避税地通常有比较完善和灵活的法律体系,金融组织和机构比较发达,有成熟的专业服务体系,政治经济稳定。通过在避税地设立诸如控股公司、投资公司、信托公司、贸易公司、咨询公司、金融公司、保险公司、海运公司和其他经营机构等所谓“离岸公司”,可以比较方便地进行以这些离岸公司为基地的国际避税活动,这些离岸公司也被称作国际避税活动的“基地公司”。

三、反避税管理

国际避税行为导致各国政府税收收入的严重流失,减少了各国政府用于公共福利和促进经济增长的财政资金来源,造成了比较严重的影响,也影响了经济贸易的发展。各国政府纷纷制定法规,打击企业与个人的避税行为。随着全球经济的发展,近些年来,各国政府逐渐认识到,打击国际避税只靠单个国家的努力是不行的,必须依靠国际社会的共同合作才能取得良好的效果。因此各国近年来逐渐联合起来,通过各类国际组织讨论和研究如何通过国际合作,共同打击避税行为。

(一)转让定价管理

转让定价是跨国企业最早、最广泛使用的避税工具。转让定价的税务管理是各国普遍采取的一种防止跨国公司转移利润的有效措施。世界上最早实施转让定价税制的是美国。如果关联方设定的转让价格与市场价格不同,税务机关应有权调整转让价格,从而防止本国税基受到侵蚀,确保征收合理份额的税收收入。当多个国家对相同的交易适用各自的转让定价规则时,极有可能导致重复征税,因此有必要就转让定价规则达成国际共识。经合组织范本和联合国范本均规定,应调整转让价格,以反映在独立运营的非关联企业之间的可比交易中可能适用的价格,即遵循独立交易原则。这一原则已被多数国家广泛接受。

(二)受控外国公司规则

之前我们提到跨国公司将集团利润保留在低税率的地区,不分配或延迟分配来达到避税的目的。为了防止本国居民企业利用设在外国的控股公司累积利润,推迟缴纳境外来源所得的国内税收,不少国家制定了详尽的受控外国公司规则,对于设立在低税地或避税地的外国公司,具有控制权或拥有实质性权益的居民股东,应就其在外国公司的全部或部分所得中相应比例的所得份额,缴纳居民国税收,无论该所得是否向股东进行了分配。受控外国企业规则实际突破了一国对税收管辖权的一般规定,将一般情况下母公司所在国没有征税管辖权的子公司的未分配利润纳入征税范围。

(三)资本弱化规则

通过资本弱化来避税的途径主要包括：一是通过增加债务资本的比例来增加利息扣除，二是通过提高关联企业借款利率来增加利息扣除。为了防止人为提高债权投资比重，降低股权投资比重，许多国家对向非居民支付利息的税前扣除加以限制。根据资本弱化规则，如果居民企业的债权投资相比于其权益超过了一定标准，则超过部分的债务发生的利息不得税前扣除。

(四)一般反避税规则

随着跨国公司税收筹划和避税安排更加复杂和隐蔽，专门针对某一种避税类型采取的特别反避税措施，难以有效应对层出不穷的避税手段，为此越来越多的国家引入一般反避税规则。一般反避税规则的共同特点是关注纳税人的交易与安排是否具有商业实质，对于缺乏商业实质的交易或安排，税务局可以重新对交易或安排进行定性，并确定其应交企业所得税。一般反避税规则一般作为兜底措施，不对特定避税行为作出界定，通常以具有合理商业目的和经济实质的类似安排为基准按照实质重于形式的原则实施调整。一般反避税规则大多简短而空泛，有意避免具体而详细的表达。需要注意的是，作为兜底规则，在特殊反避税规则(如转让定价规则、资本弱化规则、受控外国公司规则等)能够适用的情况下，是不能适用一般反避税规则的。

(五)限制避税性移居

许多国家政府一般不能干预公民的移居避税，只能从经济上对其采取一些限制措施，使移居给政府造成的税收利益损失降到最低限度。一些发达国家在立法上采取了有条件地延续本国向外国移居者无限纳税义务的做法。

高税国居民为了逃避无限纳税义务，有的彻底切断了与原居民国的联系但有的只是采取虚假移居的手段。为防止人们用临时移居、压缩居留时间的办法躲避本国的居民身份，许多国家都规定纳税人中途临时离境不扣减其在本国的居住天数。

各国判定法人居民身份的标准不同，则限制法人移居的措施也不同。一般而言，在一个同时以注册地标准和管理机构所在地标准判定法人居民身份的国家，法人居民移居他国相对来说难度较大。因此，目前大多数发达国家都同时采用注册地标准和管理机构所在地标准来判定法人的居民身份。

(六)打击国际避税地

1. 制定“黑名单”

“黑名单”制度是各国在反避税工作合作中探索出的一项有效机制。为了防止本国居民企业将利润转移至避税地，造成对本国税基的侵蚀，一些国家规定了判定国际避税地的具体标准或列出避税地“黑名单”，凡本国公司与避税地中的关联企业进行交易，会引起税务部门的高度关注，必要时还要实施反避税措施。

2. 引入“实质性活动”的规定

在 G20/OECD 国际税改框架下，要求“不征税或仅名义征税的国家”引入“实质性活动要求”的规定，否则这些国家的税收制度可能被视为“有害税收实践”。这对于打击利用避税地避税具有很重要的实践意义。随着国际反避税合作的推进，开曼群岛、英属维尔京群岛、百慕大群岛等避税地纷纷出台经济实质法规，规定如果在该地从事相关活动，应当遵循与该活动相关的经济实质要求。

3. 推出全球最低税

随着日程的推进，G20/OECD 正在研究讨论应对经济数字化共识性解决方案，该方案主要包含的内容是征收全球最低税，旨在通过一系列措施，限制全球最低税率，打击国际逃避税。该方案的通过和实施将会进一步缩小避税地的生存空间。

第五节　国际税收合作与“一带一路”税收征管合作机制

一、国际税收合作概述

国际税收合作在促进生产要素有序流动、资源高效配置、市场深度融合等方面发挥了重要作用，国际税收合作已经成为政府合作的重要方面。国际税收合作分为多边税收合作、区域性税收合作和双边税收合作。

(一)多边税收合作

国际税收组织在促进多边税收合作中发挥着重要作用。参与国际税收合作的主要组织有：

1. 经济合作与发展组织(OECD)

OECD 主导了国际税收规则的制定，引领着国际税收合作实践，其影响范围远远超出了 OECD 成员国。该组织的使命是推动改善世界经济与社会民生的政策。OECD 开展的解决特定国际税收问题的税收合作项目依托于论坛，所有准备致力于论坛目标的国家都可以参加这些论坛。全球税收透明度和信息交换论坛有 150 多个成员国，其工作包括通过对成员国的国内法和征管实践进行同行审议，确保成员国有效地执行信息交换。国际标准税收征管论坛(FTA)成立于 2002 年，是税收征管领域合作范围最广、层次最高的国际平台，在国际税收规则制定及国际税收征管合作方面具有重要意义。G20/OECD 包容性框架建立于 2016 年 2 月，是实施国际税改项目——《税基侵蚀与利润转移行动计划》最低标准的制度性安排，截至 2021 年 8 月，共有 140 个国家(地区)加入了该包容性框架。

2. 联合国

联合国从 1970 年开始涉足国际税收领域，为发达国家和发展中国家之间的税收协定制定协定范本。2012 年以来，联合国积极向发展中国家提供税收技术援助，并开发实用工具包，帮助发展中国家应对国际税收挑战。这项工作主要集中于 4 个领域：转让定价、税收协定、税收管理和防止税基侵蚀。

3. 世界银行集团

世界银行集团又叫作国际复兴开发银行，是联合国的一个部门。属于国际三大金融机构之一。世界银行集团通过其税务团队，为各个国家提供咨询服务。

4. 国际货币基金组织(IMF)

国际货币基金组织是根据1944年7月在布雷顿森林体系签订的《国际货币基金组织协定》，于1945年12月27日在华盛顿成立的国际组织之一。IMF在经济、货币和税收问题上向各国提供技术援助，包括税收政策建议培训和立法的起草。

5. 税收合作平台

2016年4月，OECD、IMF、联合国、世界银行创建了税收合作平台，也称为四方平台，向发展中国家提供援助，以加强其税收体系的制度机制。

(二)区域性税收合作

区域性税收合作组织通常在区域经济一体化程度比较高的地区出现，目前最有影响力的区域性税收合作组织是欧洲联盟(EU)，现拥有27个会员国，正式官方语言有24种。通过制定适合本区域的制度和加强合作促进区域经济发展。

亚洲税收管理与研究组织(SGATAR)是亚洲地区有影响力的官方税收组织，目前有18个成员，主要依托年会加强成员税务部门的对话，就国际税收政策与征管工作共同面临的问题寻求解决措施，维护本地区税收利益。2018年11月，我国主办了第48届SGATAR年会。

在印度的倡议下，2013年建立了金砖国家税务局局长会晤机制，旨在加强金砖国家税务部门在国际税收事务上的沟通与合作，维护新兴市场国家和广大发展中国家的共同利益，提升金砖国家国际税收规则制定话语权。2017年7月，我国主办了金砖国家税务局局长会议，积极倡议金砖国家深化多边税收合作，加强税收征管能力建设并向发展中国家提供能力建设援助，联合签署金砖国家税务合作的第一份机制性文件——《金砖国家税务合作备忘录》。

此外，中国还进一步加强与其他区域性税收组织的交流与合作，加入新成立的亚太税收中心(APTH)并担任创始指导委员会委员，与美洲税收管理中心(CIAT)、欧洲税收管理组织(IOTA)、英联邦税收管理组织(CATA)及非洲税收管理组织(ATAF)等保持长期合作关系。中国税务部门加入推进《努尔苏丹行动计划(2022—2024)》的全部四个工作组，协助举办并全程参与税收争议解决、税收征管信息化等十余场专题会议和工作研讨会。大力推进中国扬州、北京的“一带一路”税务学院建设，积极开展与中国澳门、哈萨克斯坦努尔苏丹的葡语、俄语“一带一路”税务学院的协同共建，有力推动合作网络的实体化和多元化。

(三)双边税收合作

目前，我国已与18个国家的税务部门(或组织机构)签署了23个双边合作备忘录，通过高层互访、工作交流和人员培训等形式加强了税制建设和税收征管经验交流分享，促进了税收领域合作项目成果落地。

二、国际税收情报交换与征管互助

(一)国际税收情报交换

国际税收情报交换是指税收协定缔约国家(地区)的主管当局为了正确执行税收协定及其所涉及税种的国内法而相互交换所需信息的行为。税收情报交换是作为税收协定缔约方承担的一项国际义务，也是与其他国家(地区)税务主管当局之间进行国际税收征管合作以及保护自身合法税收权益的重要方式。

税收情报交换的直接目的，一是避免国家之间可能存在的重复征税，二是防止跨境逃避税。税收情报交换分为专项情报交换、自动情报交换、自发情报交换以及同期税务检查、授权代表访问和行业范围情报交换等类型。

(二)多边税收征管协作

由于人员、资本、货物和服务跨国流动加速，纳税人跨国经营的无国界性与税收管理有国界性之间的矛盾，造成税收管理的信息不对称，给开放经济条件下的税收征管带来严峻挑战。在此背景下，欧洲委员会和 OECD 于 1988 年 1 月 25 日在法国斯特拉斯堡共同制定了《多边税收征管互助公约》(以下简称《公约》)。《公约》向两组织成员开放，于 1995 年 4 月 1 日生效。

2008 年爆发席卷全球的金融危机之后，国际社会高度重视税收征管协作。2009 年 4 月，G20 伦敦峰会呼吁采取行动，打击国际逃避税。2010 年 5 月，OECD 与欧洲委员会按照税收情报交换的国际标准，通过议定书形式对《公约》进行了修订。修订后的《公约》向全球所有国家开放，自 2011 年 6 月 1 日开始生效。《公约》规定，协助的形式包括:情报交换、税收追缴和文书送达。

中国政府于 2013 年 8 月 27 日正式签署《公约》。2015 年 7 月 1 日，第十二届全国人民代表大会常务委员会第十五次会议批准《公约》,《公约》已于 2016 年 2 月 1 日对我国生效，2017 年 1 月 1 日起执行。考虑到我国现有法律制度及税收征管实际，我国在《公约》批准书中对税款追缴和文书送达作出了保留。因此，我国税务机关主要是与其他缔约方开展情报交接协助。

(三)金融账户涉税信息自动交换标准

金融账户涉税信息自动交换标准(CRS)，也叫作统一报告标准。由 OECD 会同 G20 成员共同制定，于 2014 年 11 月经 G20 布里斯班峰会核准。CRS 旨在通过加强各税收管辖区之间有关金融账户信息的自动情报交换，提高全球税收透明度，打击跨境逃避税。虽然不是具有法律效力的范本，但发起 CRS 的组织 OECD 提倡各成员国应按照要求，签署公民信息交换的协议。在 G20 的大力推动下，截至 2021 年参与 CRS 信息交换的辖区已达到 108 个。

按照CRS开展金融账户涉税信息自动交换，首先由一国金融机构通过尽职调查程序，识别另一国税收居民在该机构开立的账户，按年向金融机构所在国主管部门报送上述账户的名称、纳税人识别号、地址、账号、余额、利息股息及出售金融资产的收入等信息；其次由该国税务主管当局与账户持有人的居民国税务主管当局开展信息交换，最终为各国加强跨境税源监管提供信息支持。

2015年12月16日，我国签署《金融账户涉税信息自动交换多边主管当局间协议》，成为该协议的第77个签署方，为我国与其他辖区税务主管当局之间开展金融账户涉税信息自动交换提供了操作层面的依据。2018年9月，我国完成首次金融账户涉税信息交换。

三、税基侵蚀与利润转移行动计划

税基侵蚀与利润转移行动计划，又称为BEPS行动计划。

(一)背景

在经济全球化背景下，跨国企业利用国际税收规则存在的不足，以及各国税制差异和征管漏洞，最大限度地减少其全球总体税负，甚至达到双重不征税的效果，从而造成对各国税基的侵蚀。随着税基侵蚀和利润转移愈演愈烈，引起了全球政治领袖、媒体和社会公众的高度关注。2013年9月，G20在圣彼得堡领导人峰会上正式启动了国际税改项目——税基侵蚀和利润转移行动计划(BEPS行动计划)，旨在通过协调所得税收政策，修订国际税收规则和加强国际合作打击国际逃避税，建立一个全球公平和现代化的国际税收体系，是近百年来国际税收体系的重大变革。

(二)成果

2015年10月，OECD正式发布了15项行动计划成果报告。这些行动计划包括五大类：应对数字经济带来的挑战、协调各国企业所得税税制、重塑现行税收协定和转让定价国际规则、提高税收透明度和确定性、开发多边工具促进行动计划实施。15项行动计划是：应对数字经济的税收挑战；消除混合错配安排的影响；制定有效受控境外公司规则；对利用利息扣除和其他款项支付实现的税基侵蚀予以限制；考虑透明度和实质性因素，有效打击有害税收实践；防止税收协定优惠的不当授予；防止人为规避常设机构的构成；确保转让定价结果与价值创造相匹配；衡量和监控BEPS；强制披露规则；转让定价文档和国别报告；使争议解决机制更有效；制定用于修订双边税收协定的多边协议。贯彻的总原则是：利润应在经济活动发生地和价值创造地征税。

我国作为世界重要经济体和最大的发展中国家，自2013年起，全程深入参与BEPS项目，深度参与国际税收规则制定，在无形资产转让定价、价值创造理念等方面不断发出中国声音，贡献中国智慧，得到国际社会的重视和好评，不仅有利于维护发展中国家税收权益，也为书写新的国际税收规则体系做出了积极的贡献。

(三)实施

2016年1月1日，G20发起的国际税改项目进入实施阶段。根据约束性差异，BEPS行动计划分为最低标准、共同方法和最佳实践。“最低标准”是BEPS参与国必须实施的，且实施情况要受到G20和OECD的监督和审议，因此对各参与方的约束力最强。被列为“最低标准”的行动计划有四项，包括考虑透明度和实质性因素，有效打击有害税收实践；防止税收协定优惠的不当授予；使争议解决机制更有效，转让定价文档和国别报告。为了使国际税改成果在世界范围内广泛实施，OECD建立了包容性框架，目前共有140个税收辖区加入该框架，承诺实施BEPS行动计划最低标准。我国积极推进BEPS行动计划成果的落地转化，四项最低标准已基本落实到位。

四、数字经济国际税收“双支柱”方案

为落实BEPS行动计划中的《应对数字经济的税收挑战》，形成建议各国实施的解决方案，2017年，G20委托OECD通过BEPS包容性框架制订数字经济国际税收规则多边方案。

2021年7月1日，OECD发布各国协商一致形成具有广泛国际共识的数字经济国际税收规则——《关于以双支柱方案应对经济数字化税收挑战的声明》正式提出“双支柱”方案，即涉及利润分配与联结度规则的“支柱一”和全球反税基侵蚀方案的“支柱二”。

“支柱一”旨在对超大型跨国集团的利润和征税权在国家间进行更为公平的分配，采用新的联结度规则，与现行的“常设机构”规则相互独立，改变了跨国企业税前利润长久以来主要在来源国和居民国之间的分配规则，使得市场所在国也可以参与分配。以“价值创造地”来重新划分国家间的税收管辖权和利润分配权，堪称国际税收一百多年来颠覆性的变化。

“支柱二”旨在设定全球最低税，为各国税收竞争设定一个底线，解决各国为吸引外国投资而在企业所得税税率方面的“逐底竞争”问题，进而通过最低税负规则压缩跨国企业的避税空间，更积极地平衡各国税收权益。

五、“一带一路”税收征管合作机制

（一）“一带一路”税收征管合作机制的产生

随着“一带一路”建设不断深入推进，税收环境越来越成为营商环境的重要指标，税收便利越来越成为经贸便利的重要保障，税收合作也越来越成为政府合作的重要组成部分。在此背景下，中国和哈萨克斯坦共同倡议构建“一带一路”税收征管合作机制（以下简称合作机制）。2019年4月，合作机制正式成立。

（二）合作机制的目标与任务

合作机制是由“一带一路”国家（地区）税务部门共同建立的规范化、制度化的官方多边长效税收合作平台，秉持“共商共建共享”原则，面向所有支持“一带一路”倡议的国家开放，是现有国际税收合作体系的重要、有益补充，旨在促进投资贸易便利化，消除税收壁垒、优化生产要素跨境配置，推动经济包容性增长，实现联合国2030年可持续发展目标。

合作机制成员在尊重各自国内法律法规、巩固和支持国际税收义务及标准的基础上，共同推动“一带一路”建设参与国（地区）在以下税收领域开展务实合作：提高税收确定性、加快税收争议解决、提升纳税服务、加强税收能力建设等。

(三)合作机制的治理架构

合作机制包括理事会、“一带一路”税收征管合作论坛、“一带一路”税收征管能力促进联盟及专家咨询委员会。其中理事会为合作机制决策机构，理事会首任主席由我国国家税务总局局长王军担任。理事会下设合作机制秘书处，负责日常运营和联络，为合作机制运行提供保障。论坛为支持“一带一路”建设的税务主管当局、国际组织、科研机构、跨国企业等提供沟通平台，在税收征管和能力建设方面加强合作。联盟是由理事会成员或观察员依托本国(地区)已有的税务培训机构或专业技术自愿加入，致力于开展培训、研究和技术援助活动，专家咨询委员会将为机制愿景和目标的实现提供建议和帮助。

第二章　国际税收热点问题解答

一、境内机构和个人对同一笔合同需要多次对外支付的，是否每次支付时都需要备案？

根据《国家税务总局 国家外汇管理局关于服务贸易等项目对外支付税务备案有关问题的补充公告》(国家税务总局 国家外汇管理局公告 2021 年第 19 号)规定，境内机构和个人(以下称备案人)对同一笔合同需要多次对外支付的，仅需在首次付汇前办理税务备案。

19 号公告不改变《国家税务总局 国家外汇管理局关于服务贸易等项目对外支付税务备案有关问题的公告》(国家税务总局 国家外汇管理局公告 2013 年第 40 号发布，国家税务总局公告 2018 年第 31 号修改)规定的备案金额标准，即未超过等值 5 万美元的单笔对外支付无需进行税务备案。基于同一合同需要多次对外支付的，仅需在单笔支付首次超过等值 5 万美元时进行税务备案。

二、备案人可以采用何种途径进行对外支付备案？

根据《国家税务总局 国家外汇管理局关于服务贸易等项目对外支付税务备案有关问题的补充公告》(国家税务总局 国家外汇管理局公告 2021 年第 19 号)规定，备案人选择在电子税务局等在线方式办理备案的，应完整、如实填写《备案表》并提交相关资料。备案人完成备案后，可凭《备案表》编号和验证码，按照外汇管理相关规定，到银行办理付汇手续。

备案人选择在办税服务厅办理备案的，对于提交资料齐全、《备案表》填写完整的，主管税务机关无需当场进行纳税事项审核，应在系统录入《备案表》信息、生成《备案表》编号和验证码。备案人可凭《备案表》编号和验证码，按照外汇管理相关规定，到银行办理付汇手续。

三、国别报告常见问题有哪些？

（一）什么是国别报告

1. 什么是国别报告？

答：国别报告是跨国企业集团按照《国家税务总局关于完善关联申报和同期资料管理有关事项的公告》（国家税务总局公告 2016 年第 42 号，以下简称 42 号公告）的规定应该向税务机关报告的信息，主要内容包括集团所有成员实体的全球所得、纳税和业务活动的国别分布情况。

2. 国别报告与关联申报之间有什么关系？

答：国别报告是关联申报的组成部分，即《中华人民共和国企业年度关联业务往来报告表（2016 年版）》22 张表格中的最后 6 张表。国别报告填报信息区别于其他关联申报信息，其申报表格与经济合作与发展组织（OECD）2015 年发布的第十三项行动计划报告中的国别报告模板一致。

3. 国别报告包括哪些表格？

答：国别报告具体内容体现在统一格式的 3 张表格中，分别是《国别报告——所得、税收和业务活动国别分布表》、《国别报告——跨国企业集团成员实体名单》和《国别报告——附加说明表》，并要求以中英文分别填报，合计共 6 张表。其中 3 张英文表格将交换至涉及的境外辖区。

（二）谁来填报

4. 哪些企业应当报送国别报告？

答：一般来说，上一会计年度合并财务报表中的收入金额合计超过 55 亿元人民币，且最终控股企业为中国居民企业的跨国企业集团应该由其最终控股企业向中国税务机关申报国别报告。

需要注意的是，跨国企业集团的最终控股企业不是中国居民企业的情况下，如果跨国企业集团指定其在中国的成员企业为报送企业时，也可向中国税务局申报国别报告。

5. 计算 55 亿元人民币报送门槛应该根据哪一年的收入数据进行判断？

答：应该根据最终控股企业国别报告填报属期上一会计年度的合并收入进行判断。例如：当集团 2020 年的各类收入合计超过 55 亿元人民币时，应在 2022 年填报 2021 年度的国别报告。

6. 什么是最终控股企业？

答：最终控股企业，是指能够合并其所属跨国企业集团所有成员实体财务报表的，且不能被其他企业纳入合并财务报表的企业，即集团合并财务报表最顶层母公司。

需要注意的是，对于一家企业而言，最终控股企业可能并非只有一个。例如：A 企业和 B 企业共同投资 C 企业，投资比例均为 50%，根据会计准则的规定，A 企业和 B 企业均对 C 企业进行合并财务报表，此时 A 企业和 B 企业均为 C 企业的控股企业。

7. 如果既不是最终控股企业，又不是被集团指定报送的企业，是否有可能被税务机关要求提供国别报告？

答：当企业在接受主管税务机关特别纳税调查时，可能会被要求提供国别报告，前提是其所属跨国企业集团应当准备国别报告，且中国税务机关未能成功获取。

未能获取的原因有：(一)集团未向任何国家提供国别报告；(二)集团已向其他国家提供国别报告，但我国与该国尚未建立国别报告信息交换机制；(三)集团已向其他国家提供国别报告，且我国与该国已建立国别报告信息交换机制，但实际并未成功交换至我国。

8. 年度中间发生被合并、破产、停业等情况的成员实体，是否需要填入国别报告？

答：年度中间发生被合并、破产、停业等情况的成员实体，需要在国别报告中填列，并将相关情况在《国别报告——附加说明表》中说明。例如：A 集团在中国有 3 个成员实体，2021 年 6 月其中一个成员实体破产，A 集团在申报 2021 年国别报告时仍应该包含该成员实体，但同时需要在《国别报告——附加说明表》中明确说明破产成员实体情况。

9. 成员实体应当包括哪些？

答：成员实体的确定是填报国别报告的重要前提，符合国别报告成员实体定义的有四大类。首先是已被纳入跨国企业集团合并财务报表的任一实体属于成员实体；其次是虽未被纳入跨国企业集团合并财务报表，但跨国企业集团持有该实体股权，且按公开证券市场交易要求应被纳入合并财务报表的任一实体，以及仅由于业务规模或者重要性程度而未被纳入跨国企业集团合并财务报表的任一实体属于成员实体；最后是独立核算并编制财务报表的常设机构属于成员实体。

(三)何时报送

10. 何时报送国别报告？

答：国别报告作为关联申报的组成部分，应当在每年 5 月 31 日前年度企业所得税申报时一并报送。有延期申报需求的企业，应当按照税收征管法及其实施细则，在规定期限内向税务机关提出书面延期申请。

(四)如何填报

11. 国别报告应该使用什么语言填写？

答：国别报告应当以中、英文两种语言分别进行填报(各三张表)。如果部分成员实体既无中文名称，也无英文名称，企业应当自行进行翻译，并在《国别报告——附加说明表》中进行说明。

12. 国别报告的数据涉及多国的成员实体，填写时应该以哪一方的会计准则为基础？

答：国别报告所填数据可以来源于各成员实体依据所在地会计准则编制的财务报表，也可来源于各成员实体依据国际财务报告准则编制的财务报表，但应当在表三说明编制数据所使用的会计准则，且无特殊原因不得更改。对于因国家(地区)间的会计准则不同导致数据存在差异的情况，无需进行调整。

例如：X 集团最终控股企业 A 公司(中国居民企业)向中国税务机关报送国别报告，A

公司使用中国企业会计准则编制财务报表，X 集团在 B 国的成员实体使用国际财务报告准则编制财务报表，则 X 集团可以选择 B 国成员实体的数据按照国际财务报告准则填报，无需按照中国企业会计准则进行调整。

13.各成员实体采用的记账本位币不一致怎么办？

答：采用各成员实体的法定财务报表数据进行披露时，如果记账本位币与最终控股企业不一致，应当按照填报数据所属年度平均汇率折算成最终控股企业使用的货币单位，并在《国别报告——附加说明表》中进行说明。

例如：集团在 X 国的成员实体采用的记账本位币为美元，最终控股企业 A 公司为中国居民企业，在填报国别报告时，应当将 X 国成员实体的数据按照本年度平均汇率折算成人民币后报送，并在《国别报告——附加说明表》中进行说明。

14.当一个国家（地区）有多个成员实体，申报数据是采用个别财务报表的加总数据，还是采用抵消内部交易后的合并数据？

答：应采用合并前的个别财务报表加总数进行填报。

例如，跨国企业集团 A 企业（居民企业）在 X 国设有 3 个成员实体 B、C、D，那么 X 国所在行的数据应为 B、C、D 的个别财务报表的加总数据，无需进行关联交易合并抵消。

15.当成员实体与最终控股企业会计年度截止日期不一致，要怎么确定该成员实体的信息披露期间？

答：国别报告应当涵盖最终控股企业的完整会计年度。成员实体与最终控股企业会计年度截止日期不一致的，成员实体信息披露期间可以采用以下方式之一：（一）使用成员实体的会计年度，即成员实体会计年度截止日期在最终控股企业会计年度截止日期前 12 个月内的会计年度；（二）使用最终控股企业会计年度。

上述方法一经确定，无特殊情况不得修改。

16.《国别报告——所得、税收和业务活动国别分布表》中的“国家（地区）”应如何填报？

答：应按照跨国企业集团成员实体作为居民企业所属的国家（地区）填报，常设机构根据其经营活动所在国家（地区）填报。在任一国家（地区）均不构成居民企业的成员实体，应当另起一行按照无国家（地区）汇总填报。

例如：A 公司是 X 国的居民企业，填报国家（地区）时为 X 国；B 公司在任一国家（地区）均不构成居民企业，应当另起一行，在“国家（地区）”一栏填写“无国家（地区）”，与其他同类成员实体数据汇总填报。

17.《国别报告——所得、税收和业务活动国别分布表》中的“收入”应如何填报？

答：本表中收入是指按照企业会计准则应判定为收入的全部金额，如销售收入、劳务收入、特许权使用费收入及利息收入等。其中收入又分为“收入－非关联方”和“收入－关联方”。“收入－非关联方”应填报跨国企业集团在某一国家（地区）所有成员实体与非关联企业交易取得的收入总和。“收入－关联方”应填报跨国企业集团在某一国家（地区）所有成员实体与关联企业交易取得的收入总和。其中关联企业是指在《国别报告——跨国企业集团成员实体名单》中填报的其他企业。“收入－非关联方”与“收入－关联方”的加总金额填入总计一栏。

需要注意的是，从其他成员实体收取的，在其他成员实体所属国家（地区）被认定为股息的款项，不计入收入。

18.《国别报告——所得、税收和业务活动国别分布表》中的“税前利润（亏损）”应如何填报？

答：应填报跨国企业集团在某一国家（地区）所有成员实体取得的税前利润（亏损）总和。需要注意的是，从其他成员实体收取的，在其他成员实体所属国家（地区）被认定为股息的款项，因不计入收入，因此也不计入税前利润（亏损）的计算。

19.《国别报告——所得、税收和业务活动国别分布表》中的“已缴纳企业所得税（收付实现制）”应如何填报？

答：应填报跨国企业集团在某一国家（地区）所有成员实体实际缴纳的企业所得税总额，包括实际缴纳的企业所得税、预缴的企业所得税、从其他企业收取的款项在其他国家（地区）已代扣代缴的预提所得税、自行补缴以前年度企业所得税、由税务机关作出纳税调整的企业所得税补征税款等。

例如：跨国企业集团A中位于X国的B企业在某一年度在X国预缴的企业所得税100万元，从C企业收取的款项在其所属Y国已代扣代缴的预提所得税100万元，自行补缴以前年度企业所得税100万元，被税务机关查补企业所得税税款100万元，则计算X国“已缴纳企业所得税”时应包含上述400万元的实际缴纳的税款。

20.《国别报告——所得、税收和业务活动国别分布表》中的“本年度计提的企业所得税”应如何填报？

答：应填报跨国企业集团在某一国家（地区）所有成员实体依据应纳税所得额计提的当期所得税总额，不包含因或有事项计提的递延所得税，例如产品质量保证、未决诉讼、债务担保等或有事项造成税会之间的暂时性差异，其产生的递延所得税不应计入“本年度计提的企业所得税”。

21.《国别报告——所得、税收和业务活动国别分布表》中的“注册资本”应如何填报？

答：应填报跨国企业集团在某一国家（地区）所有成员实体的注册资本总额。

22.《国别报告——所得、税收和业务活动国别分布表》中的“雇员人数”应如何填报？

答：应填报跨国企业集团在某一国家（地区）所有成员实体的全职雇员人数总和，包括劳务外包人员和劳务派遣人员。

23.“雇员人数”是应该根据年末人数、全年平均人数还是其他标准填报？

答：都可以。需要注意的是，不同国家（地区）在雇员人数计算标准上应当保持一致，并且每年均沿用相同标准填报。

24.《国别报告——所得、税收和业务活动国别分布表》中的“有形资产(除现金及现金等价物)”应如何填报?

答:应填报跨国企业集团在某一国家(地区)所有成员实体的有形资产账面净值总和,不包括现金及现金等价物和金融资产。

25.《国别报告——跨国企业集团成员实体名单》中的“国家(地区)”应如何填报?

答:填报跨国企业集团成员实体作为居民企业所属的国家(地区)。

26.《国别报告——跨国企业集团成员实体名单》中的“该国家(地区)的成员实体名称”应如何填报?

答:填报跨国企业集团在第1列填报的国家(地区)所有居民企业成员实体的全称。

27.成员实体为常设机构的,其名称应如何填报?

答:常设机构的名称应填报其所属居民企业名称,并注明常设机构经营活动所在国家(地区)。

例如:X公司在A国设立的常设机构,应填报“X公司—A国家(地区)的常设机构”。

28.《国别报告——跨国企业集团成员实体名单》中的“成员实体注册成立地”应如何填报?

答:成员实体为常设机构的,或者注册成立地与其作为居民企业所属的国家(地区)一致的,可不填报。

29.《国别报告——跨国企业集团成员实体名单》中的“主要业务活动”应如何填报?

答:根据各成员实体在相关国家(地区)所开展的主要业务活动性质,在对应项目下打“√”确认。

需要注意的是,如果某成员实体的主要业务活动勾选了“其他”,应在《国别报告——附加说明表》说明该成员实体的具体业务活动。

30.《国别报告——附加说明表》应如何填报?

答:《国别报告——附加说明表》主要是对《国别报告——所得、税收和业务活动国别分布表》和《国别报告——跨国企业集团成员实体名单》两张表填报内容的进一步明确。在这张表中,须简要说明:(一)采用的数据来源,以及当年度数据来源的变化情况与影响;(二)在《跨国企业集团成员实体名单表》中勾选主要业务活动为“其他”项的具体业务说明;(三)其他需要说明的事项,例如自行进行翻译的成员实体名称、使用的折算汇率等。

四、外国企业常驻代表机构按经费支出换算收入方式核定应纳税所得额的计算方法?

根据《国家税务总局关于印发〈外国企业常驻代表机构税收管理暂行办法〉的通知》(国税发〔2010〕18号)第七条的规定,对账簿不健全,不能准确核算收入或成本费用,以及无法按照本办法第六条规定据实申报的代表机构,税务机关有权采取以下两种方式核定其应纳税所得额:

(一)按经费支出换算收入:适用于能够准确反映经费支出但不能准确反映收入或成本

费用的代表机构。

1.计算公式：

应纳税所得额＝本期经费支出额/(1－核定利润率)×核定利润利

……

第八条规定，代表机构的核定利润率不应低于15％……

第十一条规定，本办法自2010年1月1日起施行……

五、非居民企业取得《中华人民共和国企业所得税法》第三条第三款规定的所得，应如何确定应纳税所得额？

根据《中华人民共和国企业所得税法》(中华人民共和国主席令第63号)第十九条的规定，非居民企业取得本法第三条第三款规定的所得，按照下列方法计算其应纳税所得额：

(一)股息、红利等权益性投资收益和利息、租金、特许权使用费所得，以收入全额为应纳税所得额；

(二)转让财产所得，以收入全额减除财产净值后的余额为应纳税所得额；

(三)其他所得，参照前两项规定的方法计算应纳税所得额。

《财政部 国家税务总局关于非居民企业征收企业所得税有关问题的通知》(财税〔2008〕130号)规定，根据《中华人民共和国企业所得税法》第十九条及《中华人民共和国企业所得税法实施条例》第一百零三条的规定，在对非居民企业取得《中华人民共和国企业所得税法》第三条第三款规定的所得计算征收企业所得税时，不得扣除上述条款规定以外的其他税费支出。

六、个税改革后，无住所个人如何适用独立个人劳务或者营业利润条款？

《财政部 税务总局关于非居民个人和无住所居民个人有关个人所得税政策的公告》(财政部 税务总局公告2019年第35号)规定，关于无住所个人适用税收协定。按照我国政府签订的避免双重征税协定、内地与香港、澳门签订的避免双重征税安排(以下称税收协定)居民条款规定为缔约对方税收居民的个人(以下称对方税收居民个人)，可以按照税收协定及财政部、税务总局有关规定享受税收协定待遇，也可以选择不享受税收协定待遇计算纳税。除税收协定及财政部、税务总局另有规定外，无住所个人适用税收协定的，按照以下规定执行：

……

(二)关于无住所个人适用独立个人劳务或者营业利润条款的规定。

本公告所称独立个人劳务或者营业利润协定待遇，是指按照税收协定独立个人劳务或者营业利润条款规定，对方税收居民个人取得的独立个人劳务所得或者营业利润符合税收协定规定条件的，可不缴纳个人所得税。

无住所居民个人为对方税收居民个人，其取得的劳务报酬所得、稿酬所得可享受独立个人劳务或者营业利润协定待遇的，在预扣预缴和汇算清缴时，可不缴纳个人所得税。

非居民个人为对方税收居民个人，其取得的劳务报酬所得、稿酬所得可享受独立个人劳务或者营业利润协定待遇的，在取得所得时可不缴纳个人所得税。

……

本公告自2019年1月1日起施行，非居民个人2019年1月1日后取得所得，按原有规定多缴纳税款的，可以依法申请办理退税。

七、在执行税收协定时，缔约国双方对利息征税权是如何划分的？

根据《国家税务总局关于印发〈中华人民共和国政府和新加坡共和国政府关于对所得避免双重征税和防止偷漏税的协定〉及议定书条文解释的通知》（国税发〔2010〕75号）第十一条第一款的规定，居民国对本国居民取得的来自缔约国另一方的利息拥有征税权，但这种征税权并不是独占的。第二款规定，利息来源国对利息也有征税的权利，但对征税权的行使进行了限制，即设定了最高税率，且限制税率与受益所有人自身性质有关，受益所有人为银行或金融机构情况下，利息的征税税率为7%；其他情况下利息的征税税率为10%。

执行中请注意：

1.我国对外所签协定有关条款规定与中新协定条款规定内容一致的，中新协定条文解释规定同样适用于其他协定相同条款的解释及执行。

2.中新协定条文解释与此前下发的有关税收协定解释与执行文件不同的，以中新协定条文解释为准。

八、个税改革后，无住所个人如何适用董事费条款？

《财政部 税务总局关于非居民个人和无住所居民个人有关个人所得税政策的公告》（财政部 税务总局公告2019年第35号）规定，关于无住所个人适用税收协定。按照我国政府签订的避免双重征税协定、内地与香港、澳门签订的避免双重征税安排（以下称税收协定）居民条款规定为缔约对方税收居民的个人（以下称对方税收居民个人），可以按照税收协定及财政部、税务总局有关规定享受税收协定待遇，也可以选择不享受税收协定待遇计算纳税。除税收协定及财政部、税务总局另有规定外，无住所个人适用税收协定的，按照以下规定执行：

……

（三）关于无住所个人适用董事费条款的规定。

对方税收居民个人为高管人员，该个人适用的税收协定未纳入董事费条款，或者虽然纳入董事费条款但该个人不适用董事费条款，且该个人取得的高管人员报酬可享受税收协定受雇所得、独立个人劳务或者营业利润条款规定待遇的，该个人取得的高管人员报酬可不适用本公告第二条第（三）项规定，分别按照本条第（一）项、第（二）项规定执行。

对方税收居民个人为高管人员，该个人取得的高管人员报酬按照税收协定董事费条款规定可以在境内征收个人所得税的，应按照有关工资薪金所得或者劳务报酬所得规定缴纳个人所得税。

……

本公告自 2019 年 1 月 1 日起施行，非居民个人 2019 年 1 月 1 日后取得所得，按原有规定多缴纳税款的，可以依法申请办理退税。

九、个税改革后，无住所个人如何适用特许权使用费或者技术服务费条款?

《财政部 税务总局关于非居民个人和无住所居民个人有关个人所得税政策的公告》(财政部 税务总局公告 2019 年第 35 号)规定，关于无住所个人适用税收协定。按照我国政府签订的避免双重征税协定、内地与香港、澳门签订的避免双重征税安排(以下称税收协定)居民条款规定为缔约对方税收居民的个人(以下称对方税收居民个人)，可以按照税收协定及财政部、税务总局有关规定享受税收协定待遇，也可以选择不享受税收协定待遇计算纳税。除税收协定及财政部、税务总局另有规定外，无住所个人适用税收协定的，按照以下规定执行：

……

(四)关于无住所个人适用特许权使用费或者技术服务费条款的规定。

本公告所称特许权使用费或者技术服务费协定待遇，是指按照税收协定特许权使用费或者技术服务费条款规定，对方税收居民个人取得符合规定的特许权使用费或者技术服务费，可按照税收协定规定的计税所得额和征税比例计算纳税。

无住所居民个人为对方税收居民个人，其取得的特许权使用费所得、稿酬所得或者劳务报酬所得可享受特许权使用费或者技术服务费协定待遇的，可不纳入综合所得，在取得当月按照税收协定规定的计税所得额和征税比例计算应纳税额，并预扣预缴税款。年度汇算清缴时，该个人取得的已享受特许权使用费或者技术服务费协定待遇的所得不纳入年度综合所得，单独按照税收协定规定的计税所得额和征税比例计算年度应纳税额及补退税额。

非居民个人为对方税收居民个人，其取得的特许权使用费所得、稿酬所得或者劳务报酬所得可享受特许权使用费或者技术服务费协定待遇的，可按照税收协定规定的计税所得额和征税比例计算应纳税额。

……

本公告自 2019 年 1 月 1 日起施行，非居民个人 2019 年 1 月 1 日后取得所得，按原有规定多缴纳税款的，可以依法申请办理退税。

十、非居民个人一个月内取得股权激励所得，应如何计税?

《财政部 税务总局关于非居民个人和无住所居民个人有关个人所得税政策的公告》(财政部 税务总局公告 2019 年第 35 号)规定，非居民个人一个月内取得股权激励所得，单独按照本公告第二条规定计算当月收入额，不与当月其他工资薪金合并，按 6 个月分摊计税(一个公历年度内的股权激励所得应合并计算)，不减除费用，适用月度税率表计算应纳税额，计算公式如下(公式六)：当月股权激励所得应纳税额＝[(本公历年度内股权激励所得合计额÷6)×适用税率－速算扣除数]×6－本公历年度内股权激励所得已纳税额

……

本公告自 2019 年 1 月 1 日起施行，非居民个人 2019 年 1 月 1 日后取得所得，按原有规定多缴纳税款的，可以依法申请办理退税。

十一、个税改革后，无住所个人如何适用受雇所得条款？

《财政部 税务总局关于非居民个人和无住所居民个人有关个人所得税政策的公告》（财政部 税务总局公告 2019 年第 35 号）规定，关于无住所个人适用税收协定。按照我国政府签订的避免双重征税协定、内地与香港、澳门签订的避免双重征税安排（以下称税收协定）居民条款规定为缔约对方税收居民的个人（以下称对方税收居民个人），可以按照税收协定及财政部、税务总局有关规定享受税收协定待遇，也可以选择不享受税收协定待遇计算纳税。除税收协定及财政部、税务总局另有规定外，无住所个人适用税收协定的，按照以下规定执行：（一）关于无住所个人适用受雇所得条款的规定。

1. 无住所个人享受境外受雇所得协定待遇。

本公告所称境外受雇所得协定待遇，是指按照税收协定受雇所得条款规定，对方税收居民个人在境外从事受雇活动取得的受雇所得，可不缴纳个人所得税。

无住所个人为对方税收居民个人，其取得的工资薪金所得可享受境外受雇所得协定待遇的，可不缴纳个人所得税。工资薪金收入额计算适用本公告公式二。

无住所居民个人为对方税收居民个人的，可在预扣预缴和汇算清缴时按前款规定享受协定待遇；非居民个人为对方税收居民个人的，可在取得所得时按前款规定享受协定待遇。

2. 无住所个人享受境内受雇所得协定待遇。

本公告所称境内受雇所得协定待遇，是指按照税收协定受雇所得条款规定，在税收协定规定的期间内境内停留天数不超过 183 天的对方税收居民个人，在境内从事受雇活动取得受雇所得，不是由境内居民雇主支付或者代其支付的，也不是由雇主在境内常设机构负担的，可不缴纳个人所得税。

无住所个人为对方税收居民个人，其取得的工资薪金所得可享受境内受雇所得协定待遇的，可不缴纳个人所得税。工资薪金收入额计算适用本公告公式一。

无住所居民个人为对方税收居民个人的，可在预扣预缴和汇算清缴时按前款规定享受协定待遇；非居民个人为对方税收居民个人的，可在取得所得时按前款规定享受协定待遇。

……

本公告自 2019 年 1 月 1 日起施行，非居民个人 2019 年 1 月 1 日后取得所得，按原有规定多缴纳税款的，可以依法申请办理退税。

十二、非居民个人一个月内取得数月奖金，应如何计税？

《财政部 税务总局关于非居民个人和无住所居民个人有关个人所得税政策的公告》（财政部 税务总局公告 2019 年第 35 号）规定，非居民个人一个月内取得数月奖金，单独按照本公告第二条规定计算当月收入额，不与当月其他工资薪金合并，按 6 个月分摊计税，不减除费用，适用月度税率表计算应纳税额，在一个公历年度内，对每一个非居民个人，该计税办法只允许适用一次。计算公式如下（公式五）：当月数月奖金应纳税额＝[（数月奖金收入额÷6）×适用税率－速算扣除数]×6

……

本公告自2019年1月1日起施行，非居民个人2019年1月1日后取得所得，按原有规定多缴纳税款的，可以依法申请办理退税。

十三、如何核定非居民企业应纳税所得额？

根据《国家税务总局关于印发〈非居民企业所得税核定征收管理办法〉的通知》（国税发〔2010〕19号）第四条的规定，非居民企业因会计账簿不健全，资料残缺难以查账，或者其他原因不能准确计算并据实申报其应纳税所得额的，税务机关有权采取以下方法核定其应纳税所得额。

（一）按收入总额核定应纳税所得额：适用于能够正确核算收入或通过合理方法推定收入总额，但不能正确核算成本费用的非居民企业。计算公式如下：

应纳税所得额＝收入总额×经税务机关核定的利润率

（二）按成本费用核定应纳税所得额：适用于能够正确核算成本费用，但不能正确核算收入总额的非居民企业。计算公式如下：

应纳税所得额＝成本费用总额/（1－经税务机关核定的利润率）×经税务机关核定的利润率

（三）按经费支出换算收入核定应纳税所得额：适用于能够正确核算经费支出总额，但不能正确核算收入总额和成本费用的非居民企业。计算公式：

应纳税所得额＝本期经费支出额/（1－核定利润率）×核定利润率。

第十条规定，税务机关发现非居民企业采用核定征收方式计算申报的应纳税所得额不真实，或者明显与其承担的功能风险不相匹配的，有权予以调整。

十四、采用核定征收的非居民企业的利润率如何确定？

根据《国家税务总局关于印发〈非居民企业所得税核定征收管理办法〉的通知》（国税发〔2010〕19号）第五条的规定，税务机关可按照以下标准确定非居民企业的利润率：

（一）从事承包工程作业、设计和咨询劳务的，利润率为15%－30%；

（二）从事管理服务的，利润率为30%－50%；

（三）从事其他劳务或劳务以外经营活动的，利润率不低于15%。

税务机关有根据认为非居民企业的实际利润率明显高于上述标准的，可以按照比上述标准更高的利润率核定其应纳税所得额。

第八条规定，采取核定征收方式征收企业所得税的非居民企业，在中国境内从事适用不同核定利润率的经营活动，并取得应税所得的，应分别核算并适用相应的利润率计算缴纳企业所得税；凡不能分别核算的，应从高适用利润率，计算缴纳企业所得税。

第十一条规定，各省、自治区、直辖市和计划单列市税务局可按照本办法第五条规定确定适用的核定利润率幅度，并根据本办法规定制定具体操作规程，报国家税务总局(国际税务司)备案。

十五、外国企业常驻代表机构的纳税地点在哪里?

根据《中华人民共和国企业所得税法》(中华人民共和国主席令第 63 号)第五十一条的规定，非居民企业取得本法第三条第二款规定的所得，以机构、场所所在地为纳税地点。非居民企业在中国境内设立两个或者两个以上机构、场所，符合国务院税务主管部门规定条件的，可以选择由其主要机构、场所汇总缴纳企业所得税。

根据《中华人民共和国企业所得税法实施条例》(国务院令第 512 号)第一百二十六条的规定，企业所得税法第五十一条所称主要机构、场所，应当同时符合下列条件：

(一)对其他各机构、场所的生产经营活动负有监督管理责任；

(二)设有完整的账簿、凭证，能够准确反映各机构、场所的收入、成本、费用和盈亏情况。

十六、非居民企业采用核定征收方式的，其审核鉴定程序是如何规定的?

根据《国家税务总局关于修改〈非居民企业所得税核定征收管理办法〉等文件的公告》(国家税务总局公告 2015 年第 22 号)的规定，《国家税务总局关于印发〈非居民企业所得税核定征收管理办法〉的通知》(国税发〔2010〕19 号)第九条修改为："主管税务机关应及时向非居民企业送达《非居民企业所得税征收方式鉴定表》(见附件，以下简称《鉴定表》)，非居民企业应在收到《鉴定表》后 10 个工作日内，完成《鉴定表》的填写并送达主管税务机关，主管税务机关在受理《鉴定表》后 20 个工作日内，完成该项征收方式的确认工作。同时，对《鉴定表》做了相应修改，详见本公告附件。"

十七、对境外投资者从中国境内居民企业分配的利润，用于境内直接投资暂不征收预提所得税政策的适用范围是什么?

《财政部 税务总局 国家发展改革委 商务部关于扩大境外投资者以分配利润直接投资暂不征收预提所得税政策适用范围的通知》(财税〔2018〕102 号)规定，对境外投资者从中国境内居民企业分配的利润，用于境内直接投资暂不征收预提所得税政策的适用范围，由外商投资鼓励类项目扩大至所有非禁止外商投资的项目和领域。

……

本通知自 2018 年 1 月 1 日起执行。《财政部 税务总局 国家发展改革委 商务部关于境外投资者以分配利润直接投资暂不征收预提所得税政策问题的通知》(财税〔2017〕88 号)同时废止。境外投资者在 2018 年 1 月 1 日(含当日)以后取得的股息、红利等权益性投资收益可适用本通知，已缴税款按本通知第五条规定执行。

十八、符合条件的境外投资者如何享受暂不征收预提所得税优惠? 如果后续税务机关核实发现其不符合规定条件，有何影响?

《财政部 税务总局 国家发展改革委 商务部关于扩大境外投资者以分配利润直接投

资暂不征收预提所得税政策适用范围的通知》（财税〔2018〕102 号）规定：

……

三、境外投资者符合本通知第二条规定条件的，应按照税收管理要求进行申报并如实向利润分配企业提供其符合政策条件的资料。利润分配企业经适当审核后认为境外投资者符合本通知规定的，可暂不按照企业所得税法第三十七条规定扣缴预提所得税，并向其主管税务机关履行备案手续。

四、税务部门依法加强后续管理。境外投资者已享受本通知规定的暂不征收预提所得税政策，经税务部门后续管理核实不符合规定条件的，除属于利润分配企业责任外，视为境外投资者未按照规定申报缴纳企业所得税，依法追究延迟纳税责任，税款延迟缴纳期限自相关利润支付之日起计算。

五、境外投资者按照本通知规定可以享受暂不征收预提所得税政策但未实际享受的，可在实际缴纳相关税款之日起三年内申请追补享受该政策，退还已缴纳的税款。

……

九、本通知自 2018 年 1 月 1 日起执行。《财政部 税务总局 国家发展改革委 商务部关于境外投资者以分配利润直接投资暂不征收预提所得税政策问题的通知》（财税〔2017〕88 号）同时废止。境外投资者在 2018 年 1 月 1 日（含当日）以后取得的股息、红利等权益性投资收益可适用本通知，已缴税款按本通知第五条规定执行。

十九、非居民企业应如何进行企业所得税纳税申报？

根据《中华人民共和国企业所得税法实施条例》（中华人民共和国国务院令第 512 号）第一百二十九条的规定，企业在纳税年度内无论盈利或者亏损，都应当依照企业所得税法第五十四条规定的期限，向税务机关报送预缴企业所得税纳税申报表、年度企业所得税纳税申报表、财务会计报告和税务机关规定应当报送的其他有关资料。

根据《国家税务总局关于印发非居民企业所得税汇算清缴管理办法的通知》（国税发〔2009〕6 号）的规定，汇算清缴对象（一）依照外国（地区）法律成立且实际管理机构不在中国境内，但在中国境内设立机构、场所的非居民企业（以下称为企业），无论盈利或者亏损，均应按照企业所得税法及本办法规定参加所得税汇算清缴。

二十、什么报酬在税收协定意义上不应是特许权使用费，而应为劳务活动所得？

根据《国家税务总局关于执行税收协定特许权使用费条款有关问题的通知》（国税函〔2009〕507 号）的规定，下列款项或报酬不应是特许权使用费，应为劳务活动所得：

（一）单纯货物贸易项下作为售后服务的报酬；

（二）产品保证期内卖方为买方提供服务所取得的报酬；

（三）专门从事工程、管理、咨询等专业服务的机构或个人提供的相关服务所取得的款项；

（四）国家税务总局规定的其他类似报酬。

上述劳务所得通常适用税收协定营业利润条款的规定，但个别税收协定对此另有特殊规定的除外（如中英税收协定专门列有技术费条款）。

二十一、在执行税收协定时，判定承包商和提供劳务构成常设机构的标准有哪些？

根据《国家税务总局关于印发〈中华人民共和国政府和新加坡共和国政府关于对所得避免双重征税和防止偷漏税的协定〉及议定书条文解释的通知》（国税发〔2010〕75 号）第五条第三款的规定：

第（一）项规定，对于缔约国一方企业在缔约对方的建筑工地，建筑、装配或安装工程，或者与其有关的监督管理活动，仅在此类工地、工程或活动持续时间为六个月以上的，构成常设机构。未达到该规定时间的则不构成常设机构，即使这些活动按照第一款或第二款规定可能构成常设机构。

……

根据第（二）项以及第二议定书第一条的规定，缔约国一方企业派其雇员或其雇佣的其他人员到缔约对方提供劳务，仅以任何十二个月内这些人员为从事劳务活动在对方停留连续或累计超过 183 天的，构成常设机构。

该项规定针对的是缔约国一方企业派其雇员到缔约国另一方从事劳务活动的行为。该行为按本条第一款和第二款规定不构成常设机构，但按本项规定，如活动持续时间达到规定标准，仍构成常设机构……

二十二、在执行税收协定特许权使用费条款时，在转让或许可专有技术使用权过程中，如果技术许可方派人员提供有关支持、指导并收取服务费，这种服务费属于特许权使用费吗？

根据《国家税务总局关于执行税收协定特许权使用费条款有关问题的通知》（国税函〔2009〕507 号）的规定，在转让或许可专有技术使用权过程中如技术许可方派人员为该项技术的使用提供有关支持、指导等服务并收取服务费，无论是单独收取还是包括在技术价款中，均应视为特许权使用费，适用税收协定特许权使用费条款的规定。

二十三、在执行税收协定时，营业利润条款与其他条款的征税关系是怎样的？

根据《国家税务总局关于印发〈中华人民共和国政府和新加坡共和国政府关于对所得避免双重征税和防止偷漏税的协定〉及议定书条文解释的通知》（国税发〔2010〕75 号）第六条的规定，由于企业取得的“利润”既包括从事营业活动取得的经营性所得，也包括其他类型的所得，例如不动产所得、股息、利息等，而对这些其他类型所得的征税原则，协定都有单独的条款规定，所以本条第七款明确企业取得的其他各类所得应按协定各相关条款处理，即其他条款优先。但这一原则仅适用于企业本身取得的所得，如果各类所得由企业设在缔约对方的常设机构取得或与常设机构有实际联系，则不论协定是否对各类所得有单独条款规定，仍应优先执行协定第七条的规定。对此，协定第十条、第十一条以及第十二条都有明确规定。

执行中请注意：

1. 我国对外所签协定有关条款规定与中新协定条款规定内容一致的，中新协定条文解释规定同样适用于其他协定相同条款的解释及执行。

2. 中新协定条文解释与此前下发的有关税收协定解释与执行文件不同的，以中新协定条文解释为准。

二十四、在执行税收协定时，什么是国际运输的附属活动？

根据《国家税务总局关于税收协定执行若干问题的公告》(国家税务总局公告 2018 年第 11 号)的规定，海运和空运条款与《中华人民共和国政府和新加坡共和国政府关于对所得避免双重征税和防止偷漏税的协定》及议定书(以下简称“中新税收协定”)第八条(海运和空运)规定内容一致的，按照以下原则执行：

……

“附属”是指与国际运输业务有关且服务于国际运输业务，属于支持和附带性质。企业就其从事附属于国际运输业务的上述租赁业务取得的收入享受海运和空运条款协定待遇，应满足以下三个条件：

1. 企业工商登记及相关凭证资料能够证明企业主营业务为国际运输；

2. 企业从事的附属业务是其在经营国际运输业务时，从事的对主营业务贡献较小但与主营业务联系非常紧密、不能作为一项单独业务或所得来源的活动；

3. 在一个会计年度内，企业从事附属业务取得的收入占其国际运输业务总收入的比例原则上不超过 10%。

……

本公告自 2018 年 4 月 1 日起施行。《〈中华人民共和国政府和新加坡共和国政府关于对所得避免双重征税和防止偷漏税的协定〉及议定书条文解释》(国税发〔2010〕75 号)第八条和第十七条同时废止。

二十五、哪种情况可直接认定取得股息所得缔约方居民的“受益所有人”身份？

根据《国家税务总局关于税收协定中“受益所有人”有关问题的公告》(国家税务总局公告 2018 年第 9 号)的规定：

……

四、下列申请人从中国取得的所得为股息时，可不根据本公告第二条规定的因素进行综合分析，直接判定申请人具有“受益所有人”身份：

(一)缔约对方政府；

(二)缔约对方居民且在缔约对方上市的公司；

(三)缔约对方居民个人；

(四)申请人被第(一)至(三)项中的一人或多人直接或间接持有 100%股份，且间接持有股份情形下的中间层为中国居民或缔约对方居民。

五、本公告第三条、第四条要求的持股比例应当在取得股息前连续 12 个月以内任何时候均达到规定比例。

……

十二、本公告适用于2018年4月1日及以后发生纳税义务或扣缴义务需要享受税收协定待遇的事项。

二十六、什么是税收协定意义上的国际运输？缔约国双方对国际运输收入如何征税？

根据《国家税务总局关于印发〈中华人民共和国政府和新加坡共和国政府关于对所得避免双重征税和防止偷漏税的协定〉及议定书条文解释的通知》（国税发〔2010〕75号）第三条第一款第五项的规定：第（七）项对“国际运输”一语的定义表明，缔约国一方企业从事以船舶和飞机经营的运输，除了企业经营运输的航程仅在缔约国境内各地之间以外，其余应作为国际运输。作为国际运输同一航程的一部分，在缔约国一方境内各地之间的运输部分也属于‘国际运输’的范围。例如，新加坡航空公司的飞机从新加坡飞抵上海，然后作为同一航程的一部分，继续飞行至北京，那么这两段航程都应属于“国际运输”的范围。

根据《国家税务总局关于税收协定执行若干问题的公告》（国家税务总局公告2018年第11号）的规定，海运和空运条款与《中华人民共和国政府和新加坡共和国政府关于对所得避免双重征税和防止偷漏税的协定》及议定书（以下简称“中新税收协定”）第八条（海运和空运）规定内容一致的，按照以下原则执行：

（一）缔约国一方企业以船舶或飞机从事国际运输业务从缔约国另一方取得的收入，在缔约国另一方免予征税。

从事国际运输业务取得的收入，是指企业以船舶或飞机经营客运或货运取得的收入，以及以程租、期租形式出租船舶或以湿租形式出租飞机（包括所有设备、人员及供应）取得的租赁收入。

（二）上述第（一）项的免税规定也适用于参加合伙经营、联合经营或参加国际经营机构取得的收入。对于多家公司联合经营国际运输业务的税务处理，应由各参股或合作企业就其分得利润分别在其所属居民国纳税。

（三）中新税收协定第八条第三款中“缔约国一方企业从附属于以船舶或飞机经营国际运输业务有关的存款中取得的利息收入”，是指缔约国双方从事国际运输业务的海运或空运企业，从对方取得的运输收入存于对方产生的利息。该利息不适用中新税收协定第十一条（利息）的规定，应视为国际运输业务附带发生的收入，在来源国免予征税。

（四）企业从事以光租形式出租船舶或以干租形式出租飞机，以及使用、保存或出租用于运输货物或商品的集装箱（包括拖车和运输集装箱的有关设备）等租赁业务取得的收入不属于国际运输收入，但根据中新税收协定第八条第四款，附属于国际运输业务的上述租赁业务收入应视同国际运输收入处理。

“附属”是指与国际运输业务有关且服务于国际运输业务，属于支持和附带性质。企业就其从事附属于国际运输业务的上述租赁业务取得的收入享受海运和空运条款协定待遇，应满足以下三个条件：

1. 企业工商登记及相关凭证资料能够证明企业主营业务为国际运输；

2. 企业从事的附属业务是其在经营国际运输业务时，从事的对主营业务贡献较小但与主营业务联系非常紧密、不能作为一项单独业务或所得来源的活动；

3. 在一个会计年度内，企业从事附属业务取得的收入占其国际运输业务总收入的比例原则上不超过10%。

（五）下列与国际运输业务紧密相关的收入应作为国际运输收入的一部分：

1. 为其他国际运输企业代售客票取得的收入；

2. 从市区至机场运送旅客取得的收入；

3. 通过货车从事货仓至机场、码头或者后者至购货者间的运输，以及直接将货物发送至购货者取得的运输收入；

4. 企业仅为其承运旅客提供中转住宿而设置的旅馆取得的收入。

（六）非专门从事国际运输业务的企业，以其拥有的船舶或飞机经营国际运输业务取得的收入属于国际运输收入。

三、海运和空运条款中没有中新税收协定第八条第四款规定的，有关税收协定缔约对方居民从事本公告第二条第（四）项所述租赁业务取得的收入的处理，参照本公告第二条第（四）项执行。

……

七、本公告自2018年4月1日起施行。《〈中华人民共和国政府和新加坡共和国政府关于对所得避免双重征税和防止偷漏税的协定〉及议定书条文解释》（国税发〔2010〕75号）第八条和第十七条同时废止。

执行中请注意：

1. 我国对外所签协定有关条款规定与中新协定条款规定内容一致的，中新协定条文解释规定同样适用于其他协定相同条款的解释及执行；

2. 中新协定条文解释与此前下发的有关税收协定解释与执行文件不同的，以中新协定条文解释为准。

二十七、什么是税收协定意义上的国际运输收入？

根据《国家税务总局关于税收协定执行若干问题的公告》（国家税务总局公告2018年第11号）的规定，海运和空运条款与《中华人民共和国政府和新加坡共和国政府关于对所得避免双重征税和防止偷漏税的协定》及议定书（以下简称“中新税收协定”）第八条（海运和空运）规定内容一致的，按照以下原则执行：

（一）……从事国际运输业务取得的收入，是指企业以船舶或飞机经营客运或货运取得的收入，以及以程租、期租形式出租船舶或以湿租形式出租飞机（包括所有设备、人员及供应）取得的租赁收入。

……

（四）企业从事以光租形式出租船舶或以干租形式出租飞机，以及使用、保存或出租用于运输货物或商品的集装箱（包括拖车和运输集装箱的有关设备）等租赁业务取得的收入不属于国际运输收入，但根据中新税收协定第八条第四款，附属于国际运输业务的上述租赁业务收入应视同国际运输收入处理。

“附属”是指与国际运输业务有关且服务于国际运输业务，属于支持和附带性质。企业就其从事附属于国际运输业务的上述租赁业务取得的收入享受海运和空运条款协定待遇，应满足以下三个条件：

1. 企业工商登记及相关凭证资料能够证明企业主营业务为国际运输；

2. 企业从事的附属业务是其在经营国际运输业务时，从事的对主营业务贡献较小但与主营业务联系非常紧密、不能作为一项单独业务或所得来源的活动；

3. 在一个会计年度内，企业从事附属业务取得的收入占其国际运输业务总收入的比例原则上不超过10％。

（五）下列与国际运输业务紧密相关的收入应作为国际运输收入的一部分：

1. 为其他国际运输企业代售客票取得的收入；

2. 从市区至机场运送旅客取得的收入；

3. 通过货车从事货仓至机场、码头或者后者至购货者间的运输，以及直接将货物发送至购货者取得的运输收入；

4. 企业仅为其承运旅客提供中转住宿而设置的旅馆取得的收入。

（六）非专门从事国际运输业务的企业，以其拥有的船舶或飞机经营国际运输业务取得的收入属于国际运输收入。

……

七、本公告自2018年4月1日起施行。《〈中华人民共和国政府和新加坡共和国政府关于对所得避免双重征税和防止偷漏税的协定〉及议定书条文解释》（国税发〔2010〕75号）第八条和第十七条同时废止。

二十八、在执行税收协定时，缔约国双方对艺术家和运动员的征税权是如何划分的？

根据《国家税务总局关于税收协定执行若干问题的公告》（国家税务总局公告2018年第11号）的规定，演艺人员和运动员条款与中新税收协定第十七条（艺术家和运动员）规定内容一致的，按照以下原则执行：

（一）演艺人员活动包括演艺人员从事的舞台、影视、音乐等各种艺术形式的活动；以演艺人员身份开展的其他个人活动（例如演艺人员开展的电影宣传活动，演艺人员或运动员参加广告拍摄、企业年会、企业剪彩等活动）；具有娱乐性质的涉及政治、社会、宗教或慈善事业的活动。

演艺人员活动不包括会议发言，以及以随行行政、后勤人员（例如摄影师、制片人、导演、舞蹈设计人员、技术人员以及流动演出团组的运送人员等）身份开展的活动。

在商业活动中进行具有演出性质的演讲不属于会议发言。

（二）运动员活动包括参加赛跑、跳高、游泳等传统体育项目的活动；参加高尔夫球、赛马、足球、板球、网球、赛车等运动项目的活动；参加台球、象棋、桥牌比赛、电子竞技等具有娱乐性质的赛事的活动。

（三）以演艺人员或运动员身份开展个人活动取得的所得包括开展演出活动取得的所得（例如出场费），以及与开展演出活动有直接或间接联系的所得（例如广告费）。

对于从演出活动音像制品出售产生的所得中分配给演艺人员或运动员的所得，以及与演艺人员或运动员有关的涉及版权的所得，按照中新税收协定第十二条（特许权使用费）的规定处理。

（四）在演艺人员或运动员直接或间接取得所得的情况下，依据中新税收协定第十七条第一款规定，演出活动发生的缔约国一方可以根据其国内法，对演艺人员或运动员取得的所得征税，不受到中新税收协定第十四条（独立个人劳务）和第十五条（非独立个人劳务）规定的限制。

（五）在演出活动产生的所得全部或部分由其他人（包括个人、公司和其他团体）收取的情况下，如果依据演出活动发生的缔约国一方国内法规定，由其他人收取的所得应被视为由演艺人员或运动员取得，则依据中新税收协定第十七条第一款规定，演出活动发生的缔约国一方可以根据其国内法，向演艺人员或运动员就演出活动产生的所得征税，不受到中新税收协定第十四条（独立个人劳务）和第十五条（非独立个人劳务）规定的限制；如果演出活动发生的缔约国一方不能依据其国内法将由其他人收取的所得视为由演艺人员或运动员取得，则依据中新税收协定第十七条第二款规定，该国可以根据其国内法，向收取所得的其他人就演出活动产生的所得征税，不受到中新税收协定第七条（营业利润）、第十四条（独立个人劳务）和第十五条（非独立个人劳务）规定的限制。

……

本公告自2018年4月1日起施行。《〈中华人民共和国政府和新加坡共和国政府关于对所得避免双重征税和防止偷漏税的协定〉及议定书条文解释》（国税发〔2010〕75号）第八条和第十七条同时废止。

二十九、税收协定中的教育机构和科研机构是指什么？

根据《国家税务总局关于明确我国对外签订税收协定中教师和研究人员条款适用范围的通知》（国税函〔1999〕37号）的规定，税收协定该条文中提到的科研机构，是指国务院、委、直属机构和省、自治区、直辖市、计划单列市所属专门从事科研开发的机构。

根据《国家税务总局关于进一步完善税收协定中教师和研究人员条款执行有关规定的公告》（国家税务总局公告2016年第91号）第一条的规定，税收协定该条款所称“大学、学院、学校或其他政府承认的教育机构”，在我国是指实施学前教育、初等教育、中等教育、高等教育和特殊教育的学校，具体包括幼儿园、普通小学、成人小学、普通初中、职业初中、普通高中、成人高中、中专、成人中专、职业高中、技工学校、特殊教育学校、外籍人员子女学校、普通高校、高职(专科)院校和成人高等学校。培训机构不属于学校。

三十、当填报或提交的资料为外文文本时,报告责任人需要翻译成中文文本吗?

根据《国家税务总局关于发布〈非居民纳税人享受税收协定待遇管理办法〉的公告》(国家税务总局公告 2015 年第 60 号)第十条的规定,按本办法规定填报或报送的资料应采用中文文本。相关资料原件为外文文本的,应当同时提供中文译本。

三十一、非居民可享受但未曾享受税收协定待遇,能否申请追补享受税收协定待遇,退还多缴税款?

根据《国家税务总局关于发布〈非居民纳税人享受税收协定待遇管理办法〉的公告》(国家税务总局公告 2015 年第 60 号)第十四条的规定,非居民纳税人可享受但未享受协定待遇,且因未享受协定待遇而多缴税款的,可在税收征管法规定期限内自行或通过扣缴义务人向主管税务机关要求退还,同时提交本办法第七条规定的报告表和资料,及补充享受协定待遇的情况说明。

主管税务机关应当自接到非居民纳税人或扣缴义务人退还申请之日起 30 日内查实,对符合享受协定待遇条件的办理退还手续。

三十二、纳税人或者扣缴义务人按规定已报告的信息发生变化时,应如何享受税收协定待遇?

根据《国家税务总局关于发布〈非居民纳税人享受税收协定待遇管理办法〉的公告》(国家税务总局公告 2015 年第 60 号)第十五条的规定,非居民纳税人在享受协定待遇后,情况发生变化,但是仍然符合享受协定待遇条件的,应当在下一次纳税申报时或由扣缴义务人在下一次扣缴申报时重新报送本办法第七条规定的报告表和资料。

非居民纳税人情况发生变化,不再符合享受协定待遇条件的,在自行申报的情况下,应当自情况发生变化之日起立即停止享受相关协定待遇,并按国内税收法律规定申报纳税。在源泉扣缴和指定扣缴情况下,应当立即告知扣缴义务人。扣缴义务人得知或发现非居民纳税人不再符合享受协定待遇条件,应当按国内税收法律规定履行扣缴义务。

三十三、同一非居民的同一项所得需要多次享受应提请审批的同一项税收协定待遇的,在多长时间内可免予向同一主管税务机关就同一项所得重复提出审批申请?

根据《国家税务总局关于发布〈非居民纳税人享受税收协定待遇管理办法〉的公告》(国家税务总局公告 2015 年第 60 号)第八条的规定,非居民纳税人享受协定待遇,根据协定条款的不同,分别按如下要求报送本办法第七条规定的报告表和资料:

(一)非居民纳税人享受税收协定独立个人劳务、非独立个人劳务(受雇所得)、政府服务、教师和研究人员、学生条款待遇的,应当在首次取得相关所得并进行纳税申报时,或者由扣缴义务人在首次扣缴申报时,报送相关报告表和资料。在符合享受协定待遇条件且所报告信息未发生变化的情况下,非居民纳税人免于向同一主管税务机关就享受同一条款协定待遇重复报送资料。

（二）非居民纳税人享受税收协定常设机构和营业利润、国际运输、股息、利息、特许权使用费、退休金条款待遇，或享受国际运输协定待遇的，应当在有关纳税年度首次纳税申报时，或者由扣缴义务人在有关纳税年度首次扣缴申报时，报送相关报告表和资料。在符合享受协定待遇条件且所报告信息未发生变化的情况下，非居民纳税人可在报送相关报告表和资料之日所属年度起的三个公历年度内免于向同一主管税务机关就享受同一条款协定待遇重复报送资料。

（三）非居民纳税人享受税收协定财产收益、演艺人员和运动员、其他所得条款待遇的，应当在每次纳税申报时，或由扣缴义务人在每次扣缴申报时，向主管税务机关报送相关报告表和资料。

三十四、如果非居民已经向主管税务机关提交过有关资料，还需要再次提交吗？

根据《国家税务总局关于发布〈非居民纳税人享受税收协定待遇管理办法〉的公告》（国家税务总局公告 2015 年第 60 号）第九条的规定，非居民纳税人在申报享受协定待遇前已根据其他非居民纳税人管理规定向主管税务机关报送本办法第七条第四项规定的合同、协议、董事会或股东会决议、支付凭证等权属证明资料的，免于向同一主管税务机关重复报送，但是应当在申报享受协定待遇时说明前述资料的报送时间。

三十五、非居民需要享受税收协定待遇的，需要办理什么手续？

根据《国家税务总局关于发布〈非居民纳税人享受税收协定待遇管理办法〉的公告》（国家税务总局公告 2015 年第 60 号）第三条的规定，非居民纳税人符合享受协定待遇条件的，可在纳税申报时，或通过扣缴义务人在扣缴申报时，自行享受协定待遇，并接受税务机关的后续管理。

三十六、税收协定待遇是什么？

根据《国家税务总局关于发布〈非居民纳税人享受税收协定待遇管理办法〉的公告》（国家税务总局公告 2015 年第 60 号）第二条第二款的规定，本办法所称协定待遇，是指按照税收协定或国际运输协定可以减轻或者免除按照国内税收法律规定应当履行的企业所得税、个人所得税纳税义务。

三十七、《中华人民共和国政府和大不列颠及北爱尔兰联合王国政府对所得和财产收益避免双重征税和防止偷漏税的协定》及议定书何时生效？适用于何时的所得？

根据《国家税务总局关于〈中华人民共和国政府和大不列颠及北爱尔兰联合王国政府对所得和财产收益避免双重征税和防止偷漏税的协定〉及议定书生效执行的公告》（国家税务总局公告 2014 年第 4 号）的规定，中英双方分别于 2013 年 4 月 12 日和 2013 年 12 月 13 日相互通知已完成该协定和议定书生效所必需的各自国内法律程序。根据协定第二十八条的规定，该协定和议定书自 2013 年 12 月 13 日起生效，并适用于：

一、在中国，2014 年 1 月 1 日或以后开始的纳税年度产生的利润、所得和财产收益；

二、在英国，2014 年 4 月 6 日或以后开始的申报年度的所得税和财产收益税，以及 2014

年 4 月 1 日或以后开始的财政年度的公司税。

三十八、非居民企业间接转让两项以上中国应税财产，应在何处申报缴纳企业所得税？

根据《国家税务总局关于非居民企业间接转让财产企业所得税若干问题的公告》（国家税务总局公告 2015 年第 7 号）的规定，股权转让方通过直接转让同一境外企业股权导致间接转让两项以上中国应税财产，按照本公告的规定应予征税，涉及两个以上主管税务机关的，股权转让方应分别到各所涉主管税务机关申报缴纳企业所得税。

各主管税务机关应相互告知税款计算方法，取得一致意见后组织税款入库；如不能取得一致意见的，应报其共同上一级税务机关协调。

……

本公告自发布之日起施行。本公告发布前发生但未作税务处理的事项，依据本公告执行。

三十九、税收协定列名的免税外国金融机构设在第三国的非法人分支机构取得的利息可以享受税收协定中规定的免税待遇吗？

根据《国家税务总局关于境外分行取得来源于境内利息所得扣缴企业所得税问题的通知》（国税函〔2010〕266 号）的规定，税收协定列名的免税外国金融机构设在第三国的非法人分支机构与其总机构属于同一法人，除税收协定中明确规定只有列名金融机构的总机构可以享受免税待遇情况外，该分支机构取得的利息可以享受中国与其总机构所在国签订的税收协定中规定的免税待遇。

根据《国家税务总局关于发布〈非居民纳税人享受税收协定待遇管理办法〉的公告》（国家税务总局公告 2015 年第 60 号）第八条的规定，非居民纳税人享受协定待遇，根据协定条款的不同，分别按如下要求报送本办法第七条规定的报告表和资料：……（二）非居民纳税人享受税收协定常设机构和营业利润、国际运输、股息、利息、特许权使用费、退休金条款待遇，或享受国际运输协定待遇的，应当在有关纳税年度首次纳税申报时，或者由扣缴义务人在有关纳税年度首次扣缴申报时，报送相关报告表和资料。在符合享受协定待遇条件且所报告信息未发生变化的情况下，非居民纳税人可在报送相关报告表和资料之日所属年度起的三个公历年度内免于向同一主管税务机关就享受同一条款协定待遇重复报送资料。

四十、我国境内机构向我国银行的境外分行支付的贷款利息，是否应代扣代缴企业所得税？

根据《国家税务总局关于境内机构向我国银行的境外分行支付利息扣缴企业所得税有关问题的公告》（国家税务总局公告 2015 年第 47 号）的规定，根据《中华人民共和国企业所得税法》及其实施条例的有关规定，现对我国银行的境外分行业务活动中涉及从境内取得的利息收入有关企业所得税问题，公告如下：

一、本公告所称境外分行是指我国银行在境外设立的不具备所在国家（地区）法人资格的分行。境外分行作为中国居民企业在境外设立的分支机构，与其总机构属于同一法人。

境外分行开展境内业务，并从境内机构取得的利息，为该分行的收入，计入分行的营业利润，按《财政部 国家税务总局关于企业境外所得税收抵免有关问题的通知》（财税〔2009〕125号）的相关规定，与总机构汇总缴纳企业所得税。境内机构向境外分行支付利息时，不代扣代缴企业所得税。

二、境外分行从境内取得的利息，如果据以产生利息的债权属于境内总行或总行其他境内分行的，该项利息应为总行或其他境内分行的收入。总行或其他境内分行和境外分行之间应严格区分此类收入，不得将本应属于总行或其他境内分行的境内业务及收入转移到境外分行。

三、境外分行从境内取得的利息如果属于代收性质，据以产生利息的债权属于境外非居民企业，境内机构向境外分行支付利息时，应代扣代缴企业所得税。

四十一、源泉扣缴的支付方式包括哪些？

根据《中华人民共和国企业所得税法实施条例》（中华人民共和国国务院令第512号）第一百零五条第一款的规定，企业所得税法第三十七条所称支付，包括现金支付、汇拨支付、转账支付和权益兑价支付等货币支付和非货币支付。

四十二、境外投资方间接转让中国居民企业股权，应向哪个税务机关报送相关资料？

《国家税务总局关于非居民企业间接转让财产企业所得税若干问题的公告》（国家税务总局公告2015年第7号）的规定：

……

九、间接转让中国应税财产的交易双方及被间接转让股权的中国居民企业可以向主管税务机关报告股权转让事项，并提交以下资料：

（一）股权转让合同或协议（为外文文本的需同时附送中文译本，下同）；

（二）股权转让前后的企业股权架构图；

（三）境外企业及直接或间接持有中国应税财产的下属企业上两个年度财务、会计报表；

（四）间接转让中国应税财产交易不适用本公告第一条的理由。

十、间接转让中国应税财产的交易双方和筹划方，以及被间接转让股权的中国居民企业，应按照主管税务机关要求提供以下资料：

（一）本公告第九条规定的资料（已提交的除外）；

（二）有关间接转让中国应税财产交易整体安排的决策或执行过程信息；

（三）境外企业及直接或间接持有中国应税财产的下属企业在生产经营、人员、账务、财产等方面的信息，以及内外部审计情况；

（四）用以确定境外股权转让价款的资产评估报告及其他作价依据；

（五）间接转让中国应税财产交易在境外应缴纳所得税情况；

（六）与适用公告第五条和第六条有关的证据信息；

（七）其他相关资料。

……

十六、本公告所称的主管税务机关，是指在中国应税财产被非居民企业直接持有并转让的情况下，财产转让所得应纳企业所得税税款的主管税务机关，应分别按照本公告第二条规定的三种情形确定。

……

十九、本公告自发布之日起施行。本公告发布前发生但未作税务处理的事项，依据本公告执行。《国家税务总局关于加强非居民企业股权转让所得企业所得税管理的通知》(国税函〔2009〕698 号)第五条、第六条及《国家税务总局关于非居民企业所得税管理若干问题的公告》(国家税务总局公告 2011 年第 24 号)第六条第(三)、(四)、(五)项有关内容同时废止。

四十三、主管税务机关在后续管理过程中发现非居民不符合享受协定待遇条件，应当怎么处理？

根据《非居民承包工程作业和提供劳务税收管理暂行办法》(国家税务总局令第 19 号)第二十四条的规定，主管税务机关应对非居民享受协定待遇进行事后管理，审核其提交的报告表和证明资料的真实性和准确性，对其不构成常设机构的情形进行认定。对于不符合享受协定待遇条件且未履行纳税义务的情形，税务机关应该依法追缴其应纳税款、滞纳金及罚款。

《非居民承包工程作业和提供劳务税收管理暂行办法》自 2009 年 3 月 1 日起施行。

《国家税务总局关于发布〈非居民纳税人享受税收协定待遇管理办法〉的公告》(国家税务总局公告 2015 年第 60 号)第二十一条规定，主管税务机关在后续管理过程中，发现非居民纳税人不符合享受协定待遇条件而享受了协定待遇，并少缴或未缴税款的，应通知非居民纳税人限期补缴税款。

非居民纳税人逾期未缴纳税款的，主管税务机关可依据企业所得税法从该非居民纳税人来源于中国的其他所得款项中追缴该非居民纳税人应纳税款，或依据税收征管法的有关规定采取强制执行措施。

第二十六条规定，本办法自 2015 年 11 月 1 日起施行。《国家税务总局关于印发〈非居民享受税收协定待遇管理办法(试行)〉的通知》(国税发〔2009〕124 号)同时全文废止。

四十四、非居民企业转让中国居民企业的股权，如何确认股权转让所得？

根据《国家税务总局关于非居民企业所得税源泉扣缴有关问题的公告》(国家税务总局公告 2017 年第 37 号)的规定，企业所得税法第十九条第二项规定的转让财产所得包含转让股权等权益性投资资产(以下称“股权”)所得。股权转让收入减除股权净值后的余额为股权转让所得应纳税所得额。

股权转让收入是指股权转让人转让股权所收取的对价，包括货币形式和非货币形式的各种收入。

股权净值是指取得该股权的计税基础。股权的计税基础是股权转让人投资入股时向中国居民企业实际支付的出资成本，或购买该项股权时向该股权的原转让人实际支付的股权受让成本。股权在持有期间发生减值或者增值，按照国务院财政、税务主管部门规定可以确认损益的，股权净值应进行相应调整。企业在计算股权转让所得时，不得扣除被投资企业未分配利润等股东留存收益中按该项股权所可能分配的金额。

多次投资或收购的同项股权被部分转让的，从该项股权全部成本中按照转让比例计算确定被转让股权对应的成本。

五、财产转让收入或财产净值以人民币以外的货币计价的，分扣缴义务人扣缴税款、纳税人自行申报缴纳税款和主管税务机关责令限期缴纳税款三种情形，先将以非人民币计价项目金额比照本公告第四条规定折合成人民币金额；再按企业所得税法第十九条第二项及相关规定计算非居民企业财产转让所得应纳税所得额。

财产净值或财产转让收入的计价货币按照取得或转让财产时实际支付或收取的计价币种确定。原计价币种停止流通并启用新币种的，按照新旧货币市场转换比例转换为新币种后进行计算。

四十五、非居民企业取得租金所得应如何计算应纳税所得额？

根据《中华人民共和国企业所得税法》（中华人民共和国主席令第 63 号）第十九条的规定，非居民企业取得本法第三条第三款规定的所得，按照下列方法计算其应纳税所得额：

（一）股息、红利等权益性投资收益和利息、租金、特许权使用费所得，以收入全额为应纳税所得额……

我国与相关国家/地区有税收协定或安排的，遵从协定或安排。

四十六、对于非居民企业的什么所得实行源泉扣缴？

根据《中华人民共和国企业所得税法》（中华人民共和国主席令第 63 号）第三十七条的规定，对非居民企业取得本法第三条第三款规定的所得应缴纳的所得税，实行源泉扣缴，以支付人为扣缴义务人。

四十七、非居民企业已按国内税收法律法规的有关规定征税后，提出享受减免税或税收协定待遇申请的，主管税务机关可以退税吗？

《国家税务总局关于发布〈非居民纳税人享受税收协定待遇管理办法〉的公告》（国家税务总局公告 2015 年第 60 号）第十四条规定，非居民纳税人可享受但未享受协定待遇，且因未享受协定待遇而多缴税款的，可在税收征管法规定期限内自行或通过扣缴义务人向主管税务机关要求退还，同时提交本办法第七条规定的报告表和资料，及补充享受协定待遇的情况说明。

主管税务机关应当自接到非居民纳税人或扣缴义务人退还申请之日起 30 日内查实，对符合享受协定待遇条件的办理退还手续。

第二十条规定，本办法第十四条所述查实时间不包括非居民纳税人或扣缴义务人补充提供资料、个案请示、相互协商、情报交换的时间。税务机关因上述原因延长查实时间的，应书面通知退税申请人相关决定及理由。

第二十六条规定，本办法自2015年11月1日起施行。《国家税务总局关于印发〈非居民享受税收协定待遇管理办法（试行）〉的通知》（国税发〔2009〕124号）同时全文废止。

四十八、取得源泉扣缴范围内所得的非居民企业在中国境内存在多处所得发生地，应如何处理？

根据《国家税务总局关于非居民企业所得税源泉扣缴有关问题的公告》（国家税务总局公告2017年第37号）的规定，非居民企业取得的同一项所得在境内存在多个所得发生地，涉及多个主管税务机关的，在按照企业所得税法第三十九条规定自行申报缴纳未扣缴税款时，可以选择一地办理本公告第九条规定的申报缴税事宜。受理申报地主管税务机关应在受理申报后5个工作日内，向扣缴义务人所在地和同一项所得其他发生地主管税务机关发送《非居民企业税务事项联络函》（见附件），告知非居民企业涉税事项。

四十九、非居民企业取得来源于中国境内的股息、红利等权益性投资收益，应如何计算缴纳企业所得税？

根据《中华人民共和国企业所得税法》（中华人民共和国主席令第63号）第十九条的规定，非居民企业取得本法第三条第三款规定的所得，按照下列方法计算其应纳税所得额：

（一）股息、红利等权益性投资收益和利息、租金、特许权使用费所得，以收入全额为应纳税所得额……

五十、对外税收协定中的外籍教师和研究人员指什么？

根据《国家税务总局关于明确我国对外税收协定中教师和研究人员条款适用范围的通知》（国税函〔1999〕37号）的规定，现根据税收协定该条规定的原则并结合国际通行做法，对该条款所述大学、学院、学校或教育机构或科研机构包括的范围明确如下：

……

二、税收协定该条文中提到的科研机构，是指国务院、委、直属机构和省、自治区、直辖市、计划单列市所属专门从事科研开发的机构。

三、在计算上述单位聘请的外籍教师和研究人员在华停留期及办理有关免税事宜时，仍应按照《财政部税务总局关于对来自同我国签订税收协定国家的教师和研究人员征免个人所得税问题的通知》（〔86〕国税协字第030号）的规定执行。

根据《国家税务总局关于执行税收协定教师和研究人员条款有关问题的公告》（国家税务总局公告2011年第42号）的规定：

一、除税收协定另有明确规定外，税收协定教师和研究人员条款仅适用于与中国境内的学校或研究机构（简称境内机构）有聘用关系的教师和研究人员。聘用关系是指相关教师或研究人员与境内机构间签有聘用合同，或虽未有明确的聘用合同，但其在境内机构担任职务并且实际从事的教学、讲学或研究活动的内容、方式、时间等均由境内机构安排或控制的情况。

凡与境内机构没有上述聘用关系，而以独立身份或者以非境内机构的雇员身份在中国境内从事教学、讲学或研究活动的人员，以及受境外教育机构的指派为该境外教育机构与境内机构的合作项目开展相关教学活动的人员，不适用税收协定教师和研究人员条款的规定。上述合作项目指境外教育机构与境内机构以各自名义合作开展的相关教学活动项目，不包括中外教育机构联合在中国境内成立的独立教育机构。

二、税收协定教师和研究人员条款规定的教学、讲学或研究包括按照聘用单位要求在境内外进行的各种教学、讲学或研究活动，以及在承担教学、讲学或研究活动的同时，承担的相关规划、咨询和行政管理等活动。但不包括仅从事规划、咨询和行政管理的活动。在承担此类规划、咨询和行政管理活动中偶尔从事的讲座活动不应视为承担了教学、讲学或研究活动。

三、上述境内机构应限于《国家税务总局关于明确我国对外签订税收协定中教师和研究人员条款适用范围的通知》(国税函〔1999〕37 号)规定的范围。

根据《国家税务总局关于进一步完善税收协定中教师和研究人员条款执行有关规定的公告》(国家税务总局公告 2016 年第 91 号)第一条的规定，税收协定该条款所称“大学、学院、学校或其他政府承认的教育机构”，在我国是指实施学前教育、初等教育、中等教育、高等教育和特殊教育的学校，具体包括幼儿园、普通小学、成人小学、普通初中、职业初中、普通高中、成人高中、中专、成人中专、职业高中、技工学校、特殊教育学校、外籍人员子女学校、普通高校、高职(专科)院校和成人高等学校。培训机构不属于学校。

五十一、非居民企业有哪些所得免征企业所得税？

根据《中华人民共和国企业所得税法实施条例》(中华人民共和国国务院令第 512 号)第九十一条的规定，下列所得可以免征企业所得税：

(一)外国政府向中国政府提供贷款取得的利息所得；

(二)国际金融组织向中国政府和居民企业提供优惠贷款取得的利息所得；

(三)经国务院批准的其他所得。

根据《财政部 国家税务总局关于执行企业所得税优惠政策若干问题的通知》(财税〔2009〕69 号)的规定，实施条例第九十一条第(二)项所称国际金融组织，包括国际货币基金组织、世界银行、亚洲开发银行、国际开发协会、国际农业发展基金、欧洲投资银行以及财政部和国家税务总局确定的其他国际金融组织；所称优惠贷款，是指低于金融企业同期同类贷款利率水平的贷款。

五十二、外籍个人和港澳台居民个人储蓄存款利息所得如何缴纳个人所得税？

根据《国家税务总局关于外籍个人和港澳台居民个人储蓄存款利息所得个人所得税有关问题的通知》(国税发〔1999〕201 号)的规定：

(一)根据《维也纳外交关系公约》的有关法规，外国驻华使领馆外交官及相当于外交官身份的人员在中国境内储蓄机构取得的储蓄存款利息所得，不属于该公约法规的免税范围，应征收储蓄存款利息所得个人所得税。

（二）外国居民取得的储蓄存款利息所得，可以享受有关税收协定法规的限制税率待遇，但须按有关法规填报《外国居民享受避免双重征税协定待遇申请表》。1999年11月1日对个人储蓄存款利息所得开始征税后，取得储蓄存款利息所得的外国居民由于种种原因未能填报《外国居民享受避免双重征税协定待遇申请表》的，自1999年11月1日至2000年10月31日止，可凭其护照或其他有效证件及居民国税务主管当局为其签发的居民证明，直接向储蓄机构办理享受税收协定待遇手续。储蓄机构审核，并将有关情况进行详细记录或留存有关证件的复印件后，直接按协定法规的限制税率代扣税款。从2000年11月1日1起，外国居民享受税收协定待遇，必须按要求填报《外国居民享受避免双重征税协定待遇申请表》。

（三）对非税收协定缔约国的居民和港澳台居民个人，取得的储蓄存款利息所得，应依照国务院《对储蓄存款利息所得征收个人所得税的实施办法》法规的税率征收税款。

根据《国务院关于修改〈对储蓄存款利息所得征收个人所得税的实施办法〉的决定》（中华人民共和国国务院令第502号发布）第四条的规定，储蓄存款在1999年10月31日前孳生的利息所得，不征收个人所得税；储蓄存款在1999年11月1日至2007年8月14日孳生的利息所得，按照20%的比例税率征收个人所得税；储蓄存款在2007年8月15日后孳生的利息所得，按照5%的比例税率征收个人所得税。

根据《财政部 国家税务总局关于储蓄存款利息所得有关个人所得税政策的通知》（财税〔2008〕132号）的规定，为配合国家宏观调控政策需要，经国务院批准，自2008年10月9日起，对储蓄存款利息所得暂免征收个人所得税。

五十三、在中国境内无住所，而在一个纳税年度中在中国境内连续或累计居住不超过90日或不超过183日的个人，如何计算个人所得税应纳税所得额？

根据《国家税务总局关于在中国境内无住所的个人取得工资薪金所得纳税义务问题的通知》（国税发〔1994〕148号）第二条的规定，根据税法第一条第二款和实施条例第七条以及税收协定的有关规定，在中国境内无住所而在一个纳税年度中在中国境内连续或累计工作不超过90日或在税收协定规定的期间在中国境内连续或累计居住不超过183日的个人，由中国境外雇主支付并且不是由该雇主的中国境内机构负担的工资薪金，免予申报缴纳个人所得税。对前述个人应仅就其实际在中国境内工作期间由中国境内企业或个人雇主支付或者由中国境内机构负担的工资薪金所得申报纳税。凡是该中国境内企业、机构属于采取核定利润方法计征企业所得税或没有营业收入而不征收企业所得税的，在该中国境内企业、机构任职、受雇的个人实际在中国境内工作期间取得的工资薪金，不论是否在该中国境内企业、机构会计账簿中有记载，均应视为该中国境内企业支付或由该中国境内机构负担的工资薪金。

上述个人每月应纳的税款应按税法规定的期限申报缴纳。

根据《国家税务总局关于在中国境内无住所的个人执行税收协定和个人所得税法若干问题的通知》(国税发〔2004〕97 号)第三条第一款的规定，按国税发〔1994〕148 号第二条规定负有纳税义务的个人应适用下述公式：

应纳税额=(当月境内外工资薪金应纳税所得额×适用税率-速算扣除数)×(当月境内支付工资÷当月境内外支付工资总额)×(当月境内工作天数÷当月天数)

如果上款所述各类个人取得的是日工资薪金或者不满一个月工资薪金，均仍应按照国税发〔1994〕148 号文第六条第二款的规定换算为月工资后，按照上述公式计算其应纳税额。

五十四、在执行税收协定时，“公司股份价值 50%以上直接或间接由位于中国的不动产所组成”指什么?

根据《国家税务总局关于印发〈中华人民共和国政府和新加坡共和国政府关于对所得避免双重征税和防止偷漏税的协定〉及议定书条文解释的通知(国税发〔2010〕75 号)第十三条第四款的规定，公司股份价值 50%以上直接或间接由位于中国的不动产所组成，是指公司股份被转让之前的一段时间(目前该协定对具体时间未作规定，执行中可暂按三年处理)内任一时间，被转让股份的公司直接或间接持有位于中国的不动产价值占公司全部财产价值的比率在 50%以上。

执行中请注意：

1. 我国对外所签协定有关条款规定与中新协定条款规定内容一致的，中新协定条文解释规定同样适用于其他协定相同条款的解释及执行；

2. 中新协定条文解释与此前下发的有关税收协定解释与执行文件不同的，以中新协定条文解释为准。

根据《国家税务总局关于税收协定中财产收益条款有关问题的公告》(国家税务总局公告 2012 年第 59 号)第二条的规定，根据“国税发〔2010〕75 号所附条文解释”规定，公司股份价值 50%以上直接或间接由位于中国的不动产所组成，是指公司股份被转让之前的一段时间(目前该协定对具体时间未作规定，执行中可暂按三年处理)内任一时间，被转让股份的公司直接或间接持有位于中国的不动产价值占公司全部财产价值的比率在 50%以上。该规定所述及的公司股份被转让之前的三年是指公司股份被转让之前(不含转让当月)的连续 36 个公历月份。

五十五、在执行税收协定时，理解常设机构概念时，除其特点外，还应注意哪些问题?

根据《国家税务总局关于印发〈中华人民共和国政府和新加坡共和国政府关于对所得避免双重征税和防止偷漏税的协定〉及议定书条文解释的通知》(国税发〔2010〕75 号)第五条第二款列举了在通常情况下构成常设机构的场所。这些列举并非是穷尽的，并不影响对其他场所按照第一款概括性的定义进行常设机构判定。在理解时应注意：

(一)列举中第一项“管理场所”是指代表企业负有部分管理职责的办事处或事务所等场所，不同于总机构，也不同于作为判定居民公司标准的“实际管理机构”。

(二)列举中最后一项“矿场、油井或气井、采石场或者其他开采自然资源的场所”是指经过投资,拥有开采经营权或与之相关的合同权益,并从事生产经营的场所。至于为勘探或开发上述矿藏资源的承包工程作业,则应按照本协定第五条第三款第(一)项的规定,根据作业持续的时间是否超过六个月来判断其是否构成常设机构。

执行中请注意:

1. 我国对外所签协定有关条款规定与中新协定条款规定内容一致的,中新协定条文解释规定同样适用于其他协定相同条款的解释及执行。

2. 中新协定条文解释与此前下发的有关税收协定解释与执行文件不同的,以中新协定条文解释为准。

五十六、《中华人民共和国政府和新加坡共和国政府关于对所得避免双重征税和防止偷漏税的协定》第十三条第四款,以及国税发〔2010〕75号文件附的《〈中华人民共和国政府和新加坡共和国政府关于对所得避免双重征税和防止偷漏税的协定〉及议定书条文解释》所述的公司财产和不动产应如何计算?

根据《国家税务总局关于税收协定中财产收益条款有关问题的公告》(国家税务总局公告2012年第59号)第三条的规定,“中新税收协定”第十三条第四款以及“国税发〔2010〕75号所附条文解释”所述的公司财产和不动产均应按照当时有效的中国会计制度有关资产(不考虑负债)处理的规定进行确认和计价,但相关不动产所含土地或土地使用权价值额不得低于按照当时可比相邻或同类地段的市场价格计算的数额。

纳税人不能按照上款规定进行可靠计算的,相关资产确认和计价由税务机关参照上款规定合理估定。

五十七、《中华人民共和国政府和新加坡共和国政府关于对所得避免双重征税和防止偷漏税的协定》第十三条第四款,以及国税发〔2010〕75号文件附的《〈中华人民共和国政府和新加坡共和国政府关于对所得避免双重征税和防止偷漏税的协定〉及议定书条文解释》所述的不动产包括什么?

根据《国家税务总局关于税收协定中财产收益条款有关问题的公告》(国家税务总局公告2012年第59号)第一条的规定,“中新税收协定”第十三条第四款,以及国税发〔2010〕75号所附的《〈中华人民共和国政府和新加坡共和国政府关于对所得避免双重征税和防止偷漏税的协定〉及议定书条文解释》(以下称“国税发〔2010〕75号所附条文解释”)所述的不动产,均应包括各种营业用或非营业用房屋等建筑物和土地使用权,以及附属于不动产的财产。

五十八、源泉扣缴的扣缴义务人代扣的税款应在多少日内缴入国库?

根据《中华人民共和国企业所得税法》(中华人民共和国主席令第63号)第四十条的规定,扣缴义务人每次代扣的税款,应当自代扣之日起七日内缴入国库,并向所在地的税务机关报送扣缴企业所得税报告表。

五十九、来源于中国境内、境外的所得按照什么原则确定?

根据《中华人民共和国企业所得税法实施条例》(中华人民共和国国务院令第512号)第七条的规定,企业所得税法第三条所称来源于中国境内、境外的所得,按照以下原则确定:

(一)销售货物所得,按照交易活动发生地确定;

(二)提供劳务所得,按照劳务发生地确定;

(三)转让财产所得,不动产转让所得按照不动产所在地确定,动产转让所得按照转让动产的企业或者机构、场所所在地确定,权益性投资资产转让所得按照被投资企业所在地确定;

(四)股息、红利等权益性投资所得,按照分配所得的企业所在地确定;

(五)利息所得、租金所得、特许权使用费所得,按照负担、支付所得的企业或者机构、场所所在地确定,或者按照负担、支付所得的个人的住所地确定;

(六)其他所得,由国务院财政、税务主管部门确定。

六十、什么是源泉扣缴的到期应支付款项?

根据《中华人民共和国企业所得税法实施条例》(中华人民共和国国务院令第512号)第一百零五条第二款的规定,企业所得税法第三十七条所称到期应支付的款项,是指支付人按照权责发生制原则应当计入相关成本、费用的应付款项。

六十一、什么是源泉扣缴的支付人?

根据《中华人民共和国企业所得税法实施条例》(中华人民共和国国务院令第512号)第一百零四条的规定,企业所得税法第三十七条所称支付人,是指依照有关法律规定或者合同约定对非居民企业直接负有支付相关款项义务的单位或者个人。

六十二、非居民企业从我国居民企业获得股息能否享受税收协定待遇?

《国家税务总局关于下发协定股息税率情况一览表的通知》(国税函〔2008〕112号)规定,根据《中华人民共和国企业所得税法》及其实施条例的规定,2008年1月1日起,非居民企业从我国居民企业获得的股息将按照10%的税率征收预提所得税,但是,我国政府同外国政府订立的关于对所得避免双重征税和防止偷漏税的协定以及内地与香港、澳门间的税收安排(以下统称“协定”),与国内税法有不同规定的,依照协定的规定办理。

六十三、中国居民企业向境外H股非居民企业股东派发2008年及以后年度股息时,应如何代扣代缴企业所得税?能否申请享受税收协定待遇?

根据《国家税务总局关于中国居民企业向境外H股非居民企业股东派发股息代扣代缴企业所得税有关问题的通知》(国税函〔2008〕897号)的规定,中国居民企业向境外H股非居民企业股东派发2008年及以后年度股息时,统一按10%的税率代扣代缴企业所得税。

非居民企业股东在获得股息之后,可以自行或通过委托代理人或代扣代缴义务人,向主管税务机关提出享受税收协定(安排)待遇的申请,提供证明自己为符合税收协定(安排)规定的实际受益所有人的资料。主管税务机关审核无误后,应就已征税款和根据税收协定

(安排)规定税率计算的应纳税款的差额予以退税。

六十四、对非居民企业在中国境内取得工程作业和劳务所得应缴纳的所得税，税务机关可以指定扣缴义务人吗？

根据《中华人民共和国企业所得税法》(中华人民共和国主席令第 63 号)第三十八条的规定，对非居民企业在中国境内取得工程作业和劳务所得应缴纳的所得税，税务机关可以指定工程价款或者劳务费的支付人为扣缴义务人。

六十五、境内机构和个人从境外取得的支付凭证，是否可以作为计账核算的凭证？

根据《非居民承包工程作业和提供劳务税收管理暂行办法》(国家税务总局令第 19 号)第二十三条的规定，境内机构和个人从境外取得的付款凭证，主管税务机关对其真实性有疑义的，可要求其提供境外公证机构或者注册会计师的确认证明，经税务机关审核认可后，方可作为计账核算的凭证。

《非居民承包工程作业和提供劳务税收管理暂行办法》自 2009 年 3 月 1 日起施行。

六十六、非居民企业在中国境内承包工程作业或提供劳务的指定扣缴义务人未依法履行扣缴义务或无法履行扣缴义务的处理方法是什么？

《非居民承包工程作业和提供劳务税收管理暂行办法》(国家税务总局令第 19 号)第十六条规定，扣缴义务人未依法履行扣缴义务或无法履行扣缴义务的，由非居民企业在项目所在地申报缴纳。主管税务机关应自确定未履行扣缴义务之日起 15 日内通知非居民企业在项目所在地申报纳税。

第十七条规定，非居民企业逾期仍未缴纳税款的，项目所在地主管税务机关应自逾期之日起 15 日内，收集该非居民企业从中国境内取得其他收入项目的信息，包括收入类型，支付人的名称、地址，支付金额、方式和日期等，并向其他收入项目支付人(以下简称其他支付人)发出《非居民企业欠税追缴告知书》(见附件 7)，并依法追缴税款和滞纳金。

非居民企业从中国境内取得其他收入项目，包括非居民企业从事其他工程作业或劳务项目所得，以及企业所得税法第三条第二、三款规定的其他收入项目。非居民企业有多个其他支付人的，项目所在地主管税务机关应根据信息准确性、收入金额、追缴成本等因素确定追缴顺序。

第十八条规定，其他支付人主管税务机关应当提供必要的信息，协助项目所在地主管税务机关执行追缴事宜。

《非居民承包工程作业和提供劳务税收管理暂行办法》自 2009 年 3 月 1 日起施行。

六十七、非居民企业扣缴申报应使用什么报表？

根据《国家税务总局关于发布〈中华人民共和国非居民企业所得税年度纳税申报表〉等报表的公告》(国家税务总局公告 2015 年第 30 号)的规定：

……

二、《中华人民共和国扣缴企业所得税报告表》适用于扣缴义务人，包括法定扣缴义务人和指定扣缴义务人，以及扣缴义务人未依法扣缴或者无法履行扣缴义务情况下自行申报的纳税人，按次或按期扣缴或申报企业所得税税款时填报。

三、本公告自 2015 年 7 月 1 日起施行。《国家税务总局关于印发〈中华人民共和国非居民企业所得税申报表〉等报表的通知》（国税函〔2008〕801 号）同时废止。

六十八、非居民企业预缴和年度申报应使用什么报表？

根据《国家税务总局关于发布〈中华人民共和国非居民企业所得税年度纳税申报表〉等报表的公告》（国家税务总局公告 2015 年第 30 号）的规定，《中华人民共和国非居民企业所得税季度纳税申报表（适用于据实申报企业）》适用于非居民企业预缴季度税款时填报。《中华人民共和国非居民企业所得税年度纳税申报表（适用于据实申报企业）》适用于非居民企业年度企业所得税汇算清缴时填报，其中附表《金融企业收入明细表》、《金融企业支出明细表》和《对外合作开采石油企业勘探开发费用年度明细表》，由特定行业企业填报，一般企业无需填报。《中华人民共和国非居民企业所得税季度和年度纳税申报表（适用于核定征收企业）/（不构成常设机构和国际运输免税申报）》适用于非居民企业预缴季度税款、年度企业所得税汇算清缴时填报，同时，不构成常设机构和国际运输免税申报也使用本表。

六十九、非居民企业取得间接转让中国应税财产所得，应如何进行税务处理？

根据《国家税务总局关于非居民企业间接转让财产企业所得税若干问题的公告》（国家税务总局公告 2015 年第 7 号）的规定：

……

二、适用本公告第一条规定的股权转让方取得的转让境外企业股权所得归属于中国应税财产的数额（以下称间接转让中国应税财产所得），应按以下顺序进行税务处理：

（一）对归属于境外企业及直接或间接持有中国应税财产的下属企业在中国境内所设机构、场所财产的数额（以下称间接转让机构、场所财产所得），应作为与所设机构、场所有实际联系的所得，按照企业所得税法第三条第二款规定征税；

（二）除适用本条第（一）项规定情形外，对归属于中国境内不动产的数额（以下称间接转让不动产所得），应作为来源于中国境内的不动产转让所得，按照企业所得税法第三条第三款规定征税；

（三）除适用本条第（一）项或第（二）项规定情形外，对归属于在中国居民企业的权益性投资资产的数额（以下称间接转让股权所得），应作为来源于中国境内的权益性投资资产转让所得，按照企业所得税法第三条第三款规定征税。

……

十九、本公告自发布之日起施行。本公告发布前发生但未作税务处理的事项，依据本公告执行。

七十、非居民企业间接转让中国财产，何种情况下应直接认定为不具有合理商业目的？

根据《国家税务总局关于非居民企业间接转让财产企业所得税若干问题的公告》（国家

税务总局公告 2015 年第 7 号)的规定,除本公告第五条和第六条规定情形外,与间接转让中国应税财产相关的整体安排同时符合以下情形的,无需按本公告第三条进行分析和判断,应直接认定为不具有合理商业目的:

(一)境外企业股权 75%以上价值直接或间接来自于中国应税财产;

(二)间接转让中国应税财产交易发生前一年内任一时点,境外企业资产总额(不含现金)的 90%以上直接或间接由在中国境内的投资构成,或间接转让中国应税财产交易发生前一年内,境外企业取得收入的 90%以上直接或间接来源于中国境内;

(三)境外企业及直接或间接持有中国应税财产的下属企业虽在所在国家(地区)登记注册,以满足法律所要求的组织形式,但实际履行的功能及承担的风险有限,不足以证实其具有经济实质;

(四)间接转让中国应税财产交易在境外应缴所得税税负低于直接转让中国应税财产交易在中国的可能税负。

……

本公告自发布之日起施行。本公告发布前发生但未作税务处理的事项,依据本公告执行。

七十一、非居民企业间接转让中国财产,是否需要报送相关资料?

根据《国家税务总局关于非居民企业间接转让财产企业所得税若干问题的公告》(国家税务总局公告 2015 年第 7 号)的规定,间接转让中国应税财产的交易双方及被间接转让股权的中国居民企业可以向主管税务机关报告股权转让事项,并提交以下资料:

(一)股权转让合同或协议(为外文文本的需同时附送中文译本,下同);

(二)股权转让前后的企业股权架构图;

(三)境外企业及直接或间接持有中国应税财产的下属企业上两个年度财务、会计报表;

(四)间接转让中国应税财产交易不适用本公告第一条的理由。

……

本公告自发布之日起施行。本公告发布前发生但未作税务处理的事项,依据本公告执行。

七十二、外籍个人在中国境内担任企业董事或高层管理职务,其取得的工资薪金或董事费所得是否需要在中国境内申报缴纳个人所得税?

根据《国家税务总局关于在中国境内无住所的个人取得工资薪金所得纳税义务问题的通知》(国税发〔1994〕148 号)第五条的规定,担任中国境内企业董事或高层管理职务的个人,其取得的由该中国境内企业支付的董事费或工资薪金,不适用本通知第二条、第三条的规定,而应自其担任该中国境内企业董事或高层管理职务起,至其解除上述职务止的期间,不论其是否在中国境外履行职务,均应申报缴纳个人所得税;其取得的由中国境外企业支付的工资薪金,应依照本通知第二条、第三条、第四条的规定确定纳税义务。

根据《国家税务总局关于在中国境内无住所的个人计算缴纳个人所得税若干具体问题的通知》(国税函发〔1995〕125号)第三条的规定,通知第五条所述中国境内企业高层管理职务,是指公司正、副(总)经理、各职能总师、总监及其他类似公司管理层的职务。

根据《国家税务总局关于明确个人所得税若干政策执行问题的通知》(国税发〔2009〕121号)第二条的规定,《国家税务总局关于印发〈征收个人所得税若干问题的规定〉的通知》(国税发〔1994〕89号)第八条规定的董事费按劳务报酬所得项目征税方法,仅适用于个人担任公司董事、监事,且不在公司任职、受雇的情形。

个人在公司(包括关联公司)任职、受雇,同时兼任董事、监事的,应将董事费、监事费与个人工资收入合并,统一按工资、薪金所得项目缴纳个人所得税。

七十三、中国与新加坡之间税收协定的税种是否只包括所得税?

根据《国家税务总局关于印发〈中华人民共和国政府和新加坡共和国政府关于对所得避免双重征税和防止偷漏税的协定〉及议定书条文解释的通知》(国税发〔2010〕75号)第二条第三款是对协定适用税种的列举。原则上本协定不适用于列举税种之外的其他税种。但根据协定议定书第二条的约定,新加坡居民以船舶或飞机从事国际运输业务取得的收入在中国适用本协定时,除所得税外还包括营业税。

七十四、什么是资本非歧视待遇?

根据《国家税务总局关于印发〈中华人民共和国政府和新加坡共和国政府关于对所得避免双重征税和防止偷漏税的协定〉及议定书条文解释的通知》(国税发〔2010〕75号)第二十三条第四款的规定,缔约国一方不能对资本全部或部分、直接或间接由缔约国另一方一个或多个居民拥有或控制的企业,在税收上给予歧视待遇。即对由新加坡居民投资的中国居民企业在税收待遇上应与类似的中国居民企业一致。

七十五、外籍纳税人在中国多地工作如何确定纳税地点?

根据《国家税务总局关于个人所得税自行纳税申报有关问题的公告》(国家税务总局公告2018年第62号)第六条的规定,非居民个人在中国境内从两处以上取得工资、薪金所得的,应当在取得所得的次月15日内,向其中一处任职、受雇单位所在地主管税务机关办理纳税申报,并报送《个人所得税自行纳税申报表(A表)》。

七十六、对沙籍个人在境内提供独立个人劳务是否征收个人所得税?

根据《国家税务总局关于印发中沙两国政府避免双重征税协定文本并请做好执行准备的通知》(国税函〔2006〕138号)第十四条的规定,缔约国一方居民由于专业性劳务或者其他独立性活动取得的所得,应仅在该缔约国征税。但具有以下情况之一的,可以在缔约国另一方征税:

(一)在缔约国另一方为从事上述活动设有经常使用的固定基地。在这种情况下,该缔约国另一方可以仅对属于该固定基地的所得征税;

(二)在有关纳税年度中在缔约国另一方停留连续或累计达到或超过一百八十三天。

在这种情况下，该缔约国另一方可以仅对在该缔约国进行活动取得的所得征税；

（三）在缔约国另一方从事活动取得的由该缔约国另一方居民支付的、或由设立在该缔约国另一方的常设机构或固定基地负担的报酬在一个纳税年度内超过三万美元或等值的中国或沙特货币。

“专业性劳务”一语特别包括独立的科学、文学、艺术、教育或教学活动，以及医师、律师、工程师、建筑师、牙医师和会计师的独立活动。

七十七、在执行税收协定时，特许权使用费适用税收协定什么条款？协定规定税率低于法律规定税率的，应如何适用协定税率？

根据《国家税务总局关于执行税收协定特许权使用费条款有关问题的通知》（国税函〔2009〕507 号）的规定，凡税收协定特许权使用费定义中明确包括使用工业、商业、科学设备收取的款项（即我国税法有关租金所得）的，有关所得应适用税收协定特许权使用费条款的规定。税收协定对此规定的税率低于税收法律规定税率的，应适用税收协定规定的税率。

七十八、在执行税收协定特许权使用费条款时，如果服务提供方在服务过程中使用专门知识或技术，但不转让或许可技术，此类服务属于特许权使用费吗？

根据《国家税务总局关于执行税收协定特许权使用费条款有关问题的通知》（国税函〔2009〕507 号）的规定，在服务合同中，如果服务提供方提供服务过程中使用了某些专门知识和技术，但并不转让或许可这些技术，则此类服务不属于特许权使用费范围。

七十九、在执行税收协定特许权使用费条款时，如果服务提供方提供服务形成的成果属于税收协定特许权使用费定义范围，且服务提供方仍拥有对该成果的所有权，服务接受方仅有使用权，产生的所得适用税收协定什么条款的规定？

根据《国家税务总局关于执行税收协定特许权使用费条款有关问题的通知》（国税函〔2009〕507 号）的规定，如果服务提供方提供服务形成的成果属于税收协定特许权使用费定义范围，并且服务提供方仍保有该项成果的所有权，服务接受方对此成果仅有使用权，则此类服务产生的所得，适用税收协定特许权使用费条款的规定。

八十、内地与香港新《安排》对受雇所得判定纳税义务规定的时间是什么？

根据《国家税务总局关于〈内地和香港特别行政区关于对所得避免双重征税和防止偷漏税的安排〉有关条文解释和执行问题的通知》（国税函〔2007〕403 号）第八条第一款的规定，“在有关纳税年度开始或终了的任何十二个月停留连续或累计不超过 183 天”一语，是指以任何入境日所在月份往后计算的每 12 个月或以任何离境日所在月份往前计算的 12 个月中停留连续或累计不超过 183 天。

八十一、在执行税收协定特许权使用费条款时，在转让或许可专有技术使用权过程中，如果技术许可方派人员提供的服务已构成常设机构，应如何处理？

根据《关于执行税收协定特许权使用费条款有关问题的通知》（国税函〔2009〕507 号）第五条的规定，如上述人员的服务已构成常设机构，则对服务部分的所得应适用税收协定营业利润条款的规定。如果纳税人不能准确计算应归属常设机构的营业利润，则税务机关可根据税收协定常设机构利润归属原则予以确定。

《国家税务总局关于税收协定有关条款执行问题的通知》（国税函〔2010〕46 号）第一条规定，转让专有技术使用权涉及的技术服务活动应视为转让技术的一部分，由此产生的所得属于税收协定特许权使用费范围。但根据协定关于特许权使用费受益所有人通过在特许权使用费发生国设立的常设机构进行营业，并且据以支付该特许权使用费的权利与常设机构有实际联系的相关规定，如果技术许可方派遣人员到技术使用方为转让的技术提供服务，并提供服务时间已达到按协定常设机构规定标准，构成了常设机构的情况下，对归属于常设机构部分的服务收入应执行协定第七条营业利润条款的规定，对提供服务的人员执行协定非独立个人劳务条款的相关规定；对未构成常设机构的或未归属于常设机构的服务收入仍按特许权使用费规定处理。

第二条规定，如果技术受让方在合同签订后即支付费用，包括技术服务费，即事先不能确定提供服务时间是否构成常设机构的，可暂执行特许权使用费条款的规定；待确定构成常设机构，且认定有关所得与该常设机构有实际联系后，按协定相关条款的规定，对归属常设机构利润征收企业所得税及对相关人员征收个人所得税时，应将已按特许权使用费条款规定所做的处理作相应调整。

八十二、如何判定外籍个人在中国有申报缴纳个人所得税的纳税义务？

根据《关于修改〈中华人民共和国个人所得税法〉的决定》（中华人民共和国主席令第 48 号）第一条的规定，在中国境内有住所，或者无住所而在境内居住满一年的个人，从中国境内和境外取得的所得，依照本法规定缴纳个人所得税。在中国境内无住所又不居住或者无住所而在境内居住不满一年的个人，从中国境内取得的所得，依照本法规定缴纳个人所得税。

《关于修改〈中华人民共和国个人所得税法实施条例〉的决定》（中华人民共和国国务院令第 600 号）第二条规定，税法第一条第一款所说的在中国境内有住所的个人，是指因户籍、家庭、经济利益关系而在中国境内习惯性居住的个人。

第三条规定，税法第一条第一款所说的在境内居住满一年，是指在一个纳税年度中在中国境内居住 365 日。临时离境的，不扣减日数。前款所说的临时离境，是指在一个纳税年度中一次不超过 30 日或者多次累计不超过 90 日的离境。

第四条规定，税法第一条第一款、第二款所说的从中国境内取得的所得，是指来源于中国境内的所得；所说的从中国境外取得的所得，是指来源于中国境外的所得。

第五条规定，下列所得，不论支付地点是否在中国境内，均为来源于中国境内的所得：

（一）因任职、受雇、履约等而在中国境内提供劳务取得的所得；

（二）将财产出租给承租人在中国境内使用而取得的所得；

（三）转让中国境内的建筑物、土地使用权等财产或者在中国境内转让其他财产取得的所得；

（四）许可各种特许权在中国境内使用而取得的所得；

（五）从中国境内的公司、企业以及其他经济组织或者个人取得的利息、股息、红利所得。

第六条规定，在中国境内无住所，但是居住一年以上五年以下的个人，其来源于中国境外的所得，经主管税务机关批准，可以只就由中国境内公司、企业以及其他经济组织或者个人支付的部分缴纳个人所得税；居住超过五年的个人，从第六年起，应当就其来源于中国境外的全部所得缴纳个人所得税。

第七条规定，在中国境内无住所，但是在一个纳税年度中在中国境内连续或者累计居住不超过90日的个人，其来源于中国境内的所得，由境外雇主支付并且不由该雇主在中国境内的机构、场所负担的部分，免予缴纳个人所得税。

八十三、核实个人工资薪金及实际在中国境内工作期间的凭据证明有哪些？

根据《国家税务总局关于在中国境内无住所的个人计算缴纳个人所得税若干具体问题的通知》（国税函发〔1995〕125号）第五条的规定，凡属依据税法及其实施条例以及通知的规定，应就境外雇主支付的工资薪金申报纳税的个人，或者依据通知第二条、第四条的规定，应就视为由中国境内企业、机构支付或负担的工资薪金申报纳税的个人，应如实申报上述工资薪金数额及在中国境内的工作期间，并提供支付工资证明及必要的公证证明和居住时间的有效凭证。前述居住时间的有效凭证，包括护照、港澳同胞还乡证、台湾同胞"往来大陆通行证"以及主管税务机关认为有必要提供的其他证明凭据。

八十四、香港独立个人劳务活动的纳税相关规定是什么？

根据《国家税务总局关于〈内地和香港特别行政区关于对所得避免双重征税和防止偷漏税的安排〉有关条文解释和执行问题的通知》（国税函〔2007〕403号）第九条的规定，关于独立个人劳务活动《安排》第三条对"企业"的定义包括了法人实体和个人，对"经营"的定义包括了法人实体和个人的经营活动。因此，《安排》中不再单列独立个人劳务条款。对独立个人劳务活动，可根据常设机构条款规定判定纳税义务。如香港居民以独立个人身份在内地从事经营活动，按常设机构条款规定符合构成常设机构标准的，对该香港居民以独立个人身份在内地取得的所得按个人所得税法有关规定处理。

八十五、在中国境内无住所，但是居住一年以上五年以下的个人，哪些收入需要在中国缴纳个人所得税？

根据《国务院关于修改〈中华人民共和国个人所得税法实施条例〉的决定》（中华人民共和国国务院令第600号）第六条的规定，在中国境内无住所，但是居住一年以上五年以下的个人，其来源于中国境外的所得，经主管税务机关批准，可以只就由中国境内公司、企业以及其他经济组织或者个人支付的部分缴纳个人所得税；居住超过五年的个人，从第六年起，应当就其来源于中国境外的全部所得缴纳个人所得税。

八十六、在执行税收协定时，境外分行取得来源于境内利息所得扣缴企业所得税的问题是怎么规定的？

《国家税务总局关于境外分行取得来源于境内利息所得扣缴企业所得税问题的通知》（国税函〔2010〕266 号）第一条规定，税收协定列名的免税外国金融机构设在第三国的非法人分支机构与其总机构属于同一法人，除税收协定中明确规定只有列名金融机构的总机构可以享受免税待遇情况外，该分支机构取得的利息可以享受中国与其总机构所在国签订的税收协定中规定的免税待遇。在执行上述规定时，应严格按《国家税务总局关于印发〈非居民享受税收协定待遇管理办法（试行）〉的通知》（国税发〔2009〕124 号）有关规定办理审批手续。

第二条规定，属于中国居民企业的银行在境外设立的非法人分支机构同样是中国的居民，该分支机构取得的来源于中国的利息，不论是由中国居民还是外国居民设在中国的常设机构支付，均不适用我国与该分支机构所在国签订的税收协定，应适用我国国内法的相关规定，即按照《国家税务总局关于加强非居民企业来源于我国利息所得扣缴企业所得税工作的通知》（国税函〔2008〕955 号）文件办理。

八十七、在执行税收协定股息条款时，协定税率高于我国法律法规规定税率的，应按什么税率执行？

根据《国家税务总局关于下发协定股息税率情况一览表的通知》（国税函〔2008〕112 号）的规定，表中协定税率高于我国法律法规规定税率的，可以按国内法律法规规定的税率执行。

八十八、外籍个人在中国境内取得的董事费收入按什么项目计算征收个人所得税？

根据《国家税务总局关于印发〈征收个人所得税若干问题的规定〉的通知》（国税发〔1994〕89 号）第八条的规定，个人由于担任董事职务所取得的董事费收入，属于劳务报酬所得性质，按照劳务报酬所得项目征收个人所得税。

《国家税务总局关于明确个人所得税若干政策执行问题的通知》（国税发〔2009〕121 号）第二条规定，（一）《国家税务总局关于印发〈征收个人所得税若干问题的规定〉的通知》（国税发〔1994〕089 号）第八条规定的董事费按劳务报酬所得项目征税方法，仅适用于个人担任公司董事、监事，且不在公司任职、受雇的情形。

（二）个人在公司（包括关联公司）任职、受雇，同时兼任董事、监事的，应将董事费、监事费与个人工资收入合并，统一按工资、薪金所得项目缴纳个人所得税。

八十九、我国政府同苏丹、爱沙尼亚、老挝、捷克和斯洛伐克政府的税收协定何时生效执行？

根据《国家税务总局关于〈国家税务总局关于外籍个人和港澳台居民个人储蓄存款利息所得个人所得税有关问题的通知〉的补充通知》（国税发〔2000〕31 号）的规定，自 2000 年 1 月 1 日起，我国政府同苏丹、爱沙尼亚和老挝政府的税收协定已分别生效执行；我国政府与原捷克斯洛伐克政府的税收协定已由现在的捷克政府和斯洛伐克政府分别继承。根据我国与上述国家的税收协定的有关规定，其居民个人从我国取得的储蓄存款利息所得应享受税收协定限制税率征税待遇，有关享受税收协定待遇的审核程序按《国家税务总局关于外籍个人和港澳台居民个人储蓄存款利息所得个人所得税有关问题的通知》(国税发〔1999〕201号)执行。

九十、在执行税收协定股息条款时，限制税率是怎么规定的?

《国家税务总局关于下发协定股息税率情况一览表的通知》(国税函〔2008〕112号)规定，根据《中华人民共和国企业所得税法》及其实施条例的规定，2008年1月1日起，非居民企业从我国居民企业获得的股息将按照10%的税率征收预提所得税，但是，我国政府同外国政府订立的关于对所得避免双重征税和防止偷漏税的协定以及内地与香港、澳门间的税收安排(以下统称"协定")，与国内税法有不同规定的，依照协定的规定办理。

(其中部分税率有问题，请按照下列税收协定有关条款执行。)

(一)根据《中华人民共和国政府和澳大利亚政府关于对所得避免双重征税和防止偷漏税的协定》第十条的规定，上述股息也可以在支付股息的公司是其居民的缔约国，按照该缔约国的法律征税。但是，所征税款不应超过股息总额的百分之十五。

(二)根据《中华人民共和国政府和墨西哥合众国政府关于对所得避免双重征税和防止偷漏税的协定》第十条的规定，这些股息也可以在支付股息的公司是其居民的缔约国，按照该缔约国法律征税。但是，如果收款人是股息受益所有人，则所征税款不应超过股息总额的百分之五。

(三)根据《中华人民共和国政府和文莱达鲁萨兰国政府关于对所得避免双重征税和防止偷漏税的协定》第十条的规定，这些股息也可以在支付股息的公司是其居民的缔约国，按照该缔约国法律征税。但是，如果收款人是股息受益所有人，则所征税款不应超过股息总额的百分之五。

(四)根据《中华人民共和国政府和希腊共和国政府关于对所得避免双重征税和防止偷漏税的协定》第十条的规定，这些股息也可以在支付股息的公司是其居民的缔约国，按照该缔约国法律征税。但是，如果收款人是股息受益所有人，则所征税款不应超过：

1. 如果该受益所有人是拥有支付股息公司至少百分之二十五资本的公司(而非合伙企业)，为股息总额的百分之五；

2. 在其它情况下，为股息总额的百分之十。

(五)根据《中华人民共和国政府和阿尔及利亚民主人民共和国政府关于对所得和财产避免双重征税和防止偷漏税的协定》第十条的规定，这些股息也可以按照支付股息的公司是其居民的缔约国法律，在该缔约国征税。但是，如果股息受益所有人是缔约国另一方居民，则所征税款：

1. 在受益所有人是直接拥有支付股息公司至少25%资本的公司(合伙企业除外)的情

况下，不应超过股息总额的百分之五；

2. 在其他情况下，不应超过股息总额的百分之十。

九十一、在执行税收协定时，对于缔约国一方企业在缔约国另一方的营业活动产生的利润的征税权是如何划分的？

根据《国家税务总局关于印发〈中华人民共和国政府和新加坡共和国政府关于对所得避免双重征税和防止偷漏税的协定〉及议定书条文解释的通知》（国税发〔2010〕75 号）第六条的规定，缔约国一方企业在缔约国另一方的营业活动只有在构成常设机构前提下，缔约国另一方才能征税，并且只能就归属于常设机构的利润征税。

执行中请注意：

1. 我国对外所签协定有关条款规定与中新协定条款规定内容一致的，中新协定条文解释规定同样适用于其他协定相同条款的解释及执行。

2. 中新协定条文解释与此前下发的有关税收协定解释与执行文件不同的，以中新协定条文解释为准。

九十二、在执行税收协定时，如何理解归属于常设机构的利润？

根据《国家税务总局关于印发〈中华人民共和国政府和新加坡共和国政府关于对所得避免双重征税和防止偷漏税的协定〉及议定书条文解释的通知》（国税发〔2010〕75 号）第六条第一款的规定，新加坡企业在中国境内构成常设机构的，中国对该常设机构取得的利润拥有征税权，但应仅以归属于该常设机构的利润为限。这里所称的"归属于该常设机构的利润"不仅包括该常设机构取得的来源于中国境内的利润，还包括其在中国境内外取得的与该常设机构有实际联系的各类所得，包括股息、利息、租金和特许权使用费等所得。这里所说实际联系一般是指对股份、债权、工业产权、设备及相关活动等，具有直接拥有关系或实际经营管理等关系。

执行中请注意：

1. 我国对外所签协定有关条款规定与中新协定条款规定内容一致的，中新协定条文解释规定同样适用于其他协定相同条款的解释及执行。

2. 中新协定条文解释与此前下发的有关税收协定解释与执行文件不同的，以中新协定条文解释为准。

九十三、在执行税收协定时，如何计算营业利润？

根据《国家税务总局关于印发〈中华人民共和国政府和新加坡共和国政府关于对所得避免双重征税和防止偷漏税的协定〉及议定书条文解释的通知》（国税发〔2010〕75 号）第六条第二款的规定，协定并没有明确规定计算营业利润的具体方法，只是规定了在计算时应遵守的若干原则。第二款就确立了独立企业原则，即对常设机构要作为一个独立的纳税实体对待，常设机构不论是同其总机构的营业往来，还是同该企业的其他常设机构之间的营业往来，都应按公平交易原则，以公平市场价格为依据计算归属于该常设机构的利润。

第三款规定，在计算常设机构利润时，为该常设机构发生的费用，不论发生于何处，都应允许扣除。包括有些不是直接体现为常设机构实际发生的费用，如总机构向常设机构分摊的行政和一般管理费用等。但这些费用必须是因常设机构发生的且分摊比例应在合理范围内。实际执行中，企业应提供费用汇集范围、费用定额、分配依据和方法等资料，以证明费用的合理性。

执行中请注意：

1. 我国对外所签协定有关条款规定与中新协定条款规定内容一致的，中新协定条文解释规定同样适用于其他协定相同条款的解释及执行。

2. 中新协定条文解释与此前下发的有关税收协定解释与执行文件不同的，以中新协定条文解释为准。

九十四、在执行税收协定时，当常设机构利润不能通过账目进行核算时，可以采取什么方法核算？

根据《国家税务总局关于印发〈中华人民共和国政府和新加坡共和国政府关于对所得避免双重征税和防止偷漏税的协定〉及议定书条文解释的通知》(国税发〔2010〕75 号)第六条第四款的规定，一般情况下，如果常设机构的独立账目可以真实反映其利润水平，应该按照该账目计算归属常设机构的利润。然而，某些情况下，很难以独立账目为基础确定属于常设机构的利润。第四款明确当常设机构利润不能通过账目进行核算时，可以依据公式分配企业的总利润，从而确定归属常设机构的利润。这种方法与按独立账目计算的结果会有差异，并且在采用公式及分配方法时都涉及如何计算及确认企业总利润问题。常设机构所在国税务机关难以计算企业总部的利润，或难以确认企业自己或对方税务机关按其国内法规定计算的结果。因此，协定虽有此规定，但一般适用于长期以来习惯用这种方法的缔约国。

第六款规定，一旦确定使用了某种利润分配方法，就不应该仅因为在某一特定年度其他方法会产生更有利于税收的结果而改变既定方法。该规定是为了确保纳税人税收待遇的连续性和稳定性。

执行中请注意：

1. 我国对外所签协定有关条款规定与中新协定条款规定内容一致的，中新协定条文解释规定同样适用于其他协定相同条款的解释及执行。

2. 中新协定条文解释与此前下发的有关税收协定解释与执行文件不同的，以中新协定条文解释为准。

九十五、在执行税收协定时，既从事其他经营活动，又为本企业从事采购活动的常设机构，其采购活动是否视为取得营业利润？

根据《国家税务总局关于印发〈中华人民共和国政府和新加坡共和国政府关于对所得避免双重征税和防止偷漏税的协定〉及议定书条文解释的通知》(国税发〔2010〕75 号)第六

条第五款的规定，常设机构为本企业采购货物和商品，不视为常设机构在采购活动中取得利润，不应按利润归属的方法计算或核定常设机构在采购活动中获得利润。与此相对应，在计算常设机构的应纳税所得时，也不应列支其上述采购活动发生的费用。需要特别注意的是，本款仅适用于既从事其他经营活动，又为本企业从事采购活动的常设机构。如果某一机构仅为本企业采购商品或货物，则根据协定第五条第四款的规定，不应认定该机构为常设机构。

执行中请注意：

1. 我国对外所签协定有关条款规定与中新协定条款规定内容一致的，中新协定条文解释规定同样适用于其他协定相同条款的解释及执行。

2. 中新协定条文解释与此前下发的有关税收协定解释与执行文件不同的，以中新协定条文解释为准。

九十六、在执行税收协定时，缔约国双方对特许权使用费征税权是如何划分的？

根据《国家税务总局关于印发〈中华人民共和国政府和新加坡共和国政府关于对所得避免双重征税和防止偷漏税的协定〉及议定书条文解释的通知》（国税发〔2010〕75 号）第十二条第一款的规定，居民国对本国居民取得的来自缔约国另一方的特许权使用费拥有征税权，但这种征税权并不是独占的。

第二款规定，特许权使用费的来源国对该所得也有征税权，但对征税权的行使进行了限制，即设定最高税率为 10%。但根据协定议定书第三条的规定，对于使用或有权使用工业、商业、科学设备而支付的特许权使用费，按支付特许权使用费总额的 60%确定税基。

适用本条款也必须以受益所有人是缔约国对方居民为前提。关于受益所有人的理解与判断，同样按照《国家税务总局关于如何理解和认定税收协定中"受益所有人"的通知》（国税函〔2009〕601 号）的规定执行。在判断受益所有人时，要特别注意审核在特许权使用费据以产生和支付的版权、专利、技术等使用权转让合同之外，是否存在申请人与第三人之间在有关版权、专利、技术等的使用权或所有权方面的转让合同。

执行中请注意：

1. 我国对外所签协定有关条款规定与中新协定条款规定内容一致的，中新协定条文解释规定同样适用于其他协定相同条款的解释及执行。

2. 中新协定条文解释与此前下发的有关税收协定解释与执行文件不同的，以中新协定条文解释为准。

九十七、在执行税收协定时，特许权使用费与使用或有权使用哪些权利有关？

《国家税务总局关于印发〈中华人民共和国政府和新加坡共和国政府关于对所得避免双重征税和防止偷漏税的协定〉及议定书条文解释的通知》（国税发〔2010〕75 号）第十二条第三款是对"特许权使用费"一语的定义，需要从以下几个方面理解。

特许权使用费首先应与使用或有权使用以下权利有关：构成权利和财产的各种形式的

文学和艺术，有关工业、商业和科学实验的文字和信息中确定的知识产权，不论这些权利是否已经或必须在规定的部门注册登记。还应注意，这一定义既包括了在有许可的情况下支付的款项，也包括因侵权支付的赔偿款。

执行中请注意：

1. 我国对外所签协定有关条款规定与中新协定条款规定内容一致的，中新协定条文解释规定同样适用于其他协定相同条款的解释及执行。

2. 中新协定条文解释与此前下发的有关税收协定解释与执行文件不同的，以中新协定条文解释为准。

九十八、税级协定中的“人”指什么？

根据《国家税务总局关于印发〈中华人民共和国政府和新加坡共和国政府关于对所得避免双重征税和防止偷漏税的协定〉及议定书条文解释的通知》（国税发〔2010〕75 号）第三条第一款第二项的规定，第（四）项规定“人”这一用语包括“个人、公司和其他团体”。这里所说的“其他团体”具有广泛的含义，包括各种协会、基金会等。根据协定议定书第一条的规定，如果缔约国一方国内法把信托视为该国的税收居民，则“其他团体”也包括在缔约国一方建立的信托。

九十九、中国国内法对“居民”的判定标准是什么？

根据《国家税务总局关于印发〈中华人民共和国政府和新加坡共和国政府关于对所得避免双重征税和防止偷漏税的协定〉及议定书条文解释的通知》（国税发〔2010〕75 号）第四条第一款第（二）项的规定，中国国内法对居民的判定标准如下：

1. 居民个人

根据《中华人民共和国个人所得税法》及其实施条例的相关规定，我国的个人居民包括：

（1）在中国境内有住所的中国公民和外国侨民。但不包括虽具有中国国籍，却并未在中国大陆定居，而是侨居海外的华侨和居住在香港、澳门、台湾的同胞。

（2）在中国境内居住，且在一个纳税年度内，一次离境不超过 30 日，或多次离境累计不超过 90 日的外国人、海外侨民和香港、澳门、台湾同胞。

2. 居民企业

根据《中华人民共和国企业所得税法》及其实施条例的相关规定，我国的居民企业是指依法在中国境内成立，或者依照外国（地区）法律成立但实际管理机构在中国的企业。

中国居民从新加坡取得所得，若新方主管当局要求其提供中国居民身份证明以享受本协定待遇的，按《国家税务总局关于做好〈中国税收居民身份证明〉开具工作的通知》（国税函〔2008〕829 号）执行。

一百、在执行税收协定时，特许权使用费是否包括使用或有权使用的设备租金？

根据《国家税务总局关于印发〈中华人民共和国政府和新加坡共和国政府关于对所得

避免双重征税和防止偷漏税的协定〉及议定书条文解释的通知》(国税发〔2010〕75号)第十二条的规定,特许权使用费也包括使用或有权使用工业、商业、科学设备取得的所得,即设备租金。但不包括设备所有权最终转移给用户的有关融资租赁协议涉及的支付款项中被认定为利息的部分;也不包括使用不动产取得的所得,使用不动产取得的所得适用协定第六条的规定。

一百零一、税收协定中"居民"指什么?

根据《国家税务总局关于印发〈中华人民共和国政府和新加坡共和国政府关于对所得避免双重征税和防止偷漏税的协定〉及议定书条文解释的通知》(国税发〔2010〕75号)第四条第一款的规定,"居民"的定义应遵从缔约国国内税收法律规定,并应从以下几个方面理解:

(一)居民应是在一国负有全面纳税义务的人,这是判定居民身份的必要条件。这里所指的"纳税义务"并不等同于事实上的征税,例如,符合一定条件的基金会、慈善组织可能被一国免予征税,但它们如果属于该国税法规定的纳税义务范围,受该国税法的规范,则仍被认为负有纳税义务,可视为协定意义上的居民。

但是,在一国负有纳税义务的人未必都是该国居民。例如,某新加坡公民因工作需要,来中国境内工作产生了中国个人所得税纳税义务,但不应仅因其负有纳税义务而判定该个人为中国居民,而应根据协定关于个人居民的判定标准进一步确定其居民身份。

另外,本款特别说明,缔约国一方居民也包括"该缔约国、地方当局或法定机构"。其中"法定机构"一语是按新加坡方面的要求根据新加坡国内法的规定列入的,指依照新加坡议会法案设立,并执行政府职能的机构,如"新加坡经济发展局"和"新加坡旅游局"等机构。

(二)中国国内法对居民的判定标准如下:

1. 居民个人

根据《中华人民共和国个人所得税法》及其实施条例的相关规定,我国的个人居民包括:

(1)在中国境内有住所的中国公民和外国侨民。但不包括虽具有中国国籍,却并未在中国大陆定居,而是侨居海外的华侨和居住在香港、澳门、台湾的同胞。

(2)在中国境内居住,且在一个纳税年度内,一次离境不超过30日,或多次离境累计不超过90日的外国人、海外侨民和香港、澳门、台湾同胞。

2. 居民企业

根据《中华人民共和国企业所得税法》及其实施条例的相关规定,我国的居民企业是指依法在中国境内成立,或者依照外国(地区)法律成立但实际管理机构在中国的企业。

中国居民从新加坡取得所得,若新方主管当局要求其提供中国居民身份证明以享受本协定待遇的,按《国家税务总局关于做好〈中国税收居民身份证明〉开具工作的通知》(国税函〔2008〕829号)执行。

一百零二、税收协定中的其他规则是什么？

根据《国家税务总局关于印发〈中华人民共和国政府和新加坡共和国政府关于对所得避免双重征税和防止偷漏税的协定〉及议定书条文解释的通知》（国税发〔2010〕75 号）第二十六条的规定，缔约国国内反避税法律法规不受协定的影响，这与协定防止逃避税的宗旨是相吻合的。但缔约国该类法律法规应充分考虑协定的相关规定，其导致的税收结果不应与协定的规定相冲突。

一百零三、在执行税收协定时，特许权使用费是否包括使用或有权使用的有关工业、商业、科学经验的情报取得的所得？

根据《国家税务总局关于印发〈中华人民共和国政府和新加坡共和国政府关于对所得避免双重征税和防止偷漏税的协定〉及议定书条文解释的通知》（国税发〔2010〕75 号）第十二条的规定，特许权使用费还包括使用或有权使用有关工业、商业、科学经验的情报取得的所得。对该项所得应理解为专有技术，一般是指进行某项产品的生产或工序复制所必需的、未曾公开的、具有专有技术性质的信息或资料。与专有技术有关的特许权使用费一般涉及技术许可方同意将其未公开的技术许可给另一方，使另一方能自由使用，技术许可方通常不亲自参与技术受让方对被许可技术的具体应用，并且不保证实施的结果。被许可的技术通常已经存在，但也包括应技术受让方的需求而研发后许可使用，并在合同中列有保密等使用限制的技术。

执行中请注意：

1. 我国对外所签协定有关条款规定与中新协定条款规定内容一致的，中新协定条文解释规定同样适用于其他协定相同条款的解释及执行。

2. 中新协定条文解释与此前下发的有关税收协定解释与执行文件不同的，以中新协定条文解释为准。

一百零四、在执行税收协定时，如果同为缔约国双方居民时，如何进一步确定居民身份？

《国家税务总局关于印发〈中华人民共和国政府和新加坡共和国政府关于对所得避免双重征税和防止偷漏税的协定〉及议定书条文解释的通知》（国税发〔2010〕75 号）第四条第二款规定，根据第一款的规定，同一人有可能同时为中国和新加坡居民。为了解决这种情况下个人最终居民身份的归属，第二款进一步规定了确定标准。需特别注意的是，这些标准的使用是有先后顺序的，只有当使用前一标准无法解决问题时，才使用后一标准。

（一）永久性住所

……

（二）重要利益中心

……

（三）习惯性居处

……

(四)国籍

……

第三款规定,除个人以外(即公司和其他团体),同时为缔约国双方居民的人,应认定其是"实际管理机构"所在国的居民。如果缔约国双方因判定实际管理机构的标准不同而不能达成一致意见的,应由缔约国双方主管当局按照协定第二十四条规定的程序,通过相互协商解决。

执行中请注意:

1. 我国对外所签协定有关条款规定与中新协定条款规定内容一致的,中新协定条文解释规定同样适用于其他协定相同条款的解释及执行。

2. 中新协定条文解释与此前下发的有关税收协定解释与执行文件不同的,以中新协定条文解释为准。

一百零五、税收协定规定适用的"税种的范围"包括什么?

根据《国家税务总局关于印发〈中华人民共和国政府和新加坡共和国政府关于对所得避免双重征税和防止偷漏税的协定〉及议定书条文解释的通知》(国税发〔2010〕75 号)第二条第一款的规定,协定适用的税种应符合以下条件:

(一)必须是对所得征收的税收。"所得"的定义,参见第二款的规定。

(二)必须是政府(包括地方政府)征收的税收。

对征收方式协定没有限定,可以采取直接征收或源泉扣缴等方式。

一百零六、在中国,资本利得是否为税收协定中"所得"的范围?

根据《国家税务总局关于印发〈中华人民共和国政府和新加坡共和国政府关于对所得避免双重征税和防止偷漏税的协定〉及议定书条文解释的通知》(国税发〔2010〕75 号)第二条第二款的规定,本协定是缔约双方对所得订立的避免双重征税和防止偷漏税的条约,因此适用的税种为所得税类税种。第二款对所得税做出了定义。在中国,资本利得属于本协定第二条第二款所称"全部所得"的范围。

一百零七、在执行税收协定时,何种服务属于特许权使用费范围?

根据《国家税务总局关于印发〈中华人民共和国政府和新加坡共和国政府关于对所得避免双重征税和防止偷漏税的协定〉及议定书条文解释的通知》(国税发〔2010〕75 号)第十二条的规定,在服务合同中,如果服务提供方在提供服务过程中使用了某些专门知识和技术,但并不许可这些技术使用权,则此类服务不属于特许权使用费范围。如果服务提供方提供服务形成的成果属于特许权使用费定义范围,并且服务提供方仍保有该项成果的所有权,服务接受方对此成果仅有使用权,则此类服务产生的所得属于特许权使用费。

执行中请注意:

1. 我国对外所签协定有关条款规定与中新协定条款规定内容一致的,中新协定条文解释规定同样适用于其他协定相同条款的解释及执行。

2. 中新协定条文解释与此前下发的有关税收协定解释与执行文件不同的，以中新协定条文解释为准。

一百零八、在税收协定中，有关收费是否视为对所得征收的税收？

根据《国家税务总局关于印发〈中华人民共和国政府和新加坡共和国政府关于对所得避免双重征税和防止偷漏税的协定〉及议定书条文解释的通知》(国税发〔2010〕75 号)第二条第一款的规定，一般来说，有关收费，如与个人福利有直接联系的社会保险费等，不视为对所得征收的税收。

一百零九、税收协定是否也适用于税收协定签订之日后征收的属于增加或代替现行税种的任何相同或实质相似的税种？

根据《国家税务总局关于印发〈中华人民共和国政府和新加坡共和国政府关于对所得避免双重征税和防止偷漏税的协定〉及议定书条文解释的通知》(国税发〔2010〕75 号)第二条第四款的规定，协定也适用于协定签订之日后征收的属于增加或代替现行税种的任何相同或实质相似的税种。但发生变化一方的主管当局应及时将相关变化通知对方，如果国内法律的重大变动会影响到协定义务时，一般来说需要双方主管当局互相确认后才能适用。

一百一十、什么是税收协定意义上的习惯性居所？

根据《国家税务总局关于印发〈中华人民共和国政府和新加坡共和国政府关于对所得避免双重征税和防止偷漏税的协定〉及议定书条文解释的通知》(国税发〔2010〕75 号)第四条第二款第三项关于“习惯性居所”的规定，在出现以下两种情况之一时，应采用习惯性居处的标准来判定个人居民身份的归属：一是个人在缔约国双方均有永久性住所且无法确定重要经济利益中心所在国；二是个人的永久性住所不在缔约国任何一方，比如该个人不断地穿梭于缔约国一方和另一方旅馆之间。

第一种情况下对习惯性居处的判定，要注意其在双方永久性住所的停留时间，同时还应考虑其在同一个国家不同地点停留的时间；第二种情况下对习惯性居处的判定，要将此人在一个国家所有的停留时间加总考虑，而不问其停留的原因。

一百一十一、在执行税收协定时，在转让或许可专有技术使用权过程中，如果技术许可方派人员为该项技术的应用提供有关支持、指导等服务，并收取服务费，是否构成特许权使用费？

根据《国家税务总局关于印发〈中华人民共和国政府和新加坡共和国政府关于对所得避免双重征税和防止偷漏税的协定〉及议定书条文解释的通知》(国税发〔2010〕75 号)第十二条的规定，在转让或许可专有技术使用权过程中，如果技术许可方派人员为该项技术的应用提供有关支持、指导等服务，并收取服务费，无论是单独收取还是包括在技术价款中，均应视为特许权使用费，适用本条的规定。但如上述人员的服务已构成常设机构，对归属于常设机构部分的服务所得应执行协定第七条营业利润条款的规定，对提供服务的人员执行协定第十五条非独立个人劳务条款的规定；对未构成常设机构或未归属于常设机构的服务收入仍按特许权使用费规定处理。

执行中请注意：

1. 我国对外所签协定有关条款规定与中新协定条款规定内容一致的，中新协定条文解释规定同样适用于其他协定相同条款的解释及执行。

2. 中新协定条文解释与此前下发的有关税收协定解释与执行文件不同的，以中新协定条文解释为准。

一百一十二、什么是税收协定意义上的永久性住所？

根据《国家税务总局关于印发〈中华人民共和国政府和新加坡共和国政府关于对所得避免双重征税和防止偷漏税的协定〉及议定书条文解释的通知》（国税发〔2010〕75 号）第四条第二款第一项关于“永久性住所”的规定，永久性住所包括任何形式的住所，例如由个人租用的住宅或公寓、租用的房间等，但该住所必须具有永久性，即个人已安排长期居住，而不是为了某些原因（如旅游、商务考察等）临时逗留。

执行中请注意：

1. 我国对外所签协定有关条款规定与中新协定条款规定内容一致的，中新协定条文解释规定同样适用于其他协定相同条款的解释及执行。

2. 中新协定条文解释与此前下发的有关税收协定解释与执行文件不同的，以中新协定条文解释为准。

一百一十三、什么是税收协定意义上的国籍？

根据《国家税务总局关于印发〈中华人民共和国政府和新加坡共和国政府关于对所得避免双重征税和防止偷漏税的协定〉及议定书条文解释的通知》（国税发〔2010〕75 号）第四条第二款第四项关于“国籍”的规定，如果该个人在缔约国双方都有或都没有习惯性居处，应以该人的国籍作为判定居民身份的标准。当采用上述标准依次判断仍然无法确定其身份时，可由缔约国双方主管当局按照协定第二十四条规定的程序，通过相互协商解决。

一百一十四、税收协定规定适用的人的范围包括什么？

根据《国家税务总局关于印发〈中华人民共和国政府和新加坡共和国政府关于对所得避免双重征税和防止偷漏税的协定〉及议定书条文解释的通知》（国税发〔2010〕75 号）第一条的规定，协定适用的范围为“缔约国一方或同时为双方居民的人”。本规定有三层含义。第一，协定适用于“人”；第二，这些人必须是居民；第三，这些身为居民的人必须属于缔约国一方或双方。其中“人”和“居民”的具体含义分别见下文对第三条和第四条的解释。一般来说，除具体条款另有约定外，协定不适用于任何第三方居民。

一百一十五、中国居民从新加坡取得所得在新加坡所交税款的抵免办法是什么？

《国家税务总局关于印发〈中华人民共和国政府和新加坡共和国政府关于对所得避免双重征税和防止偷漏税的协定〉及议定书条文解释的通知》（国税发〔2010〕75 号）第二十二

条对缔约国双方各自居民在对方缴纳的税款，分别规定了各自的抵免办法。

第一款规定了中国居民从新加坡取得所得在新加坡所交税款的抵免办法，即对中国居民的新加坡所得汇总中国国内所得按中国税法规定税率计算在中国的应纳税额，并对在新加坡已交税款不超过按中国国内税率计算的税额予以抵免。这种方法下，意味着中国政府承认中国居民来源于新加坡的某些所得由新加坡优先行使征税权，但并不承认其独占，即中国还要行使居民管辖权对本国居民从新加坡取得的所得征税，但允许该居民在新加坡所缴税额从其应向中国缴纳的税额中抵免。

第一款第（二）项则体现了有关股息间接抵免的原则，并对可享受间接抵免的中国居民予以限定。根据该项及协定第二议定书第三条的规定，中国居民公司必须拥有新加坡居民公司的股份不少于百分之二十，在这种情况下，该中国居民公司从新加坡公司取得的股息在公司层面所负担的企业所得税方可在中国获得抵免。也就是说，对于中国居民公司从新加坡居民公司取得的股息，不仅该项股息在新加坡缴纳的所得税可以直接抵免，对于支付该股息的新加坡居民公司就该项股息所对应的利润所缴纳的新加坡企业所得税部分，也可以通过间接抵免的方法计算抵免。但是可直接抵免和间接抵免的税额都应按中国国内法的有关规定计算。

执行中请注意：

1. 我国对外所签协定有关条款规定与中新协定条款规定内容一致的，中新协定条文解释规定同样适用于其他协定相同条款的解释及执行。

2. 中新协定条文解释与此前下发的有关税收协定解释与执行文件不同的，以中新协定条文解释为准。

一百一十六、在执行税收协定时，哪些服务所得（报酬）不是特许权使用费而是营业利润？

根据《国家税务总局关于印发〈中华人民共和国政府和新加坡共和国政府关于对所得避免双重征税和防止偷漏税的协定〉及议定书条文解释的通知》（国税发〔2010〕75 号）第十二条的规定，单纯货物贸易项下作为售后服务的报酬，产品保证期内卖方为买方提供服务所取得的报酬，专门从事工程、管理、咨询等专业服务的机构或个人提供的相关服务所取得的所得不是特许权使用费，应作为劳务活动所得适用协定第七条营业利润条款的规定。

执行中请注意：

1. 我国对外所签协定有关条款规定与中新协定条款规定内容一致的，中新协定条文解释规定同样适用于其他协定相同条款的解释及执行。

2. 中新协定条文解释与此前下发的有关税收协定解释与执行文件不同的，以中新协定条文解释为准。

一百一十七、新加坡居民从中国取得的所得已在中国缴纳的税额，在计算该项所得的新加坡税收时进行抵免的规定是什么？

《国家税务总局关于印发〈中华人民共和国政府和新加坡共和国政府关于对所得避免

双重征税和防止偷漏税的协定〉及议定书条文解释的通知》(国税发〔2010〕75 号)第二十二条第二款规定了新加坡居民从中国取得的所得已在中国缴纳的税额在计算该项所得的新加坡税收时进行抵免的问题。关于新加坡方面计算抵免的方法由新加坡主管当局解释。

一百一十八、在执行税收协定时,特许权使用费在什么情况下可以并入常设机构利润?

根据《国家税务总局关于印发〈中华人民共和国政府和新加坡共和国政府关于对所得避免双重征税和防止偷漏税的协定〉及议定书条文解释的通知》(国税发〔2010〕75 号)第十二条第四款的规定,若特许权使用费的受益所有人是缔约国一方居民,在缔约国另一方拥有常设机构,或者通过固定基地从事独立个人劳务,且据以支付特许权使用费的权利或财产构成常设机构或固定基地资产的一部分,或与该常设机构或固定基地有其他方面的实际联系,则来源国可将特许权使用费并入常设机构的利润予以征税。

应予注意的是,只有当取得特许权使用费的相关营业活动通过常设机构进行,且特许权使用费据以产生的权利或财产与常设机构有上述实际联系的情况下,才可适用本条款。仅以滥用协定为目的,将权利或财产转移到为特许权使用费提供优惠税收待遇的常设机构的,不应适用本款规定。

第五款明确了特许权使用费支付人为其居民的国家是特许权使用费的来源国这一原则。然而该款也规定了一个例外情形,即支付该特许权使用费的人无论是否为缔约国一方的居民,只要其在该缔约国一方拥有常设机构或固定基地,并且支付的费用由该常设机构或固定基地负担,本款认为特许权使用费来源地应是该常设机构或固定基地所在国。例如,某第三国设在中国的常设机构支付给新加坡居民的特许权使用费,在特许权使用费与该常设机构有实际联系的情况下,应认为该特许权使用费发生于中国,由中国根据中新协定行使优先征税权。如新加坡居民为该项特许权使用费的受益所有人,则可享受本协定待遇。

执行中请注意:

1. 我国对外所签协定有关条款规定与中新协定条款规定内容一致的,中新协定条文解释规定同样适用于其他协定相同条款的解释及执行。

2. 中新协定条文解释与此前下发的有关税收协定解释与执行文件不同的,以中新协定条文解释为准。

一百一十九、在执行税收协定时,新加坡单方面饶让抵免的规定是什么?

《国家税务总局关于印发〈中华人民共和国政府和新加坡共和国政府关于对所得避免双重征税和防止偷漏税的协定〉及议定书条文解释的通知》(国税发〔2010〕75 号)第二十二条第三款是关于新加坡单方面饶让抵免的规定,即新加坡居民按中国国内法享受到的减税或免税的优惠,在新加坡视同已按中国国内法纳税给予抵免。

一百二十、在执行税收协定时,由于某种特殊关系而造成超额支付特许权使用费时,是否可以享受协定优惠?

《国家税务总局关于印发〈中华人民共和国政府和新加坡共和国政府关于对所得避免

双重征税和防止偷漏税的协定〉及议定书条文解释的通知》(国税发〔2010〕75 号)第十二条第六款对关联交易中协定优惠条款的适用加以限定。当支付人与受益所有人之间或他们与其他人之间由于某种特殊关系而造成超额支付特许权使用费时,支付额中超过按市场公允价格计算所应支付数额的部分不享受协定的优惠。

执行中请注意:

1. 我国对外所签协定有关条款规定与中新协定条款规定内容一致的,中新协定条文解释规定同样适用于其他协定相同条款的解释及执行;

2. 中新协定条文解释与此前下发的有关税收协定解释与执行文件不同的,以中新协定条文解释为准。

一百二十一、税收协定意义上的重要利益中心是什么?

根据《国家税务总局关于印发〈中华人民共和国政府和新加坡共和国政府关于对所得避免双重征税和防止偷漏税的协定〉及议定书条文解释的通知》(国税发〔2010〕75 号)第四条第二款第二项的规定,重要利益中心要参考个人家庭和社会关系、职业、政治、文化和其他活动、营业地点、管理财产所在地等因素综合评判。其中特别注重的是个人的行为,即个人一直居住、工作并且拥有家庭和财产的国家通常为其重要利益中心之所在。

执行中请注意:

1. 我国对外所签协定有关条款规定与中新协定条款规定内容一致的,中新协定条文解释规定同样适用于其他协定相同条款的解释及执行。

2. 中新协定条文解释与此前下发的有关税收协定解释与执行文件不同的,以中新协定条文解释为准。

一百二十二、在执行税收协定时,有关特许权使用费的反滥用条款规定是什么?

《国家税务总局关于印发〈中华人民共和国政府和新加坡共和国政府关于对所得避免双重征税和防止偷漏税的协定〉及议定书条文解释的通知》(国税发〔2010〕75 号)第十二条第七款为反滥用条款。以获取优惠的税收地位为主要目的的交易或安排,不适用税收协定特许权使用费条款优惠规定,纳税人因该交易或安排而不当享受税收协定待遇的,主管税务机关有权进行调整。

第八款规定,执行第六款和第七款的规定时,应考虑我国国内法关于特别纳税调整的有关规定。

执行中请注意:

1. 我国对外所签协定有关条款规定与中新协定条款规定内容一致的,中新协定条文解释规定同样适用于其他协定相同条款的解释及执行。

2. 中新协定条文解释与此前下发的有关税收协定解释与执行文件不同的,以中新协定条文解释为准。

一百二十三、在执行税收协定时，缔约国双方对其他所得征税权是如何划分的？

根据《国家税务总局关于印发〈中华人民共和国政府和新加坡共和国政府关于对所得避免双重征税和防止偷漏税的协定〉及议定书条文解释的通知》(国税发〔2010〕75 号)第二十一条对协定以上条款未涉及的所得规定了一般原则，即来源国有优先征税权。如新加坡居民企业或个人取得发生或来源于中国的其他所得，中国有优先征税权。对其他所得范围的掌握应考虑国内法的规定，并应是国内法规定要征税的所得。如某项所得国内法未规定征税，则不能因协定规定来源国有征税权而征税。

此外，“其他所得”应是确属协定各专项条款未包括的所得。不应将协定已包括的所得条款中规定的来源国未达到征税条件的部分视为“其他所得”。

执行中请注意：

1. 我国对外所签协定有关条款规定与中新协定条款规定内容一致的，中新协定条文解释规定同样适用于其他协定相同条款的解释及执行。

2. 中新协定条文解释与此前下发的有关税收协定解释与执行文件不同的，以中新协定条文解释为准。

一百二十四、在执行税收协定时，为什么要判定常设机构？在处理常设机构条款与其他条款关系时，应遵循什么原则？

根据《国家税务总局关于印发〈中华人民共和国政府和新加坡共和国政府关于对所得避免双重征税和防止偷漏税的协定〉及议定书条文解释的通知》(国税发〔2010〕75 号)第五条的规定，常设机构的概念主要用于确定缔约国一方对缔约国另一方企业利润的征税权。即，按此确定在什么情况下中国税务机关可以对新加坡的企业征税。根据协定第七条的规定，中国不得对新加坡企业的利润征税，除非该企业通过其设在中国的常设机构进行营业。

处理本条与其他相关条款关系时，通常应遵循常设机构条款优先的原则。例如，若据以支付股息(第十条)、利息(第十一条)或特许权使用费(第十二条)的股权、债权、权利或财产等与常设机构有实际联系的，有关所得应该归属于常设机构的利润征税。

执行中请注意：

1. 我国对外所签协定有关条款规定与中新协定条款规定内容一致的，中新协定条文解释规定同样适用于其他协定相同条款的解释及执行。

2. 中新协定条文解释与此前下发的有关税收协定解释与执行文件不同的，以中新协定条文解释为准。

一百二十五、什么是税收协定意义上的联属企业？

《国家税务总局关于印发〈中华人民共和国政府和新加坡共和国政府关于对所得避免双重征税和防止偷漏税的协定〉及议定书条文解释的通知》(国税发〔2010〕75 号)第九条第一款规定，如果缔约国一方企业与另一方企业间存在特殊关系，即属于联属企业(如母子公司和共同受控的公司)，当该缔约国一方企业的财务账目不能反映其发生于缔约国一方的真实利润水平时，该国税务机关可以对该企业账目进行调整。当然，进行这一调整的前提是联属企业间的交易不符合公平市场原则。

第二款规定，如果缔约国一方的税务机关根据第一款的规定对联属企业之间的交易做了重新调整，那么调整的这部分利润可能会被重复征税。为了避免这种情况发生，第二款规定缔约国另一方税务机关应该对就这部分利润已征税款做出相应调整。当然，该款不能简单地理解为该缔约国另一方应进行自动调整，只有在其认为对方所做的利润调整是按公平交易原则计算的时候，才有义务对关联企业利润做出相应调整。如果双方对调整的依据、原因、数额等发生争议，可按照协定第二十四条相互协商程序进行协商。

第三款规定，本条应结合我国《中华人民共和国企业所得税法》及其实施条例关于特别纳税调整的有关规定执行。

执行中请注意：

1. 我国对外所签协定有关条款规定与中新协定条款规定内容一致的，中新协定条文解释规定同样适用于其他协定相同条款的解释及执行。

2. 中新协定条文解释与此前下发的有关税收协定解释与执行文件不同的，以中新协定条文解释为准。

一百二十六、与专有技术有关的特许权使用费是如何规定的？

根据《国家税务总局关于执行税收协定特许权使用费条款有关问题的通知》（国税函〔2009〕507 号）的规定，与专有技术有关的特许权使用费一般涉及技术许可方同意将其未公开的技术许可给另一方，使另一方能自由使用，技术许可方通常不亲自参与技术受让方对被许可技术的具体实施，并且不保证实施的结果。被许可的技术通常已经存在，但也包括应技术受让方的需求而研发后许可使用并在合同中列有保密等使用限制的技术。

一百二十七、在执行税收协定时，如果纳税人不能准确计算应归属常设机构的营业利润，应如何处理？

根据《国家税务总局关于执行税收协定特许权使用费条款有关问题的通知》（国税函〔2009〕507 号）的规定，如果纳税人不能准确计算应归属常设机构的营业利润，则税务机关可根据税收协定常设机构利润归属原则予以确定。

一百二十八、如何执行特许权使用费税收协定条款？

根据《国家税务总局关于执行税收协定特许权使用费条款有关问题的通知》（国税函〔2009〕507 号）的规定，税收协定特许权使用费条款的规定应仅适用于缔约对方居民，第三国设在缔约对方的常设机构从我国境内取得的特许权使用费应适用该第三国与我国的税收协定的规定；我国居民企业设在缔约对方的常设机构不属于对方居民，不应作为对方居民适用税收协定特许权使用费条款的规定；由位于我国境内的外国企业的机构、场所或常设机构负担并支付给与我国签有税收协定的缔约对方居民的特许权使用费，适用我国与该缔约国税收协定特许权使用费条款的规定。

一百二十九、在执行税收协定股息条款限制税率时，应注意哪些问题？

《国家税务总局关于印发〈中华人民共和国政府和新加坡共和国政府关于对所得避免双重征税和防止偷漏税的协定〉及议定书条文解释的通知》（国税发〔2010〕75号）第十条第二款为股息的来源国，即支付股息的公司是其居民的国家保留了征税权。但是，这种征税权受到限制，即来源国仅能就股息征收一定比例的税收。具体为：在股息受益所有人是公司，并直接拥有支付股息公司至少25%资本的情况下，限制税率为5%；其他情况下，限制税率为10%。

执行该款时应注意：

1. 判定受益所有人拥有公司资本的比例通常可视其在公司的出资份额情况。一般情况下，出资份额体现为在注册资本中所占份额。此外，当向公司以提供贷款或其他形式的出资产生的所得，已按规定（如防止资本弱化的规则）被当作股息处理时，这种贷款或出资也将被视为“资本”。

2. 按照本款规定，享受5%税率的股息限于直接拥有资本比例达到25%以上的情形。即符合此低税率的股息应属于符合条件的受益所有人拥有资本比例达到25%以上的期间的利润所形成的股息。但在准确跟踪和计算时，可能会涉及以往多年且频繁变化情况（特别是对于上市公司），执行难度较大。为此，从企业分配年度利润的一般情况考虑，《国家税务总局关于执行税收协定股息条款有关问题的通知》（国税函〔2009〕81号）规定，非居民直接拥有中国居民公司资本比例在取得股息前连续十二个月以内任何时候均至少达到25%的，可以享受该协定待遇。如果分配的股息涉及十二个月以前的企业未分配利润，则不再考虑股息受益所有人在所分配利润所属年度的持股比例是否满足要求。据此，如果新加坡居民直接拥有中国居民公司资本比例在取得股息前连续十二个月以内任何时候均达到至少25%的，可以享受该协定待遇。这里“取得股息”的日期是指按照国内法规定该项股息在中国发生纳税义务或扣缴义务的日期。

3. 只有受益所有人为公司，且符合上述条件的，才能适用5%的限制税率；受益所有人为个人或其他主体的，仍适用10%的限制税率。

关于受益所有人的理解与判断，按照《国家税务总局关于如何理解和认定税收协定中“受益所有人”的通知》（国税函〔2009〕601号）的规定执行。

4. 我国对外所签协定有关条款规定与中新协定条款规定内容一致的，中新协定条文解释规定同样适用于其他协定相同条款的解释及执行。

5. 中新协定条文解释与此前下发的有关税收协定解释与执行文件不同的，以中新协定条文解释为准。

一百三十、在执行税收协定时，什么是常设机构？常设机构的特点是什么？

《国家税务总局关于印发〈中华人民共和国政府和新加坡共和国政府关于对所得避免双重征税和防止偷漏税的协定〉及议定书条文解释的通知》（国税发〔2010〕75号）第五条第

一款对"常设机构"一语做了一般定义。即,常设机构是指一个相对固定的营业场所。通常情况下,具备以下特点:该营业场所是实质存在的;该营业场所是相对固定的,并且在时间上具有一定的持久性;全部或部分的营业活动是通过该营业场所进行的。

一百三十一、什么是税收协定意义上的利息?

《国家税务总局关于印发〈中华人民共和国政府和新加坡共和国政府关于对所得避免双重征税和防止偷漏税的协定〉及议定书条文解释的通知》(国税发〔2010〕75 号)第十一条第四款明确了"利息"一语的含义。具体可从以下三个方面理解:

(一)利息一般是指从各种债权取得的所得。"各种债权"应包括现金、货币形态的有价证券,以及政府公债、债券或者信用债券。

(二)对于与利息相关的其他所得是否应属于"利息"的范畴,应根据其性质区别对待:

1. 附属债券取得的所得,如发行债券的溢价和奖金构成利息,但债券持有者出售债券发生的盈亏不属于利息范围;

2. 与贷款业务相关的并附属于债权的所得可认定为利息,对独立发生于债权方以外的,如单独收取的担保费等,原则上不应认定为利息。

执行中请注意:

1. 我国对外所签协定有关条款规定与中新协定条款规定内容一致的,中新协定条文解释规定同样适用于其他协定相同条款的解释及执行。

2. 中新协定条文解释与此前下发的有关税收协定解释与执行文件不同的,以中新协定条文解释为准。

一百三十二、在执行税收协定时,利息在什么情况下可以并入常设机构利润?

《国家税务总局关于印发〈中华人民共和国政府和新加坡共和国政府关于对所得避免双重征税和防止偷漏税的协定〉及议定书条文解释的通知》(国税发〔2010〕75 号)第十一条第五款规定,如果利息受益所有人是缔约国一方居民,在缔约国另一方拥有常设机构,或者通过固定基地从事独立个人劳务,且支付利息的债权构成常设机构或固定基地资产的一部分,或与该机构或固定基地有其他方面的实际联系,则来源国可将利息并入常设机构的利润予以征税。

应予注意的是,只有当取得利息的相关营业活动通过常设机构进行,且债权与常设机构有上述实际联系的情况下,才可适用本条款。仅以滥用协定为目的,将贷款转移到为利息提供优惠税收待遇的常设机构的,不应适用本款规定。

第六款明确了利息支付人为其居民的国家是利息的来源国这一原则。然而该款也规定了一个例外情形,即利息支付人无论是否为缔约国一方的居民,只要其在缔约国一方拥有常设机构或固定基地,并且支付的利息由该常设机构或固定基地负担,本款认为利息来源地应是该常设机构或固定基地所在缔约国。例如,某第三国设在中国的常设机构支付给新加坡居民的利息,在利息与该常设机构有实际联系情况下,应认为该利息发生于中国,由中国根据中新协定行使优先征税权。如新加坡居民为该项利息的受益所有人，则可享受本协定待遇。

执行中请注意：

1. 我国对外所签协定有关条款规定与中新协定条款规定内容一致的，中新协定条文解释规定同样适用于其他协定相同条款的解释及执行。

2. 中新协定条文解释与此前下发的有关税收协定解释与执行文件不同的，以中新协定条文解释为准。

一百三十三、在执行税收协定时，由于某种特殊关系而造成的超额利息是否可以享受协定优惠？

《国家税务总局关于印发〈中华人民共和国政府和新加坡共和国政府关于对所得避免双重征税和防止偷漏税的协定〉及议定书条文解释的通知》（国税发〔2010〕75 号）第十一条第七款对关联交易中协定优惠条款的适用加以限定。当支付人与受益所有人之间或者他们与其他人之间由于某种特殊关系而造成超额支付利息时，支付额中超过按市场公允价格计算所应支付的数额的部分不得享受协定的优惠。

执行中请注意：

1. 我国对外所签协定有关条款规定与中新协定条款规定内容一致的，中新协定条文解释规定同样适用于其他协定相同条款的解释及执行。

2. 中新协定条文解释与此前下发的有关税收协定解释与执行文件不同的，以中新协定条文解释为准。

一百三十四、在执行税收协定时，有关利息的反滥用条款规定是什么？

根据《国家税务总局关于印发〈中华人民共和国政府和新加坡共和国政府关于对所得避免双重征税和防止偷漏税的协定〉及议定书条文解释的通知》（国税发〔2010〕75 号）第十一条第八款为反滥用条款。以获取优惠的税收地位为主要目的的交易或安排，不应适用税收协定利息条款的优惠规定。纳税人因该交易或安排而不当享受税收协定待遇的，主管税务机关有权进行调整。

第九款规定，执行第七款和第八款的规定时，应考虑我国国内法关于特别纳税调整的有关规定。

执行中请注意：

1. 我国对外所签协定有关条款规定与中新协定条款规定内容一致的，中新协定条文解释规定同样适用于其他协定相同条款的解释及执行。

2. 中新协定条文解释与此前下发的有关税收协定解释与执行文件不同的，以中新协定条文解释为准。

一百三十五、在执行税收协定时，如何计算承包商活动的起止日期？

根据《国家税务总局关于印发〈中华人民共和国政府和新加坡共和国政府关于对所得

避免双重征税和防止偷漏税的协定〉及议定书条文解释的通知》(国税发〔2010〕75 号)第五条的规定,对于缔约国一方企业在缔约对方的建筑工地,建筑、装配或安装工程,或者与其有关的监督管理活动,仅在此类工地、工程或活动持续时间为六个月以上的,构成常设机构。

未达到该规定时间的则不构成常设机构,即使这些活动按照第一款或第二款规定可能构成常设机构。从事本款规定的工程活动,仅以本款规定的时间标准判定是否构成常设机构;确定上述活动的起止日期,可以按其所签订的合同从实施合同(包括一切准备活动)开始之日起,至作业(包括试运行作业)全部结束交付使用之日止进行计算。凡上述活动时间持续六个月以上的(不含六个月,跨年度的应连续计算),应视该企业在活动所在国构成常设机构。

执行中请注意:

1. 我国对外所签协定有关条款规定与中新协定条款规定内容一致的,中新协定条文解释规定同样适用于其他协定相同条款的解释及执行。

2. 中新协定条文解释与此前下发的有关税收协定解释与执行文件不同的,以中新协定条文解释为准。

一百三十六、在执行税收协定时,什么是与承包商有关的监理管理活动?

根据《国家税务总局关于印发〈中华人民共和国政府和新加坡共和国政府关于对所得避免双重征税和防止偷漏税的协定〉及议定书条文解释的通知》(国税发〔2010〕75 号)第五条的规定,对于缔约国一方企业在缔约对方的建筑工地,建筑、装配或安装工程,或者与其有关的监督管理活动,仅在此类工地、工程或活动持续时间为六个月以上的,构成常设机构。未达到该规定时间的则不构成常设机构,即使这些活动按照第一款或第二款规定可能构成常设机构。

"与其有关的监督管理活动"是指伴随建筑工地,建筑、装配或安装工程发生的监督管理活动,既包括在项目分包情况时,由分承包商进行作业,总承包商负责指挥监督的活动;也包括独立监理企业从事的监督管理活动。对由总承包商负责的监督管理活动,其时间的计算与整个工地、工程的持续时间一致;对由独立监理企业承包的监督管理活动,应视其为独立项目,并根据其负责监理的工地、工程或项目的持续时间进行活动时间的判定。

执行中请注意:

1. 我国对外所签协定有关条款规定与中新协定条款规定内容一致的,中新协定条文解释规定同样适用于其他协定相同条款的解释及执行。

2. 中新协定条文解释与此前下发的有关税收协定解释与执行文件不同的,以中新协定条文解释为准。

一百三十七、在执行税收协定时,如何计算一个工地或同一工程连续承包两个及两个以上作业项目的日期?

根据《国家税务总局关于印发〈中华人民共和国政府和新加坡共和国政府关于对所得

避免双重征税和防止偷漏税的协定〉及议定书条文解释的通知》(国税发〔2010〕75 号)第五条的规定,对于缔约国一方企业在缔约对方的建筑工地,建筑、装配或安装工程,或者与其有关的监督管理活动,仅在此类工地、工程或活动持续时间为六个月以上的,构成常设机构。未达到该规定时间的则不构成常设机构,即使这些活动按照第一款或第二款规定可能构成常设机构。

如果新加坡企业在中国一个工地或同一工程连续承包两个及两个以上作业项目,应从第一个项目作业开始至最后完成的作业项目止计算其在中国进行工程作业的连续日期,不以每个工程作业项目分别计算。所谓为一个工地或同一工程连续承包两个及两个以上作业项目,是指在商务关系和地理上是同一整体的几个合同项目,不包括该企业承包的或者是以前承包的与本工地或工程没有关联的其他作业项目。例如,一个建筑工地从商务关系和地理位置上形成不可分割的整体时,即使分别签订几个合同,该建筑工地仍为单一的整体。再如,一些修建公路、挖掘运河、安装水管、铺设管道等活动,其工程作业地点是随工程进展不断改变或迁移的,虽然在某一特定地点工作时间连续未达到规定时间,但要视整体工程看是否达到构成常设机构的时间。一般来说,同一企业在同一工地上承包的项目可认为是商务关系相关联的项目。

执行中请注意:

1. 我国对外所签协定有关条款规定与中新协定条款规定内容一致的,中新协定条文解释规定同样适用于其他协定相同条款的解释及执行。

2. 中新协定条文解释与此前下发的有关税收协定解释与执行文件不同的,以中新协定条文解释为准。

第三章 国际税收练习题

一、单选题

1. 我国执行《多边税收征管互助公约》的时间为(　　)。

A. 2017 年 1 月 1 日　　B. 2016 年 1 月 1 日

C. 2017 年 7 月 16 日　　D. 2016 年 7 月 16 日

【参考答案】 A

【答案解析】 《多边税收征管互助公约》于 2017 年 1 月 1 日起在我国执行。

2. 一国企业涉及境外业务时,需要认真地筹划可以采取的组织形式。通常可以采取的组织形式不包括(　　)。

A. 代表处　　B. 分公司

C. 子公司　　D. 代理机构

【参考答案】 D

【答案解析】 由于大部分国家对居民企业的全球所得征税,而仅对非居民企业来源于本国的所得征税。一国企业涉及境外业务时,需要认真地筹划可以采取的组织形式。通常可以采取的组织形式有代表处、分公司和子公司三种。

3. 企业在主管税务机关向其送达受理申请的《税务事项通知书》之日所属纳税年度前 3 个年度,每年度发生的关联交易金额(　　)万元人民币以上,并符合特定条件的,可以申请适用简易程序。

A. 1 000　　B. 3 000

C. 4 000　　　　D. 5 000

【参考答案】 C

【答案解析】 根据《国家税务总局关于单边预约定价安排适用简易程序有关事项的公告》(国家税务总局公告 2021 年第 24 号)，企业在主管税务机关向其送达受理申请的《税务事项通知书》之日所属纳税年度前 3 个年度，每年度发生的关联交易金额 4 000 万元人民币以上，并符合下列条件之一的，可以申请适用简易程序。(一)已向主管税务机关提供拟提交申请所属年度前 3 个纳税年度的、符合《国家税务总局关于完善关联申报和同期资料管理有关事项的公告》(2016 年第 42 号)规定的同期资料；(二)自企业提交申请之日所属纳税年度前 10 个年度内，曾执行预约定价安排，且执行结果符合安排要求的；(三)自企业提交申请之日所属纳税年度前 10 个年度内，曾受到税务机关特别纳税调查调整且结案的。

4. 主管税务机关受理企业申请后，应当与企业就其关联交易是否符合独立交易原则进行协商，并于向企业送达受理申请的《税务事项通知书》之日起(　　)个月内协商完毕。

A. 3　　　　B. 6

C. 9　　　　D. 12

【参考答案】 B

【答案解析】 根据《国家税务总局关于单边预约定价安排适用简易程序有关事项的公告》(国家税务总局公告 2021 年第 24 号)，主管税务机关受理企业申请后，应当与企业就其关联交易是否符合独立交易原则进行协商，并于向企业送达受理申请的《税务事项通知书》之日起 6 个月内协商完毕。协商期间，主管税务机关可以要求企业补充提交相关资料，企业补充提交资料时间不计入上述 6 个月内。

5. 某居民企业在境外设立不具有独立纳税地位的分支机构 A 取得的各项境外所得，则应计入该居民企业应纳税所得额的时间是(　　)。

A. 作出纳税申报的当天

B. 作出利润分配决定的当天

C. 汇回中国境内的当天

D. 无论是否汇回中国境内，均应计入该企业所属纳税年度的境外应纳税所得额

【参考答案】 D

【答案解析】 居民企业在境外设立不具有独立纳税地位的分支机构取得的各项境外所得，无论是否汇回中国境内，均应计入该企业所属纳税年度的境外应纳税所得额。

6. 我国与日本签署的税收协定是第(　　)个。

A. 1　　　　B. 2

C. 3　　　　D. 4

【参考答案】 A

【答案解析】 我国与日本签署的税收协定是第 1 个。

7. 甲企业与关联方于 2022 年 5 月 1 日签订(变更)成本分摊协议,则甲企业最晚应于(　　),向主管税务机关报送成本分摊协议副本,并在年度企业所得税纳税申报时,附送《中华人民共和国企业年度关联业务往来报告表》。

A. 2022 年 5 月 16 日　　B. 2022 年 5 月 31 日

C. 2020 年 6 月 15 日　　D. 2022 年 6 月 30 日

【参考答案】 B

【答案解析】 根据《国家税务总局关于规范成本分摊协议管理的公告》(国家税务总局公告 2015 年第 45 号)第一条,企业应自与关联方签订(变更)成本分摊协议之日起 30 日内,向主管税务机关报送成本分摊协议副本,并在年度企业所得税纳税申报时,附送《中华人民共和国企业年度关联业务往来报告表》。

8. 境外投资者按照规定可以享受暂不征收预提所得税政策但未实际享受的,可在实际缴纳相关税款之日起(　　)年内申请追补享受该政策,退还已缴纳的税款。

A. 1　　B. 2

C. 3　　D. 4

【参考答案】 C

【答案解析】 根据《关于扩大境外投资者以分配利润直接投资暂不征收预提所得税政策适用范围的通知》(财税〔2018〕102 号)第五条,境外投资者按照本通知规定可以享受暂不征收预提所得税政策但未实际享受的,可在实际缴纳相关税款之日起三年内申请追补享受该政策,退还已缴纳的税款。

9. 第三届"一带一路"税收征管合作论坛主办方为(　　)。

A. 哈萨克斯坦财政部国家收入委员会　　B. 巴基斯坦联邦税收委员会

C. 塞尔维亚税务局　　D. 阿尔及利亚税务局

【参考答案】 D

【答案解析】 第三届"一带一路"税收征管合作论坛由阿尔及利亚税务局主办。

10. 目前普遍采用的转让定价方法基本分为两类:一类是传统的基于交易的定价方法,另一类是基于利润的方法。下列不属于基于交易的定价方法的是(　　)。

A. 可比非受控价格法　　B. 再销售价格法

C. 交易净利润法　　D. 成本加成法

【参考答案】 C

【答案解析】 目前普遍采用的转让定价方法基本分为两类:一类是传统的基于交易的定价方法,包括可比非受控价格法、再销售价格法和成本加成法;另一类是基于利润的方法,包括交易净利润法和利润分割法。

11. 符合下列条件之一的企业,应当准备主体文档:(一)年度发生跨境关联交易,且合并该企业财务报表的最终控股企业所属企业集团已准备主体文档。(二)年度关联交易总额超过(　　)元。

A. 5 000 万　　B. 5 亿

C. 10 亿　　D. 15 亿

【参考答案】 C

【答案解析】 根据《国家税务总局关于完善关联申报和同期资料管理有关事项的公告》(国家税务总局公告 2016 年第 42 号)第十一条,符合下列条件之一的企业,应当准备主体文档:(一)年度发生跨境关联交易,且合并该企业财务报表的最终控股企业所属企业集团已准备主体文档。(二)年度关联交易总额超过 10 亿元。

12. 下列关于年度关联交易金额符合特定条件之一的企业,应当准备本地文档的说法中错误的是(　　)。

A. 有形资产所有权转让金额(来料加工业务按照年度进出口报关价格计算)超过 2 亿元

B. 金融资产转让金额超过 1 亿元

C. 无形资产所有权转让金额超过 1 亿元

D. 其他关联交易金额合计超过 5 000 万元

【参考答案】 D

【答案解析】 根据《国家税务总局关于完善关联申报和同期资料管理有关事项的公告》(国家税务总局公告 2016 年第 42 号)第十三条,年度关联交易金额符合下列条件之一的企业,应当准备本地文档:(一)有形资产所有权转让金额(来料加工业务按照年度进出口报关价格计算)超过 2 亿元。(二)金融资产转让金额超过 1 亿元。(三)无形资产所有权转让金额超过 1 亿元。(四)其他关联交易金额合计超过 4 000 万元。

13. 企业应当依据《中华人民共和国企业所得税法实施条例》第一百一十四条的规定,按纳税年度准备并按税务机关要求提供其关联交易的同期资料。同期资料包括主体文档、本地文档和特殊事项文档。主体文档应当在企业集团最终控股企业会计年度终了之日起(　　)内准备完毕。

A. 3 个月　　B. 6 个月

C. 9 个月　　D. 12 个月

【参考答案】 D

【答案解析】 根据《国家税务总局关于完善关联申报和同期资料管理有关事项的公告》(国家税务总局公告 2016 年第 42 号),企业应当依据《中华人民共和国企业所得税法实施条例》第一百一十四条的规定,按纳税年度准备并按税务机关要求提供其关联交易的同期资料。同期资料包括主体文档、本地文档和特殊事项文档。主体文档应当在企业集团最终控股企业会计年度终了之日起 12 个月内准备完毕;本地文档和特殊事项文档应当在关联交易发生年度次年 6 月 30 日之前准备完毕。同期资料应当自税务机关要求之日起 30 日内提供。

14. 境内 A 银行向甲国 B 企业贷款 2 000 万元，合同约定利率为 10%。2022 年 A 银行收到甲国 B 企业 90 万元利息(已扣除甲国预提所得税，甲国预提所得税税率 10%)。该笔境外贷款的融资成本为本金的 4%。则 A 银行应纳税所得总额中境外利息收入的应纳税所得额为(　　)万元。

A. 5　　B. 10

C. 15　　D. 20

【参考答案】 D

【答案解析】 境外利息收入总额＝90÷(1－10%)＝100(万元)，对应调整扣除相关成本费用后的应纳税所得额 100－2 000×4%＝20(万元)。

15. 主管税务机关受理企业单边预约定价申请(适用简易程序)后，应当与企业就其关联交易是否符合独立交易原则进行协商，并于向企业送达受理申请的《税务事项通知书》之日起(　　)个月内协商完毕。

A. 6　　B. 12

C. 18　　D. 24

【参考答案】 A

【答案解析】 根据国家税务总局公告 2021 年第 24 号文件第五条，主管税务机关受理企业申请后，应当与企业就其关联交易是否符合独立交易原则进行协商，并于向企业送达受理申请的《税务事项通知书》之日起 6 个月内协商完毕。

16. 企业应当依据《中华人民共和国企业所得税法实施条例》的规定，按纳税年度准备并按税务机关要求提供其关联交易的同期资料。则年度关联交易总额超过(　　)元需要准备主体文档。

A. 年度关联交易总额超过 4 000 万　　B. 年度关联交易总额超过 1 亿

C. 年度关联交易总额超过 5 亿　　D. 年度关联交易总额超过 10 亿

【参考答案】 D

【答案解析】 根据国家税务总局公告 2016 年第 42 号文件，符合下列条件之一的企业，应当准备主体文档：(一)年度发生跨境关联交易，且合并该企业财务报表的最终控股企业所属企业集团已准备主体文档。(二)年度关联交易总额超过 10 亿元。

17. G20 是一个国际经济合作论坛，于(　　)在华盛顿宣布成立，G20 的宗旨是推动发达国家和新兴市场国家之间就实质性问题进行开放及有建设性的讨论和研究，以寻求合作并促进国际金融稳定和经济的持续增长。

A. 1999 年 9 月 25 日　　B. 2000 年 2 月 20 日

C. 2020 年 9 月 20 日　　D. 2020 年 9 月 25 日

【参考答案】 A

【答案解析】 G20是一个国际经济合作论坛，于1999年9月25日由八国集团（G8）的财长在华盛顿宣布成立，由原八国集团以及其余12个重要经济体组成，G20的宗旨是推动发达国家和新兴市场国家之间就实质性问题进行开放及有建设性的讨论和研究，以寻求合作并促进国际金融稳定和经济的持续增长。

18. 在中国境内设立机构、场所的非居民企业在年度中间终止经营活动的，应当自实际经营终止之日起（　　）内，向税务机关办理当期企业所得税汇算清缴。

A. 30日　　B. 45日

C. 60日　　D. 90日

【参考答案】 C

【答案解析】 《国家税务总局关于印发〈非居民企业所得税汇算清缴管理办法〉的通知》（国税发〔2009〕6号）规定，企业在年度中间终止经营活动的，应当自实际经营终止之日起60日内，向税务机关办理当期企业所得税汇算清缴。

19. 非居民企业在所得税汇算清缴期限内，发现当年度所得税申报有误的，应当在年度终了之日起（　　）个月内向主管税务机关重新办理年度所得税申报。

A. 1　　B. 3

C. 5　　D. 6

【参考答案】 C

【答案解析】 《国家税务总局关于印发〈非居民企业所得税汇算清缴管理办法〉的通知》（国税发〔2009〕6号）规定，企业在所得税汇算清缴期限内，发现当年度所得税申报有误的，应当在年度终了之日起5个月内向主管税务机关重新办理年度所得税申报。

20. 下列不属于非居民企业在中国境内设立的机构、场所的是（　　）。

A. 管理机构　　B. 提供劳务的场所

C. 装配的场所　　D. 偶尔受托从事经营的营业代理人

【参考答案】 D

【答案解析】 根据《中华人民共和国企业所得税法实施条例》第五条，企业所得税法第二条第二款所称机构、场所，是指在中国境内从事生产经营活动的机构、场所，包括：（一）管理机构、营业机构、办事机构；（二）工厂、农场、开采自然资源的场所；（三）提供劳务的场所；（四）从事建筑、安装、装配、修理、勘探等工程作业的场所；（五）其他从事生产经营活动的机构、场所。非居民企业委托营业代理人在中国境内从事生产经营活动的，包括委托单位或者个人经常代其签订合同，或者储存、交付货物等，该营业代理人视为非居民企业在中国境内设立的机构、场所。

21. 非居民企业A持有境外B公司（不属于境外注册中国居民企业）100%股权，B公司持有境内C公司100%股权和境外D公司100%股权。现A公司将其持有的B公司100%股权转让给E公司，股权转让价格1 500万元，转让基准日C公司公允价值2 000万元。假设因不具有合理商业目的被认定为直接转让境内C公司股权，则该股权转让收入为(　　)万元。

A. 1 000　　B. 1 500

C. 2 000　　D. 4 000

【参考答案】 C

【答案解析】 根据《国家税务总局关于非居民企业间接转让财产企业所得税若干问题的公告》(国家税务总局公告 2015 年第 7 号)政策解读，如果被转让境外企业股权价值来源包括中国应税财产因素和非中国应税财产因素，则需按照合理方法将转让境外企业股权所得划分为归属于中国应税财产所得和归属于非中国应税财产所得，只需就归属于中国应税财产所得按照公告调整征税。

22. 以下不属于税收协定的条款的是(　　)。

A. 演艺人员和运动员　　B. 特许权使用费

C. 营业利润　　D. 担保费

【参考答案】 D

【答案解析】 特许权使用费、演艺人员和运动员、营业利润是税收协定的条款，担保费不是税收协定的条款。

23. 特别纳税调查的重点对象不包括(　　)。

A. 关联交易金额较大或者类型较多　　B. 存在长期亏损、微利或者跳跃性盈利

C. 高于同行业利润水平　　D. 未按照规定进行关联申报

【参考答案】 C

【答案解析】 低于同行业利润水平的属于特别纳税调查的重点对象。

24. 以下不属于税收协定的条款的是(　　)。

A. 常设机构　　B. 居民

C. 营业收入　　D. 营业利润

【参考答案】 C

【答案解析】 常设机构、居民、营业利润是税收协定的条款，营业收入不是税收协定的条款。

25. 税务总局机关人员应在回国后(　　)日内将出访证件交由国际税务司统一保管。

A. 3　　B. 5

C. 7　　D. 10

【参考答案】 C

【答案解析】 根据《国家税务总局关于印发〈全国税务系统外事工作管理规定〉和〈全国税务系统因公短期出国培训管理办法〉的通知》(税总发〔2019〕135 号)有关规定，税务总局机关人员应在回国后 7 日内将出访证件交由国际税务司统一保管。

26. 关于非居民企业的汇算清缴,企业应当自年度终了之日起( )个月内,向税务机关报送年度企业所得税纳税申报表,并汇算清缴,结清应缴应退税款。

A. 3　　B. 5

C. 6　　D. 12

【参考答案】 B

【答案解析】 《国家税务总局关于印发〈非居民企业所得税汇算清缴管理办法〉的通知》(国税发〔2009〕6 号)规定,企业应当自年度终了之日起 5 个月内,向税务机关报送年度企业所得税纳税申报表,并汇算清缴,结清应缴应退税款。

27. 下列选项适用于母子公司经营方式的税收抵免方法是( )。

A. 逆向抵免　　B. 追溯抵免

C. 直接抵免　　D. 间接抵免

【参考答案】 D

【答案解析】 间接抵免是指,境外企业就分配股息前的利润缴纳的外国所得税额中由我国居民企业就该项分得的股息性质的所得间接负担的部分在我国的应纳税额中抵免。间接抵免是对进行境外投资所得已纳税款的抵扣。母子或母子孙公司之间适用间接抵免。

28. 合格的境外投资机构取得来源于中国境内的股息、红利和利息收入,应当按照企业所得税法规定缴纳( )的企业所得税。

A. 10%　　B. 15%

C. 20%　　D. 25%

【参考答案】 A

【答案解析】 根据《国家税务总局关于中国居民企业向 QFII 支付股息、红利、利息代扣代缴企业所得税有关问题的通知》(国税函〔2009〕47 号),QFII 取得来源于中国境内的股息、红利和利息收入,应当按照企业所得税法规定缴纳 10%的企业所得税。

29. 预约定价安排一般适用于主管税务机关向企业送达接收其谈签意向的《税务事项通知书》之日所属纳税年度前 3 个年度每年度发生的关联交易金额( )万元人民币以上的企业。

A. 2 000　　B. 3 000

C. 4 000　　D. 5 000

【参考答案】 C

【答案解析】 根据《国家税务总局关于完善预约定价安排管理有关事项的公告》(国家税务总局公告 2016 年第 64 号),预约定价安排一般适用于主管税务机关向企业送达接收其谈签意向的《税务事项通知书》之日所属纳税年度前 3 个年度每年度发生的关联交易金额 4 000 万元人民币以上的企业。

30. 境外所得采用我国税法规定的简易办法计算抵免额度,下列说法正确的是( )。

A. 按照12.5%计算境外已纳税额　　B. 按照25%的法定税率计算抵免

C. 按照10%预提税率计算抵免　　D. 不适用饶让抵免

【参考答案】 D

【答案解析】 境外所得采用简易办法计算抵免额的,不适用饶让抵免。

31. 税务机关应当以具有合理商业目的和经济实质的类似安排为基础,按照实质重于形式的原则实施特别纳税调整。下列调整方法中表述错误的是(　　)。

A. 对安排的全部或者部分交易重新定性

B. 在税收上肯定交易方的存在,或者将交易方与其他交易方视为统一实体

C. 对相关所得、扣除、税收优惠、境外税收抵免等重新定性或者在交易各方间重新分配

D. 其他合理方法

【参考答案】 B

【答案解析】 《一般反避税管理办法(试行)》(国家税务总局令第32号)第一章第五条规定,税务机关应当以具有合理商业目的和经济实质的类似安排为基础,按照实质重于形式的原则实施特别纳税调整。调整方法包括:(一)对安排的全部或者部分交易重新定性;(二)在税收上否定交易方的存在,或者将交易方与其他交易方视为统一实体;(三)对相关所得、扣除、税收优惠、境外税收抵免等重新定性或者在交易各方间重新分配;(四)其他合理方法。

32. 企业取得的境外所得已直接缴纳和间接负担的税额为人民币以外货币的,凡企业以人民币以外其他货币作为记账本位币的,应统一按(　　)的人民币汇率中间价进行换算。

A. 实际收到境外所得款项或取得索取款项凭据的当天

B. 实现境外所得对应我国纳税年度最后一日

C. 合同约定的境外所得付款之日

D. 实现境外所得当日

【参考答案】 B

【答案解析】 企业取得的境外所得已直接缴纳和间接负担的税额为人民币以外货币的,在以人民币计算可予抵免的境外税额时,凡企业记账本位币为人民币的,应按企业就该项境外所得记入账内时使用的人民币汇率进行换算,凡企业以人民币以外其他货币作为记账本位币的,应统一按实现该项境外所得对应的我国纳税年度最后一日的人民币汇率中间价进行换算。

33. 国际货币基金组织(IMF)属于(　　)。

A. 国际多边金融机构　　B. 非政府间国际组织

C. 政府间国际组织　　D. 其他

【参考答案】 C

【答案解析】 国际货币基金组织(IMF)属于政府间国际组织。

34. 第三届“一带一路”税收征管合作论坛,与会代表就(　　)主题,共商“一带一路”税收合作发展大计。

A. 共建“一带一路”:加强税收合作,改善营商环境

B. 加强税收国际合作,共建“一带一路”,实现共赢发展

C. 凝心聚力,应对挑战——后疫情时代的税收征管能力建设

D. 加强税收征管能力建设,改善税收营商环境

【参考答案】 C

【答案解析】 第三届“一带一路”税收征管合作论坛开幕,来自40个国家(地区)的财税部门负责人,以及经济合作与发展组织、国际货币基金组织等12个国际组织共246名代表通过线上线下结合的方式出席论坛。与会代表聚焦“凝心聚力 应对挑战——后疫情时代的税收征管能力建设”主题,共商“一带一路”税收合作发展大计。

35. 税收协定的主要作用不包括(　　)。

A. 增加所得来源国的税收　　B. 提高税收确定性

C. 消除双重征税　　D. 降低跨境纳税人在东道国的税负

【参考答案】 A

【答案解析】 税收协定的主要作用包括降低跨境纳税人在东道国的税负、提高税收确定性、消除双重征税和通过相互协商机制妥善解决涉税争议等。

36. 临时来华承包工程和提供劳务不足(　　),在年度中间终止经营活动,且已经结清税款,可不参加当年度的所得税汇算清缴。

A. 6个月　　B. 1年

C. 18个月　　D. 2年

【参考答案】 B

【答案解析】《税务总局关于印发〈非居民企业所得税汇算清缴管理办法〉的通知》(国税发〔2009〕6号)规定,企业具有下列情形之一的,可不参加当年度的所得税汇算清缴:(1)临时来华承包工程和提供劳务不足1年,在年度中间终止经营活动,且已经结清税款;(2)汇算清缴期内已办理注销;(3)其他经主管税务机关批准可不参加当年度所得税汇算清缴。

37. 特殊事项文档包括成本分摊协议特殊事项文档和(　　)特殊事项文档。

A. 有形资产使用权或者所有权的转让　　B. 资金融通

C. 无形资产使用权或者所有权的转让　　D. 资本弱化

【参考答案】 D

【答案解析】 根据国家税务总局公告2016年第42号文件,特殊事项文档包括成本分摊协议特殊事项文档和资本弱化特殊事项文档。

38. 税务机关可以就被调查企业与可比企业因料件还原产生的资金占用差异进行可比性调整，利润水平调整幅度超过（　　）的，应当重新选择可比企业。除以上原因之外，对因营运资本占用不同产生的利润差异不作调整。

A. 5％　　B. 10％

C. 15％　　D. 20％

【参考答案】 B

【答案解析】 税务机关可以就被调查企业与可比企业因料件还原产生的资金占用差异进行可比性调整，利润水平调整幅度超过10％的，应当重新选择可比企业。除以上原因之外，对因营运资本占用不同产生的利润差异不作调整。

39. 预约定价安排执行期满后自动失效。企业申请续签的，应当在预约定价安排执行期满之日前（　　）日内向税务机关提出续签申请。

A. 30　　B. 45

C. 60　　D. 90

【参考答案】 D

【答案解析】 根据国家税务总局公告2016年第64号文件第十一条，预约定价安排执行期满后自动失效。企业申请续签的，应当在预约定价安排执行期满之日前90日内向税务机关提出续签申请。

40. 下列不构成常设机构的是（　　）。

A. 分支机构　　B. 中外合作办学项目

C. 具有准备性或辅助性的固定营业场所　　D. 不具有法人资格的中外合作办学机构

【参考答案】 C

【答案解析】 具有准备性或辅助性的固定营业场所不构成常设机构。

41. 我国居民企业A直接持有甲国B企业60％的股份，甲国B企业持有乙国C企业20％股份，我国居民企业A直接持有乙国C企业10％的股份，则对居民企业A而言，以下说法正确的是（　　）。

A. B企业符合间接抵免持股条件，但C企业不符合间接抵免持股条件

B. B企业不符合间接抵免持股条件，但C企业符合间接抵免持股条件

C. B企业、C企业均符合间接抵免持股条件

D. B企业、C企业均不符合间接抵免持股条件

【参考答案】 A

【答案解析】 居民企业A直接持有甲国B企业60％股份，大于20％。符合间接抵免持股条件，B企业持有C企业20％股份，但企业A只持有C企业10％股份，企业A间接持有C企业10％（50％×20％）的股份，小于20％，不符合间接抵免持股条件。

42. 税收协定中“受益所有人”规则不能适用的条款是（　　）。

A. 股息　　B. 利息

C. 特许权使用费　　D. 财产收益

【参考答案】 D

【答案解析】《国家税务总局关于税收协定中"受益所有人"有关问题的公告》(国家税务总局公告 2018 年第 9 号)完善了"受益所有人"规则。

一、"受益所有人"是指对所得或所得据以产生的权利或财产具有所有权和支配权的人。

二、判定需要享受税收协定待遇的缔约对方居民(以下简称"申请人")"受益所有人"身份时,应根据本条所列因素,结合具体案例的实际情况进行综合分析。一般来说,下列因素不利于对申请人"受益所有人"身份的判定:(一)申请人有义务在收到所得的 12 个月内将所得的 50%以上支付给第三国(地区)居民,"有义务"包括约定义务和虽未约定义务但已形成支付事实的情形。(二)申请人从事的经营活动不构成实质性经营活动。实质性经营活动包括具有实质性的制造、经销、管理等活动。申请人从事的经营活动是否具有实质性,应根据其实际履行的功能及承担的风险进行判定。申请人从事的具有实质性的投资控股管理活动,可以构成实质性经营活动;申请人从事不构成实质性经营活动的投资控股管理活动,同时从事其他经营活动的,如果其他经营活动不够显著,不构成实质性经营活动。(三)缔约对方国家(地区)对有关所得不征税或免税,或征税但实际税率极低。(四)在利息据以产生和支付的贷款合同之外,存在债权人与第三人之间在数额、利率和签订时间等方面相近的其他贷款或存款合同。(五)在特许权使用费据以产生和支付的版权、专利、技术等使用权转让合同之外,存在申请人与第三人之间在有关版权、专利、技术等的使用权或所有权方面的转让合同。

三、申请人从中国取得的所得为股息时,申请人虽不符合"受益所有人"条件,但直接或间接持有申请人 100%股份的人符合"受益所有人"条件,并且属于以下两种情形之一的,应认为申请人具有"受益所有人"身份:(一)上述符合"受益所有人"条件的人为申请人所属居民国(地区)居民;(二)上述符合"受益所有人"条件的人虽不为申请人所属居民国(地区)居民,但该人和间接持有股份情形下的中间层均为符合条件的人。"符合'受益所有人'条件"是指根据本公告第二条的规定,综合分析后可以判定具有"受益所有人"身份。"符合条件的人"是指该人从中国取得的所得为股息时根据中国与其所属居民国(地区)签署的税收协定可享受的税收协定待遇和申请人可享受的税收协定待遇相同或更为优惠。

43. "一带一路"税收征管合作机制成立时间为(　　)。

A. 2018 年 4 月 18 日　　B. 2019 年 4 月 18 日

C. 2018 年 4 月 19 日　　D. 2019 年 4 月 19 日

【参考答案】 B

【答案解析】 "一带一路"税收征管合作机制成立时间为 2019 年 4 月 18 日。

44. 非境内注册居民企业发生终止生产经营或者居民身份变化情形的，应当自停止生产经营之日或者税务总局取消其居民企业之日起（　　）日内，向其主管税务机关办理当期企业所得税汇算清缴。

A. 15　　B. 30

C. 45　　D. 60

【参考答案】 D

【答案解析】 《国家税务总局关于印发〈境外注册中资控股居民企业所得税管理办法（试行）〉的公告》（国家税务总局公告 2011 年第 45 号）第二十一条规定，非境内注册居民企业发生终止生产经营或者居民身份变化情形的，应当自停止生产经营之日或者税务总局取消其居民企业之日起 60 日内，向其主管税务机关办理当期企业所得税汇算清缴。

45. 下列属于国际上通用的避免双重征税协定范本是（　　）。

A. 经合组织协定范本　　B. 国际货币经济组织协定范本

C. 世界银行协定范本　　D. 世界贸易组织协定范本

【参考答案】 A

【答案解析】 国际上通用的避免双重征税协定范本有经合组织协定范本和联合国协定范本。

46. 某调查组拟运用再销售价格法开展转让定价调查，该方法适用于以下何种业务类型（　　）。

A. 所有类型企业的有形资产使用权或者所有权的转让和受让

B. 再销售者仅对商品进行了改变外形和结构的加工

C. 再销售过程中产品性能发生重大改变

D. 单纯的购销业务

【参考答案】 D

【答案解析】 根据国家税务总局公告 2017 年第 6 号文件第十八条，再销售价格法一般适用于再销售者未对商品进行改变外形、性能、结构或者更换商标等实质性增值加工的简单加工或者单纯购销业务。

47. 某居民企业 2022 年境内所得 100 万元，境外分支机构亏损 300 万元，则该境外分支机构可以无期限向后结转弥补的亏损额为（　　）万元。

A. 100　　B. 200

C. 300　　D. 0

【参考答案】 A

【答案解析】 在汇总计算境外应纳税所得额时，企业在境外同一国家（地区）设立不具有独立纳税地位的分支机构，按照企业所得税法及实施条例下有关规定计算的亏损，不得抵减其境内或他国（地区）的应纳税所得额，但可以用同一国家（地区）其他项目或以后年度的所得按规定弥补。企业在同一纳税年度的境内外所得加总为正数的,其境外分支机构发生的亏损,由于上述结转弥补的限制而发生的未予弥补的部分(以下称为非实际亏损额),今后在该分支机构的结转弥补期限不受5年期限制。如果企业当期境内外所得盈利额与亏损额加总后和为负数,则以境外分支机构的亏损额超过企业盈利部分的实际亏损额,按《中华人民共和国企业所得税法》第十八条规定的期限进行亏损弥补,未超过企业盈利额部分的非实际亏损额仍可无限期向后结转弥补。

48. 全球公式分配法有时被建议作为一种替代独立交易原则的方法,用以确定各税收辖区之间适当的利润分配水平。运用全球公式分配法有三个基本要素,分别是确定被征税的实体、准确地确定全球利润、(　　)。

A. 准确描述功能、风险

B. 进行可比性分析

C. 准确地确定集团母公司利润

D. 建立用于将全球利润分配给这些纳税实体的公式

【参考答案】 D

【答案解析】 运用全球公式分配法有三个基本要素:确定被征税的实体,即确定跨国企业集团内部哪些子公司和分支机构构成全球性的纳税实体,准确地确定全球利润,建立用于将全球利润分配给这些纳税实体的公式。

49. 企业应当在纳税年度终了后(　　)个月内,向主管税务机关报送执行预约定价安排情况的纸质版和电子版年度报告,主管税务机关将电子版年度报告报送国家税务总局;涉及双边或者多边预约定价安排的,企业应当向主管税务机关报送执行预约定价安排情况的纸质版和电子版年度报告,同时将电子版年度报告报送国家税务总局。

A. 3　　　　B. 5

C. 6　　　　D. 9

【参考答案】 C

【答案解析】 根据国家税务总局公告2016年第64号文件,企业应当在纳税年度终了后6个月内,向主管税务机关报送执行预约定价安排情况的纸质版和电子版年度报告,主管税务机关将电子版年度报告报送国家税务总局;涉及双边或者多边预约定价安排的,企业应当向主管税务机关报送执行预约定价安排情况的纸质版和电子版年度报告,同时将电子版年度报告报送国家税务总局。

50. 预约定价安排执行期间,企业发生影响预约定价安排的实质性变化,应当在发生变化之日起(　　)日内书面报告主管税务机关,详细说明该变化对执行预约定价安排的影响,并附送相关资料。

A. 15　　　　B. 30

C. 45　　　　D. 60

【参考答案】 B

【答案解析】 根据国家税务总局公告2016年第64号文件，预约定价安排执行期间，企业发生影响预约定价安排的实质性变化，应当在发生变化之日起30日内书面报告主管税务机关，详细说明该变化对执行预约定价安排的影响，并附送相关资料。

51. 除涉及国家安全的信息以外，国家税务总局可以按照对外缔结的国际公约、协定、协议等有关规定，与其他国家（地区）税务主管当局就（　　）以后签署的单边预约定价安排文本实施信息交换。

A. 2015年4月1日　　B. 2016年4月1日

C. 2017年4月1日　　D. 2018年4月1日

【参考答案】 B

【答案解析】 根据国家税务总局公告2016年第64号文件第二十条，除涉及国家安全的信息以外，国家税务总局可以按照对外缔结的国际公约、协定、协议等有关规定，与其他国家（地区）税务主管当局就2016年4月1日以后签署的单边预约定价安排文本实施信息交换。

52. 预约定价安排执行期间由于非主观原因而无法按期报告的，可以延期报告，但延长期限不得超过（　　）日。

A. 15　　B. 30

C. 45　　D. 60

【参考答案】 B

【答案解析】 根据国家税务总局公告2016年第64号条件，预约定价安排执行期间，企业发生影响预约定价安排的实质性变化，应当在发生变化之日起30日内书面报告主管税务机关，详细说明该变化对执行预约定价安排的影响，并附送相关资料。由于非主观原因而无法按期报告的，可以延期报告，但延长期限不得超过30日。

53. 对非居民企业在中国境内取得工程作业和劳务所得应缴纳的所得税，税务机关可以指定工程价款或者劳务费的支付人为扣缴义务人。此款规定的扣缴义务人，由（　　）以上税务机关指定。

A. 县级　　B. 区级

C. 市级　　D. 省级

【参考答案】 A

【答案解析】 根据《中华人民共和国企业所得税法实施条例》第一百零六条，前款规定的扣缴义务人，由县级以上税务机关指定，并同时告知扣缴义务人所扣税款的计算依据、计算方法、扣缴期限和扣缴方式。

54. 出访团组派员单位应事先通过内部局域网、公开栏等便于本单位或本系统人员知晓的方式，公示出访团组和人员信息。公示期限原则上不少于（　　）。

A. 5天　　B. 5个工作日

C. 7 天　　　　　　　　　　　　D. 7 个工作日

【参考答案】 B

【答案解析】 根据《国家税务总局关于印发〈全国税务系统外事工作管理规定〉和〈全国税务系统因公短期出国培训管理办法〉的通知》(税总发〔2019〕135 号)有关拟定出访团组派员单位应事先通过内部局域网、公开栏等便于本单位或本系统人员知晓的方式，公示出访团组和人员信息。公示期限原则上不少于 5 个工作日。

55. A 企业某年度息税前营业利润为 200 万元人民币，息税前利润率为 2%，远低于同行业平均利润水平。主管税务机关对其开展特别纳税调查调整，调整指标为息税前营业利润率，目标值为 4.5%，请计算税务机关应当对该企业进行的特别纳税调整额为(　　)万元。

A. 550　　　　　　　　　　　　B. 250

C. 200　　　　　　　　　　　　D. 30

【参考答案】 C

【答案解析】 息税前利润率＝息税前利润÷营业收入×100%；特别纳税调整额＝200÷2%×(4.5%－2.5%)＝200(万元)。

56. 企业以前年度的关联交易与预约定价安排适用年度相同或者类似的，经企业申请，税务机关可以将预约定价安排确定的定价原则和计算方法追溯用于以前年度该关联交易的评估和调整。追溯期最长为(　　)年。

A. 3　　　　　　　　　　　　B. 5

C. 8　　　　　　　　　　　　D. 10

【参考答案】 D

【答案解析】 《国家税务总局关于完善预约定价安排管理有关事项的公告》(国家税务总局公告 2016 年第 64 号)第三条规定，企业以前年度的关联交易与预约定价安排适用年度相同或者类似的，经企业申请，税务机关可以将预约定价安排确定的定价原则和计算方法追溯适用于以前年度该关联交易的评估和调整。追溯期最长为 10 年。

57. 预约定价安排适用于主管税务机关向企业送达接收其谈签意向的《税务事项通知书》之日所属纳税年度起(　　)年度的关联交易。

A. 3 个　　　　　　　　　　　　B. 4 个

C. 5 个　　　　　　　　　　　　D. 3－5 个

【参考答案】 D

【答案解析】 《国家税务总局关于完善预约定价安排管理有关事项的公告》(国家税务总局公告 2016 年第 64 号)第三条规定，预约定价安排适用于主管税务机关向企业送达接收其谈签意向的《税务事项通知书》之日所属纳税年度起 3 至 5 个年度的关联交易。

58. 以下哪项不是税收协定的条款(　　)。

A. 受雇所得　　B. 广告费

C. 利息　　D. 营业利润

【参考答案】 B

【答案解析】 受雇所得、利息、营业利润是税收协定的条款，广告费不是税收协定的条款。

59. 境内居民企业A向非居民企业B借款，约定借款期限自2021年1月1日起至2021年12月31日，2021年12月31日一次还本付息。而A企业实际支付利息时间为2022年6月30日。A企业在2021年12月31日将该项利息支出计入自建固定资产原值，并于2022年3月31日进行2021年度企业所得税汇算清缴申报。则A企业应就该利息支出代扣代缴企业所得税的时点为（　　）。

A. 2021年12月31日　　B. 2022年3月31日

C. 2022年6月30日　　D. 2022年12月31日

【参考答案】 B

【答案解析】 根据《国家税务总局关于非居民企业所得税管理若干问题的公告》（国家税务总局公告2011年第24号），中国境内企业（以下称为企业）和非居民企业签订与利息、租金、特许权使用费等所得有关的合同或协议，如果未按照合同或协议约定的日期支付上述所得款项，或者变更或修改合同或协议延期支付，但已计入企业当期成本、费用，并在企业所得税年度纳税申报中作税前扣除的，应在企业所得税年度纳税申报时按照企业所得税法有关规定代扣代缴企业所得税。如果企业上述到期未支付的所得款项，不是一次性计入当期成本、费用，而是计入相应资产原价或企业筹办费，在该类资产投入使用或开始生产经营后分期摊入成本、费用，分年度在企业所得税前扣除的，应在企业计入相关资产的年度纳税申报时就上述所得全额代扣代缴企业所得税。

60. 以下不是“一带一路”税收征管合作机制第一任副主席国的为（　　）。

A. 哈萨克斯坦　　B. 乌拉圭

C. 尼日利亚　　D. 阿联酋

【参考答案】 C

【答案解析】 “一带一路”税收征管合作机制第一任副主席国包括：哈萨克斯坦、塞拉利昂、阿联酋、乌拉圭。

61. 同时为缔约国双方居民的个人，应先按照（　　）判定其居民身份。

A. 国籍　　B. 年度居住时间

C. 习惯性居处　　D. 永久性住所

【参考答案】 D

【答案解析】 同时为缔约国双方居民的个人，应先按照永久性住所判定其居民身份。

62. 预约定价安排执行期满后自动失效。企业申请续签的，应当在预约定价安排执行期满之日前（　　）日内向税务机关提出续签申请。

A. 30　　B. 45

C. 60　　D. 90

【参考答案】 D

【答案解析】《国家税务总局关于完善预约定价安排管理有关事项的公告》（国家税务总局公告 2016 年第 64 号），预约定价安排执行期满后自动失效。企业申请续签的，应当在预约定价安排执行期满之日前 90 日内向税务机关提出续签申请。

63. 企业应当依据《中华人民共和国企业所得税法实施条例》第一百一十四条的规定，按纳税年度准备并按税务机关要求提供其关联交易的同期资料。同期资料包括主体文档、本地文档和特殊事项文档。本地文档和特殊事项文档应当在关联交易发生年度次年（　　）之前准备完毕。

A. 3 月 1 日　　B. 3 月 31 日

C. 6 月 1 日　　D. 6 月 30 日

【参考答案】 D

【答案解析】 根据《国家税务总局关于完善关联申报和同期资料管理有关事项的公告》（国家税务总局公告 2016 年第 42 号），企业应当依据《中华人民共和国企业所得税法实施条例》第一百一十四条的规定，按纳税年度准备并按税务机关要求提供其关联交易的同期资料。同期资料包括主体文档、本地文档和特殊事项文档。主体文档应当在企业集团最终控股企业会计年度终了之日起 12 个月内准备完毕；本地文档和特殊事项文档应当在关联交易发生年度次年 6 月 30 日之前准备完毕。

64. 企业应当依据《中华人民共和国企业所得税法实施条例》第一百一十四条的规定，按纳税年度准备并按税务机关要求提供其关联交易的同期资料。同期资料包括主体文档、本地文档和特殊事项文档。同期资料应当自税务机关要求之日起（　　）内提供。

A. 15 日　　B. 30 日

C. 45 日　　D. 60 日

【参考答案】 B

【答案解析】 根据《国家税务总局关于完善关联申报和同期资料管理有关事项的公告》（国家税务总局公告 2016 年第 42 号），企业应当依据《中华人民共和国企业所得税法实施条例》第一百一十四条的规定，按纳税年度准备并按税务机关要求提供其关联交易的同期资料。同期资料包括主体文档、本地文档和特殊事项文档。主体文档应当在企业集团最终控股企业会计年度终了之日起 12 个月内准备完毕；本地文档和特殊事项文档应当在关联交易发生年度次年 6 月 30 日之前准备完毕。同期资料应当自税务机关要求之日起 30 日内提供。

65. 2018 年 11 月 13 日，第 48 届亚洲税收管理与研究组织（SGATAR）年会在杭州开幕，这是中国第（　　）次主办 SGATAR 年会。

A. 1　　B. 2

C. 3　　D. 4

【参考答案】 C

【答案解析】 亚洲税收管理与研究组织（SGATAR）于 1971 年由菲律宾发起成立并举办了第一届会议。中国国家税务总局曾于 1998 年在北京主办第 28 届 SGATAR 年会，于 2008 年在广州主办第 38 届 SGATAR 年会，并于 2018 年在杭州主办第 48 届 SGATAR 年会。

66. 国家税务总局决定暂停或者终止相互协商程序的，应当书面通知省级税务机关。负责特别纳税调整事项的主管税务机关应当在收到书面通知（　　）内，向企业送达暂停或者终止相互协商程序的《税务事项通知书》。

A. 15 日　　B. 30 日

C. 15 个工作日　　D. 30 个工作日

【参考答案】 C

【答案解析】 《国家税务总局关于〈特别纳税调查调整及相互协商程序管理办法〉的公告》（国家税务总局公告 2017 年第 6 号）第五十五条规定，国家税务总局与税收协定缔约对方税务主管当局签署相互协商协议后，应当书面通知省税务机关，附送相互协商协议。负责特别纳税调整事项的主管税务机关应当在收到书面通知后 15 个工作日内，向企业送达《税务事项通知书》，附送相互协商协议。需要补（退）税的，应当附送《特别纳税调整相互协商协议补（退）税款通知书》或者《预约定价安排补（退）税款通知书》，并监控执行补（退）税款情况。

67. 非居民企业 A 在中国境内承包工程作业，则它应当自项目合同或协议签订之日起（　　）日内，向项目所在地主管税务机关办理税务登记手续。

A. 15　　B. 30

C. 45　　D. 60

【参考答案】 B

【答案解析】 《非居民承包工程作业和提供劳务税收管理暂行办法》（国家税务总局令第 19 号）第五条规定，非居民企业在中国境内承包工程作业或提供劳务的，应当自项目合同或协议签订之日起 30 日内，向项目所在地主管税务机关办理税务登记手续。

68. 预约定价安排采用四分位法确定价格或者利润水平，假定上四分位值为 9%，中位值为 4%，下四分位值为 1%，在预约定价安排执行期间，如果企业当年实际经营结果在四分位区间之外税务机关可以将实际经营结果调整到（　　）。

A. 1%　　B. 4%

C. 4.7%　　D. 9%

【参考答案】 B

【答案解析】 根据国家税务总局公告2016年第64号文件第十二条，预约定价安排采用四分位法确定价格或者利润水平，在预约定价安排执行期间，如果企业当年实际经营结果在四分位区间之外，税务机关可以将实际经营结果调整到四分位区间中位值。

69. 企业应当依据《中华人民共和国企业所得税法实施条例》第一百一十四条的规定，按纳税年度准备并按税务机关要求提供其关联交易的同期资料。企业因不可抗力无法按期提供同期资料的，应当在不可抗力消除后（　　）日内提供同期资料。

A. 15　　B. 30

C. 45　　D. 60

【参考答案】 B

【答案解析】 根据《国家税务总局关于完善关联申报和同期资料管理有关事项的公告》（国家税务总局公告2016年第42号），企业应当依据《中华人民共和国企业所得税法实施条例》第一百一十四条的规定，按纳税年度准备并按税务机关要求提供其关联交易的同期资料。企业因不可抗力无法按期提供同期资料的，应当在不可抗力消除后30日内提供同期资料。

70. 企业拒不配合税务机关进行功能和风险实地访谈，税务机关可以拒绝企业（　　）。

A. 提交谈签意向　　B. 已提交的谈签意向

C. 提交正式申请　　D. 提交预备会谈申请

【参考答案】 C

【答案解析】 根据《国家税务总局关于完善预约定价安排管理有关事项的公告》（国家税务总局公告2016年第64号）第八条的相关规定。

71. 2021年7月1日，（　　）个国家和地区就应对经济数字化税收挑战双支柱方案发布声明。

A. 129　　B. 130

C. 131　　D. 132

【参考答案】 B

【答案解析】 2021年7月1日，130个国家和地区就应对经济数字化税收挑战双支柱方案发布声明。

72. 税务机关按照以下标准确定非居民企业的利润率：从事承包工程作业、设计和咨询劳务的，利润率为（　　）。

A. 5%－20%　　B. 15%－30%

C. 30%－45%　　D. 30%－50%

【参考答案】 B

【答案解析】 根据《国家税务总局关于印发〈非居民企业所得税核定征收管理办法〉的

通知》(国税发〔2010〕19 号),税务机关可按照以下标准确定非居民企业的利润率:(一)从事承包工程作业、设计和咨询劳务的,利润率为 15%—30%;(二)从事管理服务的,利润率为 30%—50%;(三)从事其他劳务或劳务以外经营活动的,利润率不低于 15%。

73. 税务机关按照以下标准确定非居民企业的利润率:从事管理服务的,利润率为( )。

A. 5%—20%　　B. 15%—30%

C. 30%—45%　　D. 30%—50%

【参考答案】 D

【答案解析】 根据《国家税务总局关于印发〈非居民企业所得税核定征收管理办法〉的通知》(国税发〔2010〕19 号),税务机关可按照以下标准确定非居民企业的利润率:(一)从事承包工程作业、设计和咨询劳务的,利润率为 15%—30%;(二)从事管理服务的,利润率为 30%—50%;(三)从事其他劳务或劳务以外经营活动的,利润率不低于 15%。

74. 税务机关按照以下标准确定非居民企业的利润率:从事其他劳务或劳务以外经营活动的,利润率为( )。

A. 不低于 15%　　B. 15%—30%

C. 30%—45%　　D. 30%—50%

【参考答案】 A

【答案解析】 根据《国家税务总局关于印发〈非居民企业所得税核定征收管理办法〉的通知》(国税发〔2010〕19 号),税务机关可按照以下标准确定非居民企业的利润率:(一)从事承包工程作业、设计和咨询劳务的,利润率为 15%—30%;(二)从事管理服务的,利润率为 30%—50%;(三)从事其他劳务或劳务以外经营活动的,利润率不低于 15%。

75. 非居民企业与中国居民企业签订机器设备销售合同,同时提供设备安装等劳务,其销售合同中未列明提供劳务服务收费金额,且主管税务机关又无参照标准的,以( )为原则,确定非居民企业的劳务收入。

A. 不低于销售合同总价款的 5%　　B. 不低于销售合同总价款的 10%

C. 不高于销售合同总价款的 5%　　D. 不高于销售合同总价款的 10%

【参考答案】 B

【答案解析】 根据《国家税务总局关于印发〈非居民企业所得税核定征收管理办法〉的通知》(国税发〔2010〕19 号)第六条,非居民企业与中国居民企业签订机器设备或货物销售合同,同时提供设备安装、装配、技术培训、指导、监督服务等劳务,其销售货物合同中未列明提供上述劳务服务收费金额,或者计价不合理的,主管税务机关可以根据实际情况,参照相同或相近业务的计价标准核定劳务收入,无参照标准的,以不低于销售货物合同总价款的 10%为原则,确定非居民企业的劳务收入。

76. 实行查账征收的居民企业和( )非居民企业向税务机关报送年度企业所得税纳

税申报表时，应当就其与关联方之间的业务往来进行关联申报，附送《中华人民共和国企业年度关联业务往来报告表》。

A. 在中国境内设立机构、场所的

B. 在中国境内设立机构、场所并实行核定征收的

C. 在中国境内设立机构、场所并据实申报缴纳企业所得税的

D. 在中国境内未设立机构、场所但有来源于中国境内所得的

【参考答案】 C

【答案解析】 根据国家税务总局公告2016年第42号文件，实行查账征收的居民企业和在中国境内设立机构、场所并据实申报缴纳企业所得税的非居民企业向税务机关报送年度企业所得税纳税申报表时，应当就其与关联方之间的业务往来进行关联申报，附送《中华人民共和国企业年度关联业务往来报告表》。

77. 非居民企业在中国境内设立两个或者两个以上机构、场所，选择汇总缴纳企业所得税的应在汇总纳税的年度中持续符合一些条件，下列不属于的是（　　）。

A. 汇总纳税的各机构、场所已在所在地主管税务机关办理税务登记，并取得纳税人识别号

B. 主要机构、场所符合企业所得税法实施条例第一百二十六条规定，汇总纳税的各机构、场所不得采用核定方式计算缴纳企业所得税

C. 汇总纳税的各机构、场所应在每次预缴申报及汇算清缴申报时报送符合汇总缴纳企业所得税条件的财务会计核算制度安排

D. 汇总纳税的各机构、场所能够按照本公告规定准确计算本机构、场所的税款分摊额，并按要求向所在地主管税务机关办理纳税申报

【参考答案】 C

【答案解析】《国家税务总局 财政部 中国人民银行关于非居民企业机构场所汇总缴纳企业所得税有关问题的公告》（国家税务总局公告2019年第12号）第二条规定，汇总纳税的非居民企业应在汇总纳税的年度中持续符合下列所有条件：（一）汇总纳税的各机构、场所已在所在地主管税务机关办理税务登记，并取得纳税人识别号；（二）主要机构、场所符合企业所得税法实施条例第一百二十六条规定，汇总纳税的各机构、场所不得采用核定方式计算缴纳企业所得税；（三）汇总纳税的各机构、场所能够按照本公告规定准确计算本机构、场所的税款分摊额，并按要求向所在地主管税务机关办理纳税申报。

78. 预约定价安排包括（　　）种类型。

A. 1　　B. 2

C. 3　　D. 4

【参考答案】 C

【答案解析】 预约定价安排的谈签与执行经过预备会谈、谈签意向、分析评估、正式申

请、协商签署和监控执行6个阶段。预约定价安排包括单边、双边和多边3种类型。

79. 国家税务总局组团的工作访问团组和短期出国(境)培训团组回国(境)后形成的出访报告按年度进行评审。出访报告按照完整性、(　　)、创新性五个要素进行评审,下列不属于的是(　　)。

A. 规范性　　B. 逻辑性

C. 实用性　　D. 系统性

【参考答案】 D

【答案解析】 根据《国家税务总局办公厅关于印发〈全国税务系统出访成果评审办法〉的通知》(税总办发〔2021〕8号)有关规定,出访报告按照完整性、规范性、逻辑性、实用性和创新性五个要素进行评审。

80. 以下不属于"一带一路"税收征管合作机制专家咨询委员会专家的是(　　)。

A. 帕斯卡·圣塔曼　　B. 克里斯丁·凯瑟

C. 李金艳　　D. 朱清

【参考答案】 D

【答案解析】 朱清不是"一带一路"税收征管合作机制专家咨询委员会专家。

81. 一家非居民企业发生涉及中国境内与境外之间(包括港澳台地区)的股权和资产收购交易,除应符合《财政部国家税务总局关于企业重组业务企业所得税处理若干问题的通知》(财税〔2009〕59号)第五条规定的条件外,还应同时符合一些条件,才可选择适用特殊性税务处理规定,下列不属于这些条件的是(　　)。

A. 非居民企业向其100%直接控股的另一非居民企业转让其拥有的居民企业股权,没有因此造成以后该项股权转让所得预提税负担变化,且转让方非居民企业向主管税务机关书面承诺在3年(含3年)内不转让其拥有受让方非居民企业的股权

B. 非居民企业向100%直接控股自身的另一非居民企业转让其拥有的居民企业股权,没有因此造成以后该项股权转让所得预提税负担变化,且受让方非居民企业向主管税务机关书面承诺在3年(含3年)内不转让其拥有转让方非居民企业的股权

C. 非居民企业向其100%直接控股的居民企业转让其拥有的另一居民企业股权

D. 非居民企业向100%直接控股自身的居民企业转让其拥有的另一居民企业股权

【参考答案】 B

【答案解析】 《财政部 国家税务总局关于企业重组业务企业所得税处理若干问题的通知》(财税〔2009〕59号)第七条规定,企业发生涉及中国境内与境外之间(包括港澳台地区)的股权和资产收购交易,除应符合本通知第五条规定的条件外,还应同时符合下列条件,才可选择适用特殊性税务处理规定:(一)非居民企业向其100%直接控股的另一非居民企业转让其拥有的居民企业股权,没有因此造成以后该项股权转让所得预提税负担变化,且转让方非居民企业向主管税务机关书面承诺在3年(含3年)内不转让其拥有受让方非居

民企业的股权；(二)非居民企业向与其具有100%直接控股关系的居民企业转让其拥有的另一居民企业股权。

82. 企业应当依据《中华人民共和国企业所得税法实施条例》第一百一十四条的规定，按纳税年度准备并按税务机关要求提供其关联交易的同期资料。同期资料应当自税务机关要求的准备完毕之日起保存(　　)年。

A. 3　　B. 5

C. 10　　D. 15

【参考答案】 C

【答案解析】 根据《国家税务总局关于完善关联申报和同期资料管理有关事项的公告》(国家税务总局公告2016年第42号)，企业应当依据企业所得税法实施条例第一百一十四条的规定，按纳税年度准备并按税务机关要求提供其关联交易的同期资料。同期资料应当自税务机关要求的准备完毕之日起保存10年。

83. 中国居民企业股东能够提供资料证明其控制的外国企业满足部分条件之一的，可免于将外国企业不作分配或减少分配的利润视同股息分配额，计入中国居民企业股东的当期所得，下列不属于这些条件的是(　　)。

A. 设立在国家税务总局指定的非低税率国家(地区)

B. 主要取得积极经营活动所得

C. 年度利润总额低于500万元人民币

D. 员工人数不超过500人

【参考答案】 D

【答案解析】 根据《国家税务总局关于印发〈特别纳税调整实施办法(试行)〉的通知》(国税发〔2009〕2号)第八十四条，中国居民企业股东能够提供资料证明其控制的外国企业满足以下条件之一的，可免于将外国企业不作分配或减少分配的利润视同股息分配额，计入中国居民企业股东的当期所得：(一)设立在国家税务总局指定的非低税率国家(地区)；(二)主要取得积极经营活动所得；(三)年度利润总额低于500万元人民币。

84. 全国税务系统外事工作实行四项原则。各级税务机关外事活动须按审批权限进行报批经批准后执行，下列不属于四项原则的是(　　)。

A. 统一领导　　B. 归口管理

C. 统一负责　　D. 协调配合

【参考答案】 C

【答案解析】 根据《国家税务总局关于印发〈全国税务系统外事工作管理规定〉和〈全国税务系统因公短期出国培训管理办法〉的通知》(税总发〔2019〕135号)有关规定，全国税务系统外事工作实行统一领导、归口管理、分级负责、协调配合的原则。各级税务机关外事活动须按审批权限进行报批，经批准后执行。

85. 税务机关实施特别纳税调查，应当重点关注具有风险特征的企业，包括由居民企业，或者由居民企业和中国居民控制的设立在实际税负（　　）的国家（地区）的企业，并非由于合理的经营需要而对利润不作分配或者减少分配。

A. 低于 5%　　　　B. 低于 10%

C. 低于 12.5%　　　　D. 低于 15%

【参考答案】 C

【答案解析】 根据《国家税务总局关于发布〈特别纳税调查调整及相互协商程序管理办法〉的公告》（国家税务总局公告 2017 年第 6 号）第四条，税务机关实施特别纳税调查，应当重点关注具有风险特征的企业，包括（一）关联交易金额较大或者类型较多；（二）存在长期亏损、微利或者跳跃性盈利；（三）低于同行业利润水平；（四）利润水平与其所承担的功能风险不相匹配，或者分享的收益与分摊的成本不相配比；（五）与低税国家（地区）关联方发生关联交易；（六）未按照规定进行关联申报或者准备同期资料；（七）从其关联方接受的债权性投资与权益性投资的比例超过规定标准；（八）由居民企业，或者由居民企业和中国居民控制的设立在实际税负低于 12.5%的国家（地区）的企业，并非由于合理的经营需要而对利润不作分配或者减少分配；（九）实施其他不具有合理商业目的的税收筹划或者安排。

86. 以下不属于我国税法规定的特别纳税调整管理事项的是（　　）。

A. 预约定价安排　　　　B. 成本分摊协议

C. 资本弱化　　　　D. 税收饶让

【参考答案】 D

【答案解析】 根据《国家税务总局关于印发〈特别纳税调整实施办法试行）〉的通知》（国税发〔2009〕2 号）第二条，本办法适用于税务机关对企业的转让定价、预约定价安排、成本分摊协议、受控外国企业、资本弱化以及一般反避税等特别纳税调整事项的管理。

87. 税务机关实施特别纳税调整调查，应当重点关注具有的风险特征企业不包括（　　）。

A. 存在长期亏损、微利或者跳跃性盈利

B. 高于同行业利润水平

C. 利润水平与其所承担的功能风险不相匹配，或者分享的收益与分摊的成本不相配比

D. 与低税国家（地区）关联方发生关联交易

【参考答案】 B

【答案解析】 根据国家税务总局公告 2017 年第 6 号文件第四条，税务机关实施特别纳税调查，应当重点关注具有以下风险特征的企业：（一）关联交易金较大或者类型较多；（二）存在长期亏损、微利或者跳跃性盈利；（三）低于同行业利润水平；（四）利润水平与其所承担的功能风险不相匹配，或者分享的收益与分摊的成本不相配比；（五）与低税国家（地区关联方发生关联交易；（六）按照规定进行关联电报或者准备同期资料；（七）从其关联方接受的债权

性投资与权益性投资的比例超过规定标准；（八）由居民企业，或者由居民企业和中国居民控制的设立在实际税负低于12.5%的国家（地区）的企业，并非由于合理的经营需要而对利润不作分配或者减少分配；（九）实施其他不具有合理商业的税收筹划或者安排。

88. 根据《关于应对经济数字化税收挑战双支柱方案的声明》，支柱一不包括（　　）内容。

A. 金额 A　　B. 金额 B

C. 金额 C　　D. 税收确定性

【参考答案】 C

【答案解析】 根据《关于应对经济数字化税收挑战双支柱方案的声明》，支柱一包括金额 A，金额 B 和税收确定性。

89. 各地税务机关出国（境）项目由省税务局外事管理部门起草请示件，要经部分部门审核，省税务局主要负责人批准后，报税务总局审批。出访请示应由省税务局主要负责人签发，或由主持工作的负责人签发。下列部门不需要（　　）部门审核。

A. 财务　　B. 人事

C. 纪检　　D. 督察内审

【参考答案】 D

【答案解析】 根据《国家税务总局关于印发〈全国税务系统外事工作管理规定〉和〈全国税务系统因公短期出国培训管理办法〉的通知》（税总发〔2019〕135 号）有关规定，各地税务机关出国（境）项目由省税务局外事管理部门起草请示件，经财务、人事、纪检部门审核，省税务局主要负责人批准后，报税务总局审批。出访请示应由省税务局主要负责人签发，或由主持工作的负责人签发。

90. 企业提交谈签意向后，税务机关应当分析预约定价安排申请草案内容，评估其是否符合独立交易原则。税务机关可以从四个方面进行分析评估，下列不属于的是（　　）。

A. 功能和风险情况　　B. 可比交易信息、关联交易数据

C. 定价原则和计算方法　　D 纳税信用等级

【参考答案】 D

【答案解析】 根据《国家税务总局关于完善预约定价安排管理有关事项的公告》（国家税务总局公告 2016 年第 64 号）第七条的规定，企业提交谈签意向后，税务机关应当分析预约定价安排申请草案内容，评估其是否符合独立交易原则。根据分析评估的具体情况可以要求企业补充提供有关资料。

税务机关可以从以下方面进行分析评估：

（一）功能和风险状况。分析评估企业与其关联方之间在供货、生产、运输、销售等各环节以及在研究、开发无形资产等方面各自作出的贡献、执行的功能以及在存货、信贷、外汇、市场等方面承担的风险。

(二)可比交易信息。分析评估企业提供的可比交易信息,对存在的实质性差异进行调整。

(三)关联交易数据。分析评估预约定价安排涉及的关联交易的收入、成本、费用和利润是否单独核算或者按照合理比例划分。

(四)定价原则和计算方法。分析评估企业在预约定价安排中采用的定价原则和计算方法。如申请追溯适用以前年度的,应当作出说明。

(五)价值链分析和贡献分析。评估企业对价值链或者供应链的分析是否完整、清晰,是否充分考虑成本节约、市场溢价等地域特殊优势,是否充分考虑本地企业对价值创造的贡献等。

(六)交易价格或者利润水平。根据上述分析评估结果,确定符合独立交易原则的价格或者利润水平。

(七)假设条件。分析评估影响行业利润水平和企业生产经营的因素及程度,合理确定预约定价安排适用的假设条件。

91. 下列不属于税收协定的主要作用的是(　　)。

A. 增加所得来源国的税收　　B. 提高税收确定性

C. 消除双重征税　　D. 解决涉税争议

【参考答案】 A

【答案解析】 税收协定的主要作用包括降低跨境纳税人在东道国的税负、提高税收确定性、消除双重征税和通过相互协商机制妥善解决涉税争议。

92. 下列不属于混合错配常见的类型的是(　　)。

A. 金融工具错配　　B. 混合体支付

C. 正向混合　　D. 输入性错配

【参考答案】 C

【答案解析】 根据 BEPS 第 2 项行动计划成果报告,混合错配常见的类型包括:金融工具错配、混合体支付、反向混合和输入性错配。

93. 税务机关实施转让定价调查时,应当进行可比性分析,以下不属于可比性分析的内容的是(　　)。

A. 交易资产或者劳务特性

B. 交易各方执行的功能、承担的风险和使用的资产

C. 经营策略

D. 税收贡献度

【参考答案】 D

【答案解析】 根据国家税务总局公告 2017 年第 6 号文件第十五条,税务机关实施转让定价调查时,应当进行可比性分析,可比性分析一般包括以下五个方面。税务机关可以根

据案件情况选择具体分析内容：交易资产或者劳务特性；交易各方执行的功能、承担的风险和使用的资产；合同条款；经济环境；经营策略。

94. 企业在以下（　　）情形下，应当在报送年度关联业务往来报告表时，填报国别报告。

A. 该居民企业为跨国企业集团的最终控股企业，且其本年的合并财务报表中的各类收入金额合计超过 55 亿元

B. 该居民企业被跨国企业集团指定为国别报告的报送企业

C. 该非居民企业被跨国企业集团指定为国别报告的报送企业

D. 该企业为跨国企业集团的最终控股企业，且其本年的合并财务报表中的各类收入金额合计超过 7.5 亿欧元

【参考答案】 B

【答案解析】 根据《国家税务总局关于完善关联申报和同期资料管理有关事项的公告》（国家税务总局公告 2016 年第 42 号）第五条，存在下列情形之一的居民企业，应当在报送年度关联业务往来报告表时，填报国别报告：

（一）该居民企业为跨国企业集团的最终控股企业，且其上一会计年度合并财务报表中的各类收入金额合计超过 55 亿元。

最终控股企业是指能够合并其所属跨国企业集团所有成员实体财务报表的，且不能被其他企业纳入合并财务报表的企业。

成员实体应当包括：

1. 实际已被纳入跨国企业集团合并财务报表的任一实体。

2. 跨国企业集团持有该实体股权且按公开证券市场交易要求应被纳入但实际未被纳入跨国企业集团合并财务报表的任一实体。

3. 仅由于业务规模或者重要性程度而未被纳入跨国企业集团合并财务报表的任一实体。

4. 独立核算并编制财务报表的常设机构。

（二）该居民企业被跨国企业集团指定为国别报告的报送企业。

国别报告主要披露最终控股企业所属跨国企业集团所有成员实体的全球所得、税收和业务活动的国别分布情况。

95. 下列可以作为“可抵免境外所得税税额”的是（　　）。

A. 因少缴或迟缴境外所得税而追加的利息、滞纳金或罚款

B. 境外所得税纳税人或者其利害关系人从境外征税主体得到实际返还或补偿的境外所得税税款

C. 按照我国企业所得税法及其实施条例规定，已经免征我国企业所得税的境外所得负担的境外所得税税款

D. 企业来源于中国境外的所得依照中国境外税收法律以及相关规定应当缴纳并已实际缴纳的企业所得税性质的税款

【参考答案】 D

【答案解析】《财政部 国家税务总局关于企业境外所得税收抵免有关问题的通知》(财税〔2009〕125 号)第四条规定,可抵免境外所得税税额,是指企业来源于中国境外的所得依照中国境外税收法律以及相关规定应当缴纳并已实际缴纳的企业所得税性质的税款。但不包括:(一)按照境外所得税法律及相关规定属于错缴或错征的境外所得税税款;(二)按照税收协定规定不应征收的境外所得税税款;(三)因少缴或迟缴境外所得税而追加的利息、滞纳金或罚款;(四)境外所得税纳税人或者其利害关系人从境外征税主体得到实际返还或补偿的境外所得税税款;(五)按照我国企业所得税法及其实施条例规定,已经免征我国企业所得税的境外所得负担的境外所得税税款;(六)按照国务院财政、税务主管部门有关规定已经从企业境外应纳税所得额中扣除的境外所得税税款。

96. 2014 年 9 月 1 日起,居民企业 A 发生某些情形且按照中国会计制度可确认的,应当在办理企业所得税预缴申报时填报《居民企业参股外国企业信息报告表》。以下不属于此类情形的是(　　)。

A. A 企业直接持有甲国 B 企业 5%股份

B. A 企业间接持有乙国 C 企业 20%股份

C. A 企业转让所持有的丙国 D 企业 10%股份,处置后 A 企业持有 D 企业 5%股份

D. A 企业原持有丁国 E 企业 8%股份,本期增资后持有 E 企业 15%股份

【参考答案】 A

【答案解析】《国家税务总局关于居民企业报告境外投资和所得信息有关问题的公告》(国家税务总局公告 2014 年第 38 号)第一条规定,居民企业成立或参股外国企业,或者处置已持有的外国企业股份或有表决权股份,符合以下情形之一,且按照中国会计制度可确认的,应当在办理企业所得税预缴申报时向主管税务机关填报《居民企业参股外国企业信息报告表》:(一)在本公告施行之日,居民企业直接或间接持有外国企业股份或有表决权股份达到 10%(含)以上;(二)在本公告施行之日后,居民企业在被投资外国企业中直接或间接持有的股份或有表决权股份自不足 10%的状态改变为达到或超过 10%的状态;(三)在本公告施行之日后,居民企业在被投资外国企业中直接或间接持有的股份或有表决权股份自达到或超过 10%的状态改变为不足 10%的状态。

97. 特别纳税调查调整补缴的税款,应当按照应补缴税款所属年度的先后顺序确定补缴税款的所属年度,以入库日为截止日,分别计算应加收的利息额。企业在《特别纳税调查调整通知书》送达前缴纳或者送达后补缴税款的,应当自税款所属纳税年度的(　　)起至缴纳或者补缴税款之日止计算加收利息。

A. 当年 12 月 31 日　　　　B. 次年 3 月 31 日

C. 次年 6 月 1 日　　D. 次年 6 月 30 日

【参考答案】 C

【答案解析】 根据《国家税务总局关于发布〈特别纳税调查调整及相互协商程序管理办法〉的公告》(国家税务总局公告 2017 年第 6 号)第四十四条,税务机关对企业实施特别纳税调整的,应当根据企业所得税法及其实施条例的有关规定对 2008 年 1 月 1 日以后发生交易补征的企业所得税按日加收利息。特别纳税调查调整补缴的税款,应当按照应补缴税款所属年度的先后顺序确定补缴税款的所属年度,以入库日为截止日,分别计算应加收的利息额:企业在《特别纳税调查调整通知书》送达前缴纳或者送达后补缴税款的,应当自税款所属纳税年度的次年 6 月 1 日起至缴纳或者补缴税款之日止计算加收利息。

98. 企业收到特别纳税调整风险提示或者发现自身存在特别纳税调整风险的,可以自行调整补税。以下关于企业自行调整的表述,正确的是(　　)。

A. 企业自行调整补税的,税务机关不能再对其实施特别纳税调查调整

B. 企业自行调整补税的,税务机关仍可按照有关规定实施特别纳税调查调整

C. 企业自行调整补税的,无需加收利息

D. 企业自行调整补税的,其 2007 年 1 月 1 日以后发生交易的自行调整补税按照基准利率加收利息

【参考答案】 B

【答案解析】 根据国家税务总局公告 2017 年第 6 号文件第三条,企业收到特别纳税调整风险提示或者发现自身存在特别纳税调整风险的,可以自行调整补税。企业自行调整补税的,税务机关仍可按照有关规定实施特别纳税调查调整。第四十五条规定,企业自行调整补税且主动提供后期资料等有关资料,或者按照有关规定不需要准备同期资料但根据税务机关要求提供其他相关资料的,其 2008 年 1 月 1 日以后发生交易的自行调整补税按照基准利率加收利息。

99. 特别纳税调查调整补缴的税款,应当按照应补缴税款所属年度的先后顺序确定补缴税款的所属年度,以入库日为截止日,分别计算应加收的利息额。企业超过《特别纳税调查调整通知书》补缴税款期限仍未缴纳税款的,应当自补缴税款期限届满(　　)起按照税收征管法及其实施细则的有关规定加收滞纳金,在加收滞纳金期间不再加收利息。

A. 当日　　B. 次日

C. 当月　　D. 次月

【参考答案】 B

【答案解析】 根据《国家税务总局关于发布〈特别纳税调查调整及相互协商程序管理办法〉的公告》(国家税务总局公告 2017 年第 6 号)第四十四条,税务机关对企业实施特别纳税调整的,应当根据企业所得税法及其实施条例的有关规定对 2008 年 1 月 1 日以后发生交易补征的企业所得税按日加收利息。特别纳税调查调整补缴的税款,应当按照应补缴税款

所属年度的先后顺序确定补缴税款的所属年度，以入库日为截止日，分别计算应加收的利息额。企业超过《特别纳税调查调整通知书》补缴税款期限仍未缴纳税款的，应当自补缴税款期限届满次日起按照税收征管法及其实施细则的有关规定加收滞纳金，在加收滞纳金期间不再加收利息。

100. 特别纳税调查调整补缴的税款，应当按照应补缴税款所属年度的先后顺序确定补缴税款的所属年度，以入库日为截止日，分别计算应加收的利息额。利息率按照税款所属纳税年度 12 月 31 日公布的与补税期间同期的中国人民银行人民币贷款基准利率（以下简称基准利率）加（　　）个百分点计算，并按照一年 365 天折算日利息率。

A. 3　　B. 5

C. 6　　D. 7

【参考答案】 B

【答案解析】 根据《国家税务总局关于发布〈特别纳税调查调整及相互协商程序管理办法〉的公告》（国家税务总局公告 2017 年第 6 号）第四十四条，税务机关对企业实施特别纳税调整的，应当根据企业所得税法及其实施条例的有关规定对 2008 年 1 月 1 日以后发生交易补征的企业所得税按日加收利息。特别纳税调查调整补缴的税款，应当按照应补缴税款所属年度的先后顺序确定补缴税款的所属年度，以入库日为截止日，分别计算应加收的利息额。利息率按照税款所属纳税年度 12 月 31 日公布的与补税期间同期的中国人民银行人民币贷款基准利率（以下简称基准利率）加 5 个百分点计算，并按照一年 365 天折算日利息率。

101. 境外投资者以分得利润进行的直接投资，暂不征收预提所得税，其中直接投资不包括（　）。

A. 新增、转增、收购上市公司股份　　B. 在中国境内投资新建居民企业

C. 从非关联方收购中国境内居民企业股权　　D. 财政部、税务总局规定的其他方式

【参考答案】 A

【答案解析】 根据《财政部 税务总局 国家发展改革委 商务部关于扩大境外投资者以分配利润直接投资暂不征收预提所得税政策适用范围的通知》（财税〔2018〕102 号）第二条，境外投资者以分得利润进行的直接投资，包括境外投资者以分得利润进行的增资、新建、股权收购等权益性投资行为，但不包括新增、转增、收购上市公司股份（符合条件的战略投资除外）。具体是指：（1）新增或转增中国境内居民企业实收资本或者资本公积；（2）在中国境内投资新建居民企业；（3）从非关联方收购中国境内居民企业股权；（4）财政部、税务总局规定的其他方式。

102. 对非居民企业在中国境内取得工程作业和劳务所得应缴纳的所得税，税务机关可以指定工程价款或者劳务费的支付人为扣缴义务人。可以指定扣缴义务人的情形，不包括（　　）。

A. 预计工程作业或者提供劳务期限不足一个纳税年度，且有证据表明不履行纳税义务的

B. 预计工程作业或者提供劳务期限超过一个纳税年度，且有证据表明不履行纳税义务的

C. 没有办理税务登记或者临时税务登记，且未委托中国境内的代理人履行纳税义务的

D. 未按照规定期限办理企业所得税纳税申报或者预缴申报的

【参考答案】 B

【答案解析】 根据《中华人民共和国企业所得税法实施条例》第一百零六条，企业所得税法第三十八条规定的可以指定扣缴义务人的情形，包括：（一）预计工程作业或者提供劳务期限不足一个纳税年度，且有证据表明不履行纳税义务的；（二）没有办理税务登记或者临时税务登记，且未委托中国境内的代理人履行纳税义务的；（三）未按照规定期限办理企业所得税纳税申报或者预缴申报的。

103. G20 授权 OECD 牵头研究制定的应对经济数字化税收挑战多边解决方案第二支柱，主要目的不包括（　　）。

A. 解决对数字经济企业征税问题

B. 遗留的税基侵蚀和利润转移问题

C. 跨国企业利用低税地逃避税问题

D. 限制税收竞争

【参考答案】 A

【答案解析】 G20 授权 OECD 牵头研究制定的应对经济数字化税收挑战多边解决方案第二支柱，旨在系统解决税基侵蚀和利润转移问题，确保大型跨国企业在各辖区都负担一定水平的税负，消除恶性税收竞争。

104. 境内机构和个人向非居民发包工程作业或劳务项目的，应当自项目合同签订之日起（　　）日内，向主管税务机关办理合同备案或劳务项目报告。

A. 15

B. 30

C. 45

D. 60

【参考答案】 B

【答案解析】 境内机构和个人向非居民发包工程作业或劳务项目的，应当自项目合同签订之日起 30 日内，向主管税务机关办理合同备案或劳务项目报告。

105. 以下不属于外国常驻代表机构的经费支出的是（　　）。

A. 工作人员的工资薪金

B. 房屋租赁费

C. 交际应酬费

D. 滞纳金、罚款

【参考答案】 D

【答案解析】 根据《国家税务总局关于印发〈外国企业常驻代表机构税收管理暂行办法〉的通知》（国税发〔2010〕18 号），代表机构的经费支出额包括：在中国境内、外支付给工作人员的工资薪金、奖金、津贴、福利费、物品采购费（包括汽车、办公设备等固定资产）、通讯

费、差旅费、房租、设备租售费、交通费、交际费、其他费用等。

106. 境内机构和个人发包工程作业或劳务项目变更的，应于项目合同变更之日起(　　)日内，向主管税务机关办理变更报告。

A. 5　　B. 10

C. 15　　D. 30

【参考答案】 B

【答案解析】 境内机构和个人发包工程作业或劳务项目变更的，应于项目合同变更之日起 10 日内，向主管税务机关办理变更报告。

107. 随着理论研究的不断深入和适用规则的日益完善，利润分割法在转让定价领域的适用得到了更多认可，OECD《利润分割法应用指南》指出的适用条件与我国税收政策规定略有不同，下列不属于适用条件的是(　　)。

A. 交易各方均作出独特且有价值的贡献

B. 业务运作高度整合，以致于无法单独评估交易各方的贡献

C. 交易各方存在紧密的利益关系

D. 交易各方共同承担重大经济风险，或各自承担密切相关的风险

【参考答案】 C

【答案解析】 根据 OECD《利润分割法应用指南》，存在以下三种情况时，利润分割法可能是最合适的转让定价方法：交易各方均作出独特且有价值的贡献；业务运作高度整合，以致于无法单独评估交易各方的贡献；交易各方共同承担重大经济风险，或各自承担密切相关的风险。

108. 税务机关应当在可比性分析的基础上，选择合理的转让定价方法，对企业关联交易进行分析评估。除 5 种常用转让定价方法外，还有其他符合独立交易原则的方法，下列不属于这 5 种常用转让定价方法的是(　　)。

A. 成本法　　B. 市场法

C. 收益法　　D. 概率法

【参考答案】 D

【答案解析】 根据国家税务总局公告 2017 年第 6 号文件第十六条，税务机关应当在可比性分析的基础上，选择合理的转让定价方法，对企业关联交易进行分析评估。转让定价方法包括可比非受控价格法、再销售价格法、成本加成法、交易净利润法、利润分割法及其他符合独立交易原则的方法。第二十二条规定，其他符合独立交易原则的方法包括成本法、市场法和收益法等资产评估方法，以及其他能够反映利润与经济活动发生地和价值创造地相匹配原则的方法。

109. 境内机构和个人向非居民发包工程作业或劳务项目，从境外取得的与项目款项支付有关的发票和其他付款凭证，应在自取得之日起(　　)日内向所在地主管税务机关报送

《非居民项目合同款项支付情况报告表》及付款凭证复印件。

A. 15　　B. 30

C. 45　　D. 60

【参考答案】 B

【答案解析】 境内机构和个人向非居民发包工程作业或劳务项目，从境外取得的与项目款项支付有关的发票和其他付款凭证，应在自取得之日起30日内向所在地主管税务机关报送《非居民项目合同款项支付情况报告表》及付款凭证复印件。

110. 境内机构和个人不向非居民支付工程价款或劳务费的，应当在项目完工开具验收证明前，向其主管税务机关报告非居民在项目所在地的相关情况，下列不属于相关情况的是(　　)。

A. 项目执行进度　　B. 支付人名称及其支付款项金额

C. 支付人的身份证号码　　D. 支付日期

【参考答案】 C

【答案解析】 境内机构和个人不向非居民支付工程价款或劳务费的，应当在项目完工开具验收证明前，向其主管税务机关报告非居民在项目所在地的项目执行进度、支付人名称及其支付款项金额、支付日期等相关情况。

111. 下列辖区不属于亚洲税收管理与研究组织(SGATAR)成员的是(　　)。

A. 巴布亚新几内亚　　B. 中国香港

C. 中国澳门　　D. 法国

【参考答案】 D

【答案解析】 亚洲税收管理与研究组织(SGATAR)目前有18个成员：澳大利亚、中国、中国香港、印度尼西亚、日本、韩国、中国澳门、马来西亚、新西兰、巴布亚新几内亚、菲律宾、新加坡、中国台北、泰国、越南、老挝、蒙古和柬埔寨。

112. 境内机构和个人向非居民发包工程作业或劳务项目，与非居民的主管税务机关不一致的，应当自非居民申报期限届满之日起(　　)日内向境内机构和个人的主管税务机关报送非居民申报纳税证明资料复印件。

A. 15　　B. 30

C. 45　　D. 60

【参考答案】 A

【答案解析】 境内机构和个人向非居民发包工程作业或劳务项目，与非居民的主管税务机关不一致的，应当自非居民申报期限届满之日起15日内向境内机构和个人的主管税务机关报送非居民申报纳税证明资料复印件。

113. 中国居民企业股东能够提供资料证明其控制的外国企业满足部分条件之一的，可免于将外国企业不作分配或减少分配的利润视同股息分配额，计入中国居民企业股东的当期所得，下列不属于这些条件的是（　）。

A. 设立在国家税务总局指定的非低税率国家（地区）

B. 设立在 12.5%以下税负的国家（地区）

C. 主要取得积极经营活动所得

D. 年度利润总额低于 500 万元人民币

【参考答案】 B

【答案解析】 《国家税务总局关于印发〈特别纳税调整实施办法（试行）的通知》（国税发〔2009〕2 号）第八十四条规定，中国居民企业股东能够提供资料证明其控制的外国企业满足以下条件之一的，可免于将外国企业不作分配或减少分配的利润视同股息分配额，计入中国居民企业股东的当期所得：（一）设立在国家税务总局指定的非低税率国家（地区）；（二）主要取得积极经营活动所得；（三）年度利润总额低于 500 万元人民币。

114. 关于服务贸易等项目对外支付税务备案的说法中，正确的是（　）。

A. 境内机构和个人向境外单笔支付等值 5 万美元以上（不含等值 5 万美元）符合条件的，应向所在地主管税务机关进行税务备案

B. 境内机构和个人向境外单笔支付等值 5 万美元以上（含等值 5 万美元）符合条件的，应向所在地主管税务机关进行税务备案

C. 境内机构和个人向境外单笔支付等值 10 万美元以上（不含等值 10 万美元）符合条件的，应向所在地主管税务机关进行税务备案

D. 境内机构和个人向境外单笔支付等值 10 万美元以上（含等值 10 万美元）符合条件的，应向所在地主管税务机关进行税务备案

【参考答案】 A

【答案解析】 境内机构和个人向境外单笔支付等值 5 万美元以上（不含等值 5 万美元）符合条件的，应向所在地主管税务机关进行税务备案。

115. 以下属于税收协定条款的是（　）。

A. 综合所得　　B. 营业收入

C. 营业外收入　　D. 演艺人员和运动员

【参考答案】 D

【答案解析】 其他所得、演艺人员和运动员是税收协定的条款，营业收入、营业外收入不是税收协定的条款。

116. 下列不属于《关于进一步深化税收征管改革的意见》中“强化国际税收合作”内容的是（　）。

A. 深度参与数字经济等领域的国际税收规则和标准制定

B. 落实防止税基侵蚀和利润转移行动计划

C. 严厉打击国际逃避税

D. 支持发达国家提高税收征管能力

【参考答案】 D

【答案解析】 根据《关于进一步深化税收征管改革的意见》，强化国际税收合作。深度参与数字经济等领域的国际税收规则和标准制定，持续推动全球税收治理体系建设。落实防止税基侵蚀和利润转移行动计划，严厉打击国际逃避税，保护外资企业合法权益，维护我国税收利益。不断完善"一带一路"税收征管合作机制，支持发展中国家提高税收征管能力。进一步扩大和完善税收协定网络，加大跨境涉税争议案件协商力度，实施好对所得避免双重征税的双边协定，为高质量引进来和高水平走出去提供支撑。

117. 外国投资者以境内直接投资合法所得在境内再投资单笔（　　）美元以上的，按照本事项进行税务备案。

A. 5 万（含）　　B. 5 万（不含）

C. 10 万（含）　　D. 10 万（不含）

【参考答案】 B

【答案解析】 境内机构和个人向境外单笔支付等值 5 万美元以上（不含等值 5 万美元，下同）符合条件的，应向所在地主管税务机关进行税务备案。外国投资者以境内直接投资合法所得在境内再投资单笔 5 万美元以上的，按照本事项进行税务备案。

118. 根据《国家税务总局关于完善关联申报和同期资料管理有关事项的公告》（国家税务总局公告 2016 年第 42 号），以下情况中，甲公司和乙公司不构成关联关系的是（　　）。

A. 甲公司直接持有乙公司 20%的股份

B. 丙公司持有甲公司和乙公司的股份分别为 30%和 40%

C. 甲公司直接持有乙公司 10%的股份，且甲公司与乙公司之间的借贷资金总额占乙公司实收资本比例为 50%

D. 甲公司直接持有乙公司 20%的股份，且乙公司的生产经营活动必须由甲公司提供专利权授权才能正常进行

【参考答案】 A

【答案解析】 根据国家税务总局公告 2016 年第 42 号文件，持股关系包括以下 7 种情况：（一）一方直接或者间接持有另一方的股份总和达到 25%以上；双方直接或者间接同为第三方所持有的股份达到 25%以上。（二）双方存在持股关系或者同为第三方持股，虽持股比例未达到本条第（一）项规定，但双方之间借贷资金总额占任一方实收资本比例达到 50%以上，或者一方全部借贷资金总额的 10%以上由另一方担保。（三）双方存在持股关系或者同为第三方持股，虽持股比例未达到本条第（一）项规定，但一方的生产经营活动必须由另一方提供专利权、非专利技术、商标权、著作权等特许权才能正常进行。（四）双方存在持股关系或者同为第三方持股，虽持股比例未达到本条第（一）项规定，但一方的购买、销售、接受劳务、提供劳务等经营活动由另一方控制。（五）一方半数以上董事或者半数以上高级管

理人员（包括上市公司董事会秘书、经理、副经理、财务负责人和公司章程规定的其他人员）由另一方任命或者委派，或者同时担任另一方的董事或者高级管理人员，或者双方各自半数以上董事或者半数以上高级管理人员同为第三方任命或者委派。（六）具有夫妻、直系血亲、兄弟姐妹以及其他抚养、赡养关系的两个自然人分别与双方具有本条第（一）至（五）项关系之一。（七）双方在实质上具有其他共同利益。

119. 下列属于设立在中国内地的“一带一路”税务学院的是（　　）。

A. “一带一路”税务学院·上海　　B. “一带一路”税务学院·北京

C. “一带一路”税务学院·大连　　D. “一带一路”税务学院·长沙

【参考答案】 B

【答案解析】 设立在中国内地的“一带一路”税务学院包括：“一带一路”税务学院·扬州、“一带一路”税务学院·北京。

120. 同一笔合同需要多次对外支付的，纳税人（　　）付汇前办理税务备案手续。

A. 只需在最后一次　　B. 需在每次

C. 只需在首次　　D. 只需首次和末次

【参考答案】 C

【答案解析】 根据《国家税务总局 国家外汇管理局关于服务贸易等项目对外支付税务备案有关问题的补充公告》（国家税务总局 国家外汇管理局公告 2021 年第 19 号）规定，同一笔合同需要多次对外支付的，纳税人只需在首次付汇前办理税务备案手续。

121. 非居民企业向与其具有 100％直接控股关系的居民企业转让其拥有的另一居民企业股权，选择特殊性税务处理的，应同时符合的条件不包括（　　）。

A. 具有合理的商业目的

B. 被收购、合并或分立部分的资产或股权比例符合规定的比例

C. 企业重组后的连续 12 个月内不改变重组资产原来的实质性经营活动

D. 重组交易对价中涉及股权支付金额符合规定比例

【参考答案】 A

【答案解析】 具有合理的商业目的，且不以减少、免除或者推迟缴纳税款为主要目的。

122. 非居民企业向与其具有 100％直接控股关系的居民企业转让其拥有的另一居民企业股权，选择特殊性税务处理的，应同时符合部分条件，下列说法正确的是（　　）。

A. 企业重组后的连续 6 个月内不改变重组资产原来的实质性经营活动

B. 企业重组后的连续 12 个月内不改变重组资产原来的实质性经营活动

C. 企业重组后的连续 18 个月内不改变重组资产原来的实质性经营活动

D. 企业重组后的连续 24 个月内不改变重组资产原来的实质性经营活动

【参考答案】 B

【答案解析】 非居民企业向与其具有 100％直接控股关系的居民企业转让其拥有的另

一居民企业股权，选择特殊性税务处理的，应同时符合以下条件：(1)具有合理的商业目的，且不以减少、免除或者推迟缴纳税款为主要目的。(2)被收购、合并或分立部分的资产或股权比例符合规定的比例。(3)企业重组后的连续12个月内不改变重组资产原来的实质性经营活动。(4)重组交易对价中涉及股权支付金额符合规定比例。

123. 下列关于世界银行的表述正确的是(　　)。

A. 世界银行成立于1946年

B. 世界银行是世界银行集团的简称，由国际复兴开发银行、国际开发协会、国际金融公司、多边投资担保机构和国际投资争端解决中心五个成员机构组成

C. 世界银行以帮助发达国家高速发展，促进可持续发展为使命

D. 世界银行总部位于美国纽约

【参考答案】 B

【答案解析】 世界银行成立于1945年，总部位于美国华盛顿，世界银行以帮助发展中国家消除贫困，促进可持续发展为使命。

124. 非居民企业股权转让选择特殊性税务处理的，应于股权转让合同或协议生效且完成工商变更登记手续(　　)日内进行备案。

A. 15　　B. 30

C. 45　　D. 60

【参考答案】 B

【答案解析】 非居民企业股权转让选择特殊性税务处理的，应于股权转让合同或协议生效且完成工商变更登记手续30日内进行备案。

125. 非居民企业向与其具有100%直接控股关系的居民企业转让其拥有的另一居民企业股权，选择特殊性税务处理的，应同时符合的条件不正确的是(　　)。

A. 具有合理的商业目的，且不以减少、免除或者推迟缴纳税款为主要目的

B. 被收购、合并或分立部分的资产或股权比例符合规定的比例

C. 企业重组后的连续24个月内不改变重组资产原来的实质性经营活动

D. 重组交易对价中涉及股权支付金额符合规定比例

【参考答案】 C

【答案解析】 非居民企业向与其具有100%直接控股关系的居民企业转让其拥有的另一居民企业股权，选择特殊性税务处理的，应同时符合以下条件：(1)具有合理的商业目的，且不以减少、免除或者推迟缴纳税款为主要目的。(2)被收购、合并或分立部分的资产或股权比例符合规定的比例。(3)企业重组后的连续12个月内不改变重组资产原来的实质性经营活动。(4)重组交易对价中涉及股权支付金额符合规定比例。(5)企业重组中取得股权支付的原主要股东，在重组后连续12个月内，不得转让所取得的股权。

126. 非境内注册居民企业应当自收到居民身份认定书之日起(　　)日内向主管税务

机关申报办理税务登记。

A. 15　　B. 30

C. 45　　D. 60

【参考答案】 B

【答案解析】 非境内注册居民企业应当自收到居民身份认定书之日起 30 日内向主管税务机关申报办理税务登记。

127. 需要参与当年度的非居民企业所得税汇算清缴的情况是(　　)。

A. 当年度亏损的非居民企业

B. 临时来华承包工程和提供劳务不足 1 年,在年度中间终止经营活动,且已经结清税款的

C. 汇算清缴期内已办理注销的

D. 其他经主管税务机关批准可不参加当年度所得税汇算清缴的

【参考答案】 A

【答案解析】 根据《国家税务总局关于印发〈非居民企业所得税汇算清缴管理办法〉的通知》(国税发〔2009〕16 号)第一条,企业具有下列情形之一的,可不参加当年度所得税汇算清缴:(1)临时来华承包工程和提供劳务不足 1 年,在年度中间终止经营活动,且已经结清税款;(2)汇算清缴期内已办理注销;(3)其他经主管税务机关批准可不参加当年度所得税汇算清缴。

128. 扣缴义务人应当自扣缴义务发生之日起(　　)日内向扣缴义务人所在地主管税务机关申报和解缴代扣税款。

A. 5　　B. 7

C. 10　　D. 15

【参考答案】 B

【答案解析】 扣缴义务人应当自扣缴义务发生之日起 7 日内向扣缴义务人所在地主管税务机关申报和解缴代扣税款。

129. 依照外国(地区)法律成立且实际管理机构不在中国境内,但在中国境内设立机构、场所的非居民企业,在季度终了后(　　)日内,向税务机关申报预缴企业所得税。

A. 5　　B. 10

C. 15　　D. 20

【参考答案】 C

【答案解析】 依照外国(地区)法律成立且实际管理机构不在中国境内,但在中国境内设立机构、场所的非居民企业,在季度终了后 15 日内,向税务机关申报预缴企业所得税。

130. 企业在主管税务机关向其送达受理单边预约定价安排申请的《税务事项通知书》之日所属纳税年度前 3 个年度,每年度发生的关联交易金额 4 000 万元人民币以上,并符合

一定条件的，可以申请适用简易程序。下列条件不可以申请简易程序的是（　　）。

A. 已向主管税务机关提供拟提交申请所属年度前 3 个纳税年度的、符合《国家税务总局关于完善关联申报和同期资料管理有关事项的公告》（国家税务总局公告 2016 年第 42 号）规定的同期资料

B. 自企业提交申请之日所属纳税年度前 10 个年度内，曾执行预约定价安排，且执行结果符合安排要求的

C. 自企业提交申请之日所属纳税年度前 10 个年度内，曾受到税务机关特别纳税调查调整且结案的

D. 已向主管税务机关提供拟提交申请所属年度前 3 个纳税年度的财务报告的

【参考答案】 D

【答案解析】 根据国家税务总局公告 2021 年第 24 号文件第三条，企业在主管税务机关向其送达受理申请的《税务事项通知书》之日所属纳税年度前 3 个年度，每年度发生的关联交易金额 4 000 万元人民币以上，并符合下列条件之一的，可以申请适用简易程序。（一）已向主管税务机关提供拟提交申请所属年度前 3 个纳税年度的、符合《国家税务总局关于完善关联申报和同期资料管理有关事项的公告》（2016 年第 42 号）规定的同期资料；（二）自企业提交申请之日所属纳税年度前 10 个年度内，曾执行预约定价安排，且执行结果符合安排要求的；（三）自企业提交申请之日所属纳税年度前 10 个年度内，曾受到税务机关特别纳税调查调整且结案的。

131. 国际税收情报交换案件中可涉及的税种不包括（　　）。

A. 所得税　　B. 关税

C. 消费税　　D. 增值税

【参考答案】 B

【答案解析】 根据《多边税收征管互助公约》，情报交换可涉及的税种包括除关税外，以缔约方名义征收的其他各类税种。

132. 中国税收居民身份证明的办理，主管税务机关自受理申请之日起（　　）内办结。

A. 5 日　　B. 5 个工作日

C. 10 日　　D. 10 个工作日

【参考答案】 D

【答案解析】 中国税收居民身份证明的办理，主管税务机关自受理申请之日起 10 个工作日内办结；无法准确判断居民身份的，需要报告上级税务机关的，20 个工作日内办结。

133. 中国税收居民身份证明的办理，无法准确判断居民身份，需要报告上级税务机关的，在（　　）内办结。

A. 10 日　　B. 10 个工作日

C. 20 日　　D. 20 个工作日

【参考答案】 D

【答案解析】 中国税收居民身份证明的办理，主管税务机关自受理申请之日起10个工作日内办结；无法准确判断居民身份的，需要报告上级税务机关的，20个工作日内办结。

134. 单边预约定价安排的办理机构是（ ）。

A. 主管税务机关　　B. 所在省的省级税务局

C. 所在省的市级以上税务局　　D. 国家税务总局

【参考答案】 A

【答案解析】 单边预约定价安排的办理机构是主管税务机关。

135. 国家税务总局办理的是（ ）预约定价安排谈签与执行。

A. 单边　　B. 单边或双边

C. 单边或多边　　D. 双边或多边

【参考答案】 D

【答案解析】 双边或者多边预约定价安排的办理机构是国家税务总局和主管税务机关。

136. 下列情形，税务机关不可以优先受理企业提交的申请的是（ ）。

A. 企业关联申报和同期资料完备合理，披露充分

B. 企业纳税信用级别为A级

C. 税务机关曾经对企业实施特别纳税调查调整

D. 签署的预约定价安排执行期满，企业申请续签，且安排所述事实和经营环境没有发生实质性变化

【参考答案】 C

【答案解析】 有下列情形之一的，税务机关可以优先受理企业提交的申请：(1)企业关联申报和同期资料完备合理，披露充分；(2)企业纳税信用级别为A级；(3)税务机关曾经对企业实施特别纳税调查调整，并已经结案；(4)签署的预约定价安排执行期满，企业申请续签，且安排所述事实和经营环境没有发生实质性变化。

137. 中国居民（国民）申请启动税务相互协商程序，受理申请的省税务机关应在（ ）个工作日内，将申请上报国家税务总局，并将情况告知申请人。

A. 5　　B. 7

C. 10　　D. 15

【参考答案】 D

【答案解析】 中国居民（国民）申请启动税务相互协商程序，受理申请的省税务机关应在15个工作日内，将申请上报国家税务总局，并将情况告知申请人。

138. 下列不属于国家税务总局可以暂停相互协商程序的情形的是（ ）。

A. 企业申请暂停相互协商程序

B. 税收协定缔约对方税务主管当局请求暂停相互协商程序

C. 企业或者其关联方不提供与案件有关的必要资料，或者提供虚假、不完整资料，或者存在其他不配合的情形

D. 申请必需以另一被调查企业的调查调整结果为依据，而另一被调查企业尚未结束调查调整程序

【参考答案】 C

【答案解析】 有下列情形之一的，国家税务总局可以暂停相互协商程序：(1)企业申请暂停相互协商程序；(2)税收协定缔约对方税务主管当局请求暂停相互协商程序；(3)申请必需以另一被调查企业的调查调整结果为依据，而另一被调查企业尚未结束调查调整程序；(4)其他导致相互协商程序暂停的情形。

139. 关于扣缴义务人应扣未扣预提税的情况，下列说法错误的是(　　)。

A. 非居民企业应到所得发生地主管税务机关申报纳税

B. 对扣缴义务人处以税款的 50%以上 3 倍以下的罚款

C. 向扣缴义务人追缴税款

D. 对逾期仍未缴纳的税款征收滞纳金

【参考答案】 C

【答案解析】 根据《中华人民共和国税收征收管理法》第六十九条，扣缴义务人应扣未扣、应收而不收税款的，由税务机关向纳税人追缴税款，对扣缴义务人处应扣未扣、应收未收税款百分之五十以上三倍以下的罚款。根据《中华人民共和国企业所得税法》第三十九条，依照本法第三十七条、第三十八条规定应当扣缴的所得税，扣缴义务人未依法扣缴或者无法履行扣缴义务的，由纳税人在所得发生地缴纳。

140. 企业应对在计算总所得额时已统一归集并扣除的共同费用，按境外每一国(地区)别数额占企业全部数额的下列一种比例或几种比例的综合比例，在每一国别的境外所得中对应调整扣除，计算来自每一国别的应纳税所得额。这些比例不包括(　　)。

A. 资产比例　　B. 收入比例

C. 员工工资支出比例　　D. 对外投资比例

【参考答案】 D

【答案解析】 企业应对在计算总所得额时已统一归集并扣除的共同费用，按境外每一国(地区)别数额占企业全部数额的下列一种比例或几种比例的综合比例，在每一国别的境外所得中对应调整扣除，计算来自每一国别的应纳税所得额。(1)资产比例；(2)收入比例；(3)员工工资支出比例；(4)其他合理比例。上述比例确定后应报送主管税务机关备案，无合理原因不得改变。

141. 企业进行双(多)边预约定价安排正式申请时，需要提交的资料不包括(　　)。

A. 预约定价安排正式申请书　　B. 预约定价安排正式申请报告

C. 启动特别纳税调整相互协商程序申请表　D. 启动预约定价安排程序申请表

【参考答案】 D

【答案解析】 根据《国家税务总局关于完善预约定价安排管理有关事项的公告》(国家税务总局公告 2016 年第 64 号)第八条,分析评估阶段,税务机关可以与企业就预约定价安排申请草案进行讨论。税务机关可以进行功能和风险实地访谈。税务机关认为预约定价安排申请草案不符合独立交易原则的,企业应当与税务机关协商,并进行调整;税务机关认为预约定价安排申请草案符合独立交易原则的,主管税务机关向企业送达同意其提交正式申请的《税务事项通知书》,企业收到通知后,可以向税务机关提交《预约定价安排正式申请书》(附件 3),并附送预约定价安排正式申请报告。

(一)企业申请单边预约定价安排的,应当向主管税务机关提交上述资料。企业申请双边或者多边预约定价安排的,应当同时向国家税务总局和主管税务机关提交上述资料,并按照有关规定提交启动特别纳税调整相互协商程序的申请。

(二)有下列情形之一的,税务机关可以拒绝企业提交正式申请:

1. 预约定价安排申请草案拟采用的定价原则和计算方法不合理,且企业拒绝协商调整;

2. 企业拒不提供有关资料或者提供的资料不符合税务机关要求,且不按时补正或者更正;

3. 企业拒不配合税务机关进行功能和风险实地访谈;

4. 其他不适合谈签预约定价安排的情况。

根据《国家税务总局关于发布〈特别纳税调查调整及相互协商程序管理办法〉的公告》(国家税务总局公告 2017 年第 6 号)第四十八条,企业申请启动相互协商程序的,应当在税收协定规定期限内,向国家税务总局书面提交《启动特别纳税调整相互协商程序申请表》和特别纳税调整事项的有关说明。企业当面报送上述资料的,以报送日期为申请日期;邮寄报送的,以国家税务总局收到上述资料的日期为申请日期。

国家税务总局收到企业提交的上述资料后,认为符合税收协定有关规定的,可以启动相互协商程序;认为资料不全的,可以要求企业补充提供资料。

142. 第一届“一带一路”税收征管合作论坛成果不包括(　　)。

A. 建立“一带一路”税收征管合作机制

B. 建立“一带一路”税收征管能力促进联盟

C. 发布《“一带一路”税收征管合作机制信息化线上高级别会议联合声明》

D. 发布《乌镇声明》

【参考答案】 C

【答案解析】 第一届“一带一路”税收征管合作论坛成果包括建立“一带一路”税收征管合作机制、建立“一带一路”税收征管能力促进联盟、发布《乌镇声明》、发布《乌镇行动计划(2019—2021)》。

143. 预约定价安排的类型不包括(　　)。

A. 单边　　B. 双边

C. 三边　　D. 多边

【参考答案】 C

【答案解析】 根据国家税务总局公告2016年第64号文件第二条,预约定价安排包括单边、双边和多边3种类型。

144. 下列不属于国家税务总局可以终止相互协商程序的情形是(　　)。

A. 企业或者其关联方不提供与案件有关的必要资料,或者提供虚假、不完整资料,或者存在其他不配合的情形

B. 申请或者请求不属于特别纳税调整事项

C. 企业申请撤回或者终止相互协商程序

D. 税收协定缔约对方税务主管当局撤回或者终止相互协商程序

【参考答案】 B

【答案解析】 有下列情形之一的,国家税务总局可以终止相互协商程序:(1)企业或者其关联方不提供与案件有关的必要资料,或者提供虚假、不完整资料,或者存在其他不配合的情形;(2)企业申请撤回或者终止相互协商程序;(3)税收协定缔约对方税务主管当局撤回或者终止相互协商程序;(4)其他导致相互协商程序终止的情形。

145. 国际税收的基本原则不包括(　　)。

A. 单一课税原则　　B. 税收分享原则

C. 受益原则　　D. 国际税收中性原则

【参考答案】 B

【答案解析】 国际税收基本原则包括:单一课税原则、受益原则、国际税收中性原则。

146. 国际上居住国政府可选择采用免税法、抵免法、税收饶让、扣除法和低税法等方法,减除国际重复征税,其中普遍采用的方法是(　　)。

A. 免税法　　B. 抵免法

C. 税收饶让　　D. 扣除法

【参考答案】 B

【答案解析】 国际上居住国政府可选择采用免税法、抵免法、税收饶让、扣除法和低税法等方法,减除国际重复征税,其中普遍采用的方法是抵免法。

147. 国际公认的常设机构利润范围的确定方法是(　　)。

A. 归属法　　B. 引力法

C. 分配法　　D. 控股法

【参考答案】 A

【答案解析】 常设机构利润范围的确定一般采用归属法和引力法，其中归属法已得到国际公认。

148. 在国际税收中，下列不属于自然人居民身份判定标准的是（　　）。

A. 家庭所在地标准　　B. 法律标准

C. 停留时间标准　　D. 住所标准

【参考答案】 A

【答案解析】 自然人居民身份的判定标准有：法律标准、住所标准、停留时间标准。

149. 下列有关所得来源地税收管辖权判定标准的表述，不正确的是（　　）。

A. 跨国从事表演的艺术家，其所得来源地税收管辖权判定标准是演出活动所在地标准

B. 关于董事费来源地的判断，国际通行的标准是权利所在地标准

C. 管辖权判定标准是不动产的所在地或坐落地标准

D. 销售动产收益，判定标准是转让者的居住国标准

【参考答案】 B

【答案解析】 关于董事费来源地的判断，国际通行的标准是所得支付地标准。

150. 下列不属于独立劳务所得来源地国际通行的标准是（　　）。

A. 固定基地标准　　B. 停留期间标准

C. 所得支付者标准　　D. 劳务发生地标准

【参考答案】 D

【答案解析】 独立劳务所得来源地的确定，国际上通行的标准是固定基地标准、停留期间标准、所得支付者标准。

151. 下列关于加比规则的表述，不正确的是（　　）。

A. 加比规则的使用是有先后顺序的，只有当使用前一标准无法解决问题时才使用后一标准

B. 同一人有可能同时为缔约国双方居民，为了解决这种情况下个人最终居民身份的归属，税收协定普遍采取“加比规则”

C. 公司及其他团体的双重居民身份冲突协调规则，一般以实际管理机构为依据判定

D. 协定中都包含加比原则

【参考答案】 D

【答案解析】 有些协定没有加比原则，需要根据协定条款的其他规定，如根据协商条款进行处理。

152. 某企业通过在缔约国另一方的常设机构进行营业，下列关于其利润的有关规定，说法正确的是（　　）。

A. 其全部利润不得在另一国征税

B. 其全部利润可以在另一国征税

C. 归属于该常设机构的利润不得在另一国征税

D. 归属于该常设机构的利润可以在另一国征税

【参考答案】 D

【答案解析】 缔约国一方企业的利润应仅在该国征税，但该企业通过设在缔约国另一方的常设机构进行营业的除外；如果该企业通过在缔约国另一方的常设机构进行营业其利润可以在另一国征税，但应仅以归属于该常设机构的利润为限。

153. 自 2017 年 1 月 1 日起，企业可以选择按国（地区）别分别计算，或者不按国（地区）别汇总计算其来源于境外的应纳税所得额，一经选择，（　　）年内不得改变。

A. 2　　B. 3

C. 4　　D. 5

【参考答案】 D

【答案解析】 一经选择，5 年内不得改变。

154. 居民国对本国居民取得的来自缔约国另一方的利息拥有征税权，利息来源国对利息也有征税的权利，但对利息来源国的征税权设定了最高税率，当受益所有人是银行或金融机构的情况下，利息的征税税率为（　　）。

A. 5%　　B. 7%

C. 10%　　D. 15%

【参考答案】 B

【答案解析】 居民国对本国居民取得的来自缔约国另一方的利息拥有征税权，利息来源国对利息也有征税的权利，但对利息来源国的征税权设定了最高税率，当受益所有人为银行或金融机构的情况下，利息的征税税率为 7%；其他情况下利息的征税税率为 10%。

155. 我国对外签署的税收协定中，明确了居民国和所得来源国对特许权使用费都有征税权，如果特许权使用费受益所有人是缔约国另一方居民，则所征税款不应超过特许权使用费总额的（　　）。

A. 5%　　B. 7%

C. 10%　　D. 15%

【参考答案】 C

【答案解析】 我国对外签署的税收协定中，明确了居民国和所得来源国对特许权使用费都有征税权，如果特许权使用费受益所有人是缔约国另一方居民，则所征税款不应超过特许权使用费总额的 10%。

156. 下列与境外所得税相关的支出，能作为“可抵免境外所得税税额”的是（　　）。

A. 企业错误适用境外所得税法不应缴纳而实际缴纳的税额

B. 因少缴或迟缴境外所得税而追加的利息、滞纳金或罚款

C. 已经免征我国企业所得税的境外所得负担的境外所得税税款

D. 企业来源于中国境外所得依照中国境外税收法规计算而缴纳的税额

【参考答案】 D

【答案解析】 选项ABC,不应作为可予抵免境外所得税税额。

157. 依据非居民金融账户涉税信息尽职调查管理办法的规定,下列非金融机构属于消极非金融机构的是(　　)。

A. 非营利组织

B. 上市公司及其关联机构

C. 正处于重组过程中的企业

D. 上一公历年度内取得股息收入占其总收入50%以上的非金融机构

【参考答案】 D

【答案解析】 选项ABC,不属于消极非金融机构。

158. 下列不属于国际税法原则的是(　　)。

A. 优先征税原则　　B. 国际税收中性原则

C. 税收分享原则　　D. 无差异原则

【参考答案】 B

【答案解析】 国际税收中性原则属于国际税收原则。

159. 下列原则中,属于国际税收问题谈判出发点的是(　　)。

A. 受益原则　　B. 税收分享原则

C. 国际税收中性原则　　D. 独占征税原则

【参考答案】 A

【答案解析】 单一课税原则和受益原则是国际税收问题谈判的出发点,是来源国和居民国税收管辖权分配的国际惯例。

160. 甲国居民公司A在乙国、丙国分别设立B分公司、C分公司。A公司2022年取得来源于甲国的应税所得100万元,甲国企业所得税税率25%。乙国B分公司,当年取得来源于乙国的应税所得200万元,乙国企业所得税税率20%。丙国C分公司,当年取得来源于丙国的应税所得300万元,丙国企业所得税税率30%。下列有关说法,错误的是(　　)。

A. 综合抵免限额为130万元、可实际抵免税额125万元

B. 综合抵免限额为125万元、可实际抵免税额125万元

C. 相对于分国抵免限额法,综合抵免限额法对A公司有利

D. 采用分国抵免限额法,丙国C分公司可实际抵免税额75万元

【参考答案】 A

【答案解析】 选项AB,综合抵免限额=(200+300)×25%=125(万元),已纳税额=

200×20%+300×30%=130(万元),可实际抵免税额125万元。选项D,乙国B分公司抵免限额=200×25%=50(万元),已纳税额=200×20%=40(万元),可实际抵免税额40万元;丙国C分公司抵免限额=300×25%=75(万元)<已纳税额=300×30%=90(万元),可实际抵免税额75万元,合计可实际抵免税额=40+75=115(万元)。

161. 甲国居民公司A在乙国、丙国分别设立B分公司、C分公司。A公司2021年取得来源于甲国的应税所得100万元,甲国企业所得税税率25%。乙国B分公司,当年取得来源于乙国的应税所得200万元,乙国企业所得税税率20%。丙国C分公司,当年亏损300万元,丙国企业所得税税率30%。下列有关说法,正确的有( )。

A. 综合抵免限额为0元、可实际抵免税额0元

B. 相对于综合抵免限额法,分国抵免限额法对A公司有利

C. 采用分国抵免限额法,乙国B分公司可实际抵免税额50万元

D. 采用分国抵免限额法,丙国C分公司抵免限额为0元

【参考答案】 C

【答案解析】 选项A,综合抵免限额=0元<已纳税额=200×20%=40(万元),可实际抵免税额0元。选项CD,乙国B分公司抵免限额=200×25%=50(万元),已纳税额40万元,可实际抵免税额40万元;丙国C分公司抵免限额0元,可实际抵免税额0元,合计可实际抵免税额=40+0=40(万元)。

162. 依据中国与新加坡签订的税收协定,贷款人分担债务人公司风险的判定因素不包括( )。

A. 该贷款的偿还次于其他贷款人的债权或股息的支付

B. 所签订的贷款合同对偿还日期作出明确的规定

C. 利息的支付水平取决于公司的利润

D. 债权人将分享公司的任何利润

【参考答案】 B

【答案解析】 对贷款人是否分担企业风险的判定通常可考虑如下因素:(1)该贷款大大超过企业资本中的其他投资形式,并与公司可变现资产严重不符。(2)债权人将分享公司的任何利润。(3)该贷款的偿还次于其他贷款人的债权或股息的支付。(4)利息的支付水平取决于公司的利润。(5)所签订的贷款合同没有对具体的偿还日期作出明确的规定。

163. 下列所得中,不属于《中华人民共和国政府和新加坡共和国政府关于对所得避免双重征税和防止偷漏税的协定》中的特许权使用费所得的是( )。

A. 使用工业、商业和科学实验的文字和信息中确定的知识产权,在有许可的情况下支付的款项

B. 因侵犯商业信息中确定的知识产权支付的赔偿款

C. 使用工业、商业、科学设备取得的所得

D. 使用不动产取得的所得

【参考答案】 D

【答案解析】 特许权使用费包括使用或有权使用工业、商业、科学设备取得的所得，即设备租金。但不包括设备所有权最终转移给用户的有关融资租赁协议涉及的支付款项中被认定为利息的部分；也不包括使用不动产取得的所得。

164. 根据《中华人民共和国政府和新加坡共和国政府关于对所得避免双重征税和防止偷漏税的协定》，与国际运输业务密切相关的下列收入中，不应作为国际运输收入的是（　　）。

A. 从市区至机场运送旅客取得的收入

B. 通过货车从事货仓至机场间的运输

C. 以光租形式出租船舶取得的租赁收入

D. 为其他国际运输企业代售客票取得的收入

【参考答案】 C

【答案解析】 下列与国际运输业务紧密相关的收入应作为国际运输收入的一部分：(1)为其他国际运输企业代售客票取得的收入；(2)从市区至机场运送旅客取得的收入；(3)通过货车从事货仓至机场、码头或者后者至购货者间的运输，以及直接将货物发送至购货者取得的运输收入；(4)仅为其承运旅客提供中转住宿而设置的旅馆取得的收入。

165. 下列从中国取得股息所得的申请人不是“受益所有人”的是（　　）。

A. 缔约对方居民且在缔约对方上市的公司

B. 缔约对方政府

C. 被缔约对方个人直接持股 90%的申请人

D. 缔约对方居民个人

【参考答案】 C

【答案解析】 下列申请人从中国取得的所得为股息时，直接判定申请人具有“受益所有人”身份：(1)缔约对方政府；(2)缔约对方居民且在缔约对方上市的公司；(3)缔约对方居民个人；(4)申请人被第(1)至(3)项中的一人或多人直接或间接持有 100%股份，且间接持有股份情形下的中间层为中国居民或缔约对方居民。

166. 根据《金融机构客户尽职调查和客户身份资料及交易记录保存管理办法》的规定，金融机构为自然人客户办理的下列现金存取业务，不需要识别并核实客户身份，了解并登记资金的来源或者用途的是（　　）。

A. 人民币单笔 3 万元的现金存取业务

B. 人民币单笔 6 万元的现金存取业务

C. 外币等值 6 万美元以上现金存取业务

D. 外币等值 3 万美元以上现金存取业务

【参考答案】 A

【答案解析】 为完善反洗钱监管机制，进一步提升我国洗钱和恐怖融资风险防范能力，中国人民银行、中国银行保险监督管理委员会、中国证券监督管理委员会于2022年1月19日联合印发《金融机构客户尽职调查和客户身份资料及交易记录保存管理办法》。该办法对各类金融机构、非银行支付机构对客户的尽职调查，制定兜底要求和具体标准，如第十条规定，商业银行、农村合作银行、农村信用合作社、村镇银行等金融机构为自然人客户办理人民币单笔5万元以上或者外币等值1万美元以上现金存取业务的，应当识别并核实客户身份，了解并登记资金的来源或者用途。

167. 下列不属于国际税收原则的是（ ）。

A. 单一课税原则　　B. 受益原则

C. 无差异原则　　D. 国际税收中性原则

【参考答案】 C

【答案解析】 无差异原则属于国际税法原则。

168. 下列不属于国际税法原则的是（ ）。

A. 优先征税原则　　B. 独占征税原则

C. 税收分享原则　　D. 受益原则

【参考答案】 D

【答案解析】 国际税法原则包括：(1)优先征税原则；(2)独占征税原则；(3)税收分享原则；(4)无差异原则。

169. 税前扣除应遵循的原则不包括（ ）。

A. 权责发生制原则　　B. 配比原则

C. 合理性原则　　D. 真实性原则

【参考答案】 D

【答案解析】 税前扣除应遵循的原则包括：(1)权责发生制原则；(2)配比原则；(3)合理性原则。

170. 税前扣除凭证管理应遵循的原则不包括（ ）。

A. 真实性原则　　B. 合法性原则

C. 合理性原则　　D. 关联性原则

【参考答案】 C

【答案解析】 税前扣除凭证管理应遵循的原则包括：(1)真实性原则；(2)合法性原则；(3)关联性原则。

171. 下列说法错误的是（ ）。

A. 利润范围的确定方法包括归属法和引力法

B. 利润的计算方法包括分配法

C. 利润的计算方法包括核定法

D. 引力法在当前国际税收协定实践中被广泛使用

【参考答案】 D

【答案解析】 引力法在当前国际税收协定实践中已经被弃之不用。

172. 其他劳务所得中董事费来源地的确定，国际上通行的做法是：按（　　）标准确认支付董事费的公司所在国家有权征税。

A. 固定基地　　B. 权力提供地

C. 停留期间　　D. 所得支付地

【参考答案】 D

【答案解析】 国际上通行的做法是：按所得支付地标准确认支付董事费的公司所在国有权征税。

173. 国际税收是（　　）国家（地区），对纳税人跨境交易产生的所得行使各自征税权力而形成的税收分配关系。

A. 两个　　B. 两个以上

C. 三个　　D. 两个或两个以上

【参考答案】 D

【答案解析】 国际税收是两个或两个以上国家（地区），对纳税人跨境交易产生的所得行使各自征税权力而形成的税收分配关系。

174. 在开放经济环境中，一国在制定税收制度时往往需要考虑与其他国家之间的（　　）。

A. 经济关系　　B. 政治关系

C. 合作关系　　D. 税收关系

【参考答案】 A

【答案解析】 在开放经济环境中，一国在制定税收制度时往往需要考虑与其他国家之间的经济关系，最终表现为国家间的税收制度和税收政策达到一定程度的协调。

175. 国家税收是国际税收的基础，国际税收不能脱离国家税收独立存在；同时，国家税收又受到国际税收方面一些因素的影响，国家在制定本国的税收制度时要考虑（　　）。

A. 国家税收关系　　B. 国际税收关系

C. 税收分配关系　　D. 税收协调关系

【参考答案】 B

【答案解析】 国家税收是国际税收的基础，国际税收不能脱离国家税收独立存在；同时，国家税收又受到国际税收方面一些因素的影响，国家在制定本国的税收制度时要考虑国际税收关系。

176. 国际税收的产生需要（　　）个客观条件。

A. 1　　B. 2

C. 3　　　　D. 4

【参考答案】 B

【答案解析】 国际税收的产生需要两个客观条件：一是收入的国际化，二是所得税制的普遍推行。

177. 国际税收的发展大致经历了三个阶段，第三阶段是有关国家和国际组织不断总结经验，税收协定由单项向综合、由(　　)发展，逐步实现税收协定的规范化阶段。

A. 单边向双边　　　　B. 单边向多边

C. 双边向三边　　　　D. 双边向多边

【参考答案】 D

【答案解析】 国际税收的发展大致经历了三个阶段：一是对国际税收的分配以及国际税收问题的处理，仅从一国国内法的角度通过单方面规范加以解决的萌芽阶段；二是有关国家针对出现的国家间重复征税问题，经过双边或多边谈判，共同签订书面协议，以协调相互之间国际税收分配关系的非规范化税收协定阶段；三是有关国家和国际组织不断总结经验，税收协定由单项向综合、由双边向多边发展，逐步实现税收协定的规范化阶段。

178. 税收管辖权，是指主权国家根据其法律所拥有和行使的征税权力，是国际法公认的国家基本权利，属于国家主权在税收领域中的体现。税收管辖权大致分为(　　)类。

A. 一　　　　B. 二

C. 三　　　　D. 四

【参考答案】 C

【答案解析】 税收管辖权，是指主权国家根据其法律所拥有和行使的征税权力，是国际法公认的国家基本权利，属于国家主权在税收领域中的体现。税收管辖权大致分为三类，分别是居民管辖权、地域管辖权、公民管辖权。

179. 下列选项不属于税收管辖权的是(　　)。

A. 居民管辖权　　　　B. 公民管辖权

C. 地域管辖权　　　　D. 时间管辖权

【参考答案】 D

【答案解析】 税收管辖权大致分为三类，分别是居民管辖权、地域管辖权、公民管辖权。

180. 下列说法错误的是(　　)。

A. 居民是指自然人

B. 公民是指取得一国法律资格，具有一国国籍的人

C. 国际税收中所使用的公民概念不仅包括个人，也包括团体、企业或公司

D. 地域管辖权是指一个国家对来源于本国境内的所得行使征税权

【参考答案】 A

【答案解析】 居民管辖权是指一国对本国税法中规定的居民取得的所得行使征税权。居民包括自然人和法人。

181. 从各国税制来看，税收管辖权的行使主要有(　　)种情况。

A. 一　　B. 二

C. 三　　D. 四

【参考答案】 C

【答案解析】 税收管辖权属于国家主权，各国可以根据自己的国情选择适合自己的税收管辖权类型。从各国税制来看，主要有以下三种情况：仅行使地域管辖权，同时行使地域管辖权和居民管辖权，同时行使地域管辖权、居民管辖权和公民管辖权。

182. 下列关于税收管辖权的行使的说法中，正确的是(　　)。

A. 仅行使居民管辖权

B. 同时行使地域管辖权和公民管辖权

C. 同时行使公民管辖权和居民管辖权

D. 同时行使地域管辖权、居民管辖权和公民管辖权

【参考答案】 D

【答案解析】 税收管辖权属于国家主权，各国可以根据自己的国情选择适合自己的税收管辖权类型。从各国税制来看，主要有以下三种情况：仅行使地域管辖权，同时行使地域管辖权和居民管辖权，同时行使地域管辖权、居民管辖权和公民管辖权。

183. 下列关于税收管辖权的行使的种类中，错误的是(　　)。

A. 仅行使地域管辖权

B. 同时行使地域管辖权和居民管辖权

C. 同时行使公民管辖权和居民管辖权

D. 同时行使地域管辖权、居民管辖权和公民管辖权

【参考答案】 C

【答案解析】 税收管辖权属于国家主权，各国可以根据自己的国情选择适合自己的税收管辖权类型。从各国税制来看，主要有以下三种情况：仅行使地域管辖权，同时行使地域管辖权和居民管辖权，同时行使地域管辖权、居民管辖权和公民管辖权。

184. 目前我国采取的税收管辖权是(　　)。

A. 仅行使地域管辖权

B. 仅行使居民管辖权

C. 同时行使地域管辖权和居民管辖权

D. 同时行使地域管辖权、居民管辖权和公民管辖权

【参考答案】 C

【答案解析】 目前我国采用的是同时行使地域管辖权和居民管辖权。

185. 大多数国家在兼用居民管辖权和地域管辖权的同时，认同并遵循（　　）。

A. 公民管辖权　　B. 地域管辖权优先原则

C. 居民管辖权优先原则　　D. 地域和居民同等重要原则

【参考答案】 B

【答案解析】 大多数国家在兼用居民管辖权和地域管辖权的同时，认同并遵循地域税收管辖权优先原则。

186. 国际上对自然人居民身份的判定，通常有（　　）种标准。

A. 一　　B. 二

C. 三　　D. 四

【参考答案】 C

【答案解析】 国际上对自然人居民身份的判定，通常有以下三种标准：住所标准、居所标准、停留时间标准。

187. 下列不属于国际上对自然人居民身份的判定标准的是（　　）。

A. 户口注册地标准　　B. 住所标准

C. 居所标准　　D. 停留时间标准

【参考答案】 A

【答案解析】 国际上对自然人居民身份的判定，通常有以下三种标准：住所标准、居所标准、停留时间标准。

188. 国际上对法人居民身份的判定，通常有（　　）种标准。

A. 一　　B. 二

C. 三　　D. 四

【参考答案】 D

【答案解析】 国际上对法人居民身份的判定，通常有以下四种标准：注册地标准、管理机构所在地标准、总机构所在地标准、选举权标准。

189. 国际上对法人居民身份的判定，最常用的标准是（　　）。

A. 注册地标准以及管理机构所在地标准

B. 注册地标准以及总机构所在地标准

C. 总机构所在地标准以及管理机构所在地标准

D. 选举权标准以及管理机构所在地标准

【参考答案】 A

【答案解析】 最常用的是注册地标准以及管理机构所在地标准。

190. 判定经营所得来源地的主要标准有（　　）种。

A. 一　　B. 二

C. 三　　D. 四

【参考答案】 B

【答案解析】 判定经营所得来源地的主要标准:常设机构标准、交易地点标准。

191. 判定个人劳务所得或受雇所得来源地的标准有(　　)种。

A. 一　　B. 二

C. 三　　D. 四

【参考答案】 C

【答案解析】 判定个人劳务所得或受雇所得来源地的标准有劳务提供地标准、劳务所得支付地标准、劳务合同签订地标准。

192. 下列不属于判定个人劳务所得或受雇所得来源地的标准的是(　　)。

A. 劳务提供地标准　　B. 劳务所得支付地标准

C. 劳务提供人居住地标准　　D. 劳务合同签订地标准

【参考答案】 C

【答案解析】 判定个人劳务所得或受雇所得来源地的标准有劳务提供地标准、劳务所得支付地标准、劳务合同签订地标准。

193. 下列不属于特许权使用费,判定标准的是(　　)。

A. 以特许权使用地为标准　　B. 以特许权合同签订地为标准

C. 以特许权所有者的居住地为标准　　D. 以特许权使用费支付者居住地为标准

【参考答案】 B

【答案解析】 特许权使用费,判定标准包括:以特许权使用地为标准;以特许权所有者的居住地为标准;以特许权使用费支付者居住地为标准。

194. 判定投资所得来源地的主要标准中,关于租金判定标准不包括(　　)。

A. 以租赁财产的使用地为标准　　B. 以租赁合同签订地为标准

C. 以租金支付者居住地为标准　　D. 以租赁财产所有者的居住地为标准

【参考答案】 D

【答案解析】 租金判定标准包括:(1)以租赁财产的使用地为标准;(2)以租赁合同签订地为标准;(3)以租金支付者居住地为标准。

195. 财产转让所得中动产转让所得,来源地判定标准不包括(　　)。

A. 动产销售或转让地　　B. 转让者居住地

C. 被转让动产实际所在地　　D. 动产实际使用地

【参考答案】 D

【答案解析】 对于动产转让所得,来源地判定标准包括动产销售或转让地、转让者居住地、被转让动产实际所在地。

196. 国际重复征税又称为国际双重征税,是指两个或两个以上国家对(　　)分别征收所得税。

A. 同一纳税人同一征税对象

B. 不同纳税人同一征税对象

C. 同一纳税人不同征税对象

D. 同一纳税人或不同纳税人同一征税对象

【参考答案】 D

【答案解析】 国际重复征税又称为国际双重征税，是指两个或两个以上国家对同一纳税人或不同纳税人同一征税对象分别征收所得税。

197. 各国行使税收管辖权的相互重叠是国际重复征税的根本原因。税收管辖权的重叠主要有（　　）种情形。

A. 一　　B. 二

C. 三　　D. 四

【参考答案】 C

【答案解析】 各国行使税收管辖权的相互重叠是国际重复征税的根本原因。税收管辖权的重叠主要有三种情形：居民（公民）管辖权与地域管辖权的重叠、居民（公民）管辖权与居民（公民）管辖权的重叠、地域管辖权与地域管辖权的重叠。

198. 下列税收管辖权的重叠最普遍的是（　　）。

A. 居民（公民）管辖权与地域管辖权的重叠

B. 居民管辖权与居民管辖权的重叠

C. 公民管辖权与公民管辖权的重叠

D. 地域管辖权与地域管辖权的重叠

【参考答案】 A

【答案解析】 居民（公民）管辖权与地域管辖权的重叠，这两种税收管辖权的重叠最为普遍。

199. 下列不属于国际重复征税产生的消极影响的是（　　）。

A. 增加了两个国家的税收　　B. 违背了税收公平原则

C. 阻碍了国际经济发展　　D. 引起了国家间税收摩擦

【参考答案】 A

【答案解析】 国际重复征税对投资者的利益、税负公平原则、国际经济交往、国家间税收权益以及跨国公司行为都会产生消极影响，主要表现在以下几个方面：加重了跨国纳税人的税收负担、违背了税收公平原则、阻碍了国际经济发展、引起了国家间税收摩擦。

200. 抵免法分为（　　）种形式。

A. 1　　B. 2

C. 3　　D. 4

【参考答案】 B

【答案解析】 抵免法分为直接抵免和间接抵免两种形式。

201. 一些国家允许将超过抵免限额的税额向以后年度结转，《中华人民共和国企业所得税法》规定，超过抵免限额的部分，可以在以后（ ）个年度内，用每年度抵免限额抵免当年应抵税额后的余额进行抵补。

A. 3　　B. 5

C. 8　　D. 10

【参考答案】 B

【答案解析】 一些国家允许将超过抵免限额的税额向以后年度结转，《中华人民共和国企业所得税法》规定，超过抵免限额的部分，可以在以后5个年度内，用每年度抵免限额抵免当年应抵税额后的余额进行抵补。

202. 税收饶让的实行，通常需要通过签订双边税收协定的方式予以确定，通常发生在（ ）之间。

A. 发达国家　　B. 发展中国家

C. 发达国家与发展中国家　　D. 以上都是

【参考答案】 C

【答案解析】 税收饶让的实行，通常需要通过签订双边税收协定的方式予以确定，通常发生在发达国家与发展中国家之间。

203. 国际税收协定是指（ ）主权国家或税收管辖区依照对等原则，通过政府间谈判达成一致后缔结的确定其国际税收分配关系的具有法律效力的书面税收协议。

A. 两个　　B. 三个

C. 两个以上　　D. 两个或两个以上

【参考答案】 D

【答案解析】 国际税收协定，又称国际税收条约，是指两个或两个以上主权国家或税收管辖区依照对等原则，通过政府间谈判达成一致后缔结的确定其国际税收分配关系的具有法律效力的书面税收协议，旨在避免对所得及财产双重征税和防止国际逃避税。

204. 国际税收协定是以（ ）为基础的。

A. 国内税法　　B. 国际税法

C. 所得税法　　D. 国内税法和国际税法

【参考答案】 A

【答案解析】 国际税收协定是以国内税法为基础的。

205. 在处理国际税收协定与国内税法的地位关系时，主要有（ ）种模式。

A. 1　　B. 2

C. 3　　D. 4

【参考答案】 B

【答案解析】 在处理国际税收协定与国内税法的地位关系时，主要有两种模式：第一种模式为国际税收协定优于国内税法；第二种模式是国际税收协定与国内税法具有同等的法律效力。

206. 在我国，一般情况下，当协定与国内法发生冲突时，（　　）。

A. 协定优先

B. 国内法优先

C. 协定优先，但国内法规定的待遇优于协定时，则适用国内法

D. 国内法优先，但协定的待遇优于国内法规定时，则适用协定

【参考答案】 C

【答案解析】 在我国，一般情况下，当协定与国内法发生冲突时，协定优先，但国内法规定的待遇优于协定时，则适用国内法。

207. 国际上存在（　　）个有影响力的税收协定范本。

A. 2

B. 3

C. 4

D. 5

【参考答案】 A

【答案解析】 国际上存在两个有影响力的税收协定范本，分别是经济合作与发展组织（OECD）《关于避免对所得和财产双重征税的协定范本》（以下简称经合组织范本）以及联合国《关于发达国家与发展中国家间避免双重征税的协定范本》（以下简称联合国范本）。

208. 经合组织范本有两个基本前提：一是（　　），对所得来源国的征税权进行限制；二是居民国应通过抵免法或免税法消除双重征税。

A. 强调地域管辖权

B. 强调居民管辖权

C. 强调居民管辖权与地域管辖权的共同管理

D. 强调公民管辖权与地域管辖权的共同管理

【参考答案】 B

【答案解析】 经合组织范本有两个基本前提：一是强调居民管辖权，对所得来源国的征税权进行限制；二是居民国应通过抵免法或免税法消除双重征税。

209. 国际税收协定必须首先明确其（　　），这是协定执行的前提条件。

A. 适用范围

B. 基本用语的定义

C. 管辖权的划分

D. 消除双重征税的方法

【参考答案】 A

【答案解析】 国际税收协定必须首先明确其适用范围，包括缔约国双方或各方的人和税种的范围。这是协定执行的前提条件。

210. 下列说法中，错误的是（　　）。

A. 税收协定适用于缔约国一方居民的人

B. 税收协定适用于同时为缔约国双方居民的人

C. 税收协定一般适用于消费税

D. 税收协定一般适用于对财产征收的直接税

【参考答案】 C

【答案解析】 税收协定适用于缔约国一方或者同时为双方居民的人；税收协定一般适用于所得税和对财产征收的直接税。

211. 税收无差别待遇反对任何形式的税收歧视，下列不属于主要包括内容的是（　　）。

A. 国籍无差别待遇　　B. 常设机构无差别待遇

C. 居住地无差别待遇　　D. 资本无差别待遇

【参考答案】 C

【答案解析】 税收无差别待遇反对任何形式的税收歧视，主要包括国籍无差别待遇、常设机构无差别待遇、支付无差别待遇和资本无差别待遇。

212. 如果缔约国一方居民认为，缔约国一方或双方所采取的措施或将导致不符合协定的征税，则（　　）申请救济。

A. 可以向缔约国一方主管当局　　B. 可以向缔约国双方主管当局

C. 可以向缔约国一方政府　　D. 可以向缔约国双方政府

【参考答案】 A

【答案解析】 如果缔约国一方居民认为，缔约国一方或双方所采取的措施或将导致不符合协定的征税，则可以向缔约国一方主管当局申请救济。

213. 我国税收协定谈签工作始于（　　）年。

A. 1980　　B. 1981

C. 1982　　D. 1983

【参考答案】 B

【答案解析】 我国税收协定谈签工作始于 1981 年。

214. 我国于（　　）年 9 月签署首个税收协定——《中华人民共和国政府和日本国政府关于对所得避免双重征税和防止偷漏税的协定》。

A. 1980　　B. 1981

C. 1982　　D. 1983

【参考答案】 D

【答案解析】 我国税收协定谈签工作始于 1981 年，于 1983 年 9 月签署首个税收协定——《中华人民共和国政府和日本国政府关于对所得避免双重征税和防止偷漏税的协定》。

215. 截至 2021 年 12 月底，我国已正式签署（　　）个避免双重征税协定。

A. 105　　B. 109

C. 111　　D. 115

【参考答案】 B

【答案解析】 截至 2021 年 12 月底，我国已正式签署 109 个避免双重征税协定；另外，内地与香港、澳门两个特别行政区签署了税收安排，大陆与台湾地区签署了税收协议。

216. 国际避税是指纳税人利用（　　）国家的税制差异和征管漏洞，以及国际税收规则存在的缺陷，规避或减轻其全球总体税负的行为。

A. 两个　　B. 三个

C. 两个以上　　D. 两个或两个以上

【参考答案】 D

【答案解析】 国际避税是指纳税人利用两个或两个以上国家的税制差异和征管漏洞，以及国际税收规则存在的缺陷，规避或减轻其全球总体税负的行为。

217. 国际避税产生的原因，包括主观原因和客观原因。主观方面，纳税人有尽可能减轻税收负担，实现利润最大化的强烈愿望。客观原因主要有三个方面，下列不属于客观原因的是（　　）。

A. 国家间的税制差异　　B. 国际税收规则存在的缺陷

C. 税收征管能力不足　　D. 纳税人判别标准的差异

【参考答案】 D

【答案解析】 国际避税产生的原因，包括主观原因和客观原因。主观方面，纳税人有尽可能减轻税收负担，实现利润最大化的强烈愿望。客观原因主要有三个方面：国家间的税制差异、国际税收规则存在的缺陷、税收征管能力不足。

218.（　　）常常是各国税收制度差别最大的一个要素。

A. 征收范围　　B. 征收方式

C. 税率　　D. 税基

【参考答案】 C

【答案解析】 税率常常是各国税收制度差别最大的一个要素。如同样是对所得征税，有的国家采用比例税率征收，有的国家采用超额累进税率征收。实行比例税率的国家，其税率也不尽一致。与此同时，避税地和低税地的存在，也为跨国纳税人进行逃避税活动提供了可乘之机。

219. 在实行居民管辖权的国家，对个人居民身份的确立，除采用住所标准外，不少国家还采用时间标准，即以在一国境内连续或累计停留时间达到一定标准为界限。对于居住时间的规定，我国采取的是（　　）天。

A. 182　　B. 183

C. 184　　D. 365

【参考答案】 B

【答案解析】 对于居住时间的规定，各个国家规定不尽相同，有的规定为半年(183天)，有的则规定1年(365天)，我国的规定是183天。

220. 国际税收合作在促进生产要素有序流动、资源高效配置、市场深度融合等方面发挥了重要作用，国际税收合作已经成为政府合作的重要方面。下列不属于国际税收合作的分类的是(　　)。

A. 双边税收合作　　B. 三边税收合作

C. 多边税收合作　　D. 区域性税收合作

【参考答案】 B

【答案解析】 国际税收合作在促进生产要素有序流动、资源高效配置、市场深度融合等方面发挥了重要作用，国际税收合作已经成为政府合作的重要方面。国际税收合作分为多边税收合作、区域性税收合作和双边税收合作。

221. 联合国从(　　)年开始涉足国际税收领域，开始为发达国家和发展中国家之间的税收协定制定协定范本。

A. 1965　　B. 1970

C. 1975　　D. 1980

【参考答案】 B

【答案解析】 联合国从1970年开始涉足国际税收领域，开始为发达国家和发展中国家之间的税收协定制定协定范本。

222. 自2012年以来，联合国积极向发展中国家提供税收技术援助，并开发实用工具包，帮助发展中国家应对国际税收挑战。这项工作主要集中于4个领域，下列不属于的是(　　)。

A. 转让定价　　B. 税收协定

C. 税收饶让　　D. 防止税基侵蚀

【参考答案】 C

【答案解析】 自2012年以来，联合国积极向发展中国家提供税收技术援助，并开发实用工具包，帮助发展中国家应对国际税收挑战。这项工作主要集中于4个领域：转让定价、税收协定、税收管理和防止税基侵蚀。

223. 2016年4月，(　　)创建了税收合作平台，也称为四方平台，合作向发展中国家提供援助，以加强其税收体系的制度机制，下列不属于四方平台的是(　　)。

A. 经济合作与发展组织　　B. 国际货币基金组织

C. 欧盟　　D. 世界银行

【参考答案】 C

【答案解析】 2016年4月，经济合作与发展组织（OECD）、国际货币基金组织（IMF）、联合国、世界银行创建了税收合作平台，也称为四方平台，合作向发展中国家提供援助，以加强其税收体系的制度机制。

224. 2018年11月，我国主办了第（　　）届亚洲税收管理与研究组织年会。

A. 46　　B. 47

C. 48　　D. 49

【参考答案】 C

【答案解析】 亚洲税收管理与研究组织（SGATAR）是亚洲地区有影响力的官方税收组织，目前有18个成员，主要依托年会加强成员税务部门的对话，就国际税收政策与征管工作共同面临的问题寻求解决措施，维护本地区税收利益。2018年11月，我国主办了第48届SGATAR年会。

225. 税收协定的主要作用不包括（　　）。

A. 增加所得来源国的税收　　B. 提高税收确定性

C. 消除双重征税　　D. 降低跨境纳税人在东道国的税负

【参考答案】 A

【答案解析】 税收协定的主要作用包括降低跨境纳税人在东道国的税负、提高税收确定性、消除双重征税和通过相互协商机制妥善解决涉税争议等。

226. "一带一路"税收征管合作机制是由"一带一路"国家（地区）税务部门共同建立的规范化、制度化的官方多边长效税收合作平台，旨在促进投资贸易便利化，消除税收壁垒、优化生产要素跨境配置，推动经济包容性增长，实现联合国（　　）年可持续发展目标。

A. 2025　　B. 2030

C. 2040　　D. 2050

【参考答案】 B

【答案解析】 "一带一路"税收征管合作机制是由"一带一路"国家（地区）税务部门共同建立的规范化、制度化的官方多边长效税收合作平台，秉持"共商共建共享"原则，面向所有支持"一带一路"倡议的国家开放，是现有国际税收合作体系的重要、有益补充，旨在促进投资贸易便利化，消除税收壁垒、优化生产要素跨境配置，推动经济包容性增长，实现联合国2030年可持续发展目标。

227. 境外投资者通过股权转让、回购、清算等方式实际收回享受暂不征收预提所得税政策待遇的直接投资，在实际收取相应款项后（　　）日内，按规定程序向税务部门申报补缴递延的税款。

A. 3　　B. 5

C. 7　　D. 15

【参考答案】 C

【答案解析】 根据《财政部 税务总局 国家发展改革委 商务部关于扩大境外投资者以分配利润直接投资暂不征收预提所得税政策适用范围的通知》(财税〔2018〕102 号)第六条,境外投资者通过股权转让、回购、清算等方式实际收回享受暂不征收预提所得税政策待遇的直接投资,在实际收取相应款项后 7 日内,按规定程序向税务部门申报补缴递延的税款。

228. 主管税务机关应及时向非居民企业送达《非居民企业所得税征收方式鉴定表》,非居民企业应在收到《鉴定表》后(　　)个工作日内,完成《鉴定表》的填写并送达主管税务机关。

A. 5　　　　B. 10

C. 15　　　　D. 20

【参考答案】 B

【答案解析】 根据《国家税务总局关于印发〈非居民企业所得税核定征收管理办法〉的通知》(国税发〔2010〕19 号),主管税务机关应及时向非居民企业送达《非居民企业所得税征收方式鉴定表》(见附件,以下简称《鉴定表》),非居民企业应在收到《鉴定表》后 10 个工作日内,完成《鉴定表》的填写并送达主管税务机关,主管税务机关在受理《鉴定表》后 20 个工作日内,完成该项征收方式的确认工作。

229. 主管税务机关应及时向非居民企业送达《非居民企业所得税征收方式鉴定表》(见附件,以下简称《鉴定表》),非居民企业应在收到《鉴定表》后 10 个工作日内,完成《鉴定表》的填写并送达主管税务机关,主管税务机关在受理《鉴定表》后(　　)内,完成该项征收方式的确认工作。

A. 10 日　　　　B. 10 个工作日

C. 20 日　　　　D. 20 个工作日

【参考答案】 D

【答案解析】 根据《国家税务总局关于印发〈非居民企业所得税核定征收管理办法〉的通知》(国税发〔2010〕19 号),主管税务机关应及时向非居民企业送达《非居民企业所得税征收方式鉴定表》(见附件,以下简称《鉴定表》),非居民企业应在收到《鉴定表》后 10 个工作日内,完成《鉴定表》的填写并送达主管税务机关,主管税务机关在受理《鉴定表》后 20 个工作日内,完成该项征收方式的确认工作。

230. 投资所得来源地的判定标准不包括(　　)。

A. 所得支付地标准　　　　B. 权利使用地标准

C. 权利提供地标准　　　　D. 双方分享征税权力

【参考答案】 A

【答案解析】 投资所得来源地的判定标准包括:(1)权利提供地标准:反映了居住国或国籍国的利益(2)权利使用地标准:代表着非居住国的利益(3)双方分享征税权力:国际通

常按利益共享原则合理划分征税权。

231. 工程型常设机构包括建筑工地，建筑、装配或安装工程，或者与其有关的监督管理活动，但仅以该工地、工程或活动连续达到规定时间，通常为（　　）个月以上的为限，未达到该规定时间的则不构成常设机构。

A. 6　　B. 12

C. 18　　D. 24

【参考答案】 B

【答案解析】 工程型常设机构包括建筑工地，建筑、装配或安装工程，或者与其有关的监督管理活动，但仅以该工地、工程或活动连续达到规定时间，通常为 12 个月以上的为限，未达到该规定时间的则不构成常设机构。

232. 代理型常设机构关于代理人的判定，说法不正确的是（　　）。

A. 营业代理人的主体，须中国境内的单位

B. 代理活动必须是经常性（固定、长期发生）的行为

C. 代理的具体行为，包括代其签订合同

D. 代理的具体行为，包括代其储存、交付货物等

【参考答案】 A

【答案解析】 营业代理人的主体，既可以是中国境内的单位，也可以是中国境内的个人。

233. 我国签订的税收协定中明确了居民国和来源国对股息都有征税权，来源国即指分配股息公司的所在国。一般而言，来源国基于税收协定对股息所得实行限制性税率，受益所有人是公司（合伙企业除外）并直接拥有支付股息公司至少 25%资本，优惠税率不应超过股息总额的（　　）。

A. 3%　　B. 5%

C. 7%　　D. 10%

【参考答案】 B

【答案解析】 受益所有人是公司（合伙企业除外）并直接拥有支付股息公司至少 25%资本，优惠税率不应超过股息总额的 5%。

234. 我国签订的税收协定中明确了居民国和来源国对股息都有征税权，来源国即指分配股息公司的所在国。一般而言，来源国基于税收协定对股息所得实行限制性税率，对于除了受益所有人是公司的其他情形，优惠税率不应超过股息总额的（　　）。

A. 3%　　B. 5%

C. 7%　　D. 10%

【参考答案】 D

【答案解析】 对于除了受益所有人是公司的其他情形，优惠税率不应超过股息总额

的10%。

235. 某居民国对本国居民取得的来自缔约国另一方的利息征税，若受益所有人为银行，则利息的征税税率最高为(　　)。

A. 3%　　B. 5%

C. 7%　　D. 10%

【参考答案】 C

【答案解析】 受益所有人为银行或金融机构的，利息的征税税率最高为7%。

236. 居民国对本国居民取得的来自缔约国另一方的利息拥有征税权，利息来源国对利息也有征税的权利，但对利息来源国的征税权设定了最高税率，对于除了受益所有人为银行或金融机构的其他情形，利息的征税税率最高为(　　)。

A. 3%　　B. 5%

C. 7%　　D. 10%

【参考答案】 D

【答案解析】 对于除了受益所有人为银行或金融机构的其他情形，利息的征税税率为10%。

237. 当受益人为缔约双方政府机构及其拥有的，且不从事商业活动的金融机构或基金从缔约国一方取得的利息在该国(　　)。

A. 征税税率优惠至3%　　B. 征税税率优惠至5%

C. 免税　　D. 不征税

【参考答案】 C

【答案解析】 当受益人为缔约双方政府机构及其拥有的，且不从事商业活动的金融机构或基金从缔约国一方取得的利息应在该国免税。

238. 在我国，特许权使用费受益所有人是缔约国另一方居民，则所征税款不应超过特许权使用费总额的(　　)。

A. 3%　　B. 5%

C. 7%　　D. 10%

【参考答案】 D

【答案解析】 如果特许权使用费受益所有人是缔约国另一方居民，则所征税款不应超过特许权使用费总额的10%。

239. 对于使用或有权使用工业、商业、科学设备而支付的特许权使用费，按支付特许权使用费总额的(　　)确定税基。

A. 50%　　B. 60%

C. 70%　　D. 75%

【参考答案】 B

【答案解析】 根据《中华人民共和国政府和新加坡共和国政府关于对所得避免双重征税和防止偷漏税的协定》的规定，对于使用或有权使用工业、商业、科学设备而支付的特许权使用费，按支付特许权使用费总额的60%确定税基。

240. 当跨国纳税人在国外经营普遍盈利且国外税率与国内税率不一致时（纳税人在高税国与低税国均有投资），采用（　　）对纳税人有利。

A. 分国抵免限额　　B. 综合抵免限额

C. 分项抵免限额　　D. 分国和分项抵免限额

【参考答案】 B

【答案解析】 当跨国纳税人在国外经营普遍盈利且国外税率与国内税率不一致时（纳税人在高税国与低税国均有投资），采用综合抵免限额对纳税人有利。

241. 当跨国纳税人在国外经营普遍盈利且国外税率与国内税率不一致时（纳税人在高税国与低税国均有投资），采用（　　）对居住国有利。

A. 分国抵免限额　　B. 综合抵免限额

C. 分项抵免限额　　D. 分国和分项抵免限额

【参考答案】 A

【答案解析】 当跨国纳税人在国外经营普遍盈利且国外税率与国内税率不一致时（纳税人在高税国与低税国均有投资），采用综合抵免限额对纳税人有利，采用分国抵免限额对居住国有利。

242. 当跨国纳税人的国外经营活动盈亏并存时，采用（　　）对纳税人有利。

A. 分国抵免限额　　B. 综合抵免限额

C. 分项抵免限额　　D. 分国和分项抵免限额

【参考答案】 A

【答案解析】 当跨国纳税人的国外经营活动盈亏并存时，采用分国抵免限额对纳税人有利，采用综合抵免限额对居住国有利。

243. 当跨国纳税人的国外经营活动盈亏并存时，采用（　　）对居住国有利。

A. 分国抵免限额　　B. 综合抵免限额

C. 分项抵免限额　　D. 分国和分项抵免限额

【参考答案】 B

【答案解析】 当跨国纳税人的国外经营活动盈亏并存时，采用分国抵免限额对纳税人有利，采用综合抵免限额对居住国有利。

244. 下列情形不属于国际运输收入的是（　　）。

A. 企业以船舶或飞机经营客运或货运取得的收入

B. 企业从事以光租形式出租船舶或以干租形式出租飞机取得的收入

C. 以程租形式出租船舶取得的租赁收入

D. 以期租形式出租船舶取得的租赁收入

【参考答案】 B

【答案解析】 下列情形属于国际运输收入：(1)企业以船舶或飞机经营客运或货运取得的收入。(2)以程租、期租形式出租船舶或以湿租形式出租飞机(包括所有设备、人员及供应)取得的租赁收入。(3)下列与国际运输业务紧密相关的收入应作为国际运输收入的一部分：为其他国际运输企业代售客票取得的收入、从市区至机场运送旅客取得的收入、通过货车从事货仓至机场、码头或者后者至购货者间的运输，以及直接将货物发送至购货者取得的运输收入、仅为其承运旅客提供中转住宿而设置的旅馆取得的收入。

245. 下列情形属于国际运输收入的是(　　)。

A. 企业从事以光租形式出租船舶取得的收入

B. 以干租形式出租飞机取得的收入

C. 企业以船舶或飞机经营客运或货运取得的收入

D. 使用、保存或出租用于运输货物或商品的集装箱(包括拖车和运输集装箱的有关设备)等租赁业务取得的收入

【参考答案】 C

【答案解析】 下列情形不属于国际运输收入：(1)企业从事以光租形式出租船舶或以干租形式出租飞机取得的收入；(2)使用、保存或出租用于运输货物或商品的集装箱(包括拖车和运输集装箱的有关设备)等租赁业务取得的收入。

246. 关于税收管辖权，最能维护本国的税收利益的是(　　)。

A. 只实行所得来源地管辖权

B. 只实行居民(公民)管辖权

C. 同时实行所得来源地管辖权和居民(公民)管辖权

D. 只实行地域管辖权

【参考答案】 C

【答案解析】 目前大多数国家都采取这种地域管辖权和居民(公民)管辖权并行的方法。

247. 由经济合作与发展组织起草的第一个国际税收协定范本是(　　)。

A.《关于对所得和财产避免双重征税的协定范本(草案)》

B.《同期税务稽查协议范本》

C.《维也纳外交关系公约》

D.《关于避免双重征税的协定范本》

【参考答案】 A

【答案解析】 1963 年有 24 个成员的经济合作与发展组织，首次公布了《关于对所得和财产避免双重征税的协定范本(草案)》。

248. 下列机构不具有独立法人地位的是(　　)。

A. 办事处　　B. 子公司

C. 分公司　　D. 总公司

【参考答案】 A

【答案解析】 常设机构主要包括管理场所、分支机构、办事处、工厂、作业场所、矿场、油井或气井、采石场或者任何其他开采自然资源的场所,以及达到一定时间标准的工程或劳务项目,不具有独立法人地位。

249. 下列不属于国际税收中常设机构的是(　　)。

A. 分支机构　　B. 办事处

C. 作业场所　　D. 总公司

【参考答案】 D

【答案解析】 常设机构是指企业进行全部或部分营业的固定营业场所,主要包括管理场所、分支机构、办事处、工厂、作业场所、矿场、油井或气井、采石场或者任何其他开采自然资源的场所,以及达到一定时间标准的工程或劳务项目。

250. 国际税收的形成不但取决于跨国所得的产生,而且取决于世界各国普遍征收的(　　)。

A. 消费税　　B. 增值税

C. 所得税　　D. 关税

【参考答案】 C

【答案解析】 国际税收的产生需要两个客观条件:一是收入的国际化,二是所得税制的普遍推行。

251. 间接抵免适用于(　　)。

A. 母、子公司之间　　B. 总、分公司之间

C. 子公司之间　　D. 独立公司之间

【参考答案】 A

【答案解析】 间接抵免一般适用于母、子公司之间的税收抵免。它是指母公司所在的居住国政府,允许母公司将其子公司已缴东道国的所得税中应由母公司分得股息承担的那部分税额,来冲抵母公司应纳税额的办法。

252. 假定甲国居民公司在某纳税年度中总所得为 30 万元,其中,来自甲国的所得 12 万元、来自乙国的所得 18 万元。甲、乙两国的所得税税率分别为 20%、25%,若甲国采用全额免税法,则甲国应征税额为(　　)万元。

A. 6　　B. 5.6

C. 5　　D. 2.4

【参考答案】 D

【答案解析】 在全额免税法下，居住国政府对其居民来源于非居民国的所得额，单方面放弃征税权，从而使国际重复征税得以彻底免除。因此，该居民公司来自乙国的所得不征税，甲国仅对来自本国的所得征税。甲国应征税额＝12×20％＝2.4(万元)。

253. 某个跨国纳税人不断地变换其居住地点，在任何一国的停留时间均不超过该国规定的对非居民征税的起点时间，从而逃避有关国家的来源地管辖权。这在国际税收领域称为(　　)。

A. 非居民　　B. 税收难民

C. 临时移民　　D. 税收流亡

【参考答案】 D

【答案解析】 在实行居民管辖权的国家里，对个人居民身份的确立，不少国家采用时间标准。对于居住时间的规定，各个国家规定不尽相同，有的规定为半年(183 天)，有的则规定为 1 年(365 天)，这就给跨国纳税人避税提供了可利用的机会。他们可以自由地游离于各国之间，确保自己不成为任何一个国家的居民，既能从这些国家取得收入，又可避免承担其中任何一个国家的居民纳税义务。

254. 对于同时具有两个国家居民身份的跨国自然人的判断，税收协定中所规定的顺序标准，第二大标准是(　　)。

A. 重要利益中心　　B. 习惯性住所

C. 永久性住所　　D. 国籍标准

【参考答案】 A

【答案解析】 对于同时成为两个国家居民的跨国自然人的特殊情况，应该按照下列顺序的国际规范来行使居民税收管辖权：(1)永久性住所；(2)重要利益中心；(3)习惯性住所；(4)国籍标准；(5)协商。

255. 某年度甲公司从本国 A 国取得应税所得 300 万元，A 国税率为 25％；该公司从 B 国分公司取得应税所得 100 万元，B 国税率为 30％。在限额抵免法下，甲公司该年度应向 A 国缴纳的所得税税额为(　　)万元。

A. 25　　B. 45

C. 50　　D. 75

【参考答案】 D

【答案解析】 限额抵免法，也叫普通抵免，是指居住国政府对跨国纳税人在国外直接缴纳的所得税款给予抵免时，不能超过最高抵免限额的方法。甲公司应向 B 国缴纳的所得税税额＝100×30％＝30(万元)，在限额抵免法下，甲公司向 B 国缴纳的 30 万元所得税需与其抵免限额进行对比。B 国的抵免限额＝100×25％＝25(万元)。因为 25 万元＜30 万元，所以 B 国的允许抵免额为 25 万元，甲公司该年度应向 A 国缴纳的所得税税额＝(300＋100)×25％－25＝75(万元)。

256. 属于我国税法在企业所得税的抵免上的规定的是(　　)。

A. 综合分项限额　　B. 不分国分项限额

C. 分国分项限额　　D. 分国不分项限额

【参考答案】 D

【答案解析】 企业可以选择分国不分项或者不分国不分项计算其来源于境外的应纳税所得额，上述方式一经选择，5 年内不得改变。

257. 下列不属于国际税收情报交换类型的是(　　)。

A. 专项情报交换　　B. 自动情报交换

C. 自发税务检查　　D. 自发情报交换

【参考答案】 C

【答案解析】 国际税收情报交换也称为税收情报交换，是指中国与相关税收协定缔约国家的主管当局为了正确执行税收协定及其所涉及税种的国内法而相互交换所需信息的行为。税收情报交换又分为专项情报交换、自动情报交换、自发情报交换以及同期税务检查、授权代表访问和行业范围情报交换等类型。

258. 在国际经济活动中，跨国纳税人利用各国税收的差异进行避税的手法多种多样，下列不属于常采用的避税方法的是(　　)。

A. 公司流动　　B. 资金流动

C. 资本弱化　　D. 转让定价

【参考答案】 A

【答案解析】 在国际经济活动中，跨国纳税人利用各国税收的差异进行避税的手法多种多样，常采用的避税方法有：采取人员流动避税，通过资金、货物或劳务流动避税，利用企业组织形式避税，用税收优惠避税，资本弱化，利用转让定价避税，利用避税地避税。

259. 不属于判断劳务所得来源地的标准的是(　　)。

A 劳务所得支付地标准　　B. 劳务提供地标准

C 劳务合同签订地标准　　D. 劳务提供者国籍标准

【参考答案】 D

【答案解析】 劳务所得来源地的标准包括劳务提供地标准、劳务所得支付地标准、劳务合同签订地标准。

260. 国际避税地较多的地区是(　　)。

A. 欧洲地区　　B. 太平洋沿岸

C. 大西洋沿岸　　D. 非洲地区

【参考答案】 C

【答案解析】 避税地大多是港口，也有少数沿海和内陆小国，例如：巴哈马、百慕大、开曼群岛、马恩岛、荷属安的列斯、英属维尔京群岛、直布罗陀、瑞士、利比里亚和巴拿马等，多数集中于大西洋沿岸。

261. 我国判定跨国自然人居民身份时规定的居住期限是(　　)。

A. 90 天　　B. 183 天

C. 365 天　　D. 1 年

【参考答案】 B

【答案解析】 《中华人民共和国个人所得税法》将在中国境内居住的时间这一判定居民个人和非居民个人的标准,由是否满 1 年调整为是否满 183 天,以更好地行使税收管辖权,维护国家税收权益。

262. 甲公司某年度从本国 A 国取得应税所得 800 万元,本国税率为 25%。该公司以 B 国分公司取得应税所得 500 万元,B 国税率为 30%,在直接抵免的全额抵免法下,甲公司该年度在 A 国应缴纳的所得税为(　　)万元。

A. 150　　B. 175

C. 200　　D. 225

【参考答案】 B

【答案解析】 全额抵免是指居住国政府对跨国纳税人征税时,允许纳税人将其在收入来源国缴纳的所得税从向本国缴纳的税额中全额扣除。甲公司该年度应向 B 国缴纳所得税=500×30%=150(万元),在全额抵免法下,150 万元可全额扣除,所以甲公司该年度应向 A 国缴纳所得税为(800+500)×25%-150=175(万元)。

263. (　　)是国际税收形成的直接动力。

A. 消费税制的普遍推行　　B. 增值税制的普遍推行

C. 所得税制的普遍推行　　D. 收入的国际化

【参考答案】 C

【答案解析】 收入的国际化仅为国际税收的产生创造了前提条件,所得税制的普遍推行才是国际税收形成的直接动力。

264. 下列选项中,不构成符合我国企业所得税法规定的受控外国公司的是(　　)。

A. 中国居民企业直接持有 60%表决权股份的外国公司

B. 中国居民企业共同持有 40%表决权股份的外国公司

C. 中国居民企业在购销方面拥有实质控制权的外国公司

D. 中国居民个人在资金方面拥有实质控制权的外国公司

【参考答案】 B

【答案解析】 根据《中华人民共和国企业所得税法实施条例》第一百一十七条的规定,《中华人民共和国企业所得税法》第四十五条所称控制,包括:(1)居民企业或者中国居民直接或者间接单一持有外国企业 10%以上有表决权股份,且由其共同持有该外国企业 50%以上股份;(2)居民企业,或者居民企业和中国居民持股比例没有达到上述规定的标准,但在股份、资金、经营、购销等方面对该外国企业构成实质控制。

265. 根据税收协定条款解读，不属于常设机构的是（　　）。

A. 作业场所、矿场、油井或气井

B. 专为本企业进行其他准备性或辅助性活动的目的所设的固定营业场所

C. 企业从事部分营业活动所租用的固定场所

D. 分支机构

【参考答案】 B

【答案解析】 常设机构是指企业进行全部或部分营业的固定营业场所，主要包括管理场所、分支机构、办事处、工厂、作业场所、矿场、油井或气井、采石场或者任何其他开采自然资源的场所以及达到一定时间标准的工程或劳务项目。

266. 下列情况，可以采用直接抵免法解决国际双重征税的是（　　）。

A. 母公司的国外子公司缴纳的公司所得税

B. 自然人境外缴纳的个人所得税

C. 财产转让等所得在境外被源泉扣缴的预提所得税

D. 发生于境外的股息

【参考答案】 A

【答案解析】 直接抵免主要适用于自然人境外缴纳的个人所得税、企业就来源于境外的营业利润所得在境外缴纳的企业所得税，以及就来源于或发生于境外的股息、红利等权益性投资所得、利息、租金、特许权使用费、财产转让等所得在境外被源泉扣缴的预提所得税。

267. 下列税收管辖权类型中，发展中国家所侧重的是（　　）。

A. 居民管辖权　　B. 公民管辖权

C. 地域管辖权　　D. 国际管辖权

【参考答案】 C

【答案解析】 发展中国家所侧重的税收管辖权是地域管辖权。

268. 国际税收协定又称避免双重征税协定是两个或两个以上主权国家或税收管辖区为了协调相互之间的税收管辖关系和处理有关税务问题通过谈判缔结的（　　）。

A. 书面协议　　B. 国际惯例

C. 口头约定　　D. 意向条约

【参考答案】 A

【答案解析】 国际税收协定是通过谈判缔结的书面协议。

269. 对于同时具有两个国家居民身份且在其中任何一国都无永久性住所的跨国自然人的最终居民身份的判定，税收协定所规定的首要标准是（　　）。

A. 永久性住所　　B. 重要利益中心

C. 国籍　　D. 习惯性居所

【参考答案】 D

【答案解析】 对于同时具有两个国家居民身份且在其中任何一国都无永久性住所的跨国自然人的最终居民身份的判定，税收协定所规定的首要标准是习惯性居所。

270. 为了防止国际重复征税，一种解决办法是使用间接抵免法。间接抵免一般适用于(　　)之间的税收抵免。

A. 总公司、分公司　　B. 母公司、子公司

C. 国内公司、国外公司　　D. 居民企业、非居民企业

【参考答案】 B

【答案解析】 间接抵免一般适用于母、子公司之间的税收抵免。

271. 下列不属于国际税收中的常设机构的是(　　)。

A. 分支机构　　B. 办事处

C. 作业场所　　D. 母公司

【参考答案】 D

【答案解析】 母公司不属于常设机构。

272. (　　)为国际税收的产生创造了前提条件。

A. 消费税制的普遍推行　　B. 增值税制的普遍推行

C. 所得税制的普遍推行　　D. 收入的国际化

【参考答案】 D

【答案解析】 收入的国际化仅为国际税收的产生创造了前提条件，所得税制的普遍推行才是国际税收形成的直接动力。

273. 下列选项中属于国际税收的研究对象的是各国政府处理与(　　)。

A. 其管辖范围内的纳税人之间征纳关系的准则和规范

B. 其管辖范围内的外国纳税人之间征纳关系的准则和规范

C. 其他国家之间的税收分配关系的准则和规范

D. 外国籍跨国纳税人之间的税收征纳关系和与其他国家之间的税收分配关系的准则和规范

【参考答案】 C

【答案解析】 国际税收是指两个或两个以上国家，对跨国纳税人行使各自征税权力而形成的税收分配关系。

274. 国际税收协定的基本任务要妥善处理国家之间的(　　)问题。

A. 税收管辖权　　B. 双重征税

C. 避税　　D. 反避税

【参考答案】 B

【答案解析】 国际税收协定的首要目标就是要妥善处理国家之间的双重征税问题，这也是国际税收协定的基本任务。

275. 下列情况，不可以采用直接抵免法解决国际双重征税的是（　　）。

A. 母公司的国外子公司缴纳的公司所得税

B. 总公司的国外分公司缴纳的公司所得税

C. 跨国自然人从事某项投资活动取得利息时，向来源地缴纳的预提所得税

D. 母公司收到国外子公司股息被扣缴的预提所得税

【参考答案】 A

【答案解析】 直接抵免法一般适用于自然人的个人所得税抵免，总公司与分公司之间的公司所得税抵免以及母公司与子公司之间的预提所得税抵免。

276. 各国消除经济性双重征税的主要方法不包括（　　）。

A. 股息扣除制　　　　B. 直接抵免制

C. 间接抵免制　　　　D. 税收饶让法

【参考答案】 A

【答案解析】 各国消除经济性双重征税的主要方法有直接抵免法、间接抵免法和税收饶让法。

277. 下列纳税人不能成为国际税收涉及的纳税人的是（　　）。

A. 只负有本国纳税义务的非跨国自然人　　　　B. 负有双重纳税义务的跨国自然人

C. 负有双重纳税义务的跨国法人　　　　D. 负有多重纳税义务的跨国纳税人

【参考答案】 A

【答案解析】 国际税收是指两个或两个以上的主权国家或地区，各自基于其课税主权，在对跨国纳税人进行分别课税而形成的征纳关系中，所发生的国家或地区之间的税收分配关系。那么，不可能成为国际税收涉及的纳税人是只负有本国纳税义务的非跨国自然人。

278. 下列关于国际税收的表述中，不正确的是（　　）。

A. 国际税收的实质是国家之间的税收分配关系

B. 国际税收的基本原则有单一课税原则、受益原则等

C. 国家间对商品服务、所得、财产课税的制度差异是国际税收产生的基础

D. 国际税收的基本原则包括国际税收中性原则等

【参考答案】 A

【答案解析】 国际税收基本原则包括：单一课税原则、受益原则、国际税收中性原则。国际税收的实质是国家之间的税收分配关系和税收协调关系。

279. 下列不属于法人居民身份确定标准的是（　　）。

A. 注册地标准　　　　B. 控股权标准

C. 总机构所在地标准　　D. 法律标准

【参考答案】 D

【答案解析】 法人居民身份的确定标准：注册地标准；实际管理和控制中心所在地标准；总机构所在地标准；控股权标准。

280. 国际上判定一个公司是否属于一国法人居民的一般判定标准不包括（　　）。

A. 实际管理和控制中心所在地标准　　B. 控股权标准

C. 总机构所在地标准　　D. 营业活动所在地标准

【参考答案】 D

【答案解析】 法人居民身份的确定标准：注册地标准；实际管理和控制中心所在地标准；总机构所在地标准；控股权标准。

281. 在国际税收实践中，判定法人居民身份的标准不包括（　　）。

A. 注册地标准　　B. 实际管理和控制中心所在地标准

C. 交易地点标准　　D. 总机构所在地标准

【参考答案】 C

【答案解析】 法人居民身份的确定标准：注册地标准；实际管理和控制中心所在地标准；总机构所在地标准；控股权标准。

282. 常设机构的利润确定，可以分为利润范围和利润计算两个方面。下列说法正确的是（　　）。

A. 利润范围的确定一般采用归属法和引力法

B. 利润的计算通常采用分配法和归属法

C. 利润范围的确定一般采用分配法和引力法

D. 利润的计算通常采用归属法和核定法

【参考答案】 A

【答案解析】 常设机构的利润确定，可以分为利润范围和利润计算两个方面。利润范围的确定一般采用归属法和引力法；利润的计算通常采用分配法和核定法。

283. 各国可以根据自身的情况，自主地选择税收管辖权应用的原则。少数国家或地区仅行使地域管辖权，不包括（　　）。

A. 中国　　B. 中国香港

C. 中国澳门　　D. 巴拿马

【参考答案】 A

【答案解析】 各国可以根据自身的情况，自主地选择税收管辖权应用的原则。少数国家或地区仅行使地域管辖权，如中国香港、中国澳门、巴拿马等。

284. 下列说法中，错误的是（　　）。

A. 各国可以根据自身的情况，自主地选择税收管辖权应用的原则

B. 近年来，单纯行使来源地管辖权的国家或地区数量一直在增加

C. 目前，没有哪个国家是单纯行使居民管辖权的

D. 少数国家或地区仅行使地域管辖权

【参考答案】 B

【答案解析】 近年来，单纯行使来源地管辖权的国家或地区数量一直在减少，因为国家或地区单纯行使来源地管辖权，企业很容易通过交易安排将收入的来源地移至境外，不利于本国财政稳定和经济发展。

285. 要行使居民管辖权，首先要明确什么是居民。各国对于居民的定义，主要见于各国的(　　)。

A. 移民法　　B. 个人所得税法

C. 企业所得税法　　D. 所得税法

【参考答案】 D

【答案解析】 要行使居民管辖权，首先要明确什么是居民。需要强调的是，所谓居民，并非我们所说的公民，也不同于各国移民法中所说的居民，而是由各国的税法规定的。各国对于居民的定义，主要见于各国的个人所得税法与企业所得税法。

286. 关于自然人的税收居民身份美国采用的是(　　)。

A. 居所标准和停留时间标准　　B. 住所和停留时间标准

C. 居留权标准和停留时间标准　　D. 居所和居留权标准

【参考答案】 C

【答案解析】 目前大部分国家都同时采用住所、居所标准和停留时间标准判断自然人的税收居民身份，如英国、加拿大、澳大利亚、新西兰。美国同时采用国籍(居留权)标准和停留时间标准。

287. 在实际案例中，具体哪种方法更能消除重复征税，取决于纳税人在各个国家的盈亏状况和各个国家的税率高低。一般来说，当国外子公司都盈利时，使用(　　)对企业有利。

A. 综合限额法　　B. 分国限额法

C. 分项限额法　　D. 分国不分项法

【参考答案】 A

【答案解析】 具体哪种方法更能消除重复征税，取决于纳税人在各个国家的盈亏状况和各个国家的税率高低。一般来说，当国外子公司都盈利时，使用综合限额法对企业有利，当国外子公司有的盈利、有的亏损时，使用分国限额法对企业有利。

288. 在生活中，具体哪种方法更能消除重复征税，取决于纳税人在各个国家的盈亏状况和各个国家的税率高低。一般来说，当国外子公司有的盈利、有的亏损时，使用(　　)对企业有利。

A. 综合限额法　　　　　　　　　　B. 分国限额法

C. 分项限额法　　　　　　　　　　D. 分国不分项法

【参考答案】 B

【答案解析】 具体哪种方法更能消除重复征税，取决于纳税人在各个国家的盈亏状况和各个国家的税率高低。一般来说，当国外子公司都盈利时，使用综合限额法对企业有利，当国外子公司有的盈利、有的亏损时，使用分国限额法对企业有利。

289. 下列所得，不属于来源于中国境内所得的是（　　）。

A. 因任职、受雇、履约等而在中国境内提供劳务取得的所得

B. 将财产出租给承租人在中国境内使用而取得的所得

C. 转让中国境内的建筑物、土地使用权等财产或者在中国境内转让其他财产取得的所得。

D. 许可各种特许权在中国境外使用而取得的所得

【参考答案】 D

【答案解析】《中华人民共和国个人所得税法实施条例》第三条规定，除国务院财政、税务主管部门另有规定外，下列所得，不论支付地点是否在中国境内，均为来源于中国境内的所得：(1)因任职、受雇、履约等而在中国境内提供劳务取得的所得；(2)将财产出租给承租人在中国境内使用而取得的所得；(3)许可各种特许权在中国境内使用而取得的所得；(4)转让中国境内的建筑物、土地使用权等财产或者在中国境内转让其他财产取得的所得；(5)从中国境内的公司、企业以及其他经济组织或者个人取得的利息、股息、红利所得。

290. 下列不属于境外所得的是（　　）。

A. 因任职、受雇、履约等在中国境外提供劳务取得的所得

B. 中国境外企业以及其他组织支付且负担的稿酬所得

C. 将财产出租给承租人在中国境内使用而取得的所得

D. 在中国境外从事生产、经营活动而取得的与生产、经营活动相关的所得

【参考答案】 C

【答案解析】 财政部 税务总局公告 2020 年第 3 号文件规定，下列所得为来源于中国境外的所得：(1)因任职、受雇、履约等在中国境外提供劳务取得的所得；(2)中国境外企业以及其他组织支付且负担的稿酬所得；(3)许可各种特许权在中国境外使用而取得的所得；(4)在中国境外从事生产、经营活动而取得的与生产、经营活动相关的所得；(5)从中国境外企业、其他组织以及非居民个人取得的利息、股息、红利所得等。

291. 个人取得归属于中国境内工作期间的工资新金所得为来源于境内的工资薪金所得，所谓境内工作期间是指个人的实际工作地点在境内的期间。境内工作期间按照个人在境内工作天数计算，不包括（　）。

A. 实际工作日

B. 境内工作期间在境内、境外享受的公休假

C. 境内工作期间在境内、境外接受培训的天数

D. 在境外的个人休假天数

【参考答案】 D

【答案解析】 个人取得归属于中国境内工作期间的工资薪金所得为来源于境内的工资薪金所得，所谓境内工作期间是指个人的实际工作地点在境内的期间。境内工作期间按照个人在境内工作天数计算，包括其在境内的实际工作日以及境内工作期间在境内、境外享受的公休假、个人休假、接受培训的天数。

292. 在中国境内无住所的个人，在中国境内居住累计满 183 天的年度连续不满（　　）年的，其来源于中国境外且由境外单位或者个人支付的所得，免予缴纳个人所得税。

A. 三　　B. 五

C. 六　　D. 七

【参考答案】 C

【答案解析】 在中国境内无住所的个人，在中国境内居住累计满 183 天的年度连续不满六年的，其来源于中国境外且由境外单位或者个人支付的所得，免予缴纳个人所得税；在中国境内居住累计满 183 天的任一年度中有一次离境超过 30 天的，其在中国境内居住累计满 183 天的年度的连续年限重新起算。

293. 在中国境内居住累计满 183 天的任一年度中有一次离境超过（　　）天的，其在中国境内居住累计满 183 天的年度的连续年限重新起算。

A. 15　　B. 30

C. 45　　D. 60

【参考答案】 B

【答案解析】 在中国境内无住所的个人，在中国境内居住累计满 183 天的年度连续不满六年的，其来源于中国境外且由境外单位或者个人支付的所得，免予缴纳个人所得税；在中国境内居住累计满 183 天的任一年度中有一次离境超过 30 天的，其在中国境内居住累计满 183 天的年度的连续年限重新起算。

294. 在中国境内无住所的个人，在一个纳税年度内在中国境内居住累计不超过（　　）天的，其来源于中国境内的所得，由境外雇主支付并且不由该雇主在中国境内的机构、场所负担的部分，免予缴纳个人所得税。

A. 90　　B. 91

C. 182　　D. 183

【参考答案】 A

【答案解析】 在中国境内无住所的个人，在一个纳税年度内在中国境内居住累计不超过 90 天的，其来源于中国境内的所得，由境外雇主支付并且不由该雇主在中国境内的机构、

场所负担的部分，免予缴纳个人所得税。

295. 高管人员和普通无住所个人的区别在于，当高管在境内居住天数小于(　　)天的时候，由境内雇主支付的境外工作期间的所得也需要在中国境内纳税。

A. 90　　B. 91

C. 182　　D. 183

【参考答案】 D

【答案解析】 高管人员和普通无住所个人的区别在于，当高管在境内居住天数小于183天的时候，由境内雇主支付的境外工作期间的所得也需要在中国境内纳税。

296. 无住所个人预先判定为居民个人，因缩短居住天数不能达到居民个人条件的，在不能达到居民个人条件之日起至年度终了(　　)天内，应当向主管税务机关报告，按照非居民个人重新计算应纳税额，申报补缴税款，不加收税收滞纳金。需要退税的，按照规定办理。

A. 10　　B. 15

C. 30　　D. 45

【参考答案】 B

【答案解析】 无住所个人预先判定为居民个人，因缩短居住天数不能达到居民个人条件的，在不能达到居民个人条件之日起至年度终了15天内，应当向主管税务机关报告，按照非居民个人重新计算应纳税额，申报补缴税款，不加收税收滞纳金。需要退税的，按照规定办理。

297. 无住所个人预计一个纳税年度境内居住天数累计不超过90天，但实际累计居住天数超过90天的，或者对方税收居民个人预计在税收协定规定的期间内境内停留天数不超过183天，但实际停留天数超过183天的，待达到90天或者183天的月度终了后(　　)天内，应当向主管税务机关报告，就以前月份工资薪金所得重新计算应纳税款，并补缴税款，不加收税收滞纳金。

A. 10　　B. 15

C. 30　　D. 45

【参考答案】 B

【答案解析】 无住所个人预计一个纳税年度境内居住天数累计不超过90天，但实际累计居住天数超过90天的，或者对方税收居民个人预计在税收协定规定的期间内境内停留天数不超过183天，但实际停留天数超过183天的，待达到90天或者183天的月度终了后15天内，应当向主管税务机关报告，就以前月份工资薪金所得重新计算应纳税款，并补缴税款，不加收税收滞纳金。

298. 对于没有设立机构、场所，但有来自中国的所得的非居民企业，其来自中国的所得，多是利息、股息、特许权使用费等被动所得，非居民企业取得这类所得，目前适用的税率是(　　)。

A. 5%　　B. 10%

C. 12.5%　　D. 15%

【参考答案】 B

【答案解析】 对于没有设立机构、场所，但有来自中国的所得的非居民企业，其来自中国的所得，多是利息、股息、特许权使用费等被动所得，非居民企业取得这类所得，一般只有很少甚至没有成本，因此征税方法是对其毛所得直接乘以适用的税率。目前适用的税率是10%。

299. 对于非居民企业未设立机构场所而有取得来自中国境内的股息、利息、特许权使用费等所得，是对收入全额适用(　　)的税率。

A. 5%　　B. 10%

C. 12.5%　　D. 15%

【参考答案】 B

【答案解析】 对于非居民企业未设立机构场所而有取得来自中国境内的股息、利息、特许权使用费等所得，是对收入全额适用10%的税率，对于财产转让所得，以收入全额扣除财产净值后的余额适用10%的税率。对于没有设立机构场所的非居民企业，主要通过源泉扣缴的方式来征税。

300. 对于非居民企业未设立机构场所而有取得来自中国境内的财产转让所得，以收入全额扣除财产净值后的余额适用(　　)的税率。

A. 5%　　B. 10%

C. 12.5%　　D. 15%

【参考答案】 B

【答案解析】 对于非居民企业未设立机构场所而有取得来自中国境内的股息、利息、特许权使用费等所得，是对收入全额适用10%的税率，对于财产转让所得，以收入全额扣除财产净值后的余额适用10%的税率。对于没有设立机构场所的非居民企业，主要通过源泉扣缴的方式来征税。

301. 代表机构如能依法设置会计账簿，根据合法、有效的凭证，进行财务核算，并按实际履行的功能和承担的风险进行配比，准确计算其应税收入和应纳税所得额的，可以在(　　)内向主管税务机关据实申报缴纳企业所得税。

A. 每月度终了之日起15日　　B. 每季度终了之日起15日

C. 每半年度终了之日起15日　　D. 每年度终了之日起15日

【参考答案】 B

【答案解析】 代表机构如能依法设置会计账簿，根据合法、有效的凭证，进行财务核算，并按实际履行的功能和承担的风险进行配比，准确计算其应税收入和应纳税所得额的，可以在每季度终了之日起 15 日内向主管税务机关据实申报缴纳企业所得税。如代表机构不能按规定设置账簿，不能准确核算收入或成本费用，或无法按照《代表机构暂行办法》的规定进行据实申报的，税务机关将核定其应纳税所得额。

302. 代表机构暂行办法规定，税务机关在核定征收代表机构的应纳企业所得税额时，核定的企业利润率时应（　　）。

A. 不低于 10%　　B. 不低于 15%

C. 15%～20%　　D. 15%～30%

【参考答案】 B

【答案解析】 代表机构暂行办法规定，税务机关在核定征收代表机构的应纳企业所得税额时，核定的企业利润率时应不低于 15%。

303. 如果扣缴义务人扣缴企业所得税的，按照（　　）折合成人民币。

A. 扣缴义务发生前一日人民币汇率中间价　　B. 扣缴义务发生之日人民币汇率中间价

C. 扣缴义务发生当月人民币汇率中间价　　D. 扣缴义务发生次日人民币汇率中间价

【参考答案】 B

【答案解析】 如果扣缴义务人扣缴企业所得税的，按照扣缴义务发生之日人民币汇率中间价折合成人民币。

304. 如果是非居民企业在主管税务机关责令限期缴纳税款前自行申报缴纳应源泉扣缴税款的，按照（　　）折合成人民币。

A. 填开税收缴款书之日前一日人民币汇率中间价

B. 填开税收缴款书之日人民币汇率中间价

C. 填开税收缴款书次日人民币汇率中间价

D. 填开税收缴款书当月人民币汇率中间价

【参考答案】 A

【答案解析】 如果是非居民企业在主管税务机关责令限期缴纳税款前自行申报缴纳应源泉扣缴税款的，按照填开税收缴款书之日前一日人民币汇率中间价折合成人民币。

305. 如果是主管税务机关责令取得收入的非居民企业限期缴纳应源泉扣缴税款的，按照（　　）折合成人民币。

A. 主管税务机关作出限期缴税决定之日前一日人民币汇率中间价

B. 主管税务机关作出限期缴税决定之日人民币汇率中间价

C. 主管税务机关作出限期缴税决定次日人民币汇率中间价

D. 主管税务机关作出限期缴税决定当月人民币汇率中间价

【参考答案】 A

【答案解析】 如果是主管税务机关责令取得收入的非居民企业限期缴纳应源泉扣缴税款的，按照主管税务机关作出限期缴税决定之日前一日人民币汇率中间价折合成人民币。

306. 某艺术家从事跨国艺术表演，其所得来源地税收管辖权判定标准是（ ）。

A. 停留时间标准　　B. 所得支付地标准

C. 固定基地标准　　D. 演出活动所在国标准

【参考答案】 D

【答案解析】 跨国从事表演的艺术家，其所得来源地税收管辖权判定标准是演出活动所在国标准。

307. 关于遗产继承所得，以不动产或有形动产为代表的，以（ ）为所在地，并由遗产所在国对遗产所得行使收入来源地管辖权征税。

A. 所有人的所在国　　B. 所有人的居住地

C. 其物质形态的存在国　　D. 继承人的居住地

【参考答案】 C

【答案解析】 以不动产或有形动产为代表的，以其物质形态的存在国为所在地，并由遗产所在国对遗产所得行使收入来源地管辖权征税。

308. 我国的居民企业甲，适用25%的企业所得税税率，2022年取得来源于境内的应税所得5 000万元。当年取得来源于A国的应税所得2 000万元，A国企业所得税税率为20%；取得来源于B国的应税所得1 000万元，已在B国缴纳所得税300万元。甲企业国内外应纳税所得额为（ ）万元。

A. 5 000　　B. 6 000

C. 7 000　　D. 8 000

【参考答案】 D

【答案解析】 甲企业国内外应纳税所得额＝5 000＋2 000＋1 000＝8 000（万元）。

309. 我国的居民企业甲，适用25%的企业所得税税率，2022年取得来源于境内的应税所得5 000万元。当年取得来源于A国的应税所得2 000万元，A国企业所得税税率为20%；取得来源于B国的应税所得1 000万元，已在B国缴纳所得税300万元。若采用分国抵免法，甲企业在我国应该缴纳企业所得税（ ）万元。

A. 1 350　　B. 1 300

C. 2 000　　D. 1500

【参考答案】 A

【答案解析】 A国抵免限额＝8 000×25%×2 000÷8 000＝500（万元），B国抵免限额＝8 000×25%×1 000÷8 000＝250（万元），所以甲企业在我国应该缴纳企业所得税＝8 000×25%－（2 000×20%）－250＝1 350（万元）。

310. 我国的居民企业甲，适用25%的企业所得税税率，2022年取得来源于境内的应税所得4 000万元。当年取得来源于A国的应税所得1 000万元，A国企业所得税税率为

20%；取得来源于B国的应税所得500万元，已在B国缴纳所得税150万元。若采用综合抵免法，甲企业在我国应该缴纳企业所得税（　）万元。

A. 1 375　　B. 1 000

C. 375　　D. 625

【参考答案】 B

【答案解析】 抵免限额=5 500×25%×(1 000+500)÷5 500=375(万元)；应缴纳企业所得税税额=5 500×25%-375=1 000(万元)。

311. 非居民企业在中国境内设立机构、场所，取得发生在中国境外但与该机构、场所有实际联系的应税所得。已在境外缴纳的所得税税额，可以从其当期应纳税额中抵免，抵免限额为该项所得依照《中华人民共和国企业所得税法》及其实施条例计算的应纳税额；超过抵免限额的部分，可以在以后（　）个年度内，用每年度抵免限额抵免当年应抵税额后的余额进行抵补。

A. 3　　B. 5

C. 8　　D. 10

【参考答案】 B

【答案解析】 非居民企业在中国境内设立机构、场所，取得发生在中国境外但与该机构、场所有实际联系的应税所得。已在境外缴纳的所得税税额，可以从其当期应纳税额中抵免，抵免限额为该项所得依照《中华人民共和国企业所得税法》及其实施条例计算的应纳税额；超过抵免限额的部分，可以在以后5个年度内，用每年度抵免限额抵免当年应抵税额后的余额进行抵补。

312. 企业来源于境外的股息、红利等权益性投资收益所得，若实际收到所得的日期与境外被投资方作出利润分配决定的日期不在同一纳税年度的，应按（　）所在的纳税年度确认境外所得。

A. 实际收到所得的日期　　B. 被投资方作出利润分配日

C. 合同约定付款日期　　D. 自由选择

【参考答案】 B

【答案解析】 企业来源于境外的股息、红利等权益性投资收益所得，若实际收到所得的日期与境外被投资方作出利润分配决定的日期不在同一纳税年度的，应按被投资方作出利润分配日所在的纳税年度确认境外所得。

313. 企业来源于境外的利息、租金、特许权使用费、转让财产等收入，若未能在合同约定的付款日期当年收到上述所得，应按（　）所属的纳税年度确认境外所得。

A. 实际收到所得的日期　　B. 被投资方作出利润分配日

C. 合同约定付款日期　　D. 自由选择

【参考答案】 C

【答案解析】 企业来源于境外的利息、租金、特许权使用费、转让财产等收入，若未能在合同约定的付款日期当年收到上述所得，仍应按合同约定付款日期所属的纳税年度确认境外所得。

314. 企业收到某一纳税年度的境外所得已纳税凭证时，凡是迟于次年（　　）汇算清缴终止日的，可以对该所得境外税额抵免追溯计算。

A. 3 月 1 日　　B. 3 月 31 日

C. 5 月 31 日　　D. 6 月 30 日

【参考答案】 C

【答案解析】 企业收到某一纳税年度的境外所得已纳税凭证时，凡是迟于次年 5 月 31 日汇算清缴终止日的，可以对该所得境外税额抵免追溯计算。

315. 假定甲公司在境外投资设立子公司，该子公司 2021 年获利，于 2022 年 12 月作出对 2021 年利润分配的决定，甲公司于 2023 年 3 月收到分得的股息红利 100 万元，则该项股息红利应确认为（　　）年的所得。

A. 2021　　B. 2022

C. 2023　　D. 税务机关确定

【参考答案】 B

【答案解析】 企业来源于境外的股息、红利等权益性投资收益所得，若实际收到所得的日期与境外被投资方作出利润分配决定的日期不在同一纳税年度的，应按被投资方作出利润分配日所在的纳税年度确认境外所得。

316. 居民企业应就其来源于境外的股息、红利等权益性投资收益，以及利息、租金、特许权使用费、转让财产等收入，扣除各项合理支出后的余额为应纳税所得额。关于股息、红利等权益性投资收益，不应该扣除的是（　　）。

A. 与境外投资业务有关的项目研究　　B. 与境外投资业务有关的融资成本

C. 与境外投资业务有关的管理费用　　D. 与境外投资业务有关的摊销费用

【参考答案】 D

【答案解析】 股息、红利等权益性投资收益可以扣除与境外投资业务有关的项目研究、融资成本和管理费用。

317. 居民企业应就其来源于境外的股息、红利等权益性投资收益，以及利息、租金、特许权使用费、转让财产等收入，扣除各项合理支出后的余额为应纳税所得额。下列说法错误的是（　　）。

A. 融资租赁可扣除融资成本

B. 经营租赁可扣除经营成本

C. 特许权使用费可扣除提供特许使用的资产的研发、摊销等费用

D. 财产转让可扣除被转让财产的成本净值和相关费用

【参考答案】 B

【答案解析】 经营租赁可扣除租赁物相应的折旧或折耗。

318. 下列款项可以抵免境内所得税税额的是(　　)。

A. 按境外所得税法应该缴纳并已实际缴纳的所得税税款

B. 按境外所得税法律规定属于错缴的境外所得税税款

C. 境外所得税纳税人从境外征税主体得到实际返还的所得税税款

D. 按照税收协定规定不应征收的境外所得税税款

【参考答案】 A

【答案解析】 按境外所得税法应该缴纳并已实际缴纳的所得税税款可以抵免境内所得税税额。

319. 中国境内、境外所得依照《中华人民共和国企业所得税法》及其实施条例的规定计算的应纳税总额的税率是 25%,若企业境内所得按税收法规规定享受企业所得税优惠的,在进行境外所得税额抵免限额计算中的中国境内、境外所得应纳税总额所适用的税率为(　　)。

A. 10%　　B. 15%

C. 20%　　D. 25%

【参考答案】 D

【答案解析】 中国境内、境外所得依照《中华人民共和国企业所得税法》及其实施条例的规定计算的应纳税总额的税率是 25%,即使企业境内所得按税收法规规定享受企业所得税优惠的,在进行境外所得按税收法规规定享受企业所得税优惠的,在进行境外所得税额抵免限额计算中的中国境内、境外所得应纳税总额所适用的税率也应为 25%。

320. 如果企业当期境内外所得盈利额与亏损额加总后和为零或正数,则其当年度境外分支机构的非实际亏损额可(　　)向后结转。

A. 3 年　　B. 5 年

C. 10 年　　D. 无限期

【参考答案】 D

【答案解析】 如果企业当期境内外所得盈利额与亏损额加总后和为零或正数,则其当年度境外分支机构的非实际亏损额可无限期向后结转弥补。

321. 某居民企业 2022 年境内应纳税所得额 600 万元,其在甲国非独立纳税的分支机构发生亏损 700 万元,则该分支机构可以无限期向后结转弥补的亏损额为(　　)万元。

A. 0　　B. 600

C. 700　　D. 100

【参考答案】 B

【答案解析】 如果企业当期境内外所得盈利额与亏损额加总后和为负数(600－700＝

－100)，则以境外分支机构的亏损额超过企业盈利额部分的实际亏损额(100 万元)，按规定的期限进行亏损弥补，未超过企业盈利额部分的非实际亏损额(600 万元)可无限期向后结转弥补。

322. 非居民企业因会计账簿不健全，资料残缺难以查账，或者其他原因不能准确计算并据实申报其应纳税所得额的，税务机关有权采取方法核定其应纳税所得额，不包括(　　)。

A. 按收入总额核定　　B. 按成本费用核定

C. 按经费支出换算收入核定　　D. 按同类企业核定

【参考答案】 D

【答案解析】 非居民企业因会计账簿不健全，资料残缺难以查账，或者其他原因不能准确计算并据实申报其应纳税所得额的，税务机关有权采取以下方法核定其应纳税所得额：按收入总额核定、按成本费用核定、按经费支出换算收入核定。

323. 下列说法错误的是(　　)。

A. 扣缴义务人扣缴企业所得税的，应当按照扣缴义务发生之日人民币汇率中间价折合成人民币，计算非居民企业应纳税所得额

B. 扣缴义务发生之日为相关款项实际支付或者到期应支付之日

C. 扣缴义务人应当自扣缴义务发生之日起 5 日内向扣缴义务人所在地主管税务机关申报和解缴代扣税款

D. 非居民企业取得应源泉扣缴的所得为股息、红利等权益性投资收益的，相关应纳税款扣缴义务发生之日为股息、红利等权益性投资收益实际支付之日

【参考答案】 C

【答案解析】 扣缴义务人应当自扣缴义务发生之日起 7 日内向扣缴义务人所在地主管税务机关申报和解缴代扣税款。

324. 依据相关规定，下列表述正确的是(　　)。

A. 境外营业机构的盈利可以弥补境内营业机构的亏损

B. 扣缴义务人每次扣缴的税款，应当自代扣之日起 10 日内缴入国库

C. 扣缴义务人每次扣缴的税款，应当自代扣之日起 15 日内缴入国库

D. 居民企业在中国境内设立不具有法人资格的营业机构，可在设立地缴纳企业所得税

【参考答案】 A

【答案解析】 境外营业机构的亏损不得抵减境内营业机构的盈利，但是境外营业机构的盈利可以弥补境内营业机构的亏损，扣缴义务人每次扣缴的税款，应当自代扣之日起 7 日内缴入国库；居民企业在中国境内设立不具有法人资格的营业机构应当汇总计算并缴纳企业所得税。

325. 下列关于源泉扣缴的表述错误的是（　　）。

A. 非居民企业在中国境内取得工程作业和劳务所得应缴纳的所得税，税务机关可以指定工程价款或者劳务费的支付人为扣缴义务人

B. 应当扣缴的非居民企业提供工程作业的所得税，扣缴义务人未依法扣缴或者无法履行扣缴义务的，由纳税人在项目所在地缴纳

C. 扣缴义务人每次代扣的税款，应当自代扣之日起 7 日内缴入国库

D. 非居民企业应缴纳的企业所得税，实行源泉扣缴，以支付人为扣缴义务人

【参考答案】 D

【答案解析】 并非所有的非居民企业都实行源泉扣缴的办法，只有在中国境内未设立机构、场所，或者虽设立机构、场所但取得的所得与其所设机构、场所没有实际联系的居民企业，其应缴纳的企业所得税，才实行源泉扣缴，以支付人为扣缴义务人。

326. 下列说法错误的是（　　）。

A. 股息、红利等权益性投资收益以收入全额为应纳税所得额

B. 利息以收入全额为应纳税所得额

C. 租金以收入全额为应纳税所得额

D. 特许权使用费所得以收入全额减除相关费用后的余额为应纳税所得额

【参考答案】 D

【答案解析】 股息、红利等权益性投资收益和利息、租金、特许权使用费所得，以收入全额为应纳税所得额。

327. 某外国公司实际管理机构不在中国境内，也未在中国境内设立机构、场所，2022 年从中国境内某企业取得著作权的使用权转让收入 42.4 万元（含增值税），发生成本 20 万元。该外国公司在中国境内应缴纳企业所得税（　　）万元。

A. 2.11　　　　B. 4

C. 2.24　　　　D. 4.24

【参考答案】 B

【答案解析】 取得的著作权使用权转让收入，属于特许权使用费所得，以不含增值税的收入全额为应纳税所得额。应缴纳的企业所得税＝42.4÷（1＋6%）×10%＝4（万元）。

328. 某外国企业未在中国境内设立经营机构，2022 年 6 月将商标许可权转让给境内某企业使用，取得含税特许权使用费 5.3 万元，该外国企业应缴纳企业所得税（　　）万元。

A. 0.5　　　　B. 2.5

C. 1.0　　　　D. 1.25

【参考答案】 A

【答案解析】 非居民企业在境内未设立机构、场所，取得的境内所得应缴纳所得税，实行源泉扣缴，适用税率为 10%，以支付人为扣缴义务人。该外国企业应缴纳企业所得税＝

5.3÷(1+6%)×10%=0.5(万元)。

329.2022年3月,境内某公司向一非居民企业(在中国境内未设立机构、场所)支付利息15万元、租金23万元、财产转让价款90万元(该财产为位于中国境内的房屋,净值为40万元),该公司应扣缴该非居民企业的企业所得税( )万元。(上述金额均不含增值税)

A. 8.8　　B. 12.8

C. 25.6　　D. 32

【参考答案】 A

【答案解析】 对于在中国境内未设立机构、场所,或者虽设立机构、场所但取得的所得与其所设机构、场所没有实际联系的非居民企业的境内所得,按照下列方法计算应纳税所得额:(1)股息、红利等权益性投资收益和利息、租金、特许权使用费所得,以收入全额为应纳税所得额;(2)转让财产所得,以收入全额减除财产净值后的余额为应纳税所得额。该公司应扣缴该非居民企业的企业所得税=(15+23+90-40)×10%=8.8(万元)。

330.代表机构应当自领取工商登记证件(或有关部门批准)之日起( )日内向所在地主管税务机关申报办理税务登记。

A. 15　　B. 30

C. 45　　D. 60

【参考答案】 B

【答案解析】 代表机构应当自领取工商登记证件(或有关部门批准)之日起30日内向所在地主管税务机关申报办理税务登记。

331.某外国公司在境内设立一常驻代表机构从事产品售后服务,2023年2月,主管税务机关对其2022年度业务进行检查时,发现该代表机构账簿不健全,不能准确核算成本,收入经查实为150万元,决定按照最低利润率对其进行核定征收企业所得税。2022年该常驻代表机构应缴纳企业所得税( )万元。

A. 2　　B. 2.25

C. 4.5　　D. 5.625

【参考答案】 D

【答案解析】 代表机构的核定利润率最低为15%,应纳企业所得税额=收入额×核定利润率×企业所得税税率。则常驻代表机构应缴纳企业所得税=150×15%×25%=5.625(万元)。

332.对香港市场投资者(包括企业和个人)投资上交所上市A股取得的转让差价所得( )征收所得税。

A. 照常　　B. 免予

C. 暂免　　D. 不征

【参考答案】 C

【答案解析】 对香港市场投资者(包括企业和个人)投资上交所上市A股取得的转让差价所得暂免征收所得税。

333.对香港市场投资者(包括企业和个人)投资上交所上市A股取得的股息红利所得在香港中央结算有限公司不具备向中国结算提供投资者的身份及持股时间等明细数据的条件之前,暂不执行按持股时间实行差别化征税政策,由上市公司按照(　　)的税率代扣所得税并向其主管税务机关办理扣缴申报。

A. 5%　　　　B. 10%

C. 15%　　　　D. 20%

【参考答案】 B

【答案解析】 对香港市场投资者(包括企业和个人)投资上交所上市A股取得的股息红利所得在香港中央结算有限公司不具备向中国结算提供投资者的身份及持股时间等明细数据的条件之前,暂不执行按持股时间实行差别化征税政策,由上市公司按照10%的税率代扣所得税并向其主管税务机关办理扣缴申报。

334.对于香港投资者中属于其他国家税收居民且其所在国与中国签订的税收协定规定股息红利所得税率低于(　　)的,企业或个人可以自行或委托代扣代缴义务人,向上市公司主管税务机关提出享受税收协定待遇的申请,主管税务机关审核后,应按已征税款和根据税收协定税率计算的应纳税款的差额予以退税。

A. 5%　　　　B. 10%

C. 15%　　　　D. 20%

【参考答案】 B

【答案解析】 对于香港投资者中属于其他国家税收居民且其所在国与中国签订的税收协定规定股息红利所得税率低于10%的,企业或个人可以自行或委托代扣代缴义务人,向上市公司主管税务机关提出享受税收协定待遇的申请,主管税务机关审核后,应按已征税款和根据税收协定税率计算的应纳税款的差额予以退税。

335.适用低税率的股息,应属于符合条件的受益所有人拥有资本比例达到(　　)以上的期间的利润所形成的股息才能够适用优惠税率的股息。

A. 50%　　　　B. 30%

C. 25%　　　　D. 20%

【参考答案】 C

【答案解析】 适用低税率的股息,应属于符合条件的受益所有人拥有资本比例达到25%以上的期间的利润所形成的股息。

336.非居民直接拥有中国居民公司资本比例在取得股息前连续(　　)个月以内任何时候均至少达到25%的,可以享受协定待遇。

A. 6　　　　B. 12

C. 18　　D. 24

【参考答案】 B

【答案解析】 非居民直接拥有中国居民公司资本比例在取得股息前连续12个月以内任何时候均至少达到25%的,可以享受协定待遇。

337. 部分税收协定规定,缔约国一方居民转让股份或类似权益(比如合伙企业或信托中的权益)取得的收益,如果转让前365天内的任一时间,该股份或类似权益超过(　　)的价值直接或间接来自位于缔约国另一方的不动产,可以在该缔约国另一方征税。

A. 40%　　B. 50%

C. 60%　　D. 70%

【参考答案】 B

【答案解析】 部分税收协定规定,缔约国一方居民转让股份或类似权益(比如合伙企业或信托中的权益)取得的收益,如果转让前365天内的任一时间,该股份或类似权益超过50%的价值直接或间接来自位于缔约国另一方的不动产,可以在该缔约国另一方征税。

338. 转让不动产组成的公司股份以外的其他股票取得的收益,该项股票又相当于参与缔约国一方居民公司的股权的(　　)的,可以在该缔约国征税。

A. 50%　　B. 30%

C. 25%　　D. 20%

【参考答案】 C

【答案解析】 转让不动产组成的公司股份以外的其他股票取得的收益,该项股票又相当于参与缔约国一方居民公司的股权的25%的,可以在该缔约国征税。

339. 国际反避税是指拥有税收管辖权的国家或地区针对纳税人各种形式的避税措施,采取的防止纳税人主体或客体进行转移、限制利用避税地等应对措施,不包括(　　)。

A. 防止通过纳税主体国际转移　　B. 防止通过纳税客体国际转移

C. 防止利用避税地　　D. 加强税收双边合作

【参考答案】 D

【答案解析】 国际反避税是指拥有税收管辖权的国家或地区针对纳税人各种形式的避税措施,采取的防止纳税人主体或客体进行转移、限制利用避税地等应对措施:(1)防止通过纳税主体国际转移;(2)防止通过纳税客体国际转移;(3)防止利用避税地;(4)转让定价调整;(5)加强税收多边合作。

340. 根据AEOI标准开展金融账户涉税信息自动交换,首先由缔约一方的金融机构通过履行尽职调查程序,识别出缔约另一方的税收居民,包括全部自然人和账户余额在(　　)万美元以上的实体在该金融机构所开设的账户。

A. 15　　B. 20

C. 25　　D. 30

【参考答案】 C

【答案解析】 根据AEOI标准开展金融账户涉税信息自动交换，首先由缔约一方的金融机构通过履行尽职调查程序，识别出缔约另一方的税收居民，包括全部自然人和账户余额在25万美元以上的实体在该金融机构所开设的账户。

341.托管机构是指近三个会计年度总收入的（　　）以上源于为客户持有金融资产的机构，机构成立不满三年的，按机构存续期间计算。

A. 50%　　B. 30%

C. 25%　　D. 20%

【参考答案】 D

【答案解析】 托管机构是指近三个会计年度总收入的20%以上源于为客户持有金融资产的机构，机构成立不满三年的，按机构存续期间计算。

342.投资机构包括近三个会计年度总收入的（　　）以上来源于为客户投资、运作金融资产的机构，机构成立不满三年的，按机构存续期间计算。

A. 50%　　B. 30%

C. 25%　　D. 20%

【参考答案】 A

【答案解析】 投资机构是指符合以下条件之一的机构：(1)近三个会计年度总收入的50%以上来源于为客户投资、运作金融资产的机构，机构成立不满三年的，按机构存续期间计算……

343.特定的保险机构是指开展有现金价值的保险或者年金业务的机构。《非居民金融账户涉税信息尽职调查管理办法》所称保险机构包括上一公历年度内，保险、再保险和年金合同的收入占总收入比重（　　）以上的机构，或者在上一公历年度末拥有的保险、再保险和年金合同的资产占总资产比重50%以上的机构。

A. 50%　　B. 30%

C. 25%　　D. 20%

【参考答案】 A

【答案解析】 特定的保险机构是指开展有现金价值的保险或者年金业务的机构。《非居民金融账户涉税信息尽职调查管理办法》所称保险机构包括上一公历年度内，保险、再保险和年金合同的收入占总收入比重50%以上的机构，或者在上一公历年度末拥有的保险、再保险和年金合同的资产占总资产比重50%以上的机构。

344.非居民金融账户是指在我国境内的金融机构开立或者保有的、由非居民或者有非居民控制人的消极非金融机构持有的金融账户。金融机构应当在识别出非居民金融账户（　　）起将其归入非居民金融账户进行管理。

A. 之日　　B. 次日

C. 当月　　D. 当年

【参考答案】 A

【答案解析】 非居民金融账户是指在我国境内的金融机构开立或者保有的、由非居民或者有非居民控制人的消极非金融机构持有的金融账户。金融机构应当在识别出非居民金融账户之日起将其归入非居民金融账户进行管理。

345. 成立时间不足（ ）个月且尚未开展业务的非金融机构不属于消极非金融机构。

A. 6　　B. 12

C. 18　　D. 24

【参考答案】 D

【答案解析】 下列非金融机构不属于消极非金融机构：上市公司及其关联机构；政府机构或者履行公共服务职能的机构；仅为了持有非金融机构股权或者向其提供融资和服务而设立的控股公司；成立时间不足24个月且尚未开展业务的企业。

346. 下列非金融机构属于消极非金融机构的是（ ）。

A. 非营利组织

B. 上市公司及其关联机构

C. 正处于重组过程中的企业

D. 上一公历年度内取得股息收入占其总收入50%以上的机构

【参考答案】 D

【答案解析】 消极非金融机构是指符合下列条件之一的机构：(1)上一公历年度内，股息、利息、租金、特许权使用费收入等不属于积极经营活动的收入，以及据以产生前述收入的金融资产的转让收入占总收入比重50%以上的非金融机构；(2)上一公历年度末，拥有可以产生第(1)项所述收入的金融资产占总资产比重50%以上的非金融机构；(3)税收居民国(地区)不实施金融账户涉税信息自动交换标准的投资机构。

347. 下列各项中属于消极非金融机构的有（ ）。

A. 上一公历年度末，拥有可以产生股息、利息、租金、特许权使用费收入的金融资产占总资产比重50%以上的非金融机构

B. 仅为了持有非金融机构股权或者向其提供融资和服务而设立的控股公司

C. 正处于资产清算或者重组过程中的企业

D. 成立时间不足24个月且尚未开展业务的企业

【参考答案】 A

【答案解析】 消极非金融机构是指符合下列条件之一的机构：(1)上一公历年度内，股息、利息、租金、特许权使用费收入等不属于积极经营活动的收入，以及据以产生前述收入的金融资产的转让收入占总收入比重50%以上的非金融机构；(2)上一公历年度末，拥有可以产生第(1)项所述收入的金融资产占总资产比重50%以上的非金融机构；(3)税收居民国(地区)不实施金融账户涉税信息自动交换标准的投资机构。

348. 控制人是指对某一机构实施控制的个人。公司的控制人按照以下规则依次判定：(1)直接或者间接拥有超过(　　)公司股权或者表决权的个人；(2)通过人事、财务等其他方式对公司进行控制的个人；(3)公司的高级管理人员。

A. 50％　　B. 30％

C. 25％　　D. 20％

【参考答案】 C

【答案解析】 控制人是指对某一机构实施控制的个人。公司的控制人按照以下规则依次判定：(1)直接或者间接拥有超过25％公司股权或者表决权的个人；(2)通过人事、财务等其他方式对公司进行控制的个人；(3)公司的高级管理人员。

349. 关联机构是指一个机构控制另一个机构，或者两个机构受到共同控制，则这两个机构互为关联机构。控制是指直接或者间接拥有机构(　　)以上的股权和表决权。

A. 50％　　B. 30％

C. 25％　　D. 20％

【参考答案】 A

【答案解析】 关联机构是指一个机构控制另一个机构，或者两个机构受到共同控制，则这两个机构互为关联机构。控制是指直接或者间接拥有机构50％以上的股权和表决权。

350. 存量个人账户包括低净值账户和高净值账户，低净值账户是指截至2017年6月30日账户加总余额不超过相当于(　　)万美元的账户，高净值账户是指截至2017年6月30日账户加总余额超过(　　)万美元的账户。

A. 50；50　　B. 50；100

C. 100；100　　D. 100；150

【参考答案】 C

【答案解析】 存量个人账户包括低净值账户和高净值账户，低净值账户是指截至2017年6月30日账户加总余额不超过相当于100万美元的账户，高净值账户是指截至2017年6月30日账户加总余额超过100万美元的账户。

351. 金融机构知道或者应当知道新开个人账户情况发生变化导致原有声明文件信息不准确或者不可靠的，应当要求账户持有人提供有效声明文件。账户持有人自被要求提供之日起(　　)日内未能提供声明文件的，金融机构应当将其账户视为非居民账户管理。

A. 30　　B. 45

C. 60　　D. 90

【参考答案】 D

【答案解析】 金融机构知道或者应当知道新开个人账户情况发生变化导致原有声明文件信息不准确或者不可靠的，应当要求账户持有人提供有效声明文件。账户持有人自被要求提供之日起90日内未能提供声明文件的，金融机构应当将其账户视为非居民账户管理。

352. 金融资产不包括（　　）。

A. 合伙权益　　B. 证券

C. 保险合同　　D. 不动产非债直接权益

【参考答案】 D

【答案解析】 金融资产包括证券、合伙权益、大宗商品、掉期、保险合同、年金合同或者上述资产的权益，前述权益包括期货、远期合约或者期权。金融资产不包括实物商品或者不动产非债直接权益。

353. 某英国企业（实际管理机构不在中国境内）在中国境内设立分支机构，2022 年该分支机构在中国境内取得咨询收入（不含增值税，下同）400 万元，在中国境内培训技术人员，取得英方支付的培训收入 100 万元。英国企业在中国境内取得与该分支机构无实际联系的所得 80 万元，在英国取得与该分支机构无实际联系的所得 85 万元。另一家美国企业在中国无分支机构，但 2022 年有来源于中国境内的所得 50 万元，来源于美国的所得 60 万元。2022 年度上述两个企业在中国境内应缴纳企业所得税的收入总额为（　　）万元。

A. 400　　B. 480

C. 630　　D. 580

【参考答案】 C

【答案解析】 非居民企业在我国境内设立机构、场所，取得与所设机构、场所无联系的境外所得（85 万元），不属于我国应税所得，不需要缴纳我国企业所得税。非居民企业在我国境内未设立机构、场所的，就其来源于我国境内的所得缴纳企业所得税，所以美国企业来源于我国境内的所得 50 万元要纳税，两个企业应纳税收入总额＝(400＋100＋80)＋50＝630（万元）。

354. 境外 A 公司在中国境内未设立机构、场所，2022 年取得境内甲公司分配的股息、红利性质的投资收益 150 万元，同时取得境内乙公司分配的股息、红利性质的投资收益 70 万元。已知 A 公司直接连续持有甲公司股票 10 个月，持有乙公司股票 15 个月。另外，A 公司持有的甲、乙公司股票均属于公开发行并上市流通的股票。A 公司取得境内两公司支付的设备转让收入 80 万元，该项财产原值 80 万元，已计提折旧 20 万元。2022 年度 A 公司在我国应缴纳企业所得税（　　）万元。

A. 15　　B. 7

C. 22　　D. 30

【参考答案】 C

【答案解析】 A 公司应缴纳企业所得税＝(150＋70)×10％＝22（万元）。A 公司在我国境内未设立机构、场所，所以权益性投资收益不免税，要全额在中国境内缴纳企业所得税。设备转让属于动产转让，动产转让所得按照转让动产的企业或者机构、场所所在地确定所得来源地，所以转让设备所得属于境外所得，不在我国纳税。

355. 2022 年 6 月，境内甲企业向境外非居民企业 A 支付设备租赁费，合同约定该设备租期 1 年，支付含增值税租金 113 万元，若 A 企业在境内未设立机构场所也无代理人。则甲企业应扣缴 A 企业的企业所得税为（　　）万元。

A. 8. 85　　B. 10

C. 9. 17　　D. 25

【参考答案】 B

【答案解析】 在计算缴纳企业所得税时，租金收入应以不含增值税的收入全额作为应纳税所得额。甲企业应扣缴 A 企业的企业所得税＝113÷（1＋13％）×10％＝10（万元）。

356. 境外 A 公司在中国境内未设立机构、场所，2022 年取得境内甲公司分配的投资收益 128 万元；取得境内乙公司支付的位于境内的房产转让收入 80 万元，该项财产原值 73 万元，已提折旧 13 万元取得境内丙公司支付的特许权使用费收入 21 万元、租金收入 62 万元。A 公司上述收入应按差额作为应纳税所得额缴纳企业所得税的是（　　）。

A. 财产转让收入　　B. 租金收入

C. 特许权使用费收入　　D. 投资收益

【参考答案】 A

【答案解析】 该境外 A 公司的各项收入中，只有财产转让收入按差额计算企业所得税；投资收益、特许权使用费收入、租金收入全额计缴企业所得税。

357. 根据“税收居民”条款，双重居民身份下最终居民身份判定标准的排序中，正确的是（　　）。

A. 永久性住所、重要利益中心、习惯性居处、国籍

B. 重要利益中心、习惯性居处、国籍、永久性住所

C. 国籍、永久性住所、重要利益中心、习惯性居处

D. 习惯性居处、国籍、永久性住所重要利益中心

【参考答案】 A

【答案解析】 永久性住所、重要利益中心、习惯性居处、国籍。

358. 下列所得中，不属于《中华人民共和国政府和新加坡共和国政府关于对所得避免双重征税和防止偷漏税的协定》中利息的是（　　）。

A. 从信用债券取得的所得　　B. 从公债取得的所得

C. 由于延期支付取得的罚款　　D. 从债券取得的溢价所得

【参考答案】 C

【答案解析】 “利息”是指从各种债权取得的所得，无论其有无抵押担保或者是否有权分享债务人的利润，特别是从公债、债券或者信用债券取得的所得，包括其溢价和奖金。由于延期支付所处的罚款，不应视为利息。

359. 下列关于“受益所有人”的表述中，错误的是（　　）。

A. 受益所有人是指对所得具有所有权的人

B. 代理人属于受益所有人

C. 受益所有人是指对所得据以产生的权利具有支配权的人

D. 指定收款人不属于受益所有人

E. 在后续管理中，主管税务机关认为应该否定申请人受益所有人身份的，应报经国家税务总局同意后执行

【参考答案】 B

【答案解析】 代理人或指定收款人等不属于受益所有人。

360. 我国对外签订的税收协定，大多数采用的征税原则是（　　）。

A. 居民国独占征税权原则　　B. 税收分享原则

C. 无差异原则　　D. 优先征税原则

【参考答案】 A

【答案解析】 基于“国际运输－海运和空运”典型条款，我国对外签订的税收协定，大多数采用居民国独占征税权原则。

二、多选题

1. 按照《中华人民共和国企业所得税法》的规定，企业分为（　　）。

A. 居民企业　　B. 合资企业

C. 非居民企业　　D. 独资企业

【参考答案】 AC

【答案解析】 《中华人民共和国企业所得税法》第二条规定，企业分为居民企业和非居民企业。

2. 下列情况，非居民企业应该在中国缴纳企业所得税的有（　　）。

A. 在中国境内设立机构、场所，其所设机构、场所取得来源于中国境内的所得

B. 在中国境内未设立机构、场所，有来源于中国境内的所得

C. 在中国境内设立机构、场所，发生在中国境外但与其所设机构、场所有实际联系的所得

D. 在中国境内未设立机构、场所，有来源于中国境外的所得

【参考答案】 ABC

【答案解析】 《中华人民共和国企业所得税法》第三条规定，非居民企业在中国境内设立机构、场所的，应当就其所设机构、场所取得的来源于中国境内的所得，以及发生在中国境外但与其所设机构、场所有实际联系的所得，缴纳企业所得税。

非居民企业在中国境内未设立机构、场所的，或者虽设立机构、场所但取得的所得与其所设机构、场所没有实际联系的，应当就其来源于中国境内的所得缴纳企业所得税。

3. 非居民企业在中国境内未设立机构、场所的，或者虽设立机构、场所但取得的所得与其所设机构、场所没有实际联系，其来源于中国境内所得以收入全额计算应纳税所得额的有（　　）。

A. 股息、红利等权益性投资收益　　B. 转让财产所得

C. 利息、租金　　D. 特许权使用费

【参考答案】 ACD

【答案解析】《中华人民共和国企业所得税法》第十九条规定，非居民企业取得本法第三条第三款规定的所得，按照下列方法计算其应纳税所得额：

（一）股息、红利等权益性投资收益和利息、租金、特许权使用费所得，以收入全额为应纳税所得额；

（二）转让财产所得，以收入全额减除财产净值后的余额为应纳税所得额；

（三）其他所得，参照前两项规定的方法计算应纳税所得额。

4. 企业取得的下列所得已在境外缴纳的所得税税额，可以从其当期应纳税额中抵免的有（　　）。

A. 居民企业来源于中国境外的应税所得

B. 非居民企业在中国境内未设立机构、场所，取得发生在中国境外的所得

C. 非居民企业在中国境内设立机构、场所，取得发生在中国境外但与该机构、场所没有实际联系的应税所得

D. 非居民企业在中国境内设立机构、场所，取得发生在中国境外但与该机构、场所有实际联系的应税所得

【参考答案】 AD

【答案解析】《中华人民共和国企业所得税法》第二十三条规定，企业取得的下列所得已在境外缴纳的所得税税额，可以从其当期应纳税额中抵免，抵免限额为该项所得依照本法规定计算的应纳税额；超过抵免限额的部分，可以在以后五个年度内，用每年度抵免限额抵免当年应抵税额后的余额进行抵补：

（一）居民企业来源于中国境外的应税所得；

（二）非居民企业在中国境内设立机构、场所，取得发生在中国境外但与该机构、场所有实际联系的应税所得。

5. 非居民企业在中国境内设立机构、场所，是指在中国境内从事生产经营活动的机构、场所，包括（　　）。

A. 管理机构、营业机构、办事机构

B. 工厂、农场、开采自然资源的场所

C. 提供劳务的场所

D. 从事建筑、安装、装配、修理、勘探等工程作业的场所

【参考答案】 ABCD

【答案解析】《中华人民共和国企业所得税法实施条例》第五条规定，企业所得税法第二条第三款所称机构、场所，是指在中国境内从事生产经营活动的机构、场所，包括：(一)管理机构、营业机构、办事机构；(二)工厂、农场、开采自然资源的场所；(三)提供劳务的场所；(四)从事建筑、安装、装配、修理、勘探等工程作业的场所；(五)其他从事生产经营活动的机构、场所。

6. 非居民企业来源于中国境内、境外的所得，以下原则正确的是(　　)。

A. 提供劳务所得，按照劳务发生地确定

B. 转让不动产所得，按照不动产所在地确定

C. 权益性投资资产转让所得，按照投资企业所在地确定

D. 股息、红利等权益性投资所得，按照分配所得的企业所在地确定

【参考答案】 ABD

【答案解析】《中华人民共和国企业所得税法实施条例》第七条规定，企业所得税法第三条所称来源于中国境内、境外的所得，按照以下原则确定：(一)销售货物所得，按照交易活动发生地确定；(二)提供劳务所得，按照劳务发生地确定；(三)转让财产所得，不动产转让所得按照不动产所在地确定，动产转让所得按照转让动产的企业或者机构、场所所在地确定，权益性投资资产转让所得按照被投资企业所在地确定；(四)股息、红利等权益性投资所得，按照分配所得的企业所在地确定；(五)利息所得、租金所得、特许权使用费所得，按照负担、支付所得的企业或者机构、场所所在地确定，或者按照负担、支付所得的个人的住所地确定；(六)其他所得，由国务院财政、税务主管部门确定。

7. 下列所得可以免征企业所得税的是(　　)。

A. 外国政府向中国政府提供贷款取得的利息所得

B. 外国企业向居民企业提供优惠贷款取得的利息所得

C. 国际金融组织向中国政府提供优惠贷款取得的利息所得

D. 国际金融组织向居民企业提供优惠贷款取得的利息所得

【参考答案】 ACD

【答案解析】《中华人民共和国企业所得税法实施条例》第九十一条规定，下列所得可以免征企业所得税：

(一)外国政府向中国政府提供贷款取得的利息所得；

(二)国际金融组织向中国政府和居民企业提供优惠贷款取得的利息所得；

(三)经国务院批准的其他所得。

8. 非居民企业源泉扣缴时，扣缴义务人支付款项的方式包括(　　)。

A. 现金支付　　B. 白条支付

C. 转账支付　　D. 权益兑价支付

【参考答案】 ACD

【答案解析】《中华人民共和国企业所得税法实施条例》第一百零五条规定，企业所得税法第三十七条所称支付，包括现金支付、汇拨支付、转账支付和权益兑价支付等货币支付和非货币支付。

9. 非居民企业与其关联方之间违反独立交易原则而减少应纳税所得额，税务机关有权进行特别纳税调整的合理方法有（ ）。

A. 可比非受控价格法　　B. 再销售价格法

C. 交易净利润法　　D. 利润分割法

【参考答案】 ABCD

【答案解析】《中华人民共和国企业所得税法实施条例》第一百一十一条规定，企业所得税法第四十一条所称合理方法，包括：（一）可比非受控价格法；（二）再销售价格法；（三）成本加成法；（四）交易净利润法；（五）利润分割法；（六）其他符合独立交易原则的方法。

10. 除国务院财政、税务主管部门另有规定外，下列所得，不论支付地点是否在中国境内，均为来源于中国境内所得的是（ ）。

A. 将财产出租给承租人在中国境外使用而取得的所得

B. 因任职、受雇、履约等在中国境内提供劳务取得的所得

C. 许可各种特许权在中国境内使用而取得的所得

D. 转让中国境内的不动产等财产取得的所得

【参考答案】BCD

【答案解析】《中华人民共和国个人所得税法实施条例》第三条规定，除国务院财政、税务主管部门另有规定外，下列所得，不论支付地点是否在中国境内，均为来源于中国境内的所得：（一）因任职、受雇、履约等在中国境内提供劳务取得的所得；（二）将财产出租给承租人在中国境内使用而取得的所得；（三）许可各种特许权在中国境内使用而取得的所得；（四）转让中国境内的不动产等财产或者在中国境内转让其他财产取得的所得；（五）从中国境内企业、事业单位、其他组织以及居民个人取得的利息、股息、红利所得。

11. 纳税人需要按照税收协定股息条款规定纳税的，应该取得并保有的有关信息资料包括（ ）。

A. 由协定缔约对方税务主管当局或其授权代表签发的税收居民身份证明以及支持该证明的税收协定缔约对方国内法律依据和相关事实证据

B. 纳税人在税收协定缔约对方的纳税情况

C. 纳税人是否构成中国税收居民

D. 纳税人在中国居民公司的持股情况

【参考答案】 ABCD

【答案解析】《国家税务总局关于执行税收协定股息条款有关问题的通知》（国税函

〔2009〕81 号)第五条规定，纳税人需要按照税收协定股息条款规定纳税的，相关纳税人或扣缴义务人应该取得并保有支持其执行税收协定股息条款规定的信息资料，并按有关规定及时根据税务机关的要求报告或提供。有关的信息资料包括：

(一)由协定缔约对方税务主管当局或其授权代表签发的税收居民身份证明以及支持该证明的税收协定缔约对方国内法律依据和相关事实证据；

(二)纳税人在税收协定缔约对方的纳税情况，特别是与取得由中国居民公司支付股息有关的纳税情况；

(三)纳税人是否构成任一第三方(国家或地区)税收居民；

(四)纳税人是否构成中国税收居民；

(五)纳税人据以取得中国居民公司所支付股息的相关投资(转让)合同、产权凭证、利润分配决议、支付凭证等权属证明；

(六)纳税人在中国居民公司的持股情况；

(七)其他与执行税收协定股息条款规定有关的信息资料。

12. 下列款项或报酬不应是特许权使用费的有(　　)。

A. 单纯货物贸易项下作为售后服务的报酬

B. 产品保证期内卖方为买方提供服务所取得的报酬

C. 专门从事工程、管理、咨询等专业服务的机构或个人提供的相关服务所取得的款项

D. 在转让或许可专有技术使用权过程中技术许可方派人员为该项技术的使用提供有关支持、指导等服务收取的服务费(上述人员的服务未构成常设机构)

【参考答案】 ABC

【答案解析】《国家税务总局关于执行税收协定特许权使用费条款有关问题的通知》(国税函〔2009〕507 号)第五条规定，在转让或许可专有技术使用权过程中如技术许可方派人员为该项技术的使用提供有关支持、指导等服务并收取服务费，无论是单独收取还是包括在技术价款中，均应视为特许权使用费，适用税收协定特许权使用费条款的规定。但如上述人员的服务已构成常设机构，则对服务部分的所得应适用税收协定营业利润条款的规定。如果纳税人不能准确计算应归属常设机构的营业利润，则税务机关可根据税收协定常设机构利润归属原则予以确定。第六条规定，下列款项或报酬不应是特许权使用费，应为劳务活动所得：(一)单纯货物贸易项下作为售后服务的报酬；(二)产品保证期内卖方为买方提供服务所取得的报酬；(三)专门从事工程、管理、咨询等专业服务的机构或个人提供的相关服务所取得的款项；(四)国家税务总局规定的其他类似报酬。

13.(　　)中国与新加坡签署了新的政府间对所得避免双重征税和防止偷漏税的协定及其议定书，(　　)双方签署了该协定的第二议定书。

A. 2007 年 7 月 11 日　　B. 2008 年 1 月 1 日

C. 2009 年 8 月 24 日　　D. 2009 年 12 月 11 日

【参考答案】 AC

【答案解析】 根据《国家税务总局关于印发〈中华人民共和国政府和新加坡共和国政府关于对所得避免双重征税和防止偷漏税的协定〉及议定书条文解释的通知》(国税发〔2010〕75 号),2007 年 7 月 11 日,中国与新加坡签署了新的政府间对所得避免双重征税和防止偷漏税的协定及其议定书,2009 年 8 月 24 日,双方签署了该协定的第二议定书。该协定及其议定书以及第二议定书(以下统称"中新协定")已分别于 2008 年 1 月 1 日与 2009 年 12 月 11 日起执行。

14. 下列属于个人最终居民身份归属确定标准的是(　　)。

A. 永久性住所　　B. 重要利益中心

C. 习惯性居处　　D. 国籍

【参考答案】 ABCD

【答案解析】 根据《国家税务总局关于印发〈中华人民共和国政府和新加坡共和国政府关于对所得避免双重征税和防止偷漏税的协定〉及议定书条文解释的通知》(国税发〔2010〕75 号)第四条第一款的规定,同一人有可能同时为中国和新加坡居民。为了解决这种情况下个人最终居民身份的归属,第二款进一步规定了确定标准。需要特别注意的是,这些标准的使用是有先后顺序的,只有当使用前一标准无法解决问题时,才使用后一标准。(一)永久性住所;(二)重要利益中心;(三)习惯性居处;(四)国籍。

15. 税收协定中常设机构是指一个相对固定的营业场所,下列属于常设机构通常情况下具备的特点(　　)。

A. 该营业场所是实质存在的

B. 该营业场所是相对固定的,并且在时间上具有一定的持久性

C. 全部或部分的营业活动是通过该营业场所进行的

D. 专为储存、陈列或者交付本企业货物或者商品的目的而使用的设施

【参考答案】 ABC

【答案解析】 《国家税务总局关于印发〈中华人民共和国政府和新加坡共和国政府关于对所得避免双重征税和防止偷漏税的协定〉及议定书条文解释的通知》(国税发〔2010〕75 号)第五条第一款对"常设机构"一语做一般定义。即,常设机构是指一个相对固定的营业场所。通常情况下,具备以下特点:(一)该营业场所是实质存在的。(二)该营业场所是相对固定的,并且在时间上具有一定的持久性。(三)全部或部分的营业活动是通过该营业场所进行的。

16. 享受税收协定判断股息和利息时,下列属于对贷款人是否分担企业风险的判定通常可考虑的因素有(　　)。

A. 该贷款大大超过企业资本中的其他投资形式,并与公司可变现资产严重不符

B. 债权人不会分享公司的任何利润

C. 该贷款的偿还优于其他贷款人的债权或股息的支付

D. 所签订的贷款合同没有对具体的偿还日期做出明确的规定

【参考答案】 AD

【答案解析】《中华人民共和国政府和新加坡共和国政府关于对所得避免双重征税和防止偷漏税的协定》第十条规定，对贷款人是否分担企业风险的判定通常可考虑如下因素：

（一）该贷款大大超过企业资本中的其他投资形式，并与公司可变现资产严重不符；

（二）债权人将分享公司的任何利润；

（三）该贷款的偿还次于其他贷款人的债权或股息的支付；

（四）利息的支付水平取决于公司的利润；

（五）所签订的贷款合同没有对具体的偿还日期做出明确的规定。

17. 中国居民可以就以下事项向税务机关提请税收协定相互协商（　　）。

A. 对税收协定的理解和适用出现争议

B. 对各项所得或财产的征免税或适用税率存有异议

C. 对居民身份的认定存有异议

D. 对常设机构的判定存有异议

【参考答案】 BCD

【答案解析】《国家税务总局关于发布〈税收协定相互协商程序实施办法〉的公告》（国家税务总局公告 2013 年第 56 号）第九条规定，中国居民有下列情形之一的，可以申请启动相互协商程序：

（一）对居民身份的认定存有异议，特别是相关税收协定规定双重居民身份情况下需要通过相互协商程序进行最终确认的；

（二）对常设机构的判定，或者常设机构的利润归属和费用扣除存有异议的；

（三）对各项所得或财产的征免税或适用税率存有异议的；

（四）违反税收协定非歧视待遇（无差别待遇）条款的规定，可能或已经形成税收歧视的；

（五）对税收协定其他条款的理解和适用出现争议而不能自行解决的；

（六）其他可能或已经形成不同税收管辖权之间重复征税的。

18. 税务总局可以决定终止税收协定相互协商程序的情形有（　　）。

A. 申请人故意隐瞒重要事实，或在提交的资料中弄虚作假的

B. 申请人拒绝提供税务机关要求的、与案件有关的必要资料的

C. 因各种原因，申请人与税务机关均无法取得必要的证据，导致相关事实或申请人立场无法被证明，相互协商程序无法继续进行的

D. 缔约对方主管当局单方拒绝或终止相互协商程序的

【参考答案】 ABCD

【答案解析】《国家税务总局关于发布〈税收协定相互协商程序实施办法〉的公告》(国家税务总局公告 2013 年第 56 号)第十八条规定,发生下列情形之一的,税务总局可以决定终止相互协商程序,并以书面形式告知省税务机关,省税务机关应告知申请人:

(一)申请人故意隐瞒重要事实,或在提交的资料中弄虚作假的;

(二)申请人拒绝提供税务机关要求的、与案件有关的必要资料的;

(三)因各种原因,申请人与税务机关均无法取得必要的证据,导致相关事实或申请人立场无法被证明,相互协商程序无法继续进行的;

(四)缔约对方主管当局单方拒绝或终止相互协商程序的;

(五)其他导致相互协商程序无法进行,或相互协商程序无法达到预期目标的。

19. 下列申请人从中国取得的所得为股息时,可直接判定申请人具有"受益所有人"身份的是(　　)。

A. 缔约对方政府

B. 缔约对方居民且在缔约对方上市的公司

C. 申请人被缔约对方政府直接或间接持有 50%股份

D. 缔约对方居民个人

【参考答案】 ABD

【答案解析】《国家税务总局关于税收协定中"受益所有人"有关问题的公告》(国家税务总局公告 2018 年第 9 号)规定,下列申请人从中国取得的所得为股息时,可不根据本公告第二条规定的因素进行综合分析,直接判定申请人具有"受益所有人"身份:

(一)缔约对方政府;

(二)缔约对方居民且在缔约对方上市的公司;

(三)缔约对方居民个人;

(四)申请人被第(一)至(三)项中的一人或多人直接或间接持有 100%股份,且间接持有股份情形下的中间层为中国居民或缔约对方居民。

20. 下列应作为国际运输收入一部分的是(　　)。

A. 为其他国际运输企业代售客票取得的收入

B. 从市区至机场运送旅客取得的收入

C. 通过货车从事货仓至机场、码头的运输取得的运输收入

D. 企业仅为其承运旅客提供中转住宿而设置的旅馆取得的收入

【参考答案】 ABCD

【答案解析】《国家税务总局关于税收协定执行若干问题的公告》(国家税务总局公告 2018 年第 11 号)第二条第五款规定,下列与国际运输业务紧密相关的收入应作为国际运输收入的一部分:(1)为其他国际运输企业代售客票取得的收入;(2)从市区至机场运送旅客取得的收入;(3)通过货车从事货仓至机场、码头或者后者至购货者间的运输,以及直接将货物发送至

购货者取得的运输收入；(4)企业仅为其承运旅客提供中转住宿而设置的旅馆取得的收入。

21. 非居民纳税人享受协定待遇，采取(　　)、(　　)、(　　)的方式办理。

A. 自行判断　　B. 提交申请

C. 申报享受　　D. 相关资料留存备查

【参考答案】 ACD

【答案解析】 《非居民纳税人享受协定待遇管理办法》第三条规定，非居民纳税人享受协定待遇，采取“自行判断、申报享受、相关资料留存备查”的方式办理。非居民纳税人自行判断符合享受协定待遇条件的，可在纳税申报时，或通过扣缴义务人在扣缴申报时，自行享受协定待遇，同时按照本办法的规定归集和留存相关资料备查，并接受税务机关后续管理。

22. 非居民纳税人享受协定待遇留存备查资料包括(　　)。

A. 扣缴义务人的纳税申报信息

B. 与取得相关所得有关的合同等权属证明资料

C. 享受股息、利息、特许权使用费条款协定待遇的，应留存证明“受益所有人”身份的相关资料

D. 非居民纳税人在中国的税收居民身份证明

【参考答案】 BC

【答案解析】 《非居民纳税人享受协定待遇管理办法》第七条规定，本办法所称留存备查资料包括：(一)由协定缔约对方税务主管当局开具的证明非居民纳税人取得所得的当年度或上一年度税收居民身份的税收居民身份证明；享受税收协定国际运输条款或国际运输协定待遇的，可用能够证明符合协定规定身份的证明代替税收居民身份证明。(二)与取得相关所得有关的合同、协议、董事会或股东会决议、支付凭证等权属证明资料。(三)享受股息、利息、特许权使用费条款协定待遇的，应留存证明“受益所有人”身份的相关资料。(四)非居民纳税人认为能够证明其符合享受协定待遇条件的其他资料。

23. 截至 2022 年 6 月 30 日，《实施税收协定相关措施以防止税基侵蚀和利润转移的多边公约》适用于我国已签署的 47 个税收协定，包括的国家有(　　)。

A. 法国　　B. 日本

C. 美国　　D. 朝鲜

【参考答案】 AB

【答案解析】 参见《国家税务总局关于〈实施税收协定相关措施以防止税基侵蚀和利润转移的多边公约〉对我国生效并对部分税收协定开始适用的公告》(国家税务总局公告 2022 年第 16 号)附件。

24. 税收协定中常设机构是指一个相对固定的营业场所，下列属于常设机构通常情况下具备的特点(　　)。

A. 该营业场所是实质存在的

B. 该营业场所是相对固定的，并且在时间上具有一定的持久性

C. 全部或部分的营业活动是通过该营业场所进行的

D. 专为储存、陈列或者交付本企业货物或者商品的目的而使用的设施

【参考答案】 ABC

【答案解析】《国家税务总局关于印发〈中华人民共和国政府和新加坡共和国政府关于对所得避免双重征税和防止偷漏税的协定〉及议定书条文解释的通知》(国税发〔2010〕75号)第五条第一款对“常设机构”一语做一般定义。即，常设机构是指一个相对固定的营业场所。通常情况下，具备以下特点：(一)该营业场所是实质存在的。(二)该营业场所是相对固定的，并且在时间上具有一定的持久性。(三)全部或部分的营业活动是通过该营业场所进行的。

25. 企业实际支付给关联方的利息支出，除特殊规定外，其接受关联方债权性投资与其权益性投资，超过规定比例不得在发生当期和以后年度扣除，该比例是(　　)。

A. 金融企业，为 5∶1　　　　B. 金融企业，为 4∶1

C. 其他企业，为 3∶1　　　　D. 其他企业，为 2∶1

【参考答案】 AD

【答案解析】《财政部 国家税务总局关于企业关联方利息支出税前扣除标准有关税收政策问题的通知》(财税〔2008〕121 号)第一条规定，在计算应纳税所得额时，企业实际支付给关联方的利息支出，不超过以下规定比例和税法及其实施条例有关规定计算的部分，准予扣除，超过的部分不得在发生当期和以后年度扣除。企业实际支付给关联方的利息支出，除符合本通知第二条规定外，其接受关联方债权性投资与其权益性投资比例为：(一)金融企业，为 5∶1；(二)其他企业，为 2∶1。

26. 下列属于《特别纳税调整实施办法(试行)》管理事项的是(　　)。

A. 转让定价　　　　B. 预约定价安排

C. 成本分摊协议　　　　D. 受控外国企业

【参考答案】 ABCD

【答案解析】《国家税务总局关于印发〈特别纳税调整实施办法(试行)〉的通知》(国税发〔2009〕2 号)第二条规定，本办法适用于税务机关对企业的转让定价、预约定价安排、成本分摊协议、受控外国企业、资本弱化以及一般反避税等特别纳税调整事项的管理。

27. 下列属于成本分摊协议主要内容的是(　　)。

A. 参与方的名称、所在国家(地区)、关联关系、在协议中的权利和义务

B. 协议期限

C. 参与方预期收益的计算方法和假设

D. 参与方初始投入和后续成本支付的金额、形式、价值确认的方法以及符合独立交易原则的说明

【参考答案】 ABCD

【答案解析】《国家税务总局关于印发〈特别纳税调整实施办法(试行)〉的通知》(国税发〔2009〕2号)第六十八条规定,成本分摊协议主要包括以下内容:

(一)参与方的名称、所在国家(地区)、关联关系、在协议中的权利和义务;

(二)成本分摊协议所涉及的无形资产或劳务的内容、范围,协议涉及研发或劳务活动的具体承担者及其职责、任务;

(三)协议期限;

(四)参与方预期收益的计算方法和假设;

(五)参与方初始投入和后续成本支付的金额、形式、价值确认的方法以及符合独立交易原则的说明;

(六)参与方会计方法的运用及变更说明;

(七)参与方加入或退出协议的程序及处理规定;

(八)参与方之间补偿支付的条件及处理规定;

(九)协议变更或终止的条件及处理规定;

(十)非参与方使用协议成果的规定。

28. 企业与其关联方签署成本分摊协议,其自行分摊的成本不得税前扣除的情形有(　　)。

A. 不具有合理商业目的和经济实质

B. 不符合独立交易原则

C. 没有遵循成本与收益配比原则

D. 自签署成本分摊协议之日起经营期限超过20年

【参考答案】 ABC

【答案解析】《国家税务总局关于印发〈特别纳税调整实施办法(试行)〉的通知》(国税发〔2009〕2号)第七十五条规定,企业与其关联方签署成本分摊协议,有下列情形之一的,其自行分摊的成本不得税前扣除:

(一)不具有合理商业目的和经济实质;

(二)不符合独立交易原则;

(三)没有遵循成本与收益配比原则;

(四)未按本办法有关规定备案或准备、保存和提供有关成本分摊协议的同期资料;

(五)自签署成本分摊协议之日起经营期限少于20年。

29. 中国居民企业股东可免于将外国企业不作分配或减少分配的利润视同股息分配额,计入当期所得,需要提供资料证明其控制的外国企业满足以下条件之一(　　)。

A. 年度利润总额低于1 000万元人民币

B. 年度利润总额低于500万元人民币

C. 设立在国家税务总局指定的非低税率国家(地区)

D. 主要取得积极经营活动所得

【参考答案】 BCD

【答案解析】《国家税务总局关于印发〈特别纳税调整实施办法(试行)〉的通知》(国税发〔2009〕2号)第八十四条规定,中国居民企业股东能够提供资料证明其控制的外国企业满足以下条件之一的,可免于将外国企业不作分配或减少分配的利润视同股息分配额,计入中国居民企业股东的当期所得:(一)设立在国家税务总局指定的非低税率国家(地区);(二)主要取得积极经营活动所得;(三)年度利润总额低于500万元人民币。

30. 企业存在下列哪些避税安排,税务机关可以依据规定启动一般反避税调查。

A. 滥用税收优惠　　B. 滥用税收协定

C. 滥用公司组织形式　　D. 利用避税港避税

【参考答案】 ABCD

【答案解析】《国家税务总局关于印发〈特别纳税调整实施办法(试行)〉的通知》(国税发〔2009〕2号)第九十二条规定,税务机关可依据所得税法第四十七条及所得税法实施条例第一百二十条的规定对存在以下避税安排的企业,启动一般反避税调查:(一)滥用税收优惠;(二)滥用税收协定;(三)滥用公司组织形式;(四)利用避税港避税;(五)其他不具有合理商业目的的安排。

31. 税务机关应按照实质重于形式的原则审核企业是否存在避税安排,并综合考虑安排的以下内容(　　)。

A. 安排的形式和实质　　B. 安排订立的时间和执行期间

C. 安排实现的方式　　D. 安排的税收结果

【参考答案】 ABCD

【答案解析】《国家税务总局关于印发〈特别纳税调整实施办法(试行)〉的通知》(国税发〔2009〕2号)第九十三条规定,税务机关应按照实质重于形式的原则审核企业是否存在避税安排,并综合考虑安排的以下内容:(一)安排的形式和实质;(二)安排订立的时间和执行期间;(三)安排实现的方式;(四)安排各个步骤或组成部分之间的联系;(五)安排涉及各方财务状况的变化;(六)安排的税收结果。

32. 中国居民企业能够提供资料证明其控制的外国企业设立在下列哪些国家,可免于将该外国企业不作分配的利润视同股息分配额,计入中国居民企业的当期所得。

A. 新加坡　　B. 俄罗斯

C. 英国　　D. 德国

【参考答案】 CD

【答案解析】《国家税务总局关于简化判定中国居民股东控制外国企业所在国实际税负的通知》(国税函〔2009〕37号)规定,中国居民企业或居民个人能够提供资料证明其控制的外国企业设立在美国、英国、法国、德国、日本、意大利、加拿大、澳大利亚、印度、南非、新西兰和挪威的，可免于将该外国企业不作分配或者减少分配的利润视同股息分配额，计入中国居民企业的当期所得。

33. 税务机关实施特别纳税调整的方法包括（　　）。

A. 对安排的全部或者部分交易重新定性

B. 在税收上否定交易方的存在，或者将该交易方与其他交易方视为同一实体

C. 对相关所得、扣除、税收优惠、境外税收抵免等重新定性或者在交易各方间重新分配

D. 其他合理方法

【参考答案】 ABCD

【答案解析】 《一般反避税管理办法（试行）》（国家税务总局令第32号）第四条规定，避税安排具有以下特征：

（一）以获取税收利益为唯一目的或者主要目的；

（二）以形式符合税法规定，但与其经济实质不符的方式获取税收利益。

第五条规定，税务机关应当以具有合理商业目的和经济实质的类似安排为基准，按照实质重于形式的原则实施特别纳税调整。调整方法包括：

（一）对安排的全部或者部分交易重新定性；

（二）在税收上否定交易方的存在，或者将该交易方与其他交易方视为同一实体；

（三）对相关所得、扣除、税收优惠、境外税收抵免等重新定性或者在交易各方间重新分配；

（四）其他合理方法。

34. 下列企业向税务机关报送年度企业所得税纳税申报表时，应当附送《中华人民共和国企业年度关联业务往来报告表》的有（　　）。

A. 实行核定征收的居民企业

B. 实行查账征收的居民企业

C. 在中国境内设立机构、场所并据实申报缴纳企业所得税的非居民企业

D. 在中国境内未设立机构、场所，但有来源于中国境内所得的非居民企业

【参考答案】 BC

【答案解析】 《国家税务总局关于完善关联申报和同期资料管理有关事项的公告》（国家税务总局公告2016年第42号）第一条规定，实行查账征收的居民企业和在中国境内设立机构、场所并据实申报缴纳企业所得税的非居民企业向税务机关报送年度企业所得税纳税申报表时，应当就其与关联方之间的业务往来进行关联申报，附送《中华人民共和国企业年度关联业务往来报告表（2016年版）》。

35. 下列企业具有关联关系的有（　　）。

A. 甲企业直接持有乙企业30%股份

B. 甲企业持有乙企业10%股份，甲、乙之间借贷资金总额占乙企业实收资本的30%

C. 甲企业持有乙企业15%股份，乙企业的生产经营活动须由甲企业提供专利权才能正常进行

D. 甲企业有12名董事，其中5名由乙企业任命

【参考答案】 AC

【答案解析】《国家税务总局关于完善关联申报和同期资料管理有关事项的公告》(国家税务总局公告2016年第42号)第二条规定，企业与其他企业、组织或者个人具有下列关系之一的，构成本公告所称关联关系：

(一)一方直接或者间接持有另一方的股份总和达到25%以上；双方直接或者间接同为第三方所持有的股份达到25%以上。

如果一方通过中间方对另一方间接持有股份，只要其对中间方持股比例达到25%以上，则其对另一方的持股比例按照中间方对另一方的持股比例计算。

两个以上具有夫妻、直系血亲、兄弟姐妹以及其他抚养、赡养关系的自然人共同持股同一企业，在判定关联关系时持股比例合并计算。

(二)双方存在持股关系或者同为第三方持股，虽持股比例未达到本条第(一)项规定，但双方之间借贷资金总额占任一方实收资本比例达到50%以上，或者一方全部借贷资金总额的10%以上由另一方担保(与独立金融机构之间的借贷或者担保除外)。

借贷资金总额占实收资本比例=年度加权平均借贷资金/年度加权平均实收资本，其中：

年度加权平均借贷资金=i笔借入或者贷出资金账面金额×i笔借入或者贷出资金年度实际占用天数/365

年度加权平均实收资本=i笔实收资本账面金额×i笔实收资本年度实际占用天数/365

(三)双方存在持股关系或者同为第三方持股，虽持股比例未达到本条第(一)项规定，但一方的生产经营活动必须由另一方提供专利权、非专利技术、商标权、著作权等特许权才能正常进行。

(四)双方存在持股关系或者同为第三方持股，虽持股比例未达到本条第(一)项规定，但一方的购买、销售、接受劳务、提供劳务等经营活动由另一方控制。

上述控制是指一方有权决定另一方的财务和经营政策，并能据以从另一方的经营活动中获取利益。

(五)一方半数以上董事或者半数以上高级管理人员(包括上市公司董事会秘书、经理、副经理、财务负责人和公司章程规定的其他人员)由另一方任命或者委派，或者同时担任另一方的董事或者高级管理人员；或者双方各自半数以上董事或者半数以上高级管理人员同为第三方任命或者委派。

(六)具有夫妻、直系血亲、兄弟姐妹以及其他抚养、赡养关系的两个自然人分别与双方具有本条第(一)至(五)项关系之一。

(七)双方在实质上具有其他共同利益。

36. 下列属于关联交易的是(　　)。

A. 有形资产使用权的转让　　B. 无形资产所有权的转让

C. 资金融通　　D. 劳务交易

【参考答案】 ABCD

【答案解析】《国家税务总局关于完善关联申报和同期资料管理有关事项的公告》(国家税务总局公告 2016 年第 42 号)第四条规定,关联交易主要包括:

(一)有形资产使用权或者所有权的转让。有形资产包括商品、产品、房屋建筑物、交通工具、机器设备、工具器具等。

(二)金融资产的转让。金融资产包括应收账款、应收票据、其他应收款项、股权投资、债权投资和衍生金融工具形成的资产等。

(三)无形资产使用权或者所有权的转让。无形资产包括专利权、非专利技术、商业秘密、商标权、品牌、客户名单、销售渠道、特许经营权、政府许可、著作权等。

(四)资金融通。资金包括各类长短期借贷资金(含集团资金池)、担保费、各类应计息预付款和延期收付款等。

(五)劳务交易。劳务包括市场调查、营销策划、代理、设计、咨询、行政管理、技术服务、合约研发、维修、法律服务、财务管理、审计、招聘、培训、集中采购等。

37. 甲企业为居民企业,下列属于甲企业在报送年度关联业务往来报告表时,需要填报国别报告情形的是(　　)。

A. 甲企业为跨国企业集团的最终控股企业,且其上一会计年度合并财务报表中的各类收入金额合计超过 35 亿元

B. 甲企业为跨国企业集团的最终控股企业,且其上一会计年度合并财务报表中的各类收入金额合计超过 55 亿元

C. 甲企业所属跨国企业集团已经准备了国别报告

D. 甲企业被跨国企业集团指定为国别报告的报送企业

【参考答案】 BD

【答案解析】《国家税务总局关于完善关联申报和同期资料管理有关事项的公告》(国家税务总局公告 2016 年第 42 号)第五条规定,存在下列情形之一的居民企业,应当在报送年度关联业务往来报告表时,填报国别报告:

(一)该居民企业为跨国企业集团的最终控股企业,且其上一会计年度合并财务报表中的各类收入金额合计超过 55 亿元。

最终控股企业是指能够合并其所属跨国企业集团所有成员实体财务报表的,且不能被

其他企业纳入合并财务报表的企业。

成员实体应当包括：

1. 实际已被纳入跨国企业集团合并财务报表的任一实体。

2. 跨国企业集团持有该实体股权且按公开证券市场交易要求应被纳入但实际未被纳入跨国企业集团合并财务报表的任一实体。

3. 仅由于业务规模或者重要性程度而未被纳入跨国企业集团合并财务报表的任一实体。

4. 独立核算并编制财务报表的常设机构。

(二)该居民企业被跨国企业集团指定为国别报告的报送企业。

国别报告主要披露最终控股企业所属跨国企业集团所有成员实体的全球所得、税收和业务活动的国别分布情况。

38. 下列属于同期资料的有(　　)。

A. 主体文档　　B. 本地文档

C. 主体资料　　D. 本地资料

【参考答案】 AB

【答案解析】《国家税务总局关于完善关联申报和同期资料管理有关事项的公告》(国家税务总局公告 2016 年第 42 号)第十条规定，同期资料包括主体文档、本地文档和特殊事项文档。

39. 下列企业，应当准备主体文档的是(　　)。

A. 甲企业 2023 年发生跨境关联交易，且合并甲企业财务报表的最终控股企业所属企业集团已准备主体文档

B. 乙企业 2023 年关联交易总额为 15 亿元

C. 丙企业 2023 年关联交易总额为 8 亿元

D. 丁企业 2023 年关联交易总额为 5 亿元

【参考答案】 AB

【答案解析】《国家税务总局关于完善关联申报和同期资料管理有关事项的公告》(国家税务总局公告 2016 年第 42 号)第十一条规定，符合下列条件之一的企业，应当准备主体文档：

(一)年度发生跨境关联交易，且合并该企业财务报表的最终控股企业所属企业集团已准备主体文档。

(二)年度关联交易总额超过 10 亿元。

40. 主体文档主要披露最终控股企业所属企业集团的全球业务整体情况，下列选项属于其应该披露内容的是(　　)。

A. 有形资产　　B. 组织架构

C. 劳务活动　　　　　　　　　　　　D. 企业集团业务

【参考答案】 BD

【答案解析】 《国家税务总局关于完善关联申报和同期资料管理有关事项的公告》(国家税务总局公告 2016 年第 42 号)第十二规定，主体文档主要披露最终控股企业所属企业集团的全球业务整体情况，包括以下内容：

(一)组织架构

以图表形式说明企业集团的全球组织架构、股权结构和所有成员实体的地理分布。成员实体是指企业集团内任一营运实体，包括公司制企业、合伙企业和常设机构等。

(二)企业集团业务

1. 企业集团业务描述，包括利润的重要价值贡献因素。

2. 企业集团营业收入前五位以及占营业收入超过 5%的产品或者劳务的供应链及其主要市场地域分布情况。供应链情况可以采用图表形式进行说明。

3. 企业集团除研发外的重要关联劳务及简要说明，说明内容包括主要劳务提供方提供劳务的胜任能力、分配劳务成本以及确定关联劳务价格的转让定价政策。

4. 企业集团内各成员实体主要价值贡献分析，包括执行的关键功能、承担的重大风险、以及使用的重要资产。

5. 企业集团会计年度内发生的业务重组，产业结构调整，集团内企业功能、风险或者资产的转移。

6. 企业集团会计年度内发生的企业法律形式改变、债务重组、股权收购、资产收购、合并、分立等。

(三)无形资产

1. 企业集团开发、应用无形资产及确定无形资产所有权归属的整体战略，包括主要研发机构所在地和研发管理活动发生地及其主要功能、风险、资产和人员情况。

2. 企业集团对转让定价安排有显著影响的无形资产或者无形资产组合，以及对应的无形资产所有权人。

3. 企业集团内各成员实体与其关联方的无形资产重要协议清单，重要协议包括成本分摊协议、主要研发服务协议和许可协议等。

4. 企业集团内与研发活动及无形资产相关的转让定价政策。

5. 企业集团会计年度内重要无形资产所有权和使用权关联转让情况，包括转让涉及的企业、国家以及转让价格等。

(四)融资活动

1. 企业集团内部各关联方之间的融资安排以及与非关联方的主要融资安排。

2. 企业集团内提供集中融资功能的成员实体情况，包括其注册地和实际管理机构所在地。

3. 企业集团内部各关联方之间融资安排的总体转让定价政策。

(五)财务与税务状况

1. 企业集团最近一个会计年度的合并财务报表。

2. 企业集团内各成员实体签订的单边预约定价安排、双边预约定价安排以及涉及国家之间所得分配的其他税收裁定的清单及简要说明。

3. 报送国别报告的企业名称及其所在地。

41. 下列企业,应当准备本地文档的是(　　)。

A. 甲企业 2023 年关联交易中有形资产所有权转让金额为 3 亿元

B. 乙企业 2023 年关联交易中无形资产所有权转让金额为 2 亿元

C. 丙企业 2023 年关联交易中金融资产转让金额为 5 000 万元

D. 丁企业 2023 年关联交易中劳务交易金额为 3 000 万元

【参考答案】 AB

【答案解析】《国家税务总局关于完善关联申报和同期资料管理有关事项的公告》(国家税务总局公告 2016 年第 42 号)第十三规定,年度关联交易金额符合下列条件之一的企业,应当准备本地文档:

(一)有形资产所有权转让金额(来料加工业务按照年度进出口报关价格计算)超过 2 亿元。

(二)金融资产转让金额超过 1 亿元。

(三)无形资产所有权转让金额超过 1 亿元。

(四)其他关联交易金额合计超过 4 000 万元。

42. 下列属于本地文档主要披露内容的是(　　)。

A. 关联关系　　B. 关联交易

C. 可比性分析　　D. 财务与税务状况

【参考答案】 ABC

【答案解析】《国家税务总局关于完善关联申报和同期资料管理有关事项的公告》(国家税务总局公告 2016 年第 42 号)第十四规定,本地文档主要披露企业关联交易的详细信息,包括以下内容:

(一)企业概况

1. 组织结构,包括企业各职能部门的设置、职责范围和雇员数量等。

2. 管理架构,包括企业各级管理层的汇报对象以及汇报对象主要办公所在地等。

3. 业务描述,包括企业所属行业的发展概况、产业政策、行业限制等影响企业和行业的主要经济和法律问题,主要竞争者等。

4. 经营策略,包括企业各部门、各环节的业务流程,运营模式,价值贡献因素等。

5. 财务数据,包括企业不同类型业务及产品的收入、成本、费用及利润。

6.涉及本企业或者对本企业产生影响的重组或者无形资产转让情况，以及对本企业的影响分析。

（二）关联关系

1.关联方信息，包括直接或者间接拥有企业股权的关联方，以及与企业发生交易的关联方，内容涵盖关联方名称、法定代表人、高级管理人员的构成情况、注册地址、实际经营地址，以及关联个人的姓名、国籍、居住地等情况。

2.上述关联方适用的具有所得税性质的税种、税率及相应可享受的税收优惠。

3.本会计年度内，企业关联关系的变化情况。

（三）关联交易

1.关联交易概况

（1）关联交易描述和明细，包括关联交易相关合同或者协议副本及其执行情况的说明，交易标的的特性，关联交易的类型、参与方、时间、金额、结算货币、交易条件、贸易形式，以及关联交易与非关联交易业务的异同等。

（2）关联交易流程，包括关联交易的信息流、物流和资金流，与非关联交易业务流程的异同。

（3）功能风险描述，包括企业及其关联方在各类关联交易中执行的功能、承担的风险和使用的资产。

（4）交易定价影响要素，包括关联交易涉及的无形资产及其影响，成本节约、市场溢价等地域特殊因素。地域特殊因素应从劳动力成本、环境成本、市场规模、市场竞争程度、消费者购买力、商品或者劳务的可替代性、政府管制等方面进行分析。

（5）关联交易数据，包括各关联方、各类关联交易涉及的交易金额。分别披露关联交易和非关联交易的收入、成本、费用和利润，不能直接归集的，按照合理比例划分，并说明该划分比例的依据。

2.价值链分析

（1）企业集团内业务流、物流和资金流，包括商品、劳务或者其他交易标的的从设计、开发、生产制造、营销、销售、交货、结算、消费、售后服务、循环利用等各环节及其参与方。

（2）上述各环节参与方最近会计年度的财务报表。

（3）地域特殊因素对企业创造价值贡献的计量及其归属。

（4）企业集团利润在全球价值链条中的分配原则和分配结果。

3.对外投资

（1）对外投资基本信息，包括对外投资项目的投资地区、金额、主营业务及战略规划。

（2）对外投资项目概况，包括对外投资项目的股权架构、组织结构，高级管理人员的雇佣方式，项目决策权限的归属。

（3）对外投资项目数据，包括对外投资项目的营运数据。

4.关联股权转让

(1)股权转让概况,包括转让背景、参与方、时间、价格、支付方式,以及影响股权转让的其他因素。

(2)股权转让标的的相关信息,包括股权转让标的所在地,出让方获取该股权的时间、方式和成本,股权转让收益等信息。

(3)尽职调查报告或者资产评估报告等与股权转让相关的其他信息。

5.关联劳务

(1)关联劳务概况,包括劳务提供方和接受方,劳务的具体内容、特性、开展方式、定价原则、支付形式,以及劳务发生后各方受益情况等。

(2)劳务成本费用的归集方法、项目、金额、分配标准、计算过程及结果等。

(3)企业及其所属企业集团与非关联方存在相同或者类似劳务交易的,还应当详细说明关联劳务与非关联劳务在定价原则和交易结果上的异同。

6.与企业关联交易直接相关的,中国以外其他国家税务主管当局签订的预约定价安排和作出的其他税收裁定。

(四)可比性分析

1.可比性分析考虑的因素,包括交易资产或者劳务特性,交易各方功能、风险和资产,合同条款,经济环境,经营策略等。

2.可比企业执行的功能、承担的风险以及使用的资产等相关信息。

3.可比对象搜索方法、信息来源、选择条件及理由。

4.所选取的内部或者外部可比非受控交易信息和可比企业的财务信息。

5.可比数据的差异调整及理由。

(五)转让定价方法的选择和使用

1.被测试方的选择及理由。

2.转让定价方法的选用及理由,无论选择何种转让定价方法,均须说明企业对集团整体利润或者剩余利润所做的贡献。

3.确定可比非关联交易价格或者利润的过程中所做的假设和判断。

4.运用合理的转让定价方法和可比性分析结果,确定可比非关联交易价格或者利润。

5.其他支持所选用转让定价方法的资料。

6.关联交易定价是否符合独立交易原则的分析及结论。

43.下列属于特殊事项文档的是(　　)。

A.税收协定特殊事项文档　　B.成本分摊协议特殊事项文档

C.资本弱化特殊事项文档　　D.特别纳税调整特殊事项文档

【参考答案】 BC

【答案解析】《国家税务总局关于完善关联申报和同期资料管理有关事项的公告》(国

家税务总局公告2016年第42号)第十五条规定,特殊事项文档包括成本分摊协议特殊事项文档和资本弱化特殊事项文档。

44. 下列选项中,属于预约定价安排类型的是( )。

A. 单边　　B. 双边

C. 特殊　　D. 多边

【参考答案】 ABD

【答案解析】 《国家税务总局关于完善预约定价安排管理有关事项的公告》(国家税务总局公告2016年第64号)第二条规定,预约定价安排的谈签与执行经过预备会谈、谈签意向、分析评估、正式申请、协商签署和监控执行6个阶段。预约定价安排包括单边、双边和多边3种类型。

45. 在企业预约定价安排过程中,税务机关可以拒绝企业提交谈签意向的情形有( )。

A. 税务机关已经对企业实施特别纳税调整立案调查,已经结案的

B. 企业未按照有关规定填报年度关联业务往来报告表

C. 企业未按照有关规定准备、保存和提供同期资料

D. 预备会谈阶段税务机关和企业无法达成一致意见

【参考答案】 BCD

【答案解析】 《国家税务总局关于完善预约定价安排管理有关事项的公告》(国家税务总局公告2016年第64号)第六条规定,税务机关和企业在预备会谈期间达成一致意见的,主管税务机关向企业送达同意其提交谈签意向的《税务事项通知书》。企业收到《税务事项通知书》后向税务机关提出谈签意向。(三)有下列情形之一的,税务机关可以拒绝企业提交谈签意向:(1)税务机关已经对企业实施特别纳税调整立案调查或者其他涉税案件调查,且尚未结案的;(2)未按照有关规定填报年度关联业务往来报告表;(3)未按照有关规定准备、保存和提供同期资料;(4)预备会谈阶段税务机关和企业无法达成一致意见。

46. 关于预约定价安排,下列说法正确的是( )。

A. 在预约定价安排签署前,税务机关和企业均可暂停、终止预约定价安排程序

B. 预约定价安排采取四分位法确定价格或者利润水平

C. 预约定价安排执行期间,企业发生影响预约定价安排的实质性变化,应当在发生变化之日起60日内书面报告主管税务机关

D. 预约定价安排执行期满后自动失效。企业申请续签的,应当在预约定价安排执行期满之日前30日内向税务机关提出续签申请

【参考答案】 AB

【答案解析】 《国家税务总局关于完善预约定价安排管理有关事项的公告》(国家税务总局公告2016年第64号)第十条规定,预约定价安排执行期间,企业发生影响预约定价安

排的实质性变化，应当在发生变化之日起30日内书面报告主管税务机关。第十一条规定，预约定价安排执行期满后自动失效。企业申请续签的，应当在预约定价安排执行期满之日前90日内向税务机关提出续签申请。

47. 税务机关可以通过下列（　　）手段，对企业实施特别纳税调整监控管理。

A. 关联申报审核　　B. 预约定价安排谈签

C. 同期资料管理　　D. 利润水平监控

【参考答案】 ACD

【答案解析】《特别纳税调查调整及相互协商程序管理办法》第三条规定，税务机关通过关联申报审核、同期资料管理和利润水平监控等手段，对企业实施特别纳税调整监控管理。

48. 下列选项中，属于税务机关实施特别纳税调查时，应当重点关注具有以下风险特征的企业（　　）。

A. 关联交易金额较大或者类型较多

B. 存在长期亏损、微利或者跳跃性盈利

C. 高于同行业利润水平

D. 利润水平与其所承担的功能风险不相匹配

【参考答案】 ABD

【答案解析】《特别纳税调查调整及相互协商程序管理办法》第四条规定，税务机关实施特别纳税调查，应当重点关注具有以下风险特征的企业：

（一）关联交易金额较大或者类型较多；

（二）存在长期亏损、微利或者跳跃性盈利；

（三）低于同行业利润水平；

（四）利润水平与其所承担的功能风险不相匹配，或者分享的收益与分摊的成本不相配比；

（五）与低税国家（地区）关联方发生关联交易；

（六）未按照规定进行关联申报或者准备同期资料；

（七）从其关联方接受的债权性投资与权益性投资的比例超过规定标准；

（八）由居民企业，或者由居民企业和中国居民控制的设立在实际税负低于12.5%的国家（地区）的企业，并非由于合理的经营需要而对利润不作分配或者减少分配；

（九）实施其他不具有合理商业目的的税收筹划或者安排。

49. 关于特别纳税调查调整，下列说法正确的是（　　）。

A. 税务机关实施特别纳税调查时，记录内容应当由两名以上调查人员签字，并经被取证方核实签章确认

B. 被调查当事人、证人只能采取书面方式提供证言

C. 可比非受控价格法可以适用于所有类型的关联交易

D. 税务机关在进行可比性分析时，只能使用公开信息

【参考答案】 AC

【答案解析】《特别纳税调查调整及相互协商程序管理办法》第十二条规定，需要被调查当事人、证人陈述或者提供证言的，应当事先告知其不如实陈述或者提供虚假证言应当承担的法律责任。被调查当事人、证人可以采取书面或者口头方式陈述或者提供证言，以口头方式陈述或者提供证言的，调查人员可以笔录、录音、录像。笔录应当使用能够长期保持字迹的书写工具书写，也可使用计算机记录并打印，陈述或者证言应当由被调查当事人、证人逐页签章。第二十四条规定，税务机关在进行可比性分析时，优先使用公开信息，也可以使用非公开信息。

50. 关于非居民承包工程作业和提供劳务，下列说法正确的是(　　)。

A. 税务机关可指定工程价款或劳务费的支付人为扣缴义务人

B. 非居民企业在中国境内承包工程作业或提供劳务的，应当自项目合同签订之日起 60 日内，向项目所在地主管税务机关办理税务登记手续

C. 欠缴税款的非居民企业法定代表人在出境前未按照规定结清应纳税款、滞纳金，又不提供纳税担保的，税务机关可以阻止其出境

D. 非居民企业在中国境内承包工程作业或提供劳务的，企业所得税按纳税年度计算、分季预缴，年终汇算清缴

【参考答案】 AD

【答案解析】《非居民承包工程作业和提供劳务税收管理暂行办法》(国家税务总局令第 19 号)第五条规定，非居民企业在中国境内承包工程作业或提供劳务的，应当自项目合同或协议(以下简称合同)签订之日起 30 日内，向项目所在地主管税务机关办理税务登记手续。所以 B 选项错误。第三十条规定，欠缴税款的非居民企业法定代表人或非居民个人在出境前未按照规定结清应纳税款、滞纳金又不提供纳税担保的，税务机关可以通知出入境管理机关阻止其出境。

51. 下列非居民企业需要进行当年度企业所得税汇算清缴的是(　　)。

A. 在中国境内设立机构、场所，且当年度盈利的非居民企业

B. 在中国境内设立机构、场所，且当年度亏损的非居民企业

C. 临时来华承包工程和提供劳务不足 1 年，在年度中间终止经营活动，且已经结清税款的非居民企业

D. 汇算清缴期内已办理注销的非居民企业

【参考答案】 AB

【答案解析】《国家税务总局关于印发〈非居民企业所得税汇算清缴管理办法〉的通知》(国税发〔2009〕6 号)第一条规定，汇算清缴对象。(一)依照外国(地区)法律成立且实际

管理机构不在中国境内，但在中国境内设立机构、场所的非居民企业（以下称为企业），无论盈利或者亏损，均应按照企业所得税法及本办法规定参加所得税汇算清缴。（二）企业具有下列情形之一的，可不参加当年度的所得税汇算清缴：(1)临时来华承包工程和提供劳务不足1年，在年度中间终止经营活动，且已经结清税款；(2)汇算清缴期内已办理注销；(3)其他经主管税务机关批准可不参加当年度所得税汇算清缴。

52. 下列关于中国居民企业向QFII支付股息、红利、利息说法正确的是（　　）。

A. QFII取得来源于中国境内的股息、红利和利息收入，应当按照企业所得税法规定缴纳20%的企业所得税

B. QFII取得来源于中国境内的股息、红利收入，由派发股息、红利的企业代扣代缴

C. QFII取得来源于中国境内的利息收入，由企业在支付或到期应支付前代扣代缴

D. QFII取得股息、红利和利息收入，需要享受税收协定（安排）待遇的，可向主管税务机关提出申请

【参考答案】 BD

【答案解析】《国家税务总局关于中国居民企业向QFII支付股息、红利、利息代扣代缴企业所得税有关问题的通知》（国税函〔2009〕47号）第一条规定，QFII取得来源于中国境内的股息、红利和利息收入，应当按照企业所得税法规定缴纳10%的企业所得税。如果是股息、红利，则由派发股息、红利的企业代扣代缴；如果是利息，则由企业在支付或到期应支付时代扣代缴。第二条规定，QFII取得股息、红利和利息收入，需要享受税收协定（安排）待遇的，可向主管税务机关提出申请，主管税务机关审核无误后按照税收协定的规定执行；涉及退税的，应及时予以办理。

53. 下列情形，不需要向所在地主管税务机关进行税务备案的是（　　）。

A. 甲企业向境外支付发生在境外的10万美元保险费

B. 居民个人乙向境外支付8万美元留学因私用汇

C. 丙企业向境外A公司支付6万美元特许权使用费

D. 丁企业向境外B公司支付4万美元股息

【参考答案】 ABD

【答案解析】《国家税务总局 国家外汇管理局关于服务贸易等项目对外支付税务备案有关问题的公告》（国家税务总局 国家外汇管理局公告2013年第40号）第一条规定，境内机构和个人向境外单笔支付等值5万美元以上（不含等值5万美元，下同）下列外汇资金，除本公告第三条规定的情形外，均应向所在地主管税务机关进行税务备案。第三条规定，境内机构和个人对外支付下列外汇资金，无需办理和提交《备案表》：……（三）境内机构发生在境外的进出口贸易佣金、保险费、赔偿款……（十三）境内个人境外留学、旅游、探亲等因私用汇。

54. 下列选项，属于备案人可以获取和填报《服务贸易等项目对外支付税务备案表》的

是(　　)。

A. 在进行对外支付的银行窗口领取并填报

B. 通过电子税务局等在线方式填报

C. 从各省、自治区、直辖市和计划单列市税务局官方网站下载并填报

D. 在主管税务机关办税服务厅领取并填报

【参考答案】 BCD

【答案解析】《国家税务总局 国家外汇管理局关于服务贸易等项目对外支付税务备案有关问题的补充公告》(国家税务总局 国家外汇管理局公告 2021 年第 19 号)第三条规定,备案人可以通过以下方式获取和填报《服务贸易等项目对外支付税务备案表》(以下简称《备案表》):(一)通过电子税务局等在线方式填报;(二)从各省、自治区、直辖市和计划单列市税务局官方网站下载并填报;(三)在主管税务机关办税服务厅领取并填报。

55. 下列关于非居民企业所得税源泉扣缴外币折算说法正确的是(　　)。

A. 扣缴义务人扣缴的,应当按照扣缴义务发生之日人民币汇率中间价折算

B. 扣缴义务人扣缴的,应当按照扣缴义务发生之日人民币汇率卖出价折算

C. 税务机关责令非居民企业限期缴纳的,应当按照作出限期缴税决定之日前一日人民币汇率中间价折算

D. 税务机关责令非居民企业限期缴纳的,应当按照作出限期缴税决定之日前一日人民币汇率卖出价折算

【参考答案】 AC

【答案解析】《国家税务总局关于非居民企业所得税源泉扣缴有关问题的公告》(国家税务总局公告 2017 年第 37 号)第四条规定,扣缴义务人支付或者到期应支付的款项以人民币以外的货币支付或计价的,分别按以下情形进行外币折算:

(一)扣缴义务人扣缴企业所得税的,应当按照扣缴义务发生之日人民币汇率中间价折合成人民币,计算非居民企业应纳税所得额。扣缴义务发生之日为相关款项实际支付或者到期应支付之日。

(二)取得收入的非居民企业在主管税务机关责令限期缴纳税款前自行申报缴纳应源泉扣缴税款的,应当按照填开税收缴款书之日前一日人民币汇率中间价折合成人民币,计算非居民企业应纳税所得额。

56. 下列关于非居民企业所得税源泉扣缴说法正确的是(　　)。

A. 扣缴义务人应当自扣缴义务发生之日起 7 日内申报和解缴代扣税款

B. 所得为股息、红利的,扣缴义务发生之日为股息、红利实际支付之日

C. 扣缴义务人在申报和解缴应扣税款时,应填报《中华人民共和国扣缴企业所得税报告表》

D. 扣缴义务人应扣未扣的,税务机关可以责令扣缴义务人补扣税款,并依法追究扣缴

义务人责任

【参考答案】 ABCD

【答案解析】《国家税务总局关于非居民企业所得税源泉扣缴有关问题的公告》(国家税务总局公告2017年第37号)第七条规定,扣缴义务人应当自扣缴义务发生之日起7日内向扣缴义务人所在地主管税务机关申报和解缴代扣税款。非居民企业取得应源泉扣缴的所得为股息、红利等权益性投资收益的,相关应纳税款扣缴义务发生之日为股息、红利等权益性投资收益实际支付之日。第八条规定,扣缴义务人在申报和解缴应扣税款时,应填报《中华人民共和国扣缴企业所得税报告表》。第十二条规定,按照企业所得税法第三十七条规定应当扣缴的税款,扣缴义务人应扣未扣的,由扣缴义务人所在地主管税务机关依照《中华人民共和国行政处罚法》第二十三条规定责令扣缴义务人补扣税款,并依法追究扣缴义务人责任。

57. 境外投资者以分配利润直接投资暂不征收预提所得税,须同时满足的条件是(　　)。

A. 直接投资包括增资、新建、股权收购等权益性投资行为

B. 利润属于中国境内居民企业实际分配已经实现的留存收益而形成的股息、红利等

C. 用于直接投资的利润以现金形式支付的,投资前不得在境内外其他账户周转

D. 直接投资的利润以非现金形式支付的,投资前不得由其他企业、个人代为持有或临时持有

【参考答案】 ABCD

【答案解析】《财政部 税务总局 国家发展改革委 商务部关于扩大境外投资者以分配利润直接投资暂不征收预提所得税政策适用范围的通知》(财税〔2018〕102号)第二条规定,境外投资者暂不征收预提所得税须同时满足以下条件:

(一)境外投资者以分得利润进行的直接投资,包括境外投资者以分得利润进行的增资、新建、股权收购等权益性投资行为,但不包括新增、转增、收购上市公司股份(符合条件的战略投资除外)。具体是指:(1)新增或转增中国境内居民企业实收资本或者资本公积;(2)在中国境内投资新建居民企业;(3)从非关联方收购中国境内居民企业股权;(4)财政部、税务总局规定的其他方式。

境外投资者采取上述投资行为所投资的企业统称为被投资企业。

(二)境外投资者分得的利润属于中国境内居民企业向投资者实际分配已经实现的留存收益而形成的股息、红利等权益性投资收益。

(三)境外投资者用于直接投资的利润以现金形式支付的,相关款项从利润分配企业的账户直接转入被投资企业或股权转让方账户,在直接投资前不得在境内外其他账户周转;境外投资者用于直接投资的利润以实物、有价证券等非现金形式支付的,相关资产所有权直接从利润分配企业转入被投资企业或股权转让方,在直接投资前不得由其他企业、个人

代为持有或临时持有。

58. 下列条件中，属于判定境外中资企业的实际管理机构在中国境内的是（　　）。

A. 负责实施日常生产经营管理运作的高层管理人员及其高层管理部门履行职责的场所主要位于中国境内

B. 企业的财务决策和人事决策由位于中国境内的机构或人员决定

C. 企业的主要财产、会计账簿、公司印章、董事会和股东会议纪要档案等位于或存放于中国境内

D. 企业 2/3 以上有投票权的董事或高层管理人员经常居住于中国境内

【参考答案】 ABC

【答案解析】《国家税务总局关于境外注册中资控股企业依据实际管理机构标准认定为居民企业有关问题的通知》（国税发〔2009〕82 号）第二条规定，境外中资企业同时符合以下条件的，根据企业所得税法第二条第二款和实施条例第四条的规定，应判定其为实际管理机构在中国境内的居民企业（以下称非境内注册居民企业），并实施相应的税收管理，就其来源于中国境内、境外的所得征收企业所得税。

（一）企业负责实施日常生产经营管理运作的高层管理人员及其高层管理部门履行职责的场所主要位于中国境内；

（二）企业的财务决策（如借款、放款、融资、财务风险管理等）和人事决策（如任命、解聘和薪酬等）由位于中国境内的机构或人员决定，或需要得到位于中国境内的机构或人员批准；

（三）企业的主要财产、会计账簿、公司印章、董事会和股东会议纪要档案等位于或存放于中国境内；

（四）企业 1/2（含 1/2）以上有投票权的董事或高层管理人员经常居住于中国境内。

59. 下列选项中，说法正确的是（　　）。

A. 对于实际管理机构的判断，应当遵循实质重于形式的原则

B. 非境内注册居民企业从中国境内其他居民企业取得的股息、红利，作为其应纳税收入

C. 非境内注册居民企业在中国境内投资设立的企业，其外商投资企业的税收法律地位发生改变

D. 境外中资企业被认定为中国居民企业后成为双重居民身份的，按照税收协定的规定执行

【参考答案】 AD

【答案解析】《国家税务总局关于境外注册中资控股企业依据实际管理机构标准认定为居民企业有关问题的通知》（国税发〔2009〕82 号）第三条规定，对于实际管理机构的判断，应当遵循实质重于形式的原则。第四条规定，非境内注册居民企业从中国境内其他居民企

业取得的股息、红利等权益性投资收益，按照企业所得税法第二十六条和实施条例第八十三条的规定，作为其免税收入。第五条规定，非境内注册居民企业在中国境内投资设立的企业，其外商投资企业的税收法律地位不变。第八条规定，境外中资企业被认定为中国居民企业后成为双重居民身份的，按照中国与相关国家（或地区）签署的税收协定（或安排）的规定执行。

60. 关于境外所得税收抵免，下列说法正确的是（　　）。

A. 企业不能准确计算实际可抵免境外所得税税额的，不得在当期应纳税额中抵免，可以结转以后年度抵免

B. 从境外不具有独立纳税地位的分支机构取得的境外所得，无论是否汇回中国境内，均应计入境外应纳税所得额

C. 来源于境外的股息、红利等权益性投资收益，应按被投资方实际分配利润的日期确认收入实现

D. 来源于境外的利息、租金、特许权使用费、转让财产等收入，应按有关合同约定应付交易对价款的日期确认收入实现

【参考答案】 BD

【答案解析】《财政部 国家税务总局关于企业境外所得税收抵免有关问题的通知》（财税〔2009〕125 号）第二条规定，企业应按照企业所得税法及其实施条例、税收协定以及本通知的规定，准确计算下列当期与抵免境外所得税有关的项目后，确定当期实际可抵免分国（地区）别的境外所得税税额和抵免限额：

（一）境内所得的应纳税所得额（以下称境内应纳税所得额）和分国（地区）别的境外所得的应纳税所得额（以下称境外应纳税所得额）；

（二）分国（地区）别的可抵免境外所得税税额；

（三）分国（地区）别的境外所得税的抵免限额。

企业不能准确计算上述项目实际可抵免分国（地区）别的境外所得税税额的，在相应国家（地区）缴纳的税收均不得在该企业当期应纳税额中抵免，也不得结转以后年度抵免。

第三条规定，企业应就其按照实施条例第七条规定确定的中国境外所得（境外税前所得），按以下规定计算实施条例第七十八条规定的境外应纳税所得额：

（一）居民企业在境外投资设立不具有独立纳税地位的分支机构，其来源于境外的所得，以境外收入总额扣除与取得境外收入有关的各项合理支出后的余额为应纳税所得额。各项收入、支出按企业所得税法及实施条例的有关规定确定。

居民企业在境外设立不具有独立纳税地位的分支机构取得的各项境外所得，无论是否汇回中国境内，均应计入该企业所属纳税年度的境外应纳税所得额。

（二）居民企业应就其来源于境外的股息、红利等权益性投资收益，以及利息、租金、特许权使用费、转让财产等收入，扣除按照企业所得税法及实施条例等规定计算的与取得该

项收入有关的各项合理支出后的余额为应纳税所得额。来源于境外的股息、红利等权益性投资收益，应按被投资方作出利润分配决定的日期确认收入实现；来源于境外的利息、租金、特许权使用费、转让财产等收入，应按有关合同约定应付交易对价款的日期确认收入实现。

（三）非居民企业在境内设立机构、场所的，应就其发生在境外但与境内所设机构、场所有实际联系的各项应税所得，比照上述第（二）项的规定计算相应的应纳税所得额。

（四）在计算境外应纳税所得额时，企业为取得境内、外所得而在境内、境外发生的共同支出，与取得境外应税所得有关的、合理的部分，应在境内、境外[分国（地区）别，下同]应税所得之间，按照合理比例进行分摊后扣除。

（五）在汇总计算境外应纳税所得额时，企业在境外同一国家（地区）设立不具有独立纳税地位的分支机构，按照企业所得税法及实施条例的有关规定计算的亏损，不得抵减其境内或他国（地区）的应纳税所得额，但可以用同一国家（地区）其他项目或以后年度的所得按规定弥补。

61. 可抵免境外所得税税额不包括（　　）。

A. 按照境外所得税法律及相关规定属于错缴或错征的境外所得税税款

B. 按照税收协定规定不应征收的境外所得税税款

C. 因少缴或迟缴境外所得税而追加的利息、滞纳金或罚款

D. 按照我国法律规定，已经免征我国企业所得税的境外所得负担的境外所得税税款

【参考答案】 ABCD

【答案解析】《财政部 国家税务总局关于企业境外所得税收抵免有关问题的通知》（财税〔2009〕125 号）第四条规定，可抵免境外所得税税额，是指企业来源于中国境外的所得依照中国境外税收法律以及相关规定应当缴纳并已实际缴纳的企业所得税性质的税款。但不包括：

（一）按照境外所得税法律及相关规定属于错缴或错征的境外所得税税款；

（二）按照税收协定规定不应征收的境外所得税税款；

（三）因少缴或迟缴境外所得税而追加的利息、滞纳金或罚款；

（四）境外所得税纳税人或者其利害关系人从境外征税主体得到实际返还或补偿的境外所得税税款；

（五）按照我国企业所得税法及其实施条例规定，已经免征我国企业所得税的境外所得负担的境外所得税税款；

（六）按照国务院财政、税务主管部门有关规定已经从企业境外应纳税所得额中扣除的境外所得税税款。

62. 法定税率明显高于我国的境外所得来源国（地区）是（　　）。

A. 巴巴多斯　　　　B. 法国

C. 日本　　　　D. 开曼群岛

【参考答案】 BC

【答案解析】 根据《财政部 国家税务总局关于企业境外所得税收抵免有关问题的通知》(财税〔2009〕125 号)的附件,法定税率明显高于我国的境外所得来源国(地区)名单如下:

美国、阿根廷、布隆迪、喀麦隆、古巴、法国、日本、摩洛哥、巴基斯坦、赞比亚、科威特、孟加拉国、叙利亚、约旦、老挝。

63. 境外税额抵免分为(　　)。

A. 全额抵免　　　　B. 差额抵免

C. 直接抵免　　　　D. 间接抵免

【参考答案】 CD

【答案解析】 《企业境外所得税收抵免操作指南》规定,境外税额抵免分为直接抵免和间接抵免。

64. 非境内注册居民企业发生下列(　　)重大变化时,应当自变化之日起 15 日内报告主管税务机关。

A. 企业实际管理机构所在地变更为中国境外

B. 企业实际管理机构所在地变更为中国境内

C. 中方控股投资者转让企业股权,导致中资控股地位发生变化

D. 企业法人变更

【参考答案】 AC

【答案解析】 《境外注册中资控股居民企业所得税管理办法(试行)》第十一条规定,非境内注册居民企业发生下列重大变化情形之一的,应当自变化之日起 15 日内报告主管税务机关,主管税务机关应当按照本办法规定层报税务总局确定是否取消其居民身份。

(一)企业实际管理机构所在地变更为中国境外的;

(二)中方控股投资者转让企业股权,导致中资控股地位发生变化的。

65. 非境内注册居民企业应当自收到居民身份认定书之日起 30 日内向主管税务机关提供资料申报办理税务登记,其需要提供的资料有(　　)。

A. 居民身份认定书　　　　B. 境外注册登记证件

C. 税务登记证原件　　　　D. 税务机关要求提供的其他资料

【参考答案】 ABD

【答案解析】 《境外注册中资控股居民企业所得税管理办法(试行)》第十三条规定,非境内注册居民企业应当自收到居民身份认定书之日起 30 日内向主管税务机关提供以下资料申报办理税务登记,主管税务机关核发临时税务登记证及副本:

(一)居民身份认定书;

(二)境外注册登记证件;

(三)税务机关要求提供的其他资料。

66. 下列选项说法正确的是(　　)。

A. 境外中资企业居民身份的认定，只能采用企业自行判定提请税务机关认定的形式

B. 非境内注册居民企业应当自收到居民身份认定书之日起30日内向主管税务机关申报办理税务登记

C. 非境内注册居民企业终止居民身份的，应当自收到书面通知之日起30日内申报办理注销税务登记

D. 发生扣缴义务的非境内注册居民企业应当设立代扣代缴税款账簿和合同资料档案

【参考答案】 BD

【答案解析】《境外注册中资控股居民企业所得税管理办法(试行)》第六条规定，境外中资企业居民身份的认定，采用企业自行判定提请税务机关认定和税务机关调查发现予以认定两种形式。第十三条规定，非境内注册居民企业应当自收到居民身份认定书之日起30日内向主管税务机关提供以下资料申报办理税务登记，主管税务机关核发临时税务登记证及副本。第十四条规定，非境内注册居民企业经税务总局确认终止居民身份的，应当自收到主管税务机关书面通知之日起15日内向主管税务机关申报办理注销税务登记。第十八条规定，发生扣缴义务的非境内注册居民企业应当设立代扣代缴税款账簿和合同资料档案，准确记录扣缴企业所得税情况。

67. 关于非境内注册居民企业，下列说法正确的是(　　)。

A. 非境内注册居民企业按照分季预缴、年度汇算清缴方法申报缴纳所得税

B. 非境内注册居民企业必须以人民币计算缴纳企业所得税

C. 税务机关应当在非境内注册居民企业年度申报和汇算清缴结束后两个月内，判定其构成居民身份的条件是否发生实质性变化

D. 实际管理机构转移至境外或者企业中资控股地位发生变化的非境内注册居民企业，应终止其居民身份

【参考答案】 ACD

【答案解析】《境外注册中资控股居民企业所得税管理办法(试行)》第二十条规定，非境内注册居民企业按照分季预缴、年度汇算清缴方法申报缴纳所得税。第二十二条规定，非境内注册居民企业应当以人民币计算缴纳企业所得税；所得以人民币以外的货币计算的，应当按照企业所得税法及其实施条例有关规定折合成人民币计算并缴纳企业所得税。第二十三条规定，对非境内注册居民企业未依法履行居民企业所得税纳税义务的，主管税务机关应依据税收征管法及其实施细则的有关规定追缴税款、加收滞纳金，并处罚款。主管税务机关应当在非境内注册居民企业年度申报和汇算清缴结束后两个月内，判定其构成居民身份的条件是否发生实质性变化。对实际管理机构转移至境外或者企业中资控股地位发生变化的，主管税务机关应层报税务总局终止其居民身份。

68. 各地税务机关要按照税务总局提出的税收服务"一带一路"发展战略的总体要求，从"（　　）、（　　）、（　　）"三个方面，采取有力措施，做好本地区的落实工作。

A. 执行协定维权益　　B. 改善服务谋发展

C. 规范管理促遵从　　D. 深化改革引进来

【参考答案】 ABC

【答案解析】《国家税务总局关于落实"一带一路"发展战略要求 做好税收服务与管理工作的通知》（税总发〔2015〕60 号）第一条规定，总体目标各地要按照税务总局提出的税收服务"一带一路"发展战略的总体要求，从"执行协定维权益、改善服务谋发展、规范管理促遵从"三个方面，采取有力措施，做好本地区的落实工作。

69. 下列关于申请开具《中国税收居民身份证明》说法正确的是（　　）。

A. 申请人可以就其构成中国税收居民的任一公历年度申请开具《税收居民证明》

B. 申请人应向主管其所得税的省税务局申请开具《税收居民证明》

C. 中国居民企业的境内、境外分支机构应由其中国总机构向税务总局申请

D. 合伙企业应当以其中国居民合伙人作为申请人，向中国居民合伙人主管税务机关申请

【参考答案】 AD

【答案解析】《国家税务总局关于开具〈中国税收居民身份证明〉有关事项的公告》（国家税务总局公告 2016 年第 40 号）第三条规定，申请人可以就其构成中国税收居民的任一公历年度申请开具《税收居民证明》。《国家税务总局关于调整〈中国税收居民身份证明〉有关事项的公告》（国家税务总局公告 2019 年第 17 号）第一条规定，申请人应向主管其所得税的县税务局（以下称主管税务机关）申请开具《税收居民证明》。中国居民企业的境内、境外分支机构应由其中国总机构向总机构主管税务机关申请。合伙企业应当以其中国居民合伙人作为申请人，向中国居民合伙人主管税务机关申请。

70. 企业可以选择计算其来源于境外的应纳税所得额的方式有（　　）。

A. 分国（地区）分项　　B. 分国（地区）不分项

C. 不分国（地区）分项　　D. 不分国（地区）不分项

【参考答案】 BD

【答案解析】《财政部 税务总局关于完善企业境外所得税收抵免政策问题的通知》（财税〔2017〕84 号）第一条规定，企业可以选择按国（地区）别分别计算［即"分国（地区）不分项"］，或者不按国（地区）别汇总计算［即"不分国（地区）不分项"］其来源于境外的应纳税所得额，并按照财税〔2009〕125 号文件第八条规定的税率，分别计算其可抵免境外所得税税额和抵免限额。上述方式一经选择，5 年内不得改变。

71. 以下事项属于《多边税收征管互助公约》批准书中我国声明保留内容的是（　　）。

A. 对所得税以外的税种，不提供任何形式的协助

B. 不协助其他缔约方追缴税款，不协助提供保全措施

C. 不提供文书送达方面的协助

D. 不允许通过邮寄方式送达文书

【参考答案】 BCD

【答案解析】 《国家税务总局关于〈多边税收征管互助公约〉生效执行的公告》(国家税务总局公告 2016 年第 4 号)第一条规定，《公约》适用于根据我国法律由税务机关征收管理的税种，具体包括：企业所得税、个人所得税、城镇土地使用税、房产税、土地增值税、增值税、营业税、消费税、烟叶税、车辆购置税、车船税、资源税、城市维护建设税、耕地占用税、印花税、契税。第三条规定，以下事项属于《公约》批准书中我国声明保留内容：

(一)对上述税种以外的税种，不提供任何形式的协助；

(二)不协助其他缔约方追缴税款，不协助提供保全措施；

(三)不提供文书送达方面的协助；

(四)不允许通过邮寄方式送达文书。

72. 情报交换的类型包括(   )。

A. 专项情报交换　　B. 自动情报交换

C. 自发情报交换　　D. 特殊情报交换

【参考答案】 ABC

【答案解析】 情报交换是当前国际税收征管协助的主要形式，指缔约方税务机关之间交换涉税信息或开展税务检查合作，包括专项情报交换、自动情报交换、自发情报交换、同期税务检查和境外税务检查。

73. 下列选项，属于《非居民金融账户涉税信息尽职调查管理办法》所称金融机构的是(   )。

A. 商业银行　　B. 信托公司

C. 金融资产管理公司　　D. 货币经纪公司

【参考答案】 AB

【答案解析】 《非居民金融账户涉税信息尽职调查管理办法》第七条规定，下列机构属于本办法第六条规定的金融机构：

(一)商业银行、农村信用合作社等吸收公众存款的金融机构以及政策性银行；

(二)证券公司；

(三)期货公司；

(四)证券投资基金管理公司、私募基金管理公司、从事私募基金管理业务的合伙企业；

(五)开展有现金价值的保险或者年金业务的保险公司、保险资产管理公司；

(六)信托公司；

(七)其他符合条件的机构。

第八条规定,下列机构不属于本办法第六条规定的金融机构:

(一)金融资产管理公司;

(二)财务公司;

(三)金融租赁公司;

(四)汽车金融公司;

(五)消费金融公司;

(六)货币经纪公司;

(七)证券登记结算机构;

(八)其他不符合条件的机构。

74. 下列选项,不属于《非居民金融账户涉税信息尽职调查管理办法》所称消极非金融机构的是(　　)。

A. 上市公司及其关联机构

B. 仅为了持有非金融机构股权或者向其提供融资和服务而设立的控股公司

C. 税收居民国(地区)不实施金融账户涉税信息自动交换标准的投资机构

D. 非营利组织

【参考答案】 ABD

【答案解析】《非居民金融账户涉税信息尽职调查管理办法》第十二条规定,本办法所称消极非金融机构是指符合下列条件之一的机构:

(一)上一公历年度内,股息、利息、租金、特许权使用费收入等不属于积极经营活动的收入,以及据以产生前述收入的金融资产的转让收入占总收入比重百分之五十以上的非金融机构;

(二)上一公历年度末,拥有可以产生本款第一项所述收入的金融资产占总资产比重百分之五十以上的非金融机构;

(三)税收居民国(地区)不实施金融账户涉税信息自动交换标准的投资机构。

下列非金融机构不属于消极非金融机构:

(一)上市公司及其关联机构;

(二)政府机构或者履行公共服务职能的机构;

(三)仅为了持有非金融机构股权或者向其提供融资和服务而设立的控股公司;

(四)成立时间不足二十四个月且尚未开展业务的企业;

(五)正处于资产清算或者重组过程中的企业;

(六)仅与本集团(该集团内机构均为非金融机构)内关联机构开展融资或者对冲交易的企业;

(七)非营利组织。

75. 下列适用 10%企业所得税税率的有(　　)。

A. 在中国境内的居民企业

B. 在中国境内设有机构、场所，且取得的所得与其机构、场所有实际联系的非居民企业

C. 在中国境内设有机构、场所，但取得的所得与其机构、场所没有实际联系的非居民企业

D. 在中国境内未设立机构场所的非居民企业

【参考答案】 CD

【答案解析】 居民企业和在中国境内设有机构、场所，且取得的所得与机构、场所有实际联系的非居民企业，适用 25%的税率；在中国境内未设立机构、场所的，或者虽设立机构、场所，但取得的所得与其所设机构、场所没有实际联系的非居民企业实际减按 10%的税率征收企业所得税。

76. 下列国家中，与我国签订了税收协定并且已生效的有(　　)。

A. 日本　　B. 意大利

C. 越南　　D. 朝鲜

【参考答案】 ABC

【答案解析】 参见国家税务总局网站《我国签订的避免双重征税协定一览表》。

77. 2023 年 2 月，“一带一路”税收征管能力促进联盟通过合作机制官网和“一带一路”税务学院网站，向全球公开发布联盟课程体系 1.0 版，共 4 个主题，65 门课程。下列选项属于该课程主题的是(　　)。

A. 税收制度　　B. 税收征管及数字化

C. 税收营商环境及纳税服务　　D. 税收合作

【参考答案】 ABCD

【答案解析】 2023 年 2 月，“一带一路”税收征管能力促进联盟通过合作机制官网和“一带一路”税务学院网站，向全球公开发布联盟课程体系 1.0 版，受到各方广泛关注。此次圆桌会议上，联盟主席、中国澳门财政局局长容光亮先生表示，课程体系 1.0 版以“一带一路”国家提高税收征管能力为导向，紧扣税务部门职能定位和税务官员职责，在“税收制度”“税收征管及数字化”“税收营商环境及纳税服务”“税收合作”4 个主题下，共开设 65 门课程。

78. 税收协定与国内法的关系通常可以总结为(　　)。

A. 税法优先　　B. 协定优先

C. 优惠优先　　D. 所得优先

【参考答案】 BC

【答案解析】 根据国家税务总局网站税收服务“一带一路”倡议专题，政策法规及解读中《税收协定的法律地位及其与国内法的关系》的相关规定。

79. 税收协定对国内法的依托主要体现在哪些方面（　　）。

A. 税收协定谈签　　B. 税收协定豁免

C. 税收协定解释　　D. 税收协定执行程序

【参考答案】 ACD

【答案解析】 根据国家税务总局网站税收服务"一带一路"倡议专题，政策法规及解读中《税收协定的法律地位及其与国内法的关系》第三条，税收协定对国内法的依托。税收协定对国内法的依托主要体现在三个方面：税收协定谈签、税收协定解释、税收协定执行程序。

80. 2021 年 10 月 8 日，G20/OECD 包容性框架召开第十三次全体成员大会，136 个辖区就国际税收制度重大改革达成共识，并于会后发布了《关于应对经济数字化税收挑战双支柱方案的声明》。下列说法属于"双支柱"内容的是（　　）。

A. 重新分配大型跨国企业的利润和征税权

B. 建立全球最低税制度

C. 制定有效受控外国企业规则

D. 防止人为规避构成常设机构

【参考答案】 AB

【答案解析】 "双支柱"方案中，支柱一突破现行国际税收规则中关于物理存在的限制条件，向市场国重新分配大型跨国企业的利润和征税权，以确保相关跨国企业在数字经济背景下更加公平地承担全球纳税义务。支柱二通过建立全球最低税制度，打击跨国企业逃避税，并为企业所得税税率竞争划定底线。

81. 企业应当在纳税年度终了后 6 个月内，向主管税务机关报送执行预约定价安排情况的年度报告，包括（　　）。

A. 中文版　　B. 英文版

C. 纸质版　　D. 电子版

【参考答案】 CD

【答案解析】《国家税务总局关于完善预约定价安排管理有关事项的公告》（国家税务总局公告 2016 年第 64 号）规定，企业应当在纳税年度终了后 6 个月内，向主管税务机关报送执行预约定价安排情况的纸质版和电子版年度报告。

82. 企业收到特别纳税调整风险提示或者发现自身存在特别纳税调整风险的，可以自行调整补税。对于企业自行调整补税，下列说法正确的是（　　）。

A. 企业自行调整补税的，税务机关仍可按照有关规定实施特别纳税调查调整

B. 企业自行调整补税的，税务机关不得再对其实施特别纳税调查调整

C. 企业自行调整补税的，其 2008 年 1 月 1 日以后发生交易的自行调整补税按照基准利率加收利息

D. 企业自行调整补税的，不再加收利息

【参考答案】 AC

【答案解析】《特别纳税调查调整及相互协商程序管理办法》第三条规定，企业收到特别纳税调整风险提示或者发现自身存在特别纳税调整风险的，可以自行调整补税。企业自行调整补税的，应当填报《特别纳税调整自行缴纳税款表》。

企业自行调整补税的，税务机关仍可按照有关规定实施特别纳税调查调整。

第四十五条规定，企业自行调整补税且主动提供同期资料等有关资料，或者按照有关规定不需要准备同期资料但根据税务机关要求提供其他相关资料的，其 2008 年 1 月 1 日以后发生交易的自行调整补税按照基准利率加收利息。

83. 下列选项中，属于全国税务系统外事工作实行原则的是（　　）。

A. 统一领导　　B. 归口管理

C. 分级负责　　D. 协调配合

【参考答案】 ABCD

【答案解析】《全国税务系统外事工作管理规定》第三条规定，全国税务系统外事工作实行统一领导、归口管理、分级负责、协调配合的原则。各级税务机关外事活动须按审批权限进行报批，经批准后执行。

84. 截至 2023 年 2 月，"一带一路"税收征管能力促进联盟相继成立 5 所"一带一路"税务学院，包括（　　）。

A. "一带一路"税务学院・北京　　B. "一带一路"税务学院・上海

C. "一带一路"税务学院・扬州　　D. "一带一路"税务学院・澳门

【参考答案】 ACD

【答案解析】 "一带一路"税收征管能力促进联盟相继成立中国扬州、中国北京、哈萨克斯坦阿斯塔纳、中国澳门、沙特阿拉伯利雅得 5 所"一带一路"税务学院，构建起了覆盖英语、汉语、俄语、葡萄牙语、阿拉伯语地区的多语种培训机构网络。

85. 企业申请单边预约定价安排适用简易程序，需要在主管税务机关向其送达受理申请的《税务事项通知书》之日所属纳税年度前 3 个年度，每年度发生的关联交易金额 4 000 万元人民币以上，同时需要符合下列条件之一（　　）。

A. 已向主管税务机关提供拟提交申请所属年度前 3 个纳税年度的、符合《国家税务总局关于完善关联申报和同期资料管理有关事项的公告》(2016 年第 42 号)规定的同期资料

B. 自企业提交申请之日所属纳税年度前 10 个年度内，曾执行预约定价安排，且执行结果符合安排要求的

C. 自企业提交申请之日所属纳税年度前 5 个年度内，曾执行预约定价安排，且执行结果符合安排要求的

D. 自企业提交申请之日所属纳税年度前 10 个年度内，曾受到税务机关特别纳税调查调整且结案的

【参考答案】 ABD

【答案解析】《国家税务总局关于单边预约定价安排适用简易程序有关事项的公告》(国家税务总局公告2021年第24号)第三条规定,企业在主管税务机关向其送达受理申请的《税务事项通知书》之日所属纳税年度前3个年度,每年度发生的关联交易金额4 000万元人民币以上,并符合下列条件之一的,可以申请适用简易程序。(一)已向主管税务机关提供拟提交申请所属年度前3个纳税年度的、符合《国家税务总局关于完善关联申报和同期资料管理有关事项的公告》(2016年第42号)规定的同期资料;(二)自企业提交申请之日所属纳税年度前10个年度内,曾执行预约定价安排,且执行结果符合安排要求的;(三)自企业提交申请之日所属纳税年度前10个年度内,曾受到税务机关特别纳税调查调整且结案的。

86. 下列我国签署的税收协定中,在2022年生效的是(　　)。

A.《中华人民共和国政府和柬埔寨王国政府对所得避免双重征税和防止逃避税的协定》

B.《中华人民共和国政府和刚果共和国政府对所得消除双重征税和防止逃避税的协定》

C.《中华人民共和国和安哥拉共和国对所得消除双重征税和防止逃避税的协定》

D.《中华人民共和国政府和卢旺达共和国政府对所得消除双重征税和防止逃避税的协定》

【参考答案】 BCD

【答案解析】 参见《国家税务总局关于中国与刚果(布)、安哥拉、卢旺达等国双边税收协定及议定书生效执行的公告》(国家税务总局公告2022年第13号)的相关规定。

87. 关于服务贸易等项目对外支付税务备案,境内机构和个人对外支付的外汇资金,无需办理和提交《服务贸易等项目对外支付税务备案表》的有(　　)。

A. 境外机构或个人从境内获得的融资租赁租金、不动产的转让收入、股权转让所得以及外国投资者其他合法所得

B. 境内机构在境外发生的差旅、会议、商品展销等各项费用

C. 境内旅行社从事出境旅游业务的团费以及代订、代办的住宿、交通等相关费用

D. 境内机构和个人办理服务贸易、收益和经常转移项下退汇

【参考答案】 BCD

【答案解析】《国家税务总局 国家外汇管理局关于服务贸易等项目对外支付税务备案有关问题的公告》(国家税务总局 国家外汇管理局公告2013年第40号)第三条规定,境内机构和个人对外支付下列外汇资金,无需办理和提交《备案表》:

(一)境内机构在境外发生的差旅、会议、商品展销等各项费用;

(二)境内机构在境外代表机构的办公经费,以及境内机构在境外承包工程的工程款;

(三)境内机构发生在境外的进出口贸易佣金、保险费、赔偿款;

(四)进口贸易项下境外机构获得的国际运输费用;

(五)保险项下保费、保险金等相关费用;

(六)从事运输或远洋渔业的境内机构在境外发生的修理、油料、港杂等各项费用;

（七）境内旅行社从事出境旅游业务的团费以及代订、代办的住宿、交通等相关费用；

（八）亚洲开发银行和世界银行集团下属的国际金融公司从我国取得的所得或收入，包括投资合营企业分得的利润和转让股份所得、在华财产（含房产）出租或转让收入以及贷款给我国境内机构取得的利息；

（九）外国政府和国际金融组织向我国提供的外国政府（转）贷款（含外国政府混合（转）贷款）和国际金融组织贷款项下的利息。本项所称国际金融组织是指国际货币基金组织、世界银行集团、国际开发协会、国际农业发展基金组织、欧洲投资银行等；

（十）外汇指定银行或财务公司自身对外融资如境外借款、境外同业拆借、海外代付以及其他债务等项下的利息；

（十一）我国省级以上国家机关对外无偿捐赠援助资金；

（十二）境内证券公司或登记结算公司向境外机构或境外个人支付其依法获得的股息、红利、利息收入及有价证券卖出所得收益；

（十三）境内个人境外留学、旅游、探亲等因私用汇；

（十四）境内机构和个人办理服务贸易、收益和经常转移项下退汇；

（十五）国家规定的其他情形。

88. 2019 年 4 月 20 日，由中国国家税务总局主办的第一届“一带一路”税收征管合作论坛在浙江乌镇闭幕，闭幕式上，王军介绍了合作论坛四个标志性成果是（　　）。

A. 构建了“一带一路”税收征管合作机制

B. 成立了“一带一路”税收征管能力促进联盟

C. 深化了“一带一路”税收征管合作共识

D. 制定了“一带一路”税收征管合作行动计划

【参考答案】 ABCD

【答案解析】 参见国家税务总局官方网站的税收服务“一带一路”倡议专题，《第一届“一带一路”税收征管合作论坛闭幕发布乌镇声明和两年行动计划》的相关内容。

89. 下列选项中，属于对外发起专项情报交换请求应遵循的基本原则的是（　　）。

A. 诚实守信原则　　　　B. 穷尽国内手段原则

C. 严格保密原则　　　　D. 可预见相关性原则

【参考答案】 BD

【答案解析】 对外发起专项情报交换请求应遵循的基本原则包括“穷尽国内手段原则”和“可预见相关性原则”。

90. 企业提交谈签意向后，税务机关应当分析预约定价安排申请草案内容，评估其是否符合独立交易原则。税务机关可以进行分析评估的方面有（　　）。

A. 功能和风险状况　　　　B. 可比交易信息

C. 定价原则和计算方法　　　　D. 交易价格或者利润水平

【参考答案】 ABCD

【答案解析】《国家税务总局关于完善预约定价安排管理有关事项的公告》(国家税务总局公告2016年第64号)第七条规定,企业提交谈签意向后,税务机关应当分析预约定价安排申请草案内容,评估其是否符合独立交易原则。根据分析评估的具体情况可以要求企业补充提供有关资料。

税务机关可以从以下方面进行分析评估:

(一)功能和风险状况。分析评估企业与其关联方之间在供货、生产、运输、销售等各环节以及在研究、开发无形资产等方面各自作出的贡献、执行的功能以及在存货、信贷、外汇、市场等方面承担的风险。

(二)可比交易信息。分析评估企业提供的可比交易信息,对存在的实质性差异进行调整。

(三)关联交易数据。分析评估预约定价安排涉及的关联交易的收入、成本、费用和利润是否单独核算或者按照合理比例划分。

(四)定价原则和计算方法。分析评估企业在预约定价安排中采用的定价原则和计算方法。如申请追溯适用以前年度的,应当作出说明。

(五)价值链分析和贡献分析。评估企业对价值链或者供应链的分析是否完整、清晰,是否充分考虑成本节约、市场溢价等地域特殊优势,是否充分考虑本地企业对价值创造的贡献等。

(六)交易价格或者利润水平。根据上述分析评估结果,确定符合独立交易原则的价格或者利润水平。

(七)假设条件。分析评估影响行业利润水平和企业生产经营的因素及程度,合理确定预约定价安排适用的假设条件。

91.企业申请单边预约定价安排,符合要求的,可以适用简易程序,简易程序包括(　　)3个阶段。

A.申请评估　　B.协商签署

C.监控执行　　D.留档备查

【参考答案】 ABC

【答案解析】《国家税务总局关于单边预约定价安排适用简易程序有关事项的公告》(国家税务总局公告2021年第24号)第二条规定,简易程序包括申请评估、协商签署和监控执行3个阶段。

92.非居民企业在境内设立多个机构、场所的,依照规定选择由其主要机构、场所汇总其他境内机构、场所缴纳企业所得税的,应在汇总纳税的年度中持续符合的条件是(　　)。

A.汇总纳税的各机构、场所已在所在地主管税务机关办理税务登记

B.汇总纳税的各机构、场所不得采用核定方式计算缴纳企业所得税

C. 汇总纳税的各机构、场所能够按照规定准确计算本机构、场所的税款分摊额

D. 汇总纳税的各机构、场所均不得亏损

【参考答案】 ABC

【答案解析】《国家税务总局 财政部 中国人民银行关于非居民企业机构场所汇总缴纳企业所得税有关问题的公告》(国家税务总局公告 2019 年第 12 号)第一条规定,在境内设立多个机构、场所的非居民企业依照企业所得税法第五十一条的规定,选择由其主要机构、场所汇总其他境内机构、场所(以下称“被汇总机构、场所”)缴纳企业所得税的,相关税务处理事项适用本公告。

第二条规定,汇总纳税的非居民企业应在汇总纳税的年度中持续符合下列所有条件:

(一)汇总纳税的各机构、场所已在所在地主管税务机关办理税务登记,并取得纳税人识别号;

(二)主要机构、场所符合企业所得税法实施条例第一百二十六条规定,汇总纳税的各机构、场所不得采用核定方式计算缴纳企业所得税;

(三)汇总纳税的各机构、场所能够按照本公告规定准确计算本机构、场所的税款分摊额,并按要求向所在地主管税务机关办理纳税申报。

93. 非居民企业汇总纳税的各机构、场所应在首次办理汇总缴纳企业所得税申报时,向所在地主管税务机关报送的资料有(　　)。

A. 主要机构、场所名称及纳税人识别号

B. 全部被汇总机构、场所名称及纳税人识别号

C. 汇总纳税的各机构、场所的基本存款账户

D. 符合汇总缴纳企业所得税条件的财务会计核算制度安排

【参考答案】 ABD

【答案解析】《国家税务总局 财政部 中国人民银行关于非居民企业机构场所汇总缴纳企业所得税有关问题的公告》(国家税务总局公告 2019 年第 12 号)第六条规定,汇总纳税的各机构、场所应在首次办理汇总缴纳企业所得税申报时,向所在地主管税务机关报送以下信息资料:

(一)主要机构、场所名称及纳税人识别号;

(二)全部被汇总机构、场所名称及纳税人识别号;

(三)符合汇总缴纳企业所得税条件的财务会计核算制度安排。

94. 下列选项中,属于非居民企业在办理年度汇算清缴申报时,汇总纳税的各机构、场所应向所在地主管税务机关报送的资料是(　　)。

A. 非居民企业所得税申报表　　B. 月度财务报表

C. 季度财务报表　　D. 年度财务报表

【参考答案】 AD

【答案解析】《国家税务总局 财政部 中国人民银行关于非居民企业机构场所汇总缴纳企业所得税有关问题的公告》(国家税务总局公告 2019 年第 12 号)第九条规定,在办理年度汇算清缴申报时,汇总纳税的各机构、场所应向所在地主管税务机关报送以下资料:

(一)非居民企业所得税申报表;

(二)年度财务报表。

95. 境外投资者以分配利润直接投资暂不征收预提所得税,直接投资具体是指(　　)。

A. 新增或转增中国境内居民企业实收资本或者资本公积

B. 在中国境内投资新建居民企业

C. 从非关联方收购中国境内居民企业股权

D. 从关联方收购中国境内居民企业股权

【参考答案】 ABC

【答案解析】《财政部 税务总局 国家发展改革委 商务部关于扩大境外投资者以分配利润直接投资暂不征收预提所得税政策适用范围的通知》(财税〔2018〕102 号)第二条规定,境外投资者暂不征收预提所得税须同时满足以下条件:

(一)境外投资者以分得利润进行的直接投资,包括境外投资者以分得利润进行的增资、新建、股权收购等权益性投资行为,但不包括新增、转增、收购上市公司股份(符合条件的战略投资除外)。具体是指:

(1)新增或转增中国境内居民企业实收资本或者资本公积;

(2)在中国境内投资新建居民企业;

(3)从非关联方收购中国境内居民企业股权;

(4)财政部、税务总局规定的其他方式。

境外投资者采取上述投资行为所投资的企业统称为被投资企业。

……

96. 中华人民共和国政府对外签署的避免双重征税协定中,“受益所有人”身份判定适用的条款有(　　)。

A. 财产收益　　B. 特许权使用费

C. 利息　　D. 股息

【参考答案】 BCD

【答案解析】《国家税务总局关于税收协定中“受益所有人”有关问题的公告》(国家税务总局公告 2018 年第 9 号)规定,为执行中华人民共和国政府对外签署的避免双重征税协定(简称“税收协定”),现就税收协定股息、利息、特许权使用费条款中“受益所有人”身份判定有关问题公告。

97. 国家税务总局可以暂停相互协商程序的情形有(　　)。

A. 企业申请暂停相互协商程序

B. 税收协定缔约对方税务主管当局请求暂停相互协商程序

C. 申请必须以另一被调查企业的调查调整结果为依据，而另一被调查企业尚未结束调查调整程序

D. 其他导致相互协商程序暂停的情形

【参考答案】 ABCD

【答案解析】 《国家税务总局关于发布〈特别纳税调查调整及相互协商程序管理办法〉的公告》(国家税务总局公告 2017 年第 6 号)第五十三条规定，有下列情形之一的，国家税务总局可以暂停相互协商程序：

(一)企业申请暂停相互协商程序；

(二)税收协定缔约对方税务主管当局请求暂停相互协商程序；

(三)申请必须以另一被调查企业的调查调整结果为依据，而另一被调查企业尚未结束调查调整程序；

(四)其他导致相互协商程序暂停的情形。

98. 预约定价安排的谈签与执行需要经过 6 个阶段，包括(　　)。

A. 预备会谈、谈签意向　　B. 分析评估、正式申请

C. 协商签署、监控执行　　D. 风险提示、留档备查

【参考答案】 ABC

【答案解析】 《国家税务总局关于完善预约定价安排管理有关事项的公告》(国家税务总局公告 2016 年第 64 号)第二条规定，预约定价安排的谈签与执行经过预备会谈、谈签意向、分析评估、正式申请、协商签署和监控执行 6 个阶段。

99. 对于扣缴义务人未依法履行扣缴预提所得税义务的，下列选项错误的有(　　)。

A. 对扣缴义务人处应扣未扣、应收未收税款百分之五十以上三倍以下的罚款

B. 对扣缴义务人处应扣未扣、应收未收税款一倍以上三倍以下的罚款

C. 由非居民纳税人在所得发生地进行申报缴纳

D. 由非居民纳税人在中国境内自行选择地点进行申报缴纳

【参考答案】 BD

【答案解析】 《中华人民共和国税收征收管理法》第六十九条规定，扣缴义务人应扣未扣、应收而不收税款的，由税务机关向纳税人追缴税款，对扣缴义务人处应扣未扣、应收未收税款百分之五十以上三倍以下的罚款。《中华人民共和国企业所得税法》第三十九条规定，依照本法第三十七条、第三十八条规定应当扣缴的所得税，扣缴义务人未依法扣缴或者无法履行扣缴义务的，由纳税人在所得发生地缴纳。纳税人未依法缴纳的，税务机关可以从该纳税人在中国境内其他收入项目的支付人应付的款项中，追缴该纳税人的应纳税款。

100. 企业应对在计算总所得额时已统一归集并扣除的共同费用，按境外每一国(地区)

别数额占企业全部数额的一种比例或几种比例的综合比例，在每一国别的境外所得中对应调整扣除，计算来自每一国别的应纳税所得额。包括（ ）。

A. 资产比例　　B. 收入比例

C. 员工工资支出比例　　D. 其他合理比例

【参考答案】 ABCD

【答案解析】《国家税务总局关于发布〈企业境外所得税收抵免操作指南〉的公告》（国家税务总局公告 2010 年第 1 号）第三条第一款第（四）项规定，本项所称共同支出，是指与取得境外所得有关但未直接计入境外所得应纳税所得额的成本费用支出，通常包括未直接计入境外所得的营业费用、管理费用和财务费用等支出。企业应对在计算总所得额时已统一归集并扣除的共同费用，按境外每一国（地区）别数额占企业全部数额的下列一种比例或几种比例的综合比例，在每一国别的境外所得中对应调整扣除，计算来自每一国别的应纳税所得额。（1）资产比例；（2）收入比例；（3）员工工资支出比例；（4）其他合理比例。上述分摊比例确定后应报送主管税务机关备案；无合理原因不得改变。

101. 转让定价方法包括可比非受控价格法、再销售价格法、成本加成法、交易净利润法、利润分割法及其他符合独立交易原则的方法。下列属于其他符合独立交易原则方法的是（ ）。

A. 成本法　　B. 观察法

C. 市场法　　D. 收益法

【参考答案】 ACD

【答案解析】《国家税务总局关于发布〈特别纳税调查调整及相互协商程序管理办法〉的公告》（国家税务总局公告 2017 年第 6 号）第二十二条规定，其他符合独立交易原则的方法包括成本法、市场法和收益法等资产评估方法，以及其他能够反映利润与经济活动发生地和价值创造地相匹配原则的方法。

102. 下列选项中，属于“一带一路”税收征管合作机制专家咨询委员会专家的是（ ）。

A. 李金燕　　B. 朱清

C. 克里斯丁·凯瑟　　D. 帕斯卡·圣塔曼

【参考答案】 ACD

【答案解析】 朱清不是“一带一路”税收征管合作机制专家咨询委员会专家。

103. 关于《关于应对经济数字化税收挑战双支柱方案的声明》，下列说法正确的是（ ）。

A. 采掘业和受监管的金融服务业不适用金额 A 规则

B. 各税收管辖区可以通过免税法消除金额 A 相关双重征税

C. 各税收管辖区可以通过抵免法消除金额 A 相关双重征税

D. 关于支柱二，最低有效税率为 10%

【参考答案】 ABC

【答案解析】《关于应对经济数字化税收挑战双支柱方案的声明》支柱二，最低有效税率为 15%。

104. 下列选项，属于特别纳税调整相互协商程序内容的是(　　)。

A. 单边预约定价安排的谈签

B. 双边或者多边预约定价安排的谈签

C. 混合预约定价安排的谈签

D. 税收协定缔约一方实施特别纳税调查调整引起另一方相应调整的协商谈判

【参考答案】 BD

【答案解析】《国家税务总局关于发布〈特别纳税调查调整及相互协商程序管理办法〉的公告》(国家税务总局公告 2017 年第 6 号)第四十七条规定，根据我国对外签署的税收协定的有关规定，国家税务总局可以依据企业申请或者税收协定缔约对方税务主管当局请求启动相互协商程序，与税收协定缔约对方税务主管当局开展协商谈判，避免或者消除由特别纳税调整事项引起的国际重复征税。

相互协商内容包括：

(一)双边或者多边预约定价安排的谈签；

(二)税收协定缔约一方实施特别纳税调查调整引起另一方相应调整的协商谈判。

105. 下列属于外国企业常驻代表机构经费支出的是(　　)。

A. 在中国境内、外支付给工作人员的工资薪金

B. 物品采购费(包括汽车、办公设备等固定资产)

C. 交际费

D. 违章罚款

【参考答案】 ABC

【答案解析】《国家税务总局关于印发〈外国企业常驻代表机构税收管理暂行办法〉的通知》(国税发〔2010〕18 号)第七条规定，代表机构的经费支出额包括：在中国境内、外支付给工作人员的工资薪金、奖金、津贴、福利费、物品采购费(包括汽车、办公设备等固定资产)、通讯费、差旅费、房租、设备租赁费、交通费、交际费、其他费用等。

106. 下列属于我国税务机关现阶段与《多边税收征管互助公约》其他缔约方之间开展征管协助形式的是(　　)。

A. 提供保全措施　　　　B. 文书送达

C. 自动情报交换　　　　D. 专项情报交换

【参考答案】 CD

【答案解析】《国家税务总局关于〈多边税收征管互助公约〉生效执行的公告》(国家税

务总局公告 2016 年第 4 号)第二条规定,我国税务机关现阶段与《公约》其他缔约方之间开展征管协助的形式为情报交换,有关具体要求按照《国家税务总局关于印发〈国际税收情报交换工作规程〉的通知》(国税发〔2006〕70 号)规定执行。

107. BEPS 行动计划成果中,混合错配常见类型有(　　)。

A. 金融工具错配　　B. 混合体支付

C. 反向混合　　D. 输入性错配

【参考答案】 ABCD

【答案解析】 根据 BEPS 第 2 项行动计划成果报告,混合错配常见的类型包括:金融工具错配、混合体支付、反向混合和输入性错配。

108. 我国甲公司委托境外乙公司对其生产的产品进行检测,合同约定由甲公司邮寄产品,乙公司在境外进行检测,乙公司在检测过程中使用了专有技术,但并不许可使用这些技术。下列说法正确的是(　　)。

A. 甲公司有代扣代缴预提所得税义务

B. 甲公司无代扣代缴预提所得税义务

C. 乙公司收取的检测费属于特许权使用费

D. 乙公司收取的检测费属于境外劳务收入

【参考答案】 BD

【答案解析】《国家税务总局关于执行税收协定特许权使用费条款有关问题的通知》(国税函〔2009〕507 号)第四条规定,在服务合同中,如果服务提供方提供服务过程中使用了某些专门知识和技术,但并不转让或许可这些技术,则此类服务不属于特许权使用费范围。

109. 经济合作与发展组织,简称经合组织(OECD),是政府间国际经济组织,成立于 1961 年,总部设在巴黎。与我国国家税务总局合作主要是(　　)。

A. 税收政策与管理中心　　B. 发展中心

C. 财政事务委员会　　D. 经济和发展审议委员会

【参考答案】 AC

【答案解析】 经济合作与发展组织总秘书处下设 13 个司级单位,与我国国家税务总局合作的主要是 13 个司级单位中的税收政策与管理中心和与非成员合作中心,以及 OECD 所属若干个委员会中的财政事务委员会。

110. 下列选项,属于税收协定主要作用的是(　　)。

A. 提高跨境纳税人在东道国的税负　　B. 增加缔约国税收收入

C. 消除双重征税　　D. 解决涉税争议

【参考答案】 CD

【答案解析】 税收协定的主要作用包括降低跨境纳税人在东道国的税负、提高税收确定性、消除双重征税和通过相互协商机制妥善解决涉税争议等。

111. 根据《关于进一步深化税收征管改革的意见》中“强化国际税收合作”的表述，下列说法正确的是(　　)。

A. 落实防止税基侵蚀和利润转移行动计划

B. 严厉打击国际逃避税

C. 不断完善“一带一路”税收征管合作机制

D. 支持全球国家提高税收征管能力

【参考答案】 ABC

【答案解析】 《关于进一步深化税收征管改革的意见》规定，强化国际税收合作，支持发展中国家提高税收征管能力。

112. 企业申请双边或者多边预约定价安排的，正式申请时，需要提交的材料包括(　　)。

A. 预约定价安排正式申请书

B. 预约定价安排正式申请报告

C. 税务事项通知书

D. 启动特别纳税调整相互协商程序申请表

【参考答案】 ABD

【答案解析】 根据《国家税务总局关于完善预约定价安排管理有关事项的公告》(国家税务总局公告 2016 年第 64 号)第八条、《国家税务总局关于发布〈特别纳税调查调整及相互协商程序管理办法〉的公告》(国家税务总局公告 2017 年第 6 号)第四十八条的相关规定。

113. 下列属于国际税收情报交换可以依据的法律基础的是(　　)。

A. 多边税收征管互助公约

B. 税收情报交换协定

C. 企业重组业务企业所得税管理办法

D. 非居民企业所得税核定征收管理办法

【参考答案】 AB

【答案解析】 《企业重组业务企业所得税管理办法》和《非居民企业所得税核定征收管理办法》不属于国际税收协定可依据的法律基础。

114. 下列选项中，与我国已经签署了税收协定的国家是(　　)。

A. 巴西　　　　B. 巴基斯坦

C. 印度　　　　D. 阿根廷

【参考答案】 ABCD

【答案解析】 巴西、巴基斯坦、印度、阿根廷均已经与我国签署了税收协定。

115. 自 2014 年 9 月 1 日起，居民企业成立或参股外国企业，符合(　　)情形之一，且按照中国会计制度可确认的，应当在办理企业所得税预缴申报时向主管税务机关填报《居民企业参股外国企业信息报告表》。

A. 居民企业直接持有外国企业股份达到5%(含)以上

B. 居民企业直接持有外国企业股份达到10%(含)以上

C. 居民企业在被投资外国企业中直接持有的股份自不足10%的状态改变为超过10%的状态

D. 居民企业在被投资外国企业中直接持有的股份自达到10%的状态改变为不足10%的状态

【参考答案】 BCD

【答案解析】 根据《国家税务总局关于居民企业报告境外投资和所得信息有关问题的公告》(国家税务总局公告2014年第38号)第一条的相关规定。

116.《多边税收征管互助公约》适用于根据我国法律由税务机关征收管理的税种，具体包括(　　)。

A. 企业所得税　　B. 增值税

C. 关税　　D. 消费税

【参考答案】 ABD

【答案解析】 《国家税务总局关于〈多边税收征管互助公约〉生效执行的公告》(国家税务总局公告2016年第4号)第一条规定，《公约》适用于根据我国法律由税务机关征收管理的税种，具体包括：企业所得税、个人所得税、城镇土地使用税、房产税、土地增值税、增值税、营业税、消费税、烟叶税、车辆购置税、车船税、资源税、城市维护建设税、耕地占用税、印花税、契税。

117. 第一届"一带一路"税收征管合作论坛《乌镇行动计划(2019—2021)》内容包括(　　)。

A. 加快税收争议解决　　B. 优化营商环境

C. 加强税收征管能力建设　　D. 税收征管信息化

【参考答案】 ACD

【答案解析】 第一届"一带一路"税收征管合作论坛《乌镇行动计划(2019—2021)》内容包括：坚持依法治税与提高税收确定性、加快税收争议解决、加强税收征管能力建设、简化税收遵从、税收征管信息化。

118. 开展国际税收合作，可以(　　)。

A. 了解国际税收领域最新动态，为我国制定税收政策、实施征管改革提供借鉴

B. 对外宣介我国税收治理理念及先进做法，向国际税收界贡献中国智慧、中国方案

C. 加强与外国税务机关互信，为携手应对共同挑战奠定基础

D. 利用国际优质资源服务税务干部能力建设

【参考答案】 ABCD

【答案解析】 开展国际税收合作，可以了解国际税收领域最新动态，为我国制定税收政策、实施征管改革提供借鉴；对外宣介我国税收治理理念及先进做法，向国际税收界贡献中国智慧、中国方案；加强与外国税务机关互信，为携手应对共同挑战奠定基础；利用国际优质资源服务税务干部能力建设。

119. 国家税务总局可以拒绝企业申请或者税收协定缔约对方税务主管当局启动相互协商程序的请求的情形有（ ）。

A. 企业或者其关联方不属于税收协定任一缔约方的税收居民

B. 申请或者请求不属于特别纳税调整事项

C. 申请或者请求明显缺乏事实或者法律依据

D. 特别纳税调整案件尚未结案或者虽然已经结案但是企业尚未缴纳应纳税款

【参考答案】 ABCD

【答案解析】 《国家税务总局关于发布〈特别纳税调查调整及相互协商程序管理办法〉的公告》（国家税务总局公告 2017 年第 6 号）第五十二条规定，有下列情形之一的，国家税务总局可以拒绝企业申请或者税收协定缔约对方税务主管当局启动相互协商程序的请求：

（一）企业或者其关联方不属于税收协定任一缔约方的税收居民；

（二）申请或者请求不属于特别纳税调整事项；

（三）申请或者请求明显缺乏事实或者法律依据；

（四）申请不符合税收协定有关规定；

（五）特别纳税调整案件尚未结案或者虽然已经结案但是企业尚未缴纳应纳税款。

120. 税务机关可以拒绝企业提交预约定价安排正式申请的情形有（ ）。

A. 预约定价安排申请草案拟采用的定价原则和计算方法不合理，且企业拒绝协商调整

B. 企业拒不提供有关资料或者提供的资料不符合税务机关要求，且不按时补正或者更正

C. 企业拒不配合税务机关进行功能和风险实地访谈

D. 预备会谈阶段税务机关和企业无法达成一致意见

【参考答案】 ABC

【答案解析】 《国家税务总局关于完善预约定价安排管理有关事项的公告》（国家税务总局公告 2016 年第 64 号）第八条第二款规定，有下列情形之一的，税务机关可以拒绝企业提交正式申请：

（1）预约定价安排申请草案拟采用的定价原则和计算方法不合理，且企业拒绝协商调整；

（2）企业拒不提供有关资料或者提供的资料不符合税务机关要求，且不按时补正或者更正；

(3)企业拒不配合税务机关进行功能和风险实地访谈;

(4)其他不适合谈签预约定价安排的情况。

121. 下列选项中,已经与我国签署了税收协定的国家是(　　)。

A. 新加坡　　　　B. 叙利亚

C. 法国　　　　B. 美国

【参考答案】 ABCD

【答案解析】 新加坡、叙利亚、法国、美国均已经与我国签署了税收协定。

122. 境内机构和个人选择在办税服务厅办理服务贸易等项目对外支付税务备案的,可凭(　　),按照外汇管理相关规定,到银行办理付汇手续。

A.《服务贸易等项目对外支付税务备案表》编号

B.《服务贸易等项目对外支付税务备案表》验证码

C.《服务贸易等项目对外支付税务备案表》

D. 税务登记证原件

【参考答案】 AB

【答案解析】《国家税务总局 国家外汇管理局关于服务贸易等项目对外支付税务备案有关问题的补充公告》(国家税务总局 国家外汇管理局公告 2021 年第 19 号)第四条规定,备案人选择在电子税务局等在线方式办理备案的,应完整、如实填写《备案表》并提交相关资料。备案人完成备案后,可凭《备案表》编号和验证码,按照外汇管理相关规定,到银行办理付汇手续。

123. 下列选项中,属于一个国家在设计国际税收规则体系时需要考量的目标是(　　)。

A. 资本中性　　　　B. 竞争力

C. 公平　　　　D. 收入

【参考答案】 ABCD

【答案解析】 一国在设计国际税收规则体系时需要考量收入、公平、竞争力、资本中性等目标。

124. 国家税务总局组团的工作访问团组和短期出国(境)培训团组回国(境)后形成的出访报告按年度进行评审。评审的要素包括(　　)。

A. 完整性　　　　B. 规范性

C. 逻辑性　　　　D. 系统性

【参考答案】 ABC

【答案解析】 根据《国家税务总局办公厅关于印发〈全国税务系统出访成果评审办法〉的通知》(税总办发〔2021〕8 号)的有关规定,出访报告按照完整性、规范性、逻辑性、实用性和创新性五个要素进行评审。

125. 2021 年 10 月 8 日，G20/OECD 包容性框架召开第十三次全体成员大会，136 个辖区就国际税收制度重大改革达成共识，并于会后发布了《关于应对经济数字化税收挑战双支柱方案的声明》，其中"支柱一"包括（　　）。

A. 金额 A　　B. 金额 B

C. 金额 C　　D. 税收确定性

【参考答案】 ABD

【答案解析】 根据《关于应对经济数字化税收挑战双支柱方案的声明》，"支柱一"包括适用范围、联结度、金额 A、收入来源地、税基的确定、分部核算、营销及分销利润安全港、消除双重征税、税收确定性、金额 B、征管、单边措施、实施等内容。

126. 下列关于经济合作与发展组织表述正确的是（　　）。

A. 成立于 1964 年

B. 是政府间国际经济组织

C. 旨在共同应对全球化带来的经济、社会和政府治理等方面的挑战，并把握全球化带来的机遇

D. 总部设在纽约

【参考答案】 BC

【答案解析】 经济合作与发展组织，简称经合组织（OECD），是由 38 个市场经济国家组成的政府间国际经济组织，旨在共同应对全球化带来的经济、社会和政府治理等方面的挑战，并把握全球化带来的机遇。成立于 1961 年，成员国总数 38 个，总部设在巴黎。

127. 关于世界银行，下列说法正确的是（　　）。

A. 成立于 1950 年

B. 总部位于法国巴黎

C. 以帮助发展中国家消除贫困，促进可持续发展为使命

D. 世界银行集团的简称，由国际复兴开发银行、国际开发协会、国际金融公司、多边投资担保机构和国际投资争端解决中心五个成员机构组成

【参考答案】 CD

【答案解析】 世界银行成立于 1945 年，总部位于美国华盛顿。

128. 可以启动特别纳税调整相互协商程序的方式包括（　　）。

A. 本国企业申请

B. 自然人申请

C. 地方税务机关申请

D. 税收协定缔约对方税务主管当局请求

【参考答案】 AD

【答案解析】 《国家税务总局关于发布〈特别纳税调查调整及相互协商程序管理办法〉

的公告》(国家税务总局公告 2017 年第 6 号)第四十八条规定,企业申请启动相互协商程序的,应当在税收协定规定期限内,向国家税务总局书面提交《启动特别纳税调整相互协商程序申请表》和特别纳税调整事项的有关说明。企业当面报送上述资料的,以报送日期为申请日期;邮寄报送的,以国家税务总局收到上述资料的日期为申请日期。

国家税务总局收到企业提交的上述资料后,认为符合税收协定有关规定的,可以启动相互协商程序;认为资料不全的,可以要求企业补充提供资料。

第四十九条规定,税收协定缔约对方税务主管当局请求启动相互协商程序的,国家税务总局收到正式来函后,认为符合税收协定有关规定的,可以启动相互协商程序。

国家税务总局认为税收协定缔约对方税务主管当局提供的资料不完整、事实不清晰的,可以要求对方补充提供资料,或者通过主管税务机关要求涉及的境内企业协助核实。

129. 下列属于 2015 年发布的税基侵蚀和利润转移行动计划成果中最低标准的是(　　)。

A. 有害税收实践　　　　B. 反协定滥用

C. 国别报告　　　　D. 争端解决

【参考答案】 ABCD

【答案解析】 2015 年 9 月,OECD 对外发布税基侵蚀和利润转移 15 项行动计划成果,其中第 5 项有害税收实践、第 6 项反协定滥用、第 13 项国别报告和第 14 项争端解决。

130. 税务机关实施转让定价调查时,应当进行可比性分析,可比性分析一般包括(　　)。

A. 交易资产或者劳务特性

B. 交易各方执行的功能、承担的风险和使用的资产

C. 合同条款

D. 经济环境、经营策略

【参考答案】 ABCD

【答案解析】 《国家税务总局关于发布〈特别纳税调查调整及相互协商程序管理办法〉的公告》(国家税务总局公告 2017 年第 6 号)第十五条规定,税务机关实施转让定价调查时,应当进行可比性分析,可比性分析一般包括以下五个方面。税务机关可以根据案件情况选择具体分析内容:

(一)交易资产或者劳务特性,包括有形资产的物理特性、质量、数量等;无形资产的类型、交易形式、保护程度、期限、预期收益等;劳务的性质和内容;金融资产的特性、内容、风险管理等。

(二)交易各方执行的功能、承担的风险和使用的资产。功能包括研发、设计、采购、加工、装配、制造、维修、分销、营销、广告、存货管理、物流、仓储、融资、管理、财务、会计、法律及人力资源管理等;风险包括投资风险、研发风险、采购风险、生产风险、市场风险、管理风

险及财务风险等；资产包括有形资产、无形资产、金融资产等。

（三）合同条款，包括交易标的、交易数量、交易价格、收付款方式和条件、交货条件、售后服务范围和条件、提供附加劳务的约定、变更或者修改合同内容的权利、合同有效期、终止或者续签合同的权利等。合同条款分析应当关注企业执行合同的能力与行为，以及关联方之间签署合同条款的可信度等。

（四）经济环境，包括行业概况、地理区域、市场规模、市场层级、市场占有率、市场竞争程度、消费者购买力、商品或者劳务可替代性、生产要素价格、运输成本、政府管制，以及成本节约、市场溢价等地域特殊因素。

（五）经营策略，包括创新和开发、多元化经营、协同效应、风险规避及市场占有策略等。

131. 对非居民企业在中国境内取得工程作业和劳务所得应缴纳的所得税，税务机关可以指定工程价款或者劳务费的支付人为扣缴义务人。可以指定扣缴义务人的情形包括（　　）。

A. 预计工程作业或者提供劳务收入超过 5 000 万元的

B. 预计工程作业或者提供劳务期限不足一个纳税年度，且有证据表明不履行纳税义务的

C. 没有办理税务登记或者临时税务登记，且未委托中国境内的代理人履行纳税义务的

D. 未按照规定期限办理企业所得税纳税申报或者预缴申报的

【参考答案】 BCD

【答案解析】 《中华人民共和国企业所得税法实施条例》第一百零六条规定，企业所得税法第三十八条规定的可以指定扣缴义务人的情形，包括：

（一）预计工程作业或者提供劳务期限不足一个纳税年度，且有证据表明不履行纳税义务的；

（二）没有办理税务登记或者临时税务登记，且未委托中国境内的代理人履行纳税义务的；

（三）未按照规定期限办理企业所得税纳税申报或者预缴申报的。

132. 亚洲税收管理与研究组织（SGATAR）目前有 18 个成员，下列属于其成员的是（　　）。

A. 中国香港　　B. 中国澳门

C. 中国台北　　D. 澳大利亚

【参考答案】 ABCD

【答案解析】 亚洲税收管理与研究组织（SGATAR）成员包括：澳大利亚、中国、中国香港、印度尼西亚、日本、韩国、中国澳门、马来西亚、新西兰、巴布亚新几内亚、菲律宾、新加坡、中国台北、泰国、越南、老挝、蒙古和柬埔寨。

133. 各地税务机关出国（境）项目由省税务局外事管理部门起草请示件，经（　　）部门

审核，省税务局主要负责人批准后，报税务总局审批。出访请示应由省税务局主要负责人签发，或由主持工作的负责人签发。

A. 财务　　B. 人事

C. 纪检　　D. 法制

【参考答案】 ABC

【答案解析】《全国税务系统外事工作管理规定》第十四条规定，各地税务机关出国（境）项目由省税务局外事管理部门起草请示件，经财务、人事、纪检部门审核，省税务局主要负责人批准后，报税务总局审批。

134. 在我国，税收协定适用的税种包括（　　）。

A. 企业所得税　　B. 个人所得税

C. 房产税　　D. 城镇土地使用税

【参考答案】 AB

【答案解析】《国家税务总局国际税务司税收协定条款解读之一》第二条规定，我国在对外签署的税收协定中会明确规定，本协定在中国适用的现行税种是个人所得税和企业所得税。

135. 税收征管论坛（FTA）成立于 2002 年，是经济合作与发展组织（OECD）财政事务委员会（CFA）下设机构，共有 46 个成员，包括（　　）。

A. G20 成员　　B. OECD 成员

C. 部分非 OECD 成员　　D. 世界银行

【参考答案】 ABC

【答案解析】 税收征管论坛（FTA）成立于 2002 年，是经济合作与发展组织（OECD）财政事务委员会（CFA）下设机构，共有 46 个成员，包括所有 G20 成员、OECD 成员及部分非 OECD 成员。

136. 企业执行预约定价安排的，可以不准备预约定价安排涉及关联交易的（　　）。

A. 主体文档　　B. 本地文档

C. 定价文档　　D. 特殊事项文档

【参考答案】 BD

【答案解析】《国家税务总局关于完善关联申报和同期资料管理有关事项的公告》（国家税务总局公告 2016 年第 42 号）第十八条规定，企业执行预约定价安排的，可以不准备预约定价安排涉及关联交易的本地文档和特殊事项文档，且关联交易金额不计入本公告第十三条规定的关联交易金额范围。

137. 企业仅与境内关联方发生关联交易的，可以不准备（　　）。

A. 主体文档　　B. 本地文档

C. 定价文档　　D. 特殊事项文档

【参考答案】 ABD

【答案解析】《国家税务总局关于完善关联申报和同期资料管理有关事项的公告》(国家税务总局公告 2016 年第 42 号)第十八条规定,企业仅与境内关联方发生关联交易的,可以不准备主体文档、本地文档和特殊事项文档。

138. 被实施一般反避税调查企业认为其安排不属于避税安排的,应当自收到《税务检查通知书》之日起 60 日内提供的资料包括(　　)。

A. 安排的背景资料　　B. 安排的商业目的等说明文件

C. 安排的内部决策和管理资料　　D. 安排涉及的详细交易资料

【参考答案】 ABCD

【答案解析】《一般反避税管理办法(试行)》(国家税务总局令第 32 号)第十一条规定,被调查企业认为其安排不属于本办法所称避税安排的,应当自收到《税务检查通知书》之日起 60 日内提供下列资料:

(一)安排的背景资料;

(二)安排的商业目的等说明文件;

(三)安排的内部决策和管理资料,如董事会决议、备忘录、电子邮件等;

(四)安排涉及的详细交易资料,如合同、补充协议、收付款凭证等;

(五)与其他交易方的沟通信息;

(六)可以证明其安排不属于避税安排的其他资料;

(七)税务机关认为有必要提供的其他资料。

139. 主管税务机关实施一般反避税调查,审核企业、筹划方、关联方以及与关联业务调查有关的其他企业提供的资料,可以采用的核实方式有(　　)。

A. 现场调查　　B. 传唤证人

C. 发函协查　　D. 查阅公开信息

【参考答案】 ACD

【答案解析】《一般反避税管理办法(试行)》(国家税务总局令第 32 号)第十五条规定,主管税务机关审核企业、筹划方、关联方以及与关联业务调查有关的其他企业提供的资料,可以采用现场调查、发函协查和查阅公开信息等方式核实。

140. 关于非居民企业为中国境内客户提供劳务取得的收入,下列说法正确的是(　　)。

A. 凡其提供的服务全部发生在中国境内的,应全额在中国境内申报缴纳企业所得税

B. 凡其提供的服务全部发生在中国境内的,应差额在中国境内申报缴纳企业所得税

C. 凡其提供的服务同时发生在中国境内外的,应以劳务发生地为原则划分其境内外收入,并就其在中国境内取得的劳务收入申报缴纳企业所得税

D. 凡其提供的服务同时发生在中国境内外的,应就其在境内外取得的所有劳务收入申

报缴纳企业所得税

【参考答案】 AC

【答案解析】《国家税务总局关于印发〈非居民企业所得税核定征收管理办法〉的通知》(国税发〔2010〕19号)第七条规定，非居民企业为中国境内客户提供劳务取得的收入，凡其提供的服务全部发生在中国境内的，应全额在中国境内申报缴纳企业所得税。凡其提供的服务同时发生在中国境内外的，应以劳务发生地为原则划分其境内外收入，并就其在中国境内取得的劳务收入申报缴纳企业所得税。

141. 非居民企业为中国境内客户提供劳务取得的收入，税务机关对其境内外收入划分的合理性和真实性有疑义的，可以要求非居民企业提供真实有效的证明，并根据(　)等因素合理划分其境内外收入。

A. 取得收入　　B. 工作量

C. 工作时间　　D. 成本费用

【参考答案】 BCD

【答案解析】《国家税务总局关于印发〈非居民企业所得税核定征收管理办法〉的通知》(国税发〔2010〕19号)第七条规定，税务机关对其境内外收入划分的合理性和真实性有疑义的，可以要求非居民企业提供真实有效的证明，并根据工作量、工作时间、成本费用等因素合理划分其境内外收入。

142. 税务机关确定非居民企业的利润率的标准有(　)。

A. 从事承包工程作业、设计和咨询劳务的，利润率为15%—30%

B. 从事管理服务的，利润率为30%—50%

C. 从事其他劳务或劳务以外经营活动的，利润率不低于15%

D. 从事其他劳务或劳务以外经营活动的，利润率不低于30%

【参考答案】 ABC

【答案解析】《国家税务总局关于印发〈非居民企业所得税核定征收管理办法〉的通知》(国税发〔2010〕19号)第五条规定，税务机关可按照以下标准确定非居民企业的利润率：

(一)从事承包工程作业、设计和咨询劳务的，利润率为15%—30%；

(二)从事管理服务的，利润率为30%—50%；

(三)从事其他劳务或劳务以外经营活动的，利润率不低于15%。

143. 境外中资企业或其中国主要投资者向税务机关提出居民企业申请时，应同时向税务机关提供的资料有(　)。

A. 企业法律身份证明文件

B. 企业集团组织结构说明及生产经营概况

C. 企业最近三个年度的公证会计师审计报告

D. 负责企业生产经营等事项的高层管理机构履行职责的场所的地址证明

【参考答案】 ABD

【答案解析】《国家税务总局关于境外注册中资控股企业依据实际管理机构标准认定为居民企业有关问题的通知》(国税发〔2009〕82号)第七条规定,境外中资企业或其中国主要投资者向税务机关提出居民企业申请时,应同时向税务机关提供如下资料:

(一)企业法律身份证明文件;

(二)企业集团组织结构说明及生产经营概况;

(三)企业最近一个年度的公证会计师审计报告;

(四)负责企业生产经营等事项的高层管理机构履行职责的场所的地址证明;

(五)企业董事及高层管理人员在中国境内居住记录;

(六)企业重大事项的董事会决议及会议记录;

(七)主管税务机关要求的其他资料。

144.出国(境)人员严格执行各项经费开支标准,不得擅自突破,严禁接受或变相接受企事业单位资助,严禁向(　　)摊派或转嫁出访费用。

A.同级机关　　B.下级机关、下属单位

C.企业　　D.驻外机构

【参考答案】 ABCD

【答案解析】《全国税务系统外事工作管理规定》第三十八条规定,出国(境)人员严格执行各项经费开支标准,不得擅自突破,严禁接受或变相接受企事业单位资助,严禁向同级机关、下级机关、下属单位、企业、驻外机构摊派或转嫁出访费用。

145.税务机关可以优先受理企业提交预约定价安排申请情形有(　　)。

A.企业关联申报和同期资料完备合理,披露充分

B.企业纳税信用级别为B级以上

C.税务机关曾经对企业实施特别纳税调查调整,并已经结案

D.企业积极配合税务机关开展预约定价安排谈签工作

【参考答案】 ACD

【答案解析】《国家税务总局关于完善预约定价安排管理有关事项的公告》(国家税务总局公告2016年第64号)第十六条规定,有下列情形之一的,税务机关可以优先受理企业提交的申请:

(一)企业关联申报和同期资料完备合理,披露充分;

(二)企业纳税信用级别为A级;

(三)税务机关曾经对企业实施特别纳税调查调整,并已经结案;

(四)签署的预约定价安排执行期满,企业申请续签,且预约定价安排所述事实和经营环境没有发生实质性变化;

(五)企业提交的申请材料齐备,对价值链或者供应链的分析完整、清晰,充分考虑成本

节约、市场溢价等地域特殊因素，拟采用的定价原则和计算方法合理；

（六）企业积极配合税务机关开展预约定价安排谈签工作；

（七）申请双边或者多边预约定价安排的，所涉及的税收协定缔约对方税务主管当局有较强的谈签意愿，对预约定价安排的重视程度较高；

（八）其他有利于预约定价安排谈签的因素。

146. 下列选项中，属于亚洲税收管理与研究组织（SGATAR）创始成员的是（　　）。

A. 中国　　B. 日本

C. 菲律宾　　D. 新加坡

【参考答案】 BCD

【答案解析】 亚洲税收管理与研究组织（SGATAR）于 1971 年由菲律宾发起成立并举办了第一届会议，柬埔寨、缅甸、老挝、印度尼西亚、日本、马来西亚、菲律宾、新加坡、泰国、越南等 10 个国家出席会议并成为原始成员。

147. 企业为境外关联方从事（　　）业务，原则上应当保持合理的利润水平。

A. 来料加工　　B. 进料加工

C. 分销　　D. 合约研发

【参考答案】 ABCD

【答案解析】 《国家税务总局关于发布〈特别纳税调查调整及相互协商程序管理办法〉的公告》（国家税务总局公告 2017 年第 6 号）第二十八条规定，企业为境外关联方从事来料加工或者进料加工等单一生产业务，或者从事分销、合约研发业务，原则上应当保持合理的利润水平。

148. 税收管辖权大致分为（　　）。

A. 居民管辖权　　B. 公民管辖权

C. 地域管辖权　　D. 权利管辖权

【参考答案】 ABC

【答案解析】 税收管辖权是指一国政府在征税方面的主权，主要包括该国政府对哪些人征税、征什么税以及征多少税等内容。一般来说，税收管辖权可以分为三类：(1) 地域管辖权，又称来源地管辖权，也就是一国对于来源于本国的所得有权征收税款。(2) 居民管辖权，也就是一国对于依照税法规定属于本国居民的纳税人有权征收税款。(3) 公民管辖权，也就是一国对拥有本国国籍的纳税人有权征收税款。

149. 各国行使税收管辖权的相互重叠是国际重复征税的根本原因。税收管辖权的重叠主要有（　　）。

A. 居民（公民）管辖权与地域管辖权的重叠

B. 居民（公民）管辖权与居民（公民）管辖权的重叠

C. 对内税收管辖权与对外税收管辖权的重叠

D. 地域管辖权与地域管辖权的重叠

【参考答案】 ABD

【答案解析】 各国行使税收管辖权的相互重叠是国际重复征税的根本原因。税收管辖权的重叠主要有居民(公民)管辖权与地域管辖权的重叠、居民(公民)管辖权与居民(公民)管辖权的重叠、地域管辖权与地域管辖权的重叠三种情形。

150. 境外中资企业应当根据生产经营和管理的实际情况,自行判定实际管理机构是否设立在中国境内。向其主管税务机关书面提出居民身份认定申请时,提供的资料包括(　　)。

A. 企业上一个纳税年度的公证会计师审计报告

B. 企业上一年度及当年度董事及高层管理人员在中国境内居住的记录

C. 企业上一年度及当年度重大事项的董事会决议及会议记录

D. 主管税务机关要求提供的其他资料

【参考答案】 ABCD

【答案解析】《国家税务总局关于印发〈境外注册中资控股居民企业所得税管理办法(试行)〉的公告》(国家税务总局公告 2011 年第 45 号)第七条规定,境外中资企业应当根据生产经营和管理的实际情况,自行判定实际管理机构是否设立在中国境内。如其判定符合《通知》第二条规定的居民企业条件,应当向其主管税务机关书面提出居民身份认定申请,同时提供以下资料:

(一)企业法律身份证明文件;

(二)企业集团组织结构说明及生产经营概况;

(三)企业上一个纳税年度的公证会计师审计报告;

(四)负责企业生产经营等事项的高层管理机构履行职责场所的地址证明;

(五)企业上一年度及当年度董事及高层管理人员在中国境内居住的记录;

(六)企业上一年度及当年度重大事项的董事会决议及会议记录;

(七)主管税务机关要求提供的其他资料。

151. 国际重复征税对投资者的利益、税负公平原则、国际经济交往、国家间税收权益以及跨国公司行为都会产生消极影响,主要表现(　　)。

A. 加重了跨国纳税人的税收负担

B. 违背了税收公平原则

C. 阻碍了国际经济发展

D. 减少了国家的税收收入

【参考答案】 ABC

【答案解析】 国际重复征税的影响主要表现在加重了跨国纳税人的税收负担、违背了税收公平原则、阻碍了国际经济发展和引起国家间税收摩擦几个方面。

152. 消除双重征税的方法主要包括(　　)。

A. 抵免法　　B. 免税法

C. 扣除法　　D. 减税法

【参考答案】 AB

【答案解析】 《国家税务总局国际税务司税收协定条款解读之十六》第二十三条规定,消除双重征税的方法主要包括抵免法和免税法。

153. 国际税收协定的主要内容有(　　)。

A. 协定适用范围　　B. 税收管辖权的划分

C. 消除双重征税的方法　　D. 税收无差别待遇原则

【参考答案】 ABCD

【答案解析】 国际税收协定的主要内容包括:(一)协定适用范围;(二)协定基本用语的定义;(三)税收管辖权的划分;(四)消除双重征税的方法;(五)税收无差别待遇原则;(六)情报(信息)交换;(七)相互协商程序。

154. 国际避税产生的客观原因主要有(　　)。

A. 国家间的税制差异　　B. 国际税收规则存在的缺陷

C. 国家对税收主权的争夺　　D. 税收征管能力不足

【参考答案】 ABD

【答案解析】 国际避税产生的原因,包括主观原因和客观原因。主观方面,纳税人有尽可能减轻税收负担,实现利润最大化的强烈愿望。客观原因主要有以下三方面:国家间的税制差异、国际税收规则存在的缺陷和税收征管能力不足。

155. 国家间的税制差异包括(　　)。

A. 征税范围和征收方式上的差异　　B. 税率的差异

C. 税基的差异　　D. 营商环境的差异

【参考答案】 ABC

【答案解析】 国家间的税制差异包括:(1)征税范围和征收方式上的差异;(2)税率的差异;(3)税基的差异;(4)避免双重征税方法的差异。

156. 在国际经济活动中,跨国纳税人采取的避税手段多种多样,下面属于国际避税常见手段的是(　　)。

A. 利用转让定价避税　　B. 滥用税收协定避税

C. 利用外国控股公司避税　　D. 利用避税地避税

【参考答案】 ABCD

【答案解析】 国际避税的常见手段:(一)采取人的流动避税;(二)利用转让定价避税;(三)滥用税收协定避税;(四)利用外国控股公司避税;(五)利用资本弱化避税;(六)利用避税地避税。

157. 世界各国在长期的反避税斗争中逐渐形成了一整套打击避税行为的法律和措施，包括（ ）。

A. 转让定价管理　　B. 受控外国公司规则

C. 资本弱化规则　　D. 一般反避税规则

【参考答案】 ABCD

【答案解析】 反避税管理措施主要包括：(一)转让定价管理；(二)受控外国公司规则；(三)资本弱化规则；(四)一般反避税规则；(五)限制避税性移居；(六)打击国际避税地。

158. 目前，全球打击国际避税地的方法包括（ ）。

A. 优化营商环境　　B. 制定“黑名单”

C. 引入“实质性活动”的规定　　D. 推出全球最低税

【参考答案】 BCD

【答案解析】 打击国际避税地的方法包括：(1)制定“黑名单”，为了防止本国居民企业将利润转移至避税地，造成对本国税基的侵蚀，一些国家规定了判定国际避税地的具体标准或列出避税地“黑名单”。(2)引入“实质性活动”的规定，在G20/OECD国际税改框架下，要求“不征税或仅名义征税的国家”引入“实质性活动要求”的规定，否则这些国家的税收制度可能被视为“有害税收实践”。(3)推出全球最低税，目前，G20/OECD正在研究讨论中的应对经济数字化共识性解决方案，包含征收全球最低税，旨在通过限制全球最低税率打击国际逃避税。

159. 国际税收合作在（ ）方面发挥了重要作用。

A. 促进生产要素有序流动　　B. 资源高效配置

C. 市场深度融合　　D. 落实减税降费

【参考答案】 ABC

【答案解析】 国际税收合作在促进生产要素有序流动、资源高效配置、市场深度融合等方面发挥了重要作用，国际税收合作已经成为政府合作的重要方面。

160. 国际税收合作分为（ ）。

A. 单边税收合作　　B. 双边税收合作

C. 多边税收合作　　D. 区域性税收合作

【参考答案】 BCD

【答案解析】 国际税收合作分为多边税收合作、区域性税收合作和双边税收合作。

161. 国际税收组织在促进多边税收合作中发挥着重要作用。参与国际税收合作的主要组织有（ ）。

A. 经济合作与发展组织(OECD)　　B. 联合国

C. 世界银行集团　　D. 国际货币基金组织(IMF)

【参考答案】 ABCD

【答案解析】 OECD主导了国际税收规则的制定,引领着国际税收合作实践,其影响范围远远超出了OECD成员国;联合国从1970年开始涉足国际税收领域,开始为发达国家和发展中国家之间的税收协定制定协定范本;世界银行集团通过其税务团队,为各个国家提供咨询服务;IMF在经济、货币和税收问题上向各国提供技术援助,包括税收政策建议培训和立法的起草。2016年4月,OECD、IMF、联合国、世界银行创建了税收合作平台,也称为四方平台,合作向发展中国家提供援助,以加强其税收体系的制度机制。

162. 在中国境内未设立机构、场所的非居民企业,下列来源于中国境内的所得计算企业所得税的办法错误的有(　　)。

A. 股息、红利等权益性投资收益,以收入全额为应纳税所得额

B. 转让财产所得以收入全额为应纳税所得额

C. 利息、租金、特许权使用费所得,以收入全额减除发生的费用为应纳税所得额

D. 境内所得全按收入总额减除与取得收入有关、合理支出的余额为应纳税所得额

【参考答案】 BCD

【答案解析】 根据《中华人民共和国企业所得税法》第十九条,非居民企业取得本法第三条第三款规定的所得,按照下列方法计算其应纳税所得额:(一)股息、红利等权益性投资收益和利息、租金、特许权使用费所得,以收入全额为应纳税所得额;(二)转让财产所得以收入全额减除财产净值后的余额为应纳税所得额;(三)其他所得,参照前两项规定的方法计算应纳税所得额。

163. 下列选项中,属于税基侵蚀与利润转移15项行动计划的是(　　)。

A. 应对数字经济的税收挑战　　B. 考虑透明度和实质性因素

C. 有效打击有害税收实践　　D. 使争议解决机制更有效

【参考答案】 ABCD

【答案解析】 15项行动计划是:应对数字经济的税收挑战;消除混合错配安排的影响;制定有效受控境外公司规则;对利用利息扣除和其他款项支付实现的税基侵蚀予以限制;考虑透明度和实质性因素,有效打击有害税收实践;防止税收协定优惠的不当授予;防止人为规避常设机构的构成;确保转让定价结果与价值创造相匹配;衡量和监控BEPS;强制披露规则;转让定价文档和国别报告;使争议解决机制更有效;制定用于修订双边税收协定的多边协议。

164. 根据约束性差异,BEPS行动计划分为(　　)。

A. 最高标准　　B. 最低标准

C. 共同方法　　D. 最佳实践

【参考答案】 BCD

【答案解析】 2016年1月1日,G20发起的国际税改项目进入实施阶段。根据约束性差异,BEPS行动计划分为最低标准、共同方法和最佳实践。

165.“一带一路”税收征管合作机制治理架构包括（　　）。

A. 理事会

B.“一带一路”税收征管合作论坛

C.“一带一路”税收征管能力促进联盟

D. 专家咨询委员会

【参考答案】 ABCD

【答案解析】 合作机制治理架构包括理事会、“一带一路”税收征管合作论坛、“一带一路”税收征管能力促进联盟及专家咨询委员会。其中理事会为合作机制决策机构，理事会首任主席由我国国家税务总局局长王军担任。理事会下设合作机制秘书处，负责日常运营和联络，为合作机制运行提供保障。论坛为支持“一带一路”建设的税务主管当局、国际组织、科研机构、跨国企业等提供沟通平台，在税收征管和能力建设方面加强合作。联盟是由理事会成员或观察员依托本国（地区）已有的税务培训机构或专业技术自愿加入，致力于开展培训、研究和技术援助活动，专家咨询委员会将为机制愿景和目标的实现提供建议和帮助。

166. 国际税收的基本原则包括（　　）。

A. 单一课税原则　　B. 受益原则

C. 国际税收中性原则　　D. 独占征税原则

【参考答案】 ABC

【答案解析】 国际税收的基本原则包括：单一课税原则、受益原则和国际税收中性原则。

167. 以下属于税务机关对辖区内企业实施特别纳税调整监控管理的主要手段的有（　　）。

A. 同期资料管理　　B. 关联申报审核

C. 转让定价调查　　D. 利润水平监控

【参考答案】 ABD

【答案解析】 根据《国家税务总局关于发布〈特别纳税调查调整及相互协商程序管理办法〉的公告》（国家税务总局公告 2017 年第 6 号）第二条，税务机关以风险管理为导向，构建和完善关联交易利润水平监控管理指标体系，加强对企业利润水平的监控，通过特别纳税调整监控管理和特别纳税调查调整，促进企业税法遵从。

168. 对于企业境外所得的实现年度及税额抵免年度，下列说法正确的是（　　）。

A. 企业来源于境外的股息、红利等权益性投资收益所得，若实际收到所得的日期与境外被投资方作出利润分配决定的日期不在同一纳税年度的，应按被投资方作出利润分配日所在的纳税年度确认境外所得

B. 企业来源于境外的股息、红利等权益性投资收益所得，若实际收到所得的日期与境

外被投资方作出利润分配决定的日期不在同一纳税年度的，应按实际收到所得的日期所在的纳税年度确认境外所得

C. 企业来源于境外的利息、租金、特许权使用费、转让财产等收入，若未能在合同约定的付款日期当年收到上述所得，仍应按合同约定付款日期所属的纳税年度确认境外所得

D. 企业收到某一纳税年度的境外所得已纳税凭证时，凡是迟于次年 5 月 31 日汇算清缴终止日的，可以对该所得境外税额抵免追溯计算

【参考答案】 ACD

【答案解析】 根据《企业境外所得税收抵免操作指南》，企业应根据实施条例第二章第二节中关于收入确认时间的规定确认境外所得的实现年度及其税额抵免年度。

(1)企业来源于境外的股息、红利等权益性投资收益所得，若实际收到所得的日期与境外被投资方作出利润分配决定的日期不在同一纳税年度的，应按被投资方作出利润分配日所在的纳税年度确认境外所得。

企业来源于境外的利息、租金、特许权使用费、转让财产等收入，若未能在合同约定的付款日期当年收到上述所得，仍应按合同约定付款日期所属的纳税年度确认境外所得。

(2)属于企业所得税法第四十五条以及实施条例第一百一十七条和第一百一十八条规定情形的，应按照有关法律法规的规定确定境外所得的实现年度。

(3)企业收到某一纳税年度的境外所得已纳税凭证时，凡是迟于次年 5 月 31 日汇算清缴终止日的，可以对该所得境外税额抵免追溯计算。

169. 中国境内企业和非居民企业签订与利息、租金、特许权使用费等所得有关的合同或协议，下列说法正确的是(　　)。

A. 如果未按照合同或协议约定的日期支付款项，但已计入企业当期成本、费用，并在企业所得税年度纳税申报中作税前扣除的，应在企业所得税年度纳税申报时按照企业所得税法有关规定代扣代缴企业所得税

B. 如果未按照合同或协议约定的日期支付款，但计入相应资产原价，在该类资产投入使用后分期摊入成本、费用，分年度在企业所得税前扣除的，应在企业计入相关资产的年度纳税申报时就上述所得全额代扣代缴企业所得税

C. 如果企业在合同或协议约定的支付日期之前支付上述所得款项的，应在实际支付时按照企业所得税法有关规定代扣代缴企业所得税

D. 如果企业在合同或协议约定的支付日期之前支付上述所得款项的，应在合同或协议约定支付日期按照企业所得税法有关规定代扣代缴企业所得税

【参考答案】 ABC

【答案解析】 根据《国家税务总局关于非居民企业所得税管理若干问题的公告》(国家税务总局公告 2011 年第 24 号)第一条关于到期应支付而未支付的所得扣缴企业所得税问

题的相关规定，中国境内企业(以下称为企业)和非居民企业签订与利息、租金、特许权使用费等所得有关的合同或协议，如果未按照合同或协议约定的日期支付上述所得款项，或者变更或修改合同或协议延期支付，但已计入企业当期成本、费用，并在企业所得税年度纳税申报中作税前扣除的，应在企业所得税年度纳税申报时按照企业所得税法有关规定代扣代缴企业所得税。

如果企业上述到期未支付的所得款项，不是一次性计入当期成本、费用，而是计入相应资产原价或企业筹办费，在该类资产投入使用或开始生产经营后分期摊入成本、费用，分年度在企业所得税前扣除的，应在企业计入相关资产的年度纳税申报时就上述所得全额代扣代缴企业所得税。

如果企业在合同或协议约定的支付日期之前支付上述所得款项的，应在实际支付时按照企业所得税法有关规定代扣代缴企业所得税。

170. 在中国境内未设立机构、场所的非居民企业，以融资租赁方式将设备、物件等租给中国境内企业使用，租赁期满后设备、物件所有权归中国境内企业(包括租赁期满后作价转让给中国境内企业)，非居民企业按照合同约定的期限收取租金，应以(　　)，作为(　　)所得计算缴纳企业所得税，由中国境内企业在支付时代扣代缴。

A. 租赁费(包括租赁期满后作价转让给中国境内企业的价款)扣除设备、物件价款后的余额

B. 租赁费(包括租赁期满后作价转让给中国境内企业的价款)

C. 贷款利息

D. 特许权使用费

【参考答案】 AC

【答案解析】 根据《国家税务总局关于非居民企业所得税管理若干问题的公告》(国家税务总局公告 2011 年第 24 号)第四条关于融资租赁和出租不动产的租金所得税务处理问题的相关规定，在中国境内未设立机构、场所的非居民企业，以融资租赁方式将设备、物件等租给中国境内企业使用，租赁期满后设备、物件所有权归中国境内企业(包括租赁期满后作价转让给中国境内企业)，非居民企业按照合同约定的期限收取租金，应以租赁费(包括租赁期满后作价转让给中国境内企业的价款)扣除设备、物件价款后的余额，作为贷款利息所得计算缴纳企业所得税，由中国境内企业在支付时代扣代缴。

171. 非居民企业出租位于中国境内的房屋、建筑物等不动产，对未在中国境内设立机构、场所进行日常管理的，以其取得的(　　)计算缴纳企业所得税，由中国境内的承租人在(　　)代扣代缴。

A. 租金扣除管理费用后的余额

B. 租金收入全额

C. 每次支付或到期应支付前

D. 每次支付或到期应支付时

【参考答案】 BD

【答案解析】 根据《国家税务总局关于非居民企业所得税管理若干问题的公告》(国家税务总局公告 2011 年第 24 号)第四条关于融资租赁和出租不动产的租金所得税务处理问题的相关规定,(一)在中国境内未设立机构、场所的非居民企业,以融资租赁方式将设备、物件等租给中国境内企业使用,租赁期满后设备、物件所有权归中国境内企业(包括租赁期满后作价转让给中国境内企业),非居民企业按照合同约定的期限收取租金,应以租赁费(包括租赁期满后作价转让给中国境内企业的价款)扣除设备、物件价款后的余额,作为贷款利息所得计算缴纳企业所得税,由中国境内企业在支付时代扣代缴。

(二)非居民企业出租位于中国境内的房屋、建筑物等不动产,对未在中国境内设立机构、场所进行日常管理的,以其取得的租金收入全额计算缴纳企业所得税,由中国境内的承租人在每次支付或到期应支付时代扣代缴。

如果非居民企业委派人员在中国境内或者委托中国境内其他单位或个人对上述不动产进行日常管理的,应视为其在中国境内设立机构、场所,非居民企业应在税法规定的期限内自行申报缴纳企业所得税。

172. 下列选项中,不属于"一带一路"税收征管合作机制秘书处职能的是(　　)。

A. 决策机构　　B. 咨询机构

C. 日常运行机构　　D. 培训机构

【参考答案】 ABD

【答案解析】 "一带一路"税收征管合作机制秘书处职能为"一带一路"税收征管合作机制的日常运行机构。

173. 下列选项中,属于税收协定中的特许权使用费的是(　　)。

A. 为获取技术的所有权支付的款项

B. 为有关工业、商业、科学经验的信息支付的款项

C. 使用专利支付的款项

D. 使用文学、艺术或科学著作的版权支付的款项

【参考答案】 BCD

【答案解析】 税收协定中的特许权使用费包括:使用或有权使用文学、艺术或科学著作的版权,任何专利、商标、设计或模型、图纸、秘密配方或秘密程序所支付的作为报酬的各种款项,或者为有关工业、商业、科学经验的信息所支付的作为报酬的各种款项。

174. 下列选项中,不适用于母子公司税收抵免方法的是(　　)。

A. 直接抵免法　　B. 间接抵免法

C. 全额抵免法　　D. 累进抵免法

【参考答案】 ACD

【答案解析】 母子公司适用间接抵免。

175.《关于应对经济数字化税收挑战双支柱方案的声明》中,“支柱二”的主要目的是(　　)。

A. 限制税收竞争

B. 遗留的税基侵蚀和利润转移问题

C. 跨国企业利用低税地逃避税问题

D. 解决对数字经济企业征税问题

【参考答案】 ABC

【答案解析】 G20 授权 OECD 牵头研究制定的应对经济数字化税收挑战多边解决方案支柱二,旨在系统解决税基侵蚀和利润转移问题,确保大型跨国企业在各辖区都负担一定水平的税负,消除恶性税收竞争。

176. 根据 OECD《利润分割法应用指南》,利润分割法的适用条件与我国政策规定相比有所差异,其适用条件包括(　　)。

A. 交易各方均作出独特且有价值的贡献

B. 业务运作高度整合,以致于无法单独评估交易各方的贡献

C. 交易各方存在紧密的利益关系

D. 交易各方共同承担重大经济风险,或各自承担密切相关的风险

【参考答案】 ABD

【答案解析】 根据 OECD《利润分割法应用指南》,存在以下三种情况时,利润分割法可能是最合适的转让定价方法:交易各方均作出独特且有价值的贡献;业务运作高度整合,以致于无法单独评估交易各方的贡献;交易各方共同承担重大经济风险,或各自承担密切相关的风险。

177. 下列构成常设机构的是(　　)。

A. 不具有法人资格的中外合作办学机构　　B. 中外合作办学项目

C. 具有辅助性的固定营业场所　　D. 分支机构

【参考答案】 ABD

【答案解析】 具有准备性或辅助性的固定营业场所不构成常设机构。

178. 以下选项,属于特别纳税调查调整文书的是(　　)。

A.《特别纳税调查结论通知书》　　B.《特别纳税调查初步调整通知书》

C.《特别纳税调查调整通知书》　　D.《特别纳税调查无问题结案通知书》

【参考答案】 ABC

【答案解析】 国家税务总局公告 2017 年第 6 号文件第三十九条规定,经调查,税务机关未发现企业存在特别纳税调整问题的,应当作出特别纳税调查结论,并向企业送达《特别纳税调查结论通知书》。

第四十条规定,经调查,税务机关发现企业存在特别纳税调整问题的,应当按照以下程

序实施调整：

（一）在测算、论证、可比性分析的基础上，拟定特别纳税调查调整方案。

（二）根据拟定调整方案与企业协商谈判，双方均应当指定主谈人，调查人员应当做好《协商内容记录》，并由双方主谈人签字确认。企业拒签的，税务机关调查人员（两名以上）应当注明。企业拒绝协商谈判的，税务机关向企业送达《特别纳税调查初步调整通知书》。

（三）协商谈判过程中，企业对拟定调整方案有异议的，应当在税务机关规定的期限内进一步提供相关资料。税务机关收到资料后，应当认真审议，并作出审议结论。根据审议结论，需要进行特别纳税调整的，税务机关应当形成初步调整方案，向企业送达《特别纳税调查初步调整通知书》。

（四）企业收到《特别纳税调查初步调整通知书》后有异议的，应当自收到通知书之日起7日内书面提出。税务机关收到企业意见后，应当再次协商、审议。根据审议结论，需要进行特别纳税调整，并形成最终调整方案的，税务机关应当向企业送达《特别纳税调查调整通知书》。

（五）企业收到《特别纳税调查初步调整通知书》后，在规定期限内未提出异议的，或者提出异议后又拒绝协商的，或者虽提出异议但经税务机关审议后不予采纳的，税务机关应当以初步调整方案作为最终调整方案，向企业送达《特别纳税调查调整通知书》。

179. 下列选项中，适用于税收协定中“受益所有人”身份判定条款的是（　）。

A. 财产转让　　B. 股息

C. 利息　　D. 特许权使用费

【参考答案】 BCD

【答案解析】 《国家税务总局关于税收协定中“受益所有人”有关问题的公告》（国家税务总局公告2018年第9号）规定，为执行中华人民共和国政府对外签署的避免双重征税协定（简称“税收协定”），现就税收协定股息、利息、特许权使用费条款中“受益所有人”身份判定有关问题公告如下：

一、“受益所有人”是指对所得或所得据以产生的权利或财产具有所有权和支配权的人。

二、判定需要享受税收协定待遇的缔约对方居民（以下简称“申请人”）“受益所有人”身份时，应根据本条所列因素，结合具体案例的实际情况进行综合分析。一般来说，下列因素不利于对申请人“受益所有人”身份的判定：

（一）申请人有义务在收到所得的12个月内将所得的50%以上支付给第三国（地区）居民，“有义务”包括约定义务和虽未约定义务但已形成支付事实的情形。

（二）申请人从事的经营活动不构成实质性经营活动。实质性经营活动包括具有实质性的制造、经销、管理等活动。申请人从事的经营活动是否具有实质性，应根据其实际履行的功能及承担的风险进行判定。

申请人从事的具有实质性的投资控股管理活动，可以构成实质性经营活动；申请人从事不构成实质性经营活动的投资控股管理活动，同时从事其他经营活动的，如果其他经营活动不够显著，不构成实质性经营活动。

（三）缔约对方国家（地区）对有关所得不征税或免税，或征税但实际税率极低。

（四）在利息据以产生和支付的贷款合同之外，存在债权人与第三人之间在数额、利率和签订时间等方面相近的其他贷款或存款合同。

（五）在特许权使用费据以产生和支付的版权、专利、技术等使用权转让合同之外，存在申请人与第三人之间在有关版权、专利、技术等的使用权或所有权方面的转让合同。

三、申请人从中国取得的所得为股息时，申请人虽不符合“受益所有人”条件，但直接或间接持有申请人100%股份的人符合“受益所有人”条件，并且属于以下两种情形之一的，应认为申请人具有“受益所有人”身份：

（一）上述符合“受益所有人”条件的人为申请人所属居民国（地区）居民；

（二）上述符合“受益所有人”条件的人虽不为申请人所属居民国（地区）居民，但该人和间接持有股份情形下的中间层均为符合条件的人。

“符合‘受益所有人’条件”是指根据本公告第二条的规定，综合分析后可以判定具有“受益所有人”身份。

“符合条件的人”是指该人从中国取得的所得为股息时根据中国与其所属居民国（地区）签署的税收协定可享受的税收协定待遇和申请人可享受的税收协定待遇相同或更为优惠。

180. 国家税务总局局长王军在第一届税收合作平台全球大会上进行题为《践行新发展理念推动可持续发展》的主题发言，下面属于发言主要内容的是（　　）。

A. 打造绿色税制，推动可持续发展

B. 加大减税降费，推动可持续发展

C. 支持创新驱动，推动可持续发展

D. 坚持开放包容，推动可持续发展

【参考答案】 ACD

【答案解析】 2018年2月14日，第一届税收合作平台全球大会在美国纽约联合国总部开幕，主题是“税收与可持续发展目标”，中国国家税务总局局长王军应邀出席大会并作题为《践行新发展理念推动可持续发展》的主题发言。该发言的主要内容包括：打造绿色税制，推动可持续发展；支持创新驱动，推动可持续发展；增强协调均衡，推动可持续发展；坚持开放包容，推动可持续发展；落实共享理念，推动可持续发展；优化营商环境，推动可持续发展。

181. 税基侵蚀和利润转移行动计划（BEPS行动计划）包括五大类共15项，其中属于协调各国企业所得税制的是（　　）。

A. 消除混合错配　　　　B. 制定受控外国公司规则

C. 限制利息扣除　　　　　　　　　　　　D. 打击有害税收实践

【参考答案】 ABCD

【答案解析】 经济合作与发展组织(OECD)《税基侵蚀和利润转移行动计划》(BEPS 行动计划),其中协调各国企业所得税制的行动包括消除混合错配,制定受控外国公司规则,限制利息扣除,打击有害税收实践。

182.“一带一路”税收征管合作机制第一任副主席国包括(　　)。

A. 乌拉圭　　　　　　　　　　　　　　B. 科威特

C. 塞拉利昂　　　　　　　　　　　　　D. 哈萨克斯坦

【参考答案】 ACD

【答案解析】 “一带一路”税收征管合作机制第一任副主席国包括:哈萨克斯坦、塞拉利昂、阿联酋、乌拉圭。

183. 国际税收情报交换可依据的法律基础包括(　　)。

A.《多边税收征管互助公约》

B.《双边税收协定》

C.《税收情报交换协定》

D.《实施税收协定相关措施以防止税基侵蚀和利润转移的多边公约》

【参考答案】 ABC

【答案解析】 国际税收情报交换可依据的法律基础包括《多边税收征管互助公约》《税收情报交换协定》《双边税收协定》。

184. 我国居民企业甲直接持有 A 国乙企业 50%的股份,A 国乙企业持有 B 国丙企业 20%股份,我国居民企业甲直接持有 B 国丙企业 15%的股份。对于居民企业甲来说,下列说法正确的是(　　)。

A. 乙企业符合间接抵免持股条件　　　　B. 乙企业不符合间接抵免持股条件

C. 丙企业符合间接抵免持股条件　　　　D. 丙企业不符合间接抵免持股条件

【参考答案】 AD

【答案解析】 居民企业甲直接持有 A 国乙企业 50%股份,大于 20%,符合间接抵免持股条件;甲企业直接持有 B 国丙企业 15%股份,间接持有 B 国丙企业股份=50%×20%=10%,由于甲企业直接持有丙企业的股份不足 20%,不能计入甲企业对丙企业直接持股或间接持股的总和比例之中,因此,甲企业间接持有丙企业 10%股份,小于 20%,不符合间接抵免持股条件。

185. 下列选项,属于税收协定条款的是(　　)。

A. 营业利润　　　　　　　　　　　　　B. 利息

C. 广告费　　　　　　　　　　　　　　D. 受雇所得

【参考答案】 ABD

【答案解析】 受雇所得、利息、营业利润是税收协定的条款，广告费不是税收协定的条款。

186. 2014 年 11 月，习近平总主席在澳大利亚布里斯班 G20 峰会上提出的加强国际税收合作的三点重要主张是（　　）。

A. 进一步服务对外开放

B. 加强全球税收合作

C. 打击国际逃避税

D. 帮助发展中国家和低收入国家提高税收征管能力

【参考答案】 BCD

【答案解析】 2014 年 11 月，在澳大利亚布里斯班 G20 峰会上，习近平主席提出了“加强全球税收合作、打击国际逃避税、帮助发展中国家和低收入国家提高税收征管能力”三点重要主张。

187. 税务系统制订外事计划应遵循的原则是（　　）。

A 预算约束　　B. 限量管理

C. 因事定人　　D. 服务大局

【参考答案】 ABC

【答案解析】 《全国税务系统外事工作管理规定》第六条规定，制订外事计划应遵循以下原则：(一)预算约束。(二)限量管理。(三)因事定人。

188. 税务系统外事管理部门应对出国(境)团组进行行前教育，教育内容包括（　　）。

A. 政治纪律　　B. 安全保密纪律

C. 外事纪律　　D. 他相关注意事项

【参考答案】 ABCD

【答案解析】 《全国税务系统外事工作管理规定》第二十八条规定，外事管理部门应对出国(境)团组进行行前教育，教育内容包括政治纪律、安全保密纪律、外事纪律和其他相关注意事项。

189. 全国税务系统因公短期出国培训费用开支范围包括（　　）。

A. 培训费　　B. 礼品费

C. 国际旅费　　D. 国外城市间交通费

【参考答案】 ACD

【答案解析】 《全国税务系统因公短期出国培训管理办法》第十五条规定，出国培训费用开支范围包括：培训费、国际旅费、国外城市间交通费、住宿费、伙食费、公杂费和其他费用。

190. 全国税务系统因公短期出国培训可采用形式包括（　　）。

A. 联谊　　B. 听课

C. 研修　　D. 实习

【参考答案】 BCD

【答案解析】《全国税务系统因公短期出国培训管理办法》第十八条规定，出国培训可采用听课、研修、参访、实习等多种形式。

191. 运用全球公式分配法的三个基本要素是（　　）。

A. 确定被征税的实体

B. 准确地确定全球利润

C. 进行可比性分析

D. 建立用于将全球利润分配给这些纳税实体的公式

【参考答案】 ABD

【答案解析】 根据《跨国企业与税务机关转让定价指南》第 1 章独立交易原则的规定，运用全球公式分配法有三个基本要素：确定被征税的实体，即确定跨国企业集团内部哪些子公司和分支机构构成全球性的纳税实体；准确地确定全球利润；建立用于将全球利润分配给这些纳税实体的公式。

192. 国际上关于税收协定最有影响力的两个范本是（　　）。

A. 国际通用范本　　B. 经合组织范本

C. 世界范本　　D. 联合国范本

【参考答案】 BD

【答案解析】 目前国际上有两个税收协定范本，是指导各国签订国际税收协定最有影响力的两个范本，包括经合组织范本和联合国范本。

193. 下列属于税收协定条款的是（　　）。

A. 租金　　B. 演艺人员和运动员

C. 财产收益　　D. 特许权使用费

【参考答案】 BCD

【答案解析】 特许权使用费、财产收益、演艺人员和运动员属于税收协定的条款，租金不是税收协定的条款。

194. 税务机关通过可比非受控价格法进行转让定价调查，此方法可用于下列哪些业务（　　）。

A. 有形资产使用权或者所有权的转让

B. 金融资产的转让

C. 无形资产使用权或者所有权的转让

D. 资金融通

【参考答案】 ABCD

【答案解析】《特别纳税调查调整及相互协商程序管理办法》第十七条规定，可比非受

控价格法以非关联方之间进行的与关联交易相同或者类似业务活动所收取的价格作为关联交易的公平成交价格。可比非受控价格法可以适用于所有类型的关联交易。

195. 税收协定的主要作用包括（　　）。

A. 降低跨境纳税人在东道国的税负

B. 有效消除双重征税

C. 提高税收确定性

D. 提高来源国税收收入

【参考答案】 ABC

【答案解析】 《"走出去"税收指引》(2021年修订版)规定，税收协定的主要作用包括降低"走出去"纳税人在东道国的税负、有效消除双重征税、提高税收确定性和通过相互协商机制妥善解决涉税争议等。

196. 对非居民企业在中国境内取得工程作业和劳务所得应缴纳的所得税，税务机关可以指定扣缴义务人的情形包括（　　）。

A. 预计工程作业或者提供劳务期限不足一个纳税年度，且有证据表明不履行纳税义务的

B. 扣缴义务人未依法扣缴或无法履行扣缴义务的

C. 没有办理税务登记或者临时税务登记，且未委托中国境内的代理人履行纳税义务的

D. 未按照规定期限办理企业所得税纳税申报或者预缴申报的

【参考答案】 ACD

【答案解析】 《中华人民共和国企业所得税法实施条例》第一百零六条规定，企业所得税法第三十八条规定的可以指定扣缴义务人的情形，包括：(一)预计工程作业或者提供劳务期限不足一个纳税年度，且有证据表明不履行纳税义务的；(二)没有办理税务登记或者临时税务登记，且未委托中国境内的代理人履行纳税义务的；(三)未按照规定期限办理企业所得税纳税申报或者预缴申报的。

197. 下列属于税收协定条款的是（　　）。

A. 营业利润　　　　B. 营业收入

C. 居民　　　　D. 常设机构

【参考答案】 ACD

【答案解析】 常设机构、居民、营业利润属于税收协定的条款，营业收入不是税收协定的条款。

198. 境内甲企业向境外乙企业支付特许权使用费，合同总金额30万美元，分四笔支付。2022年1月1日支付第一笔4万美元，2022年7月1日支付第二笔10万美元，2023年1月1日支付第三笔8万美元，2023年7月1日支付最后一笔8万美元。下列关于此项交易对外支付税务备案说法不正确的是（　　）。

A. 该交易无需进行税务备案　　　　B. 2022年1月1日前备案

C. 2022 年 7 月 1 日前备案　　　　　　D. 2023 年 7 月 1 日备案

【参考答案】 ABD

【答案解析】 《国家税务总局 国家外汇管理局关于服务贸易等项目对外支付税务备案有关问题的公告》(国家税务总局 国家外汇管理局公告 2013 年第 40 号)第一条规定,境内机构和个人向境外单笔支付等值 5 万美元以上(不含等值 5 万美元,下同)下列外汇资金,除本公告第三条规定的情形外,均应向所在地主管税务机关进行税务备案。《国家税务总局 国家外汇管理局关于服务贸易等项目对外支付税务备案有关问题的补充公告》(国家税务总局 国家外汇管理局公告 2021 年第 19 号)第一条规定,境内机构和个人(以下称备案人)对同一笔合同需要多次对外支付的,仅需在首次付汇前办理税务备案。

199. 国家税务总局局长王军在第二届"一带一路"税收征管合作论坛开幕式上致辞中提出的三点倡议是(　　)。

A. 加强税收信息化建设交流　　　　B. 加大税收信息化培训援助

C. 加快推进合作机制建设　　　　　D. 加速优化营商环境

【参考答案】 ABC

【答案解析】 在第二届"一带一路"税收征管合作论坛开幕式上,中国国家税务总局局长王军出席开幕式并作主旨演讲。

为进一步提升各成员税收信息化能力建设和深化合作机制建设,王军提出三点倡议:一是加强税收信息化建设交流。通过举办税收信息化论坛等方式,更广泛开展沟通交流,更加充分了解各成员税收信息化工作现状,更好地分享经验、共享信息,促进各国税收信息化建设能力的不断提高。二是加大税收信息化培训援助。充分利用中国扬州 OECD 多边税务中心、"一带一路"税收征管能力促进联盟及"一带一路"税务学院,加大"一带一路"沿线国家和地区关于税收信息化建设方面的培训与技术援助力度。三是加快推进合作机制建设。在更多的领域创新合作模式,加强成员国、观察员国之间的往来,深化与国际组织、专业机构交流,用好官方网站与期刊,打造具有"一带一路"特色的公共知识产品,逐步建立系统、专业、高标准的联盟培训课程体系,建设国际化、多元化、专业型加复合型的师资团队。

200. "一带一路"税收征管合作机制理事会理事、中国国家税务总局局长王军出席第三届"一带一路"税收征管合作论坛开幕式并作主旨演讲,提出的三点倡议是(　　)。

A. 丝路精神广弘扬,持续深化合作机制建设

B. 互学互鉴架桥梁,持续完善学习共享平台

C. 减税降费显成效,持续优化税收优惠政策

D. 信息技术赋动能,持续提升税收数字化水平

【参考答案】 ABD

【答案解析】 2022 年 9 月 19 日晚,第三届"一带一路"税收征管合作论坛开幕,来自 40

个国家(地区)的财税部门负责人,以及经济合作与发展组织、国际货币基金组织等12个国际组织共246名代表通过线上线下结合的方式出席论坛。与会代表聚焦“凝心聚力应对挑战——后疫情时代的税收征管能力建设”主题,共商“一带一路”税收合作发展大计。“一带一路”税收征管合作机制理事会理事、中国国家税务总局局长王军出席开幕式并作主旨演讲。

为进一步发挥“一带一路”税收征管合作机制作用,王军提出三点倡议:一是丝路精神广弘扬,持续深化合作机制建设。大力弘扬以和平合作、开放包容、互学互鉴、互利共赢为核心的丝路精神,将合作机制打造成区域税收治理的样板,推动全球税收治理改革。二是互学互鉴架桥梁,持续完善学习共享平台。更好地发挥“一带一路”税收征管能力促进联盟、“一带一路”税务学院、中国扬州OECD多边税务中心以及中国—OECD联合培养税务法学硕士项目的作用,探索建立集学习培训、课题研究、交流分享、能力评价等功能于一体的国际平台,为合作机制各方提供高质量的学研服务。三是信息技术赋动能,持续提升税收数字化水平。不断深化信息技术应用,积极开展信息技术创新交流合作,推进税收征管数字化升级和智能化改造,加快信息技术与税收数字化深度融合,着力构建智能智慧智联的税收治理新格局。

201. 避税是指纳税人利用税法上的(　　),作财务安排或税收筹划,在不违反税法规定的前提下,达到规避、减轻或延迟纳税义务的目的。

A. 漏洞　　B. 特例

C. 制定　　D. 实施

【参考答案】 AB

【答案解析】 避税是指纳税人利用税法上的漏洞或特例,作财务安排或税收筹划,在不违反税法规定的前提下,达到规避、减轻或延迟纳税义务的目的。

202. 在下列减轻纳税义务的行为中,不违法的是(　　)。

A. 节税　　B. 避税

C. 税收筹划　　D. 漏税

【参考答案】 ABC

【答案解析】 漏税是违法行为。

203. 非居民企业发生涉及中国境内与境外之间(包括港澳台地区)的股权和资产收购交易,除应符合《财政部 国家税务总局关于企业重组业务企业所得税处理若干问题的通知》(财税〔2009〕59号)第五条规定的条件外,还应同时符合下列(　　)条件,才可选择适用特殊性税务处理规定。

A. 非居民企业向其100%直接控股的另一非居民企业转让其拥有的居民企业股权,没有因此造成以后该项股权转让所得预提税负担变化,且转让方非居民企业向主管税务机关书面承诺在3年(含3年)内不转让其拥有受让方非居民企业的股权

B. 非居民企业向其100%直接控股自身的另一非居民企业转让其拥有的居民企业股权，没有因此造成以后该项股权转让所得预提税负担变化，且转让方非居民企业向主管税务机关书面承诺在3年(含3年)内不转让其拥有受让方非居民企业的股权

C. 非居民企业向其100%直接控股的居民企业转让其拥有的另一居民企业股权

D. 非居民企业向其100%直接控股自身的居民企业转让其拥有的另一居民企业股权

【参考答案】 ACD

【答案解析】《财政部 国家税务总局关于企业重组业务企业所得税处理若干问题的通知》(财税〔2009〕59号)第七条规定，企业发生涉及中国境内与境外之间(包括港澳台地区)的股权和资产收购交易，除应符合本通知第五条规定的条件外，还应同时符合下列条件，才可选择适用特殊性税务处理规定：

(一)非居民企业向其100%直接控股的另一非居民企业转让其拥有的居民企业股权，没有因此造成以后该项股权转让所得预提税负担变化，且转让方非居民企业向主管税务机关书面承诺在3年(含3年)内不转让其拥有受让方非居民企业的股权；

(二)非居民企业向与其具有100%直接控股关系的居民企业转让其拥有的另一居民企业股权；

(三)居民企业以其拥有的资产或股权向其100%直接控股的非居民企业进行投资；

(四)财政部、国家税务总局核准的其他情形。

204. 关于源泉扣缴，下列选项正确的是(　　)。

A. 对非居民企业应缴纳的企业所得税，实行源泉扣缴，以支付人为扣缴义务人

B. 对非居民企业在中国境内取得工程作业和劳务所得应缴纳的所得税，税务机关可以指定工程价款或者劳务费的支付人为扣缴义务人

C. 应当扣缴的非居民企业提供工程作业的所得税，扣缴义务人未依法扣缴或者无法履行扣缴义务的，由纳税人在项目所在地缴纳

D. 扣缴义务人每次代扣的税款，应当自代扣之日起七日内缴入国库

【参考答案】 BCD

【答案解析】《中华人民共和国企业所得税法》第三十七条规定，对非居民企业取得本法第三条第三款规定的所得应缴纳的所得税，实行源泉扣缴，以支付人为扣缴义务人。所以A选项不正确。

205. 外国企业常驻代表机构应当自领取工商登记证件(或有关部门批准)之日起30日内，持以下资料(　　)，向其所在地主管税务机关申报办理税务登记。

A. 工商营业执照副本或主管部门批准文件的原件及复印件

B. 组织机构代码证书副本原件及复印件

C. 组织机构代码证书副本原件及复印件

D. 首席代表(负责人)护照或其他合法身份证件的原件及复印件

【参考答案】 ABCD

【答案解析】 《外国企业常驻代表机构税收管理暂行办法》第四条规定，代表机构应当自领取工商登记证件(或有关部门批准)之日起30日内，持以下资料，向其所在地主管税务机关申报办理税务登记：

(一)工商营业执照副本或主管部门批准文件的原件及复印件。

(二)组织机构代码证书副本原件及复印件。

(三)注册地址及经营地址证明(产权证、租赁协议)原件及其复印件；如为自有房产，应提供产权证或买卖契约等合法的产权证明原件及其复印件；如为租赁的场所，应提供租赁协议原件及其复印件，出租人为自然人的还应提供产权证明的原件及复印件。

(四)首席代表(负责人)护照或其他合法身份证件的原件及复印件。

(五)外国企业设立代表机构的相关决议文件及在中国境内设立的其他代表机构名单(包括名称、地址、联系方式、首席代表姓名等)。

(六)税务机关要求提供的其他资料。

206. 关于外国企业常驻代表机构经费支出，下列说法正确的是(　　)。

A. 购置固定资产所发生的支出，以及代表机构设立时或者搬迁等原因所发生的装修费支出，应在发生时一次性作为经费支出额换算收入计税

B. 利息收入可以冲抵经费支出额

C. 发生的交际应酬费，以实际发生数额计入经费支出额

D. 以货币形式用于我国境内的公益、救济性质的捐赠、滞纳金、罚款，以及为其总机构垫付的不属于其自身业务活动所发生的费用，不应作为代表机构的经费支出额

【参考答案】 ACD

【答案解析】 根据《外国企业常驻代表机构税收管理暂行办法》第七条的规定，(1)购置固定资产所发生的支出，以及代表机构设立时或者搬迁等原因所发生的装修费支出，应在发生时一次性作为经费支出额换算收入计税。(2)利息收入不得冲抵经费支出额；发生的交际应酬费，以实际发生数额计入经费支出额。(3)以货币形式用于我国境内的公益、救济性质的捐赠、滞纳金、罚款，以及为其总机构垫付的不属于其自身业务活动所发生的费用，不应作为代表机构的经费支出额。(4)其他费用包括：为总机构从中国境内购买样品所支付的样品费和运输费用；国外样品运往中国发生的中国境内的仓储费用、报关费用；总机构人员来华访问聘用翻译的费用；总机构为中国某个项目投标由代表机构支付的购买标书的费用，等等。

207. 关于非居民企业间接转让中国应税财产判断合理商业目的，应整体考虑与间接转让中国应税财产交易相关的所有安排，结合实际情况综合分析以下相关因素(　　)。

A. 境外企业股权主要价值是否直接或间接来自中国应税财产

B. 境外企业资产是否主要由直接或间接在中国境内的投资构成，或其取得的收入是否

主要直接或间接来源于中国境内

C. 间接转让中国应税财产交易在境外应缴纳所得税情况

D. 间接转让中国应税财产所得在中国可适用的税收协定或安排情况

【参考答案】 ABCD

【答案解析】《国家税务总局关于非居民企业间接转让财产企业所得税若干问题的公告》(国家税务总局公告 2015 年第 7 号)第三条规定,判断合理商业目的,应整体考虑与间接转让中国应税财产交易相关的所有安排,结合实际情况综合分析以下相关因素:

(一)境外企业股权主要价值是否直接或间接来自于中国应税财产;

(二)境外企业资产是否主要由直接或间接在中国境内的投资构成,或其取得的收入是否主要直接或间接来源于中国境内;

(三)境外企业及直接或间接持有中国应税财产的下属企业实际履行的功能和承担的风险是否能够证实企业架构具有经济实质;

(四)境外企业股东、业务模式及相关组织架构的存续时间;

(五)间接转让中国应税财产交易在境外应缴纳所得税情况;

(六)股权转让方间接投资、间接转让中国应税财产交易与直接投资、直接转让中国应税财产交易的可替代性;

(七)间接转让中国应税财产所得在中国可适用的税收协定或安排情况;

(八)其他相关因素。

208. 非居民企业间接转让中国应税财产,应认定为具有合理商业目的,需要同时符合的条件包括(　　)。

A. 股权转让方直接或间接拥有股权受让方 50%以上的股权

B. 股权受让方直接或间接拥有股权转让方 50%以上的股权

C. 本次间接转让交易后可能再次发生的间接转让交易相比在未发生本次间接转让交易情况下的相同或类似间接转让交易,其中国所得税负担不会减少

D. 股权受让方全部以本企业或与其具有控股关系的企业的股权(不含上市企业股权)支付股权交易对价

【参考答案】 CD

【答案解析】《国家税务总局关于非居民企业间接转让财产企业所得税若干问题的公告》(国家税务总局公告 2015 年第 7 号)第六条规定,间接转让中国应税财产同时符合以下条件的,应认定为具有合理商业目的:

(一)交易双方的股权关系具有下列情形之一:

1. 股权转让方直接或间接拥有股权受让方 80%以上的股权;

2. 股权受让方直接或间接拥有股权转让方 80%以上的股权;

3. 股权转让方和股权受让方被同一方直接或间接拥有 80%以上的股权。

境外企业股权50%以上（不含50%）价值直接或间接来自于中国境内不动产的，本条第（一）项第1、2、3目的持股比例应为100%。

上述间接拥有的股权按照持股链中各企业的持股比例乘积计算。

（二）本次间接转让交易后可能再次发生的间接转让交易相比在未发生本次间接转让交易情况下的相同或类似间接转让交易，其中国所得税负担不会减少。

（三）股权受让方全部以本企业或与其具有控股关系的企业的股权（不含上市企业股权）支付股权交易对价。

209. 非居民企业间接转让中国应税财产的交易双方及被间接转让股权的中国居民企业可以向主管税务机关报告股权转让事项，并提交以下资料（　　）。

A. 股权转让合同或协议

B. 股权转让前后的企业股权架构图

C. 境外企业及直接或间接持有中国应税财产的下属企业上两个年度财务、会计报表

D. 境外企业及直接或间接持有中国应税财产的下属企业上三个年度财务、会计报表

【参考答案】 ABC

【答案解析】《国家税务总局关于非居民企业间接转让财产企业所得税若干问题的公告》（国家税务总局公告2015年第7号）第九条规定，间接转让中国应税财产的交易双方及被间接转让股权的中国居民企业可以向主管税务机关报告股权转让事项，并提交以下资料：

（一）股权转让合同或协议（为外文文本的需同时附送中文译本，下同）；

（二）股权转让前后的企业股权架构图；

（三）境外企业及直接或间接持有中国应税财产的下属企业上两个年度财务、会计报表；

（四）间接转让中国应税财产交易不适用本公告第一条的理由。

210. 非居民企业间接转让中国应税财产的交易双方和筹划方，以及被间接转让股权的中国居民企业，应按照主管税务机关要求提供以下资料（　　）。

A. 有关间接转让中国应税财产交易整体安排的决策或执行过程信息

B. 境外企业及直接或间接持有中国应税财产的下属企业在生产经营、人员、账务、财产等方面的信息，以及内外部审计情况

C. 用以确定境外股权转让价款的资产评估报告及其他作价依据

D. 间接转让中国应税财产交易在境外应缴纳所得税情况

【参考答案】 ABCD

【答案解析】《国家税务总局关于非居民企业间接转让财产企业所得税若干问题的公告》（国家税务总局公告2015年第7号）第十条规定，间接转让中国应税财产的交易双方和筹划方，以及被间接转让股权的中国居民企业，应按照主管税务机关要求提供以下资料：

(一)本公告第九条规定的资料(已提交的除外);

(二)有关间接转让中国应税财产交易整体安排的决策或执行过程信息;

(三)境外企业及直接或间接持有中国应税财产的下属企业在生产经营、人员、账务、财产等方面的信息,以及内外部审计情况;

(四)用以确定境外股权转让价款的资产评估报告及其他作价依据;

(五)间接转让中国应税财产交易在境外应缴纳所得税情况;

(六)与适用公告第五条和第六条有关的证据信息;

(七)其他相关资料。

211. 常设机构的类型包括( )。

A. 一般常设机构　　B. 工程型常设机构

C. 服务型常设机构　　D. 劳务型常设机构

【参考答案】 ABD

【答案解析】 常设机构的类型包括:一般常设机构、工程型常设机构、劳务型常设机构、代理型常设机构、保险业务常设机构。

212. 按照税收协定股息条款的规定,中国居民公司向税收协定缔约对方税收居民支付股息,且该对方是该股息的受益所有人,则该对方税收居民取得的该项股息可享受税收协定待遇。应同时符合的条件包括( )。

A. 可享受税收协定待遇的纳税人应是税收协定缔约对方税收居民

B. 可享受税收协定待遇的纳税人应在中国有常设机构

C. 可享受税收协定待遇的纳税人应是相关股息的受益所有人

D. 可享受税收协定待遇的股息应是按照中国国内税收法律规定确定的股息、红利等权益性投资收益

【参考答案】 ACD

【答案解析】 根据《国家税务总局关于执行税收协定股息条款有关问题的通知》(国税函〔2009〕81号),税收协定股息条款规定,中国居民公司向税收协定缔约对方税收居民支付股息,且该对方税收居民(或股息收取人)是该股息的受益所有人,则该对方税收居民取得的该项股息可享受税收协定待遇,即按税收协定规定的税率计算其在中国应缴纳的所得税。如果税收协定规定的税率高于中国国内税收法律规定的税率,则纳税人仍可按中国国内税收法律规定纳税。

纳税人需要享受上款规定的税收协定待遇的,应同时符合以下条件:

(一)可享受税收协定待遇的纳税人应是税收协定缔约对方税收居民;

(二)可享受税收协定待遇的纳税人应是相关股息的受益所有人;

(三)可享受税收协定待遇的股息应是按照中国国内税收法律规定确定的股息、红利等权益性投资收益;

(四)国家税务总局规定的其他条件。

213. 根据税收协定股息条款的规定,凡税收协定缔约对方税收居民直接拥有支付股息的中国居民公司一定比例以上资本(一般为25%或10%)的,该对方税收居民取得的股息可按税收协定规定税率征税。该对方税收居民需要享受该税收协定待遇的,应同时符合的条件包括(　　)。

A. 取得股息的该对方税收居民根据税收协定规定应限于公司

B. 在该中国居民公司的全部所有者权益和有表决权股份中,该对方税收居民直接拥有的比例均符合规定比例

C. 该对方税收居民直接拥有该中国居民公司的资本比例,在取得股息前连续12个月以内任何时候均符合税收协定规定的比例

D. 该对方税收居民直接拥有该中国居民公司的资本比例,在取得股息前连续24个月以内任何时候均符合税收协定规定的比例

【参考答案】 ABC

【答案解析】 根据《国家税务总局关于执行税收协定股息条款有关问题的通知》(国税函〔2009〕81号),税收协定股息条款规定,凡税收协定缔约对方税收居民直接拥有支付股息的中国居民公司一定比例以上资本(一般为25%或10%)的,该对方税收居民取得的股息可按税收协定规定税率征税。该对方税收居民需要享受该税收协定待遇的,应同时符合以下条件:

(一)取得股息的该对方税收居民根据税收协定规定应限于公司;

(二)在该中国居民公司的全部所有者权益和有表决权股份中,该对方税收居民直接拥有的比例均符合规定比例;

(三)该对方税收居民直接拥有该中国居民公司的资本比例,在取得股息前连续12个月以内任何时候均符合税收协定规定的比例。

214. 同时满足三个条件的情况下,受雇劳务(非独立个人劳务)活动的发生国(即来源国)对个人受雇所得没有征税权,而应仅由个人的居民国征税,三个条件包括(　　)。

A. 在受雇劳务发生国连续或累计停留不超过360天

B. 在受雇劳务发生国连续或累计停留不超过183天

C. 报酬不是由具有来源国居民身份的雇主或代表受该雇主支付的

D. 报酬不是由雇主设在来源国的常设机构或固定基地负担的

【参考答案】 BCD

【答案解析】 根据国家税务总局《税收协定条款解读之十二——受雇所得》第二条例外规定,第二款进一步规定了一般征税原则的例外情况,即在同时满足三个条件的情况下,受雇劳务活动的发生国(即来源国)对个人受雇所得没有征税权,而应仅由个人的居民国征税。这三个条件为:在受雇劳务发生国连续或累计停留不超过183天;报酬不是由具有来源

国居民身份的雇主或代表受该雇主支付的；报酬不是由雇主设在来源国的常设机构或固定基地负担的。这里需要特别强调的是，一定要三个条件同时满足，否则来源国即可征税。

215. 根据税收协定，某学生到另一国接受教育或培训，其为维持生活、教育或培训取得的所得在满足（　　）条件的情况下，在其接受教育或培训所在国可享受免税待遇。

A. 该学生或企业学徒在到达缔约国另一方之前是缔约国一方的居民

B. 该学生取得独立个人劳务的服务报酬

C. 该学生为了维持生存、接受教育或培训的目的而收到的款项

D. 该学生取得的所得是从教育或培训所在国境外收到的款项

【参考答案】 ACD

【答案解析】 根据国家税务总局《税收协定条款解读之十五——教师和研究人员、学生、其他所得》第二十一条学生，本条规定，学生或企业学徒到另一国接受教育或培训，其为维持生活、教育或培训取得的所得在满足以下三个条件的情况下，在其接受教育或培训所在国可享受免税待遇：

一是该学生或企业学徒在到达缔约国另一方之前是缔约国一方的居民。

二是免予征税的所得，通常限制在学生或企业学徒为了维持生存、接受教育或培训的目的而收到的款项，通常不包括第十四条（独立个人劳务）和第十五条（受雇所得）所涵盖的服务报酬。如果学生或企业学徒有工作收入，则应区分服务报酬和为维持生活、教育或培训所获得的款项。

三是其取得的所得是从教育或培训所在国境外收到的款项。

例如，新加坡居民个人赴中国学习，其在华学习期间取得的来源于中国以外的学费资助、助学金、奖学金等，不超过用以维持生活、接受教育或培训的部分，应在中国免税。

216. 税收协定非歧视待遇包括（　　）。

A. 国籍非歧视　　B. 常设机构非歧视

C. 支付非歧视　　D. 资本非歧视

【参考答案】 ABCD

【答案解析】 根据国家税务总局《税收协定条款解读之十七——非歧视待遇》第二十四条，非歧视待遇包括四个方面的内容，即国籍非歧视、常设机构非歧视、支付非歧视和资本非歧视。

217. 税收协定中外交代表和领事官员条款可以视为政府服务条款的特殊规定，目的是确保外交代表和领事官员在驻在国的税收特权。规定了外交和领事人员的税收特权的两个国际法文件是（　　）。

A.《奥地利外交关系公约》　　B.《维也纳外交关系公约》

C.《奥地利领事关系公约》　　D.《维也纳领事关系公约》

【参考答案】 BD

【答案解析】 根据国家税务总局《税收协定条款解读之二十——外交代表和领事官员、生效和终止、尾款》第二十七条，外交代表和领事官员条款可以视为政府服务条款的特殊规定，目的是确保外交代表和领事官员在驻在国的税收特权。该条款表述中提到的国际法一般原则和特别协定通常指的是《维也纳外交关系公约》和《维也纳领事关系公约》，这两个国际法文件中规定了外交和领事人员的税收特权。

218. 国际避税方法包括（　　）。

A. 选择有利的企业组织形式　　B. 个人住所和公司居所转移

C. 利用资本弱化　　D. 利用信托转移财产

【参考答案】 ABCD

【答案解析】 国际避税方法包括：选择有利的企业组织形式、个人住所和公司居所转移、利用转让定价、利用税收协定、利用资本弱化、利用信托转移财产、利用避税港中介公司、利用错配安排。

219. 国际反避税基本方法包括（　　）。

A. 防止通过纳税主体国际转移　　B. 防止通过纳税客体国际转移

C. 转让定价调整　　D. 加强税收多边合作

【参考答案】 ABCD

【答案解析】 国际反避税基本方法包括：防止通过纳税主体国际转移；防止通过纳税客体国际转移；防止利用避税地；转让定价调整；加强税收多边合作。

220. 国际税收合作主要包括（　　）。

A. 税收协定　　B. 转让定价

C. 情报交换　　D. 征管互助

【参考答案】 CD

【答案解析】 国际税收合作主要包括：情报交换和征管互助。

221. 为了履行金融账户涉税信息自动交换国际义务，规范金融机构对非居民金融账户涉税信息的尽职调查行为，制定了《非居民金融账户涉税信息尽职调查管理办法》，其中金融账户包括（　　）。

A. 存款账户　　B. 托管账户

C. 投资账户　　D. 其他账户

【参考答案】 ABD

【答案解析】 《国家税务总局 财政部 中国人民银行 中国银行业监督管理委员会 中国证券监督管理委员会 中国保险监督管理委员会关于发布〈非居民金融账户涉税信息尽职调查管理办法〉的公告》（国家税务总局公告 2017 年第 14 号）第九条规定，本办法所称金融账户包括：

（一）存款账户，是指开展具有存款性质业务而形成的账户，包括活期存款、定期存款、旅行支票、带有预存功能的信用卡等。

(二)托管账户,是指开展为他人持有金融资产业务而形成的账户,包括代理客户买卖金融资产的业务以及接受客户委托、为客户管理受托资产的业务:(1)代理客户买卖金融资产的业务包括证券经纪业务、期货经纪业务、代理客户开展贵金属、国债业务或者其他类似业务;(2)接受客户委托、为客户管理受托资产的业务包括金融机构发起、设立或者管理不具有独立法人资格的理财产品、基金、信托计划、专户/集合类资产管理计划或者其他金融投资产品。

(三)其他账户,是指符合以下条件之一的账户:(1)投资机构的股权或者债权权益,包括私募投资基金的合伙权益和信托的受益权;(2)具有现金价值的保险合同或者年金合同。

222. 下列所得中,属于《中华人民共和国政府和新加坡共和国政府关于对所得避免双重征税和防止偷漏税的协定》中规定的利息的是(　　)。

A. 从公债取得的所得　　B. 从信用债券取得的所得

C. 从债券取得的溢价所得　　D. 由于延期支付取得的罚款

【参考答案】 ABC

【答案解析】 "利息"是指从各种债权取得的所得,无论其有无抵押担保或者是否有权分享债务人的利润;特别是从公债、债券或者信用债券取得的所得,包括其溢价所得和奖金。由于延期支付所处的罚款,不应视为利息。

223. 下列所得中,属于《中华人民共和国政府和新加坡共和国政府关于对所得避免双重征税和防止偷漏税的协定》中规定的股息的是(　　)。

A. 根据股份分享利润的权利取得的所得

B. 根据债权关系分享利润的权利取得的所得

C. 按照分配利润的公司是其居民的缔约国法律,视同股份所得同样征税的其他公司权利取得的所得

D. 缔约国按防止资本弱化的规定调整为股息的利息

【参考答案】 ACD

【答案解析】 "股息"是指根据股份或非债权关系分享利润的权利取得的所得,以及按照分配利润的公司是其居民的缔约国法律,视同股份所得同样征税的其他公司权利取得的所得。简单来说,股息是被投资公司进行的利润分配,股息支付不仅包括年度股东会议所决定的利润分配,也包括其他货币或具有货币价值的收益分配。股息还包括缔约国按防止资本弱化的规定调整为股息的"利息"。

三、判断题

1. 税收协定的主要作用包括提高跨境纳税人东道国的税收、提高税收确定性、消除双重征税和通过相互协商机制妥善解决涉税争议等。(　　)

【参考答案】 错误

【答案解析】 税收协定的主要作用包括降低跨境纳税人在东道国的税负、提高税收确定性、消除双重征税和通过相互协商机制妥善解决涉税争议等。

2. 推进“一带一路”建设工作领导小组办公室设在国务院。（　　）

【参考答案】 错误

【答案解析】 推进“一带一路”建设工作领导小组办公室设在国家发展和改革委员会。

3. 一个国家对支付给非居民的股息、利息、特许权使用费等所得征收过高的预提企业所得税，可能会遏制非居民在该国的投资。（　　）

【参考答案】 正确

【答案解析】 一国对支付给非居民的股息、利息、特许权使用费等所得征收过高的预提企业所得税，可能会遏制非居民在该国的投资。

4. 出国（境）团组须由国（境）外业务对口部门或相应级别人员邀请。可以应境外中资企业、海外华人华侨和外国驻华机构邀请出访。严禁通过旅行社或中介机构联系或出具邀请函。（　　）

【参考答案】 错误

【答案解析】 根据《国家税务总局关于印发〈全国税务系统外事工作管理规定〉和〈全国税务系统因公短期出国培训管理办法〉的通知》（税总发〔2019〕135 号）的有关规定，出国（境）团组须由国（境）外业务对口部门或相应级别人员邀请。不得应境外中资企业、海外华人华侨和外国驻华机构邀请出访。严禁通过旅行社或中介机构联系或出具邀请函。

5. 非居民企业间接转让机构、场所财产所得按照《国家税务总局关于非居民企业间接转让财产企业所得税若干问题的公告》（国家税务总局公告 2015 年第 7 号）的规定应缴纳企业所得税的，应计入股权转让合同或协议生效之日次月所属纳税年度该机构、场所的所得，按照有关规定申报缴纳企业所得税。（　　）

【参考答案】 错误

【答案解析】《国家税务总局关于非居民企业间接转让财产企业所得税若干问题的公告》（国家税务总局公告 2015 年第 7 号）第七条规定，间接转让机构、场所财产所得按照本公告规定应缴纳企业所得税的，应计入纳税义务发生之日所属纳税年度该机构、场所的所得，按照有关规定申报缴纳企业所得税。

6. 特别纳税调整相互协商程序不可以暂停或者终止。（　　）

【参考答案】 错误

【答案解析】 参见《国家税务总局关于发布〈特别纳税调查调整及相互协商程序管理办法〉的公告》（国家税务总局公告 2017 年第 6 号）第五十三条和第五十四条的规定。

7. 某企业申请单边预约定价并安排续签，则该企业不可申请适用简易程序。（　　）

【参考答案】 错误

【答案解析】 根据国家税务总局公告2021年第24号文件第三条，自企业提交申请之日所属纳税年度前10个年度内，曾执行预约定价安排，且执行结果符合安排要求的，可以申请适用简易程序。

8. 中国企业延期向非居民企业支付的利息，已计入企业当期成本、费用，且在年度申报时税前扣除的，扣缴义务发生时间为企业所得税年度纳税申报时。（ ）

【参考答案】 正确

【答案解析】 根据《国家税务总局关于非居民企业所得税管理若干问题的公告》（国家税务总局公告2011年第24号），中国境内企业（以下称为企业）和非居民企业签订与利息、租金、特许权使用费等所得有关的合同或协议，如果未按照合同或协议约定的日期支付上述所得款项，或者变更或修改合同或协议延期支付，但已计入企业当期成本、费用，并在企业所得税年度纳税申报中作税前扣除的，应在企业所得税年度纳税申报时按照企业所得税法有关规定代扣代缴企业所得税。

9. 不具有法人资格的中外合作办学机构开展教育教学活动的场所一般不构成常设机构。（ ）

【参考答案】 错误

【答案解析】 不具有法人资格的中外合作办学机构，以及中外合作办学项目中开展教育教学活动的场所构成税收协定缔约对方居民在中国的常设机构。

10. 出国（境）人员严格执行各项经费开支标准，不得擅自突破，严禁接受或变相接受企事业单位资助，严禁向同级机关、下级机关、下属单位、企业、驻外机构等摊派或转嫁出访费用。（ ）

【参考答案】 正确

【答案解析】 根据《国家税务总局关于印发〈全国税务系统外事工作管理规定〉和〈全国税务系统因公短期出国培训管理办法〉的通知》（税总发〔2019〕135号）的有关规定，出国（境）人员费用开支标准按照财政部、外交部关于因公临时出国（境）经费管理相关规定执行。外事经费的支付，应当严格按照国库集中支付制度和公务卡管理制度的有关规定执行。严格执行各项经费开支标准，不得擅自突破，严禁接受或变相接受企事业单位资助，严禁向同级机关、下级机关、下属单位、企业、驻外机构等摊派或转嫁出访费用。

11. 非居民企业不可以享受小型微利企业所得税优惠政策。（ ）

【参考答案】 正确

【答案解析】 根据《国家税务总局关于非居民企业不享受小型微利企业所得税优惠政策问题的通知》（国税函〔2008〕650号），企业所得税法第十八条规定的小型微利企业是指企业的全部生产经营活动产生的所得均负有我国企业所得税纳税义务的企业。因此，仅就来源于我国所得负有我国纳税义务的非居民企业，不适用该条规定的对符合条件的小型微企业减按20%税率征收企业所得税的政策。

12. 中国不是亚洲税收管理与研究组织(SGATAR)的创始成员之一。(　　)

【参考答案】 正确

【答案解析】 亚洲税收管理与研究组织(SGATAR)于 1971 年由菲律宾发起成立并举办了第一届会议，柬埔寨、缅甸、老挝、日本、菲律宾、新加坡、马来西亚、泰国、印度尼西亚和越南等 10 个国家出席会议并成为原始成员。

13. 税收协定的主要作用包括降低跨境纳税人在东道国的税负、提供征税的法定依据、消除双重征税和通过相互协商机制妥善解决涉税争议等。(　　)

【参考答案】 错误

【答案解析】 税收协定的主要作用包括降低跨境纳税人在东道国的税负、提高税收确定性、消除双重征税和通过相互协商机制妥善解决涉税争议等。

14. 对在中国境内未设立机构、场所的，或者虽设立机构、场所，但取得的所得与其所设机构、场所没有实际联系的境外机构投资者(包括境外经纪机构)，从事中国境内原油期货交易取得的所得(不含实物交割所得)，暂不征收企业所得税。(　　)

【参考答案】 正确

【答案解析】 《财政部 税务总局 证监会关于支持原油等货物期货市场对外开放税收政策的通知》(财税〔2018〕21 号)规定，为支持原油等货物期货市场对外开放，现将有关税收政策通知如下：对在中国境内未设立机构、场所的，或者虽设立机构、场所但取得的所得与其所设机构、场所没有实际联系的境外机构投资者(包括境外经纪机构)，从事中国境内原油期货交易取得的所得(不含实物交割所得)，暂不征收企业所得税……

15. 可比非受控价格法可以适用于所有类型的关联交易。(　　)

【参考答案】 正确

【答案解析】 根据国家税务总局公告 2017 年第 6 号文件第十七条，可比非受控价格法以非关联方之间进行的与关联交易相同或者类似业务活动所收取的价格作为关联交易的公平成交价格。可比非受控价格法可以适用于所有类型的关联交易。

16. 非居民企业转让境内企业股权，在计算股权转让所得时，可以扣除被投资企业未分配利润等股东留存收益中按该项股权所可能分配的金额。(　　)

【参考答案】 错误

【答案解析】 根据《国家税务总局关于非居民企业所得税源泉扣缴有关问题的公告》(国家税务总局公告 2017 年第 37 号)第二条，企业在计算股权转让所得时，不得扣除被投资企业未分配利润等股东留存收益中按该项股权所可能分配的金额。

17. 企业执行预约定价安排的，不需要准备预约定价安排涉及关联交易的本地文档，但需要准备特殊事项文档。(　　)

【参考答案】 错误

【答案解析】 根据国家税务总局公告 2016 年第 42 号文件第十八条，企业执行预约定价安排的，可以不准备预约定价安排涉及关联交易的本地文档和特殊事项文档。

18. 出访团组应坚持“因事定人”原则，根据工作需要和人员分工确定出国（境）人员。不得因人找事，不得安排考察性出访。（　　）

【参考答案】 正确

【答案解析】 根据《国家税务总局关于印发〈全国税务系统外事工作管理规定〉和〈全国税务系统因公短期出国培训管理办法〉的通知》（税总发〔2019〕135 号）的有关规定，坚持因事定人原则，要根据工作需要和人员分工确定出国（境）人员。不得因人找事，不得安排照顾性和无实质内容的一般性出访，不得安排考察性出访，严格控制与税收工作无关的出国（境）项目。

19. 根据相关保密工作规定，国际税收情报交换的相关资料，应依照国家秘密办理。（　　）

【参考答案】 错误

【答案解析】 根据最新保密工作规定，国际税收情报交换的相关资料不属于国家秘密。

20. 同时涉及两个或者两个以上省、自治区、直辖市和计划单列市税务机关的单边预约定价安排，可以适用单边预约定价安排简易程序。（　　）

【参考答案】 错误

【答案解析】 根据国家税务总局公告 2021 年第 24 号文件第八条，同时涉及两个或者两个以上省、自治区、直辖市和计划单列市税务机关的单边预约定价安排，暂不适用简易程序。

21. 企业仅与境内关联方发生关联交易的，可以不准备主体文档、本地文档。（　　）

【参考答案】 正确

【答案解析】 根据国家税务总局公告 2016 年第 42 号文件第十八条，企业仅与境内关联方发生关联交易的，可以不准备主体文档、本地文档和特殊事项文档。

22. 企业不可以与税务机关就其未来年度关联交易的定价原则和计算方法达成预约定价安排。（　　）

【参考答案】 错误

【答案解析】 根据国家税务总局公告 2016 年第 64 号文件第一条，企业可以与税务机关就其未来年度关联交易的定价原则和计算方法达成预约定价安排。

23. 中外合作办学项目中开展教育教学活动的场所构成常设机构。（　　）

【参考答案】 正确

【答案解析】 不具有法人资格的中外合作办学机构，以及中外合作办学项目中开展教育教学活动的场所构成税收协定缔约对方居民在中国的常设机构。

24. 采取核定征收方式征收企业所得税的非居民企业，在中国境内从事适用不同核定利润率的经营活动，并取得应税所得的，应分别核算并适用相应的利润率计算缴纳企业所得税；凡不能分别核算的，应从高适用利润率，计算缴纳企业所得税。（　　）

【参考答案】 正确

【答案解析】 采取核定征收方式征收企业所得税的非居民企业，在中国境内从事适用不同核定利润率的经营活动，并取得应税所得的，应分别核算并适用相应的利润率计算缴纳企业所得税；凡不能分别核算的，应从高适用利润率，计算缴纳企业所得税。

25. 国际税收是两个国家（地区），对纳税人跨境交易产生的所得行使各自征税权力而形成的税收分配关系。（　　）

【参考答案】 错误

【答案解析】 国际税收是两个或两个以上国家（地区），对纳税人跨境交易产生的所得行使各自征税权力而形成的税收分配关系。

26. 国际税收涉及国与国之间对同一征税对象的税收权益划分问题。（　　）

【参考答案】 正确

【答案解析】 国际税收涉及国与国之间对同一征税对象的税收权益划分问题，如果一国征税使得他国不能征税或者少征税时，国家间的税收分配关系就产生了，避免国际重复征税和防止国际避税是国际税收的主要课题。

27. 一国在制定税收制度时往往需要考虑与其他国家之间的经济关系。（　　）

【参考答案】 正确

【答案解析】 在开放经济环境中，一国在制定税收制度时往往需要考虑与其他国家之间的经济关系，最终表现为国家间的税收制度和税收政策达到一定程度的协调。

28. 国家税收反映的是国家与纳税人之间税收分配关系和税收协调关系。（　　）

【参考答案】 错误

【答案解析】 国家税收反映的是国家与纳税人之间的利益分配关系，而国际税收反映的是国家与国家之间的税收分配关系和税收协调关系。

29. 国际税收反映的是国家与国家之间的利益分配关系和税收协调关系。（　　）

【参考答案】 错误

【答案解析】 国家税收反映的是国家与纳税人之间的利益分配关系，而国际税收反映的是国家与国家之间的税收分配关系和税收协调关系。

30. 国际税收是国家税收的基础，国家税收不能脱离国际税收独立存在。（　　）

【参考答案】 错误

【答案解析】 国家税收是国际税收的基础，国际税收不能脱离国家税收独立存在。

31. 国家在制定本国的税收制度时要考虑国际税收关系。（　　）

【参考答案】 正确

【答案解析】 国家税收是国际税收的基础，国际税收不能脱离国家税收独立存在；同时，国家税收又受到国际税收方面一些因素的影响，国家在制定本国的税收制度时要考虑国际税收关系。

32. 税收管辖权，是指主权国家根据其法律所拥有和行使的征税权力，是国际法公认的国家基本权利，属于国家主权在税收领域中的体现。（ ）

【参考答案】 正确

【答案解析】 税收管辖权，是指主权国家根据其法律所拥有和行使的征税权力，是国际法公认的国家基本权利，属于国家主权在税收领域中的体现。

33. 税收管辖权大致可分为两类，居民管辖权和地域管辖权。（ ）

【参考答案】 错误

【答案解析】 税收管辖权大致分为居民管辖权、公民管辖权、地域管辖权。

34. 居民管辖权是指一国对本国税法中规定的居民取得的所得行使征税权。居民是指自然人。（ ）

【参考答案】 错误

【答案解析】 居民管辖权是指一国对本国税法中规定的居民取得的所得行使征税权。居民包括自然人和法人。

35. 地域管辖权是指一个国家对来源于本国境内的所得行使征税权。（ ）

【参考答案】 正确

【答案解析】 地域管辖权是指一个国家对来源于本国境内的所得行使征税权。在地域管辖权下，通过确认所得的地域标志来确定该项所得的来源地，从而纳入所在地域的国家税收管辖范围。

36. 税收管辖权属于国家主权，各国可以根据自己的国情选择适合自己的税收管辖权类型。（ ）

【参考答案】 正确

【答案解析】 税收管辖权属于国家主权，各国可以根据自己的国情选择适合自己的税收管辖权类型。

37. 大多数国家在兼用居民管辖权和地域管辖权的同时，认同并遵循居民税收管辖权优先原则。（ ）

【参考答案】 错误

【答案解析】 大多数国家在兼用居民管辖权和地域管辖权的同时，认同并遵循地域税收管辖权优先原则。

38. 居民身份的判定是实施居民管辖权的前提，对征税权的行使具有十分重要的意义。（ ）

【参考答案】 正确

【答案解析】 居民身份的判定是实施居民管辖权的前提，对征税权的行使具有十分重要的意义。

39. 国际上对自然人居民身份的判定，通常有两种标准，住所标准和居所标准。（ ）

【参考答案】 错误

【答案解析】 国际上对自然人居民身份的判定，通常有以下三种标准。(1)住所标准：一个人固定的或永久性的居住地，通常为配偶、家庭和财产的所在地。(2)居所标准：有不定期居住意愿的住处，即为了某种目的，如谋生、经商、求学等而作为非永久性居住场所的所在地。(3)停留时间标准：尽管没有住所或居所，但是由于在一个纳税年度内停留在该国的时间较长，超过了规定的天数，被视为该国的税收居民。

40. 国际上对法人居民身份的判定，通常有四种标准：注册地标准、管理机构所在地标准、总机构所在地标准、选举权标准。（ ）

【参考答案】 正确

【答案解析】 国际上对法人居民身份的判定，通常有四种标准：注册地标准、管理机构所在地标准、总机构所在地标准、选举权标准。

41. 注册地标准以是否在本国依法注册成立来确定是否具有法人居民身份。凡依照本国的法律在本国注册成立的法人，无论其投资者归属哪个国家，都是本国的法人居民。（ ）

【参考答案】 正确

【答案解析】 注册地标准，又称为法律标准或组建地标准，该标准以是否在本国依法注册成立来确定是否具有法人居民身份。凡依照本国的法律在本国注册成立的法人，无论其投资者归属哪个国家，都是本国的法人居民。

42. 所得来源地的判定是实施居民管辖权的前提，同样对于征税权的行使具有十分重要的意义。（ ）

【参考答案】 错误

【答案解析】 所得来源地的判定是实施地域管辖权的前提，同样对于征税权的行使具有十分重要的意义。

43. 判定个人劳务所得或受雇所得来源地的标准主要分为：劳务提供地标准、劳务所得支付地标准。（ ）

【参考答案】 错误

【答案解析】 判定个人劳务所得或受雇所得来源地的标准：(1)劳务提供地标准，以纳税人提供劳务地点或工作地点，来判断其获得的劳务所得或受雇所得的来源国。(2)劳务所得支付地标准，以支付劳务所得的居民或固定基地、常设机构的所在国为劳务所得或受雇所得的来源国。(3)劳务合同签订地标准，以劳务合同签订的地点来判定劳务所得或受雇所得的来源地。

44. 股息，一般是以分配股息公司的居民国为股息所得的来源国。（ ）

【参考答案】 正确

【答案解析】 股息，一般是以分配股息公司的居民国为股息所得的来源国。

45.特许权使用费，判定标准包括：以特许权使用地为标准；以特许权所有者的居住地为标准；以特许权使用费支付者居住地为标准。（　　）

【参考答案】 正确

【答案解析】 特许权使用费，判定标准包括：以特许权使用地为标准；以特许权所有者的居住地为标准；以特许权使用费支付者居住地为标准。

46.租金，判定标准包括：以租赁财产的使用地为标准；以租赁合同签订地为标准；以租金支付者居住地为标准。（　　）

【参考答案】 正确

【答案解析】 租金，判定标准包括：以租赁财产的使用地为标准；以租赁合同签订地为标准；以租金支付者居住地为标准。

47.对于不动产转让所得，一般以转让者居住地作为所得来源地。（　　）

【参考答案】 错误

【答案解析】 对于不动产转让所得，一般以不动产所在地作为所得来源地。

48.对于动产转让所得，来源地判定标准为被转让动产实际所在地。（　　）

【参考答案】 错误

【答案解析】 对于动产转让所得，来源地判定标准包括动产销售或转让地、转让者居住地、被转让动产实际所在地。

49.国际重复征税，是指两个或两个以上国家对同一纳税人或不同纳税人同一征税对象分别征收所得税。（　　）

【参考答案】 正确

【答案解析】 国际重复征税又称为国际双重征税，是指两个或两个以上国家对同一纳税人或不同纳税人同一征税对象分别征收所得税。

50.各国行使税收管辖权的相互重叠是国际重复征税的根本原因。（　　）

【参考答案】 正确

【答案解析】 各国行使税收管辖权的相互重叠是国际重复征税的根本原因。

51.国际重复征税对投资者的利益、国际经济交往、国家间税收权益以及跨国公司行为都会产生消极影响，但是不违背税收公平原则。（　　）

【参考答案】 错误

【答案解析】 国际重复征税对投资者的利益、税负公平原则、国际经济交往、国家间税收权益以及跨国公司行为都会产生消极影响。主要表现在以下几个方面：(1)加重了跨国纳税人的税收负担；(2)违背了税收公平原则；(3)阻碍了国际经济发展；(4)引起国家间税收摩擦。

52.国际重复征税会引起国与国之间的税收权益冲突，会使冲突各方均认为他国征税

是对自己权益的侵害，从而加剧国际关系的紧张。(　　)

【参考答案】 正确

【答案解析】 国际重复征税会引起国与国之间的税收权益冲突，会使冲突各方均认为他国征税是对自己权益的侵害，从而加剧国际关系的紧张。

53.各国的国际税收制度和国际税收协定中，最普遍使用的消除国际重复征税的方法是免税法和抵免法。(　　)

【参考答案】 正确

【答案解析】 各国的国际税收制度和国际税收协定中，最普遍使用的消除国际重复征税的方法是免税法和抵免法。

54.免税法，是指实行地域管辖权的国家，对本国居民的境外所得给予全部或部分免税待遇。(　　)

【参考答案】 错误

【答案解析】 免税法，是指实行居民管辖权的国家，对本国居民的境外所得给予全部或部分免税待遇。

55.抵免法，是指行使居民税收管辖权的国家，对纳税人国内、国外的全部所得征税时，允许纳税人将其在国外已缴纳的所得税税额从应向本国缴纳的税额中抵扣。(　　)

【参考答案】 正确

【答案解析】 抵免法，是指行使居民税收管辖权的国家，对纳税人国内、国外的全部所得征税时，允许纳税人将其在国外已缴纳的所得税税额从应向本国缴纳的税额中抵扣。

56.抵免法承认所得来源国的优先征税地位，又不要求居民国完全放弃对本国居民境外所得的征税权，有利于协调和维护各国的税收权益。(　　)

【参考答案】 正确

【答案解析】 抵免法既可有效消除国际重复征税，使本国纳税人在国际市场有较强的竞争力。同时，抵免法承认所得来源国的优先征税地位，又不要求居民国完全放弃对本国居民境外所得的征税权，有利于协调和维护各国的税收权益。目前我国实行抵免法。

57.抵免法分为直接抵免和间接抵免两种形式。(　　)

【参考答案】 正确

【答案解析】 目前我国实行抵免法。抵免法分为直接抵免和间接抵免两种形式。

58.直接抵免只适用于自然人境外缴纳的个人所得税、企业就来源于境外的营业利润在境外缴纳的企业所得税。(　　)

【参考答案】 错误

【答案解析】 直接抵免主要适用于自然人境外缴纳的个人所得税、企业就来源于境外的营业利润在境外缴纳的企业所得税，以及就来源于境外的股息、红利等权益性投资所得和利息、租金、特许权使用费、财产转让等所得在境外被源泉扣缴的预提所得税。

59. 间接抵免，是指企业作为税款的间接缴纳者，就其境外所得在境外缴纳的所得税税额在居民国应纳税额中抵免。（　　）

【参考答案】 正确

【答案解析】 间接抵免，是指企业作为税款的间接缴纳者，就其境外所得在境外缴纳的所得税税额在居民国应纳税额中抵免。

60. 间接抵免一般适用于利息、红利所得。（　　）

【参考答案】 错误

【答案解析】 间接抵免一般适用于股息所得。

61. 税收饶让是指居民国政府对本国居民在国外得到减免的所得税，视同已经缴纳，允许这部分被减免的外国税款在本国应纳税额中抵免。（　　）

【参考答案】 正确

【答案解析】 税收饶让是指居民国政府对本国居民在国外得到减免的所得税，视同已经缴纳，允许这部分被减免的外国税款在本国应纳税额中抵免。

62. 税收饶让的实行，通常需要通过签订双边税收协定的方式予以确定，通常发生在发展中国家之间。（　）

【参考答案】 错误

【答案解析】 税收饶让的实行，通常需要通过签订双边税收协定的方式予以确定，通常发生在发达国家与发展中国家之间。

63. 国际税收协定，又称为国际税收条约，旨在避免对所得及财产双重征税和防止国际逃避税。（　）

【参考答案】 正确

【答案解析】 国际税收协定，又称为国际税收条约，是指两个或两个以上主权国家或税收管辖区依照对等原则，通过政府间谈判达成一致后缔结的确定其国际税收分配关系的具有法律效力的书面税收协议，旨在避免对所得及财产双重征税和防止国际逃避税。

64. 国际税收协定是以国际税法为基础的。（　）

【参考答案】 错误

【答案解析】 国际税收协定是以国内税法为基础的。

65. 在处理国际税收协定与国内税法的地位关系时，有两种模式：第一种模式是国际税收协定优于国内税法；第二种模式是国际税收协定与国内税法具有同等的法律效力。（　　）

【参考答案】 正确

【答案解析】 在处理国际税收协定与国内税法的地位关系时，有两种模式：第一种模式是国际税收协定优于国内税法；第二种模式是国际税收协定与国内税法具有同等的法律效力。

66. 在我国，一般情况下，当协定与国内法发生冲突时，国内法优先。（　　）

【参考答案】 错误

【答案解析】 在我国，一般情况下，当协定与国内法发生冲突时，协定优先，但国内法规定的待遇优于协定时，则适用国内法。

67. 国际上存在三个有影响力的税收协定范本。（　　）

【参考答案】 错误

【答案解析】 国际上存在两个有影响力的税收协定范本，分别是经济合作与发展组织（OECD）《关于避免对所得和财产双重征税的协定范本》（以下简称经合组织范本）以及联合国《关于发达国家与发展中国家间避免双重征税的协定范本》（以下简称联合国范本）。

68. 经合组织范本有两个基本前提：一是强调公民管辖权，对所得来源国的征税权进行限制；二是居民国应通过抵免法或免税法消除双重征税。（　　）

【参考答案】 错误

【答案解析】 经合组织范本有两个基本前提：一是强调居民管辖权，对所得来源国的征税权进行限制；二是居民国应通过抵免法或免税法消除双重征税。

69. 经合组织范本与联合国范本的产生标志着国际税收领域的协调进入了规范化阶段。（　　）

【参考答案】 正确

【答案解析】 经合组织范本与联合国范本的产生标志着国际税收领域的协调进入了规范化阶段。

70. 从各国所签订的一系列双边税收协定来看，其结构及内容基本上与经合组织范本或联合国范本保持一致。（　　）

【参考答案】 正确

【答案解析】 从各国所签订的一系列双边税收协定来看，其结构及内容基本上与经合组织范本或联合国范本保持一致。

71. 税收协定只适用于缔约国一方居民的人。（　　）

【参考答案】 错误

【答案解析】 税收协定适用于缔约国一方或者同时为双方居民的人。

72. 税收协定一般适用于增值税和对财产征收的直接税。（　　）

【参考答案】 错误

【答案解析】 税收协定一般适用于所得税和对财产征收的直接税。

73. 对于在税收协定各条款中经常出现的基本用语的定义，一般会在协定内容中引入专门条款加以明确，以保证对协定的正确理解和执行。（　　）

【参考答案】 正确

【答案解析】 对于在税收协定各条款中经常出现的基本用语的定义，一般会在协定内容中引入专门条款加以明确，以保证对协定的正确理解和执行。

74. 特定用语对协定的签订和执行具有直接的制约作用，必须对特定用语的内涵和外延作出解释和限定。（　）

【参考答案】 正确

【答案解析】 特定用语对协定的签订和执行具有直接的制约作用，必须对特定用语的内涵和外延作出解释和限定。

75. 国际税收协定中有一些只涉及专门条文的用语解释，一般在相关的条款中附带下定义或给予说明。（　）

【参考答案】 正确

【答案解析】 国际税收协定中有一些只涉及专门条文的用语解释，一般在相关的条款中附带下定义或给予说明。

76. 缔约国各方对消除国际双重征税所采取的方法和条件，以及同意给予饶让抵免的范围和成果，都必须在协定中加以明确。（　）

【参考答案】 正确

【答案解析】 消除双重征税是签订国际税收协定的重要内容。缔约国各方对消除国际双重征税所采取的方法和条件，以及同意给予饶让抵免的范围和成果，都必须在协定中加以明确。

77. 两个协定范本分别提出可以采取免税法或抵免法消除重复征税，具体选择哪种方法，由缔约双方在协定谈签时决定。（　　）

【参考答案】 错误

【答案解析】 两个协定范本均提出可以采取免税法或抵免法消除重复征税，具体选择哪种方法，由缔约双方在协定谈签时决定。

78. 税收无差别待遇反对任何形式的税收歧视。（　）

【参考答案】 正确

【答案解析】 税收无差别待遇反对任何形式的税收歧视。主要包括国籍无差别待遇、常设机构无差别待遇、支付无差别待遇和资本无差别待遇。

79. 交换税收情报（信息）是加强各国税务机关征管合作，防止国际逃避税的有效手段。（　　）

【参考答案】 正确

【答案解析】 交换税收情报（信息）是加强各国税务机关征管合作，防止国际逃避税的有效手段。

80. 根据两个协定范本，须缔约国双方同时发起，才可以进行信息交换。（　）

【参考答案】 错误

【答案解析】 根据两个协定范本，可以由缔约国一方自行主动发起，进行信息交换，或应协定伙伴国的具体请求，通过自动信息交换。

81. 如果缔约国一方居民认为，缔约国一方或双方所采取的措施或将导致不符合协定的征税，则需要向缔约国双方主管当局申请救济。（　　）

【参考答案】 错误

【答案解析】 如果缔约国一方居民认为，缔约国一方或双方所采取的措施或将导致不符合协定的征税，则可以向缔约国一方主管当局申请救济。

82. 我国税收协定谈签工作始于 1981 年，于 1982 年 9 月签署首个税收协定。（　　）

【参考答案】 错误

【答案解析】 我国税收协定谈签工作始于 1981 年，于 1983 年 9 月签署首个税收协定。

83. 国际运输协定包括中华人民共和国政府、中国香港、中国澳门签署的航空协定、海运协定、道路运输协定、汽车运输协定、互免国际运输收入税收协议或换函以及其他关于国际运输的协定。（　　）

【参考答案】 错误

【答案解析】 根据《国家税务总局关于发布〈非居民纳税人享受协定待遇管理办法〉的公告》（国家税务总局公告 2019 年第 35 号）第四条规定，本办法所称非居民纳税人，是指按照税收协定居民条款规定应为缔约对方税收居民的纳税人。

本办法所称协定包括税收协定和国际运输协定。国际运输协定包括中华人民共和国政府签署的航空协定、海运协定、道路运输协定、汽车运输协定、互免国际运输收入税收协议或换函以及其他关于国际运输的协定。

本办法所称协定待遇，是指按照协定可以减轻或者免除按照国内税收法律规定应当履行的企业所得税、个人所得税纳税义务。

本办法所称扣缴义务人，是指按国内税收法律规定，对非居民纳税人来源于中国境内的所得负有扣缴税款义务的单位或个人，包括法定扣缴义务人和企业所得税法规定的指定扣缴义务人。

本办法所称主管税务机关，是指按国内税收法律规定，对非居民纳税人在中国的纳税义务负有征管职责的税务机关。

84. 内地与香港、澳门两个特别行政区，大陆与台湾地区都签署了税收协定。（　　）

【参考答案】 错误

【答案解析】 内地与香港、澳门两个特别行政区签署了税收安排，大陆与台湾地区签署了税收协议。

85. 协定待遇，是指按照协定可以减轻或者免除按照国内税收法律规定应当履行的企业所得税、个人所得税、财行税纳税义务。（　　）

【参考答案】 错误

【答案解析】 根据《国家税务总局关于发布〈非居民纳税人享受协定待遇管理办法〉的

公告》(国家税务总局公告 2019 年第 35 号)第四条规定,本办法所称非居民纳税人,是指按照税收协定居民条款规定应为缔约对方税收居民的纳税人。

本办法所称协定包括税收协定和国际运输协定。国际运输协定包括中华人民共和国政府签署的航空协定、海运协定、道路运输协定、汽车运输协定、互免国际运输收入税收协议或换函以及其他关于国际运输的协定。

本办法所称协定待遇,是指按照协定可以减轻或者免除按照国内税收法律规定应当履行的企业所得税、个人所得税纳税义务。

本办法所称扣缴义务人,是指按国内税收法律规定,对非居民纳税人来源于中国境内的所得负有扣缴税款义务的单位或个人,包括法定扣缴义务人和企业所得税法规定的指定扣缴义务人。

本办法所称主管税务机关,是指按国内税收法律规定,对非居民纳税人在中国的纳税义务负有征管职责的税务机关。

86. 税收协定(安排、协议)的签署,在加强我国与缔约国家(地区)间的经贸往来,尤其在吸引外资和促进我国企业“走出去”等方面发挥了重要作用。(　　)

【参考答案】 正确

【答案解析】 税收协定(安排、协议)的签署,在加强我国与缔约国家(地区)间的经贸往来,尤其在吸引外资和促进我国企业“走出去”等方面发挥了重要作用。

87. 国际避税是指纳税人利用两个或两个以上国家的税制差异和征管漏洞,以及国际税收规则存在的缺陷,规避或减轻其全球总体税负的行为。(　　)

【参考答案】 正确

【答案解析】 国际避税是指纳税人利用两个或两个以上国家的税制差异和征管漏洞,以及国际税收规则存在的缺陷,规避或减轻其全球总体税负的行为。

88. 国际避税产生的原因,是因为纳税人有尽可能减轻税收负担,实现利润最大化的强烈愿望。(　　)

【参考答案】 错误

【答案解析】 国际避税产生的原因,包括主观原因和客观原因。主观方面,纳税人有尽可能减轻税收负担,实现利润最大化的强烈愿望。

89. 各国对跨国纳税人征税范围的规定,如对于哪些所得征税、哪些所得不征税,以及对不同的所得采取什么方式征税差别较大,客观地使得国际避税产生。(　　)

【参考答案】 正确

【答案解析】 国际避税产生的原因,包括主观原因和客观原因。主观方面,纳税人有尽可能减轻税收负担,实现利润最大化的强烈愿望。客观原因主要有以下三方面:国家间的税制差异、国际税收规则存在的缺陷、税收征管能力不足。其中国家间的税制差异就包括征税范围和征收方式上的差异。

90. 有的国家仅实施地域管辖权，对来源于境外的所得不征税；有的国家对资本利得不征税等。这些规定直接影响到跨国纳税人税负的高低。(　　)

【参考答案】 正确

【答案解析】 各国对跨国纳税人征税范围的规定，如对于哪些所得征税、哪些所得不征税，以及对不同的所得采取什么方式征税差别较大。比如，有的国家仅实施地域管辖权，对来源于境外的所得不征税；有的国家对资本利得不征税等。这些规定直接影响跨国纳税人税负的高低。

91. 税率常常是各国税收制度差别最大的一个要素。(　　)

【参考答案】 正确

【答案解析】 税率常常是各国税收制度差别最大的一个要素。如同样是对所得征税，有的国家采用比例税率征收，有的国家采用超额累进税率征收。实行比例税率的国家，其税率也不尽一致。

92. 对于从事跨国经营活动的人，需要掌握每类税基所包括的具体范围及其各国的差异。(　　)

【参考答案】 正确

【答案解析】 对于从事跨国经营活动的人，需要掌握每类税基所包括的具体范围及其各国的差异。例如，对于所得税，各国都规定对应纳税所得额征收，但对收入和扣除的规定，各国是有区别的，采取的税收优惠也各不相同。

93. 为了消除和减轻双重征税，各国都采取了不同的解决方法。通常主要有抵免法和免税法。这两种方法在消除双重征税上是有区别的。其中，抵免法对纳税人最有利。(　　)

【参考答案】 错误

【答案解析】 为了消除和减轻双重征税，各国都采取了不同的解决方法。通常主要有抵免法和免税法。这两种方法在消除双重征税上是有区别的。其中，免税法对纳税人最有利。

94. 国际避税的常见手段包括采取人的流动避税、利用转让定价避税、滥用税收协定避税、利用外国控股公司避税、利用资本弱化避税、利用避税地避税等方式。(　　)

【参考答案】 正确

【答案解析】 国际避税的常见手段包括采取人的流动避税、利用转让定价避税、滥用税收协定避税、利用外国控股公司避税、利用资本弱化避税、利用避税地避税等方式。

95. 采取人的流动避税，不仅包括自然人和法人的跨国迁移，设法改变其税收居民身份，还包括避免成为税收居民等做法。(　　)

【参考答案】 正确

【答案解析】 采取人的流动避税，不仅包括自然人和法人的跨国迁移，设法改变其税收居民身份，还包括避免成为税收居民等做法。

96. 在实行居民管辖权的国家里，对个人居民身份的确立，采用住所标准。（　　）

【参考答案】 错误

【答案解析】 在实行居民管辖权的国家里，对个人居民身份的确立，除采用住所标准外，不少国家还采用时间标准。

97. 对于居住时间的规定，各国采取的规定均为半年（183 天）。（　　）

【参考答案】 错误

【答案解析】 对于居住时间的规定，各个国家规定不尽相同，有的规定为半年（183 天），有的则规定 1 年（365 天），这就给跨国纳税人避税提供了可利用的机会。

98. 国与国之间签订的税收协定是通过让渡部分税收管辖权，向缔约对方国家的税收居民提供税收优惠，从而促进两国之间的资本、技术和人员的流动。（　　）

【参考答案】 正确

【答案解析】 国与国之间签订的税收协定是通过让渡部分税收管辖权，向缔约对方国家的税收居民提供税收优惠，从而促进两国之间的资本、技术和人员的流动。

99. 滥用税收协定，是指第三国居民利用其他两个国家之间签订的税收协定获取其不应得到的税收利益。（　　）

【参考答案】 正确

【答案解析】 滥用税收协定，是指第三国居民利用其他两个国家之间签订的税收协定获取其不应得到的税收利益。滥用税收协定通常采取设立"导管公司"或签署中间合同的方式。

100. 跨国企业常见的避税手段之一，就是在低税地或避税地成立控股公司，将集团利润转移到控股公司账上并长期不作利润分配，从而推迟在居民国纳税。（　　）

【参考答案】 正确

【答案解析】 通常情况下，母公司居民国对外国控股公司取得的营业利润不会立即征税，除非这部分利润以股息的方式由子公司分配给母公司，母公司居民国就取得的股息所得征税。跨国企业常见的避税手段之一，就是在低税地或避税地成立控股公司，将集团利润转移到控股公司账上并长期不作利润分配，从而推迟在居民国纳税。

101. 资本弱化是基于一般情况下利息支出可以在税前扣除而股息红利不能扣除的规定，企业所有者在向公司注入资金时，人为提高股权投资的比重，降低债权投资的比重，导致公司的资本结构中股权投资的比重大大超过债权投资的比重。（　　）

【参考答案】 错误

【答案解析】 资本弱化，又称为资本隐藏、股份隐藏或收益抽取，是基于一般情况下利息支出可以在税前扣除而股息红利不能扣除的规定，企业所有者在向公司注入资金时，人为降低股权投资的比重，提高债权投资的比重，导致公司的资本结构中债权投资的比重大大超过股权投资的比重。

102. 资本弱化作为避税的一种手段，以增加利息支出来转移利润，降低税负，其特征就是债权投资和股权投资的比率明显高于正常水平。（ ）

【参考答案】 正确

【答案解析】 资本弱化作为避税的一种手段，以增加利息支出来转移利润，降低税负，其特征就是债权投资和股权投资的比率明显高于正常水平。

103. 世界各国在长期的反避税斗争中逐渐形成了一整套打击避税行为的法律和措施。（ ）

【参考答案】 正确

【答案解析】 世界各国在长期的反避税斗争中逐渐形成了一整套打击避税行为的法律和措施。

104. 如果关联方设定的转让价格与市场价格不同，税务机关应提请政府并申请调整转让价格，从而防止本国税基受到侵蚀，确保征收合理份额的税收收入。（ ）

【参考答案】 错误

【答案解析】 如果关联方设定的转让价格与市场价格不同，税务机关有权调整转让价格，从而防止本国税基受到侵蚀，确保征收合理份额的税收收入。

105. 转让定价规则应该达成国际共识。（ ）

【参考答案】 正确

【答案解析】 当多个国家对相同的交易适用各自的转让定价规则时，极有可能导致重复征税，因此有必要就转让定价规则达成国际共识。

106. 经合组织范本和联合国范本均规定，应调整转让价格，以反映在独立运营的非关联企业之间的可比交易中可能适用的价格，即遵循公平交易原则。（ ）

【参考答案】 错误

【答案解析】 经合组织范本和联合国范本均规定，应调整转让价格，以反映在独立运营的非关联企业之间的可比交易中可能适用的价格，即遵循独立交易原则。这一原则已为多数国家广泛接受。

107. 根据资本弱化规则，如果居民企业的债权投资相比于其权益超过了一定标准，则超过部分的债务发生的利息不得税前扣除。（ ）

【参考答案】 正确

【答案解析】 为了防止人为提高债权投资比重，降低股权投资比重，许多国家对向非居民支付利息的税前扣除加以限制。根据资本弱化规则，如果居民企业的债权投资相比于其权益超过了一定标准，则超过部分的债务发生的利息不得税前扣除。

108. 一般反避税规则一般作为兜底措施，不对特定避税行为作出界定。（ ）

【参考答案】 正确

【答案解析】 一般反避税规则一般作为兜底措施，不对特定避税行为作出界定，通常以具有合理商业目的和经济实质的类似安排为基准按照实质重于形式的原则实施调整。

109. 在特殊反避税规则(如转让定价规则、资本弱化规则、受控外国公司规则等)能够适用的情况下,不能适用一般反避税规则。( )

【参考答案】 正确

【答案解析】 作为兜底规则,在特殊反避税规则(如转让定价规则、资本弱化规则、受控外国公司规则等)能够适用的情况下,是不能适用一般反避税规则的。

110. 许多国家政府一般不能干预公民的移居避税,只能从经济上对其采取一些限制措施,使移居给政府造成的税收利益损失降低到最低限度。( )

【参考答案】 正确

【答案解析】 许多国家政府一般不能干预公民的移居避税,只能从经济上对其采取一些限制措施,使移居给政府造成的税收利益损失降低到最低限度。一些发达国家在立法上采取了有条件地延续本国向外国移居者无限纳税义务的做法。

111. 为防止人们用临时移居、压缩居留时间的办法躲避本国的居民身份,许多国家都规定纳税人中途临时离境不扣减其在本国的居住天数。( )

【参考答案】 正确

【答案解析】 高税国居民为了逃避无限纳税义务,有的彻底切断了与原居民国的联系,但有的只是采取虚假移居的手段。为防止人们用临时移居、压缩居留时间的办法躲避本国的居民身份,许多国家都规定纳税人中途临时离境不扣减其在本国的居住天数。

112. 虽然各国判定法人居民身份的标准不同,但是限制法人移居的措施相同。( )

【参考答案】 错误

【答案解析】 各国判定法人居民身份的标准不同,则限制法人移居的措施也不同。

113. 一般而言,在一个同时以注册地标准和管理机构所在地标准判定法人居民身份的国家,法人居民移居他国相对来说难度较小。( )

【参考答案】 错误

【答案解析】 一般而言,在一个同时以注册地标准和管理机构所在地标准判定法人居民身份的国家,法人居民移居他国相对来说难度较大。

114. 目前大多数发展中国家都同时采用注册地标准和管理机构所在地标准来判定法人的居民身份。( )

【参考答案】 错误

【答案解析】 目前大多数发达国家都同时采用注册地标准和管理机构所在地标准来判定法人的居民身份。

115. 为了防止本国居民企业将利润转移至避税地,造成对本国税基的侵蚀,一些国家规定了判定国际避税地的具体标准或列出避税地“黑名单”。( )

【参考答案】 正确

【答案解析】 为了防止本国居民企业将利润转移至避税地，造成对本国税基的侵蚀，一些国家规定了判定国际避税地的具体标准或列出避税地“黑名单”，凡本国公司与避税地中的关联企业进行交易，会引起税务部门的高度关注，必要时还要实施反避税措施。

116. 非居民纳税人自行申报的，自行判断符合享受协定待遇条件且需要享受协定待遇，应在申报时报送《非居民纳税人享受协定待遇信息报告表》。（　　）

【参考答案】 正确

【答案解析】 根据《国家税务总局关于发布〈非居民纳税人享受协定待遇管理办法〉的公告》（国家税务总局公告 2019 年第 35 号）第五条规定，非居民纳税人自行申报的，自行判断符合享受协定待遇条件且需要享受协定待遇，应在申报时报送《非居民纳税人享受协定待遇信息报告表》，并按照本办法第七条的规定归集和留存相关资料备查。

117. 非居民纳税人享受协定待遇留存备查资料应按照税收征管法及其实施细则规定的期限保存。（　　）

【参考答案】 正确

【答案解析】 根据《国家税务总局关于发布〈非居民纳税人享受协定待遇管理办法〉的公告》（国家税务总局公告 2019 年第 35 号）第十一条规定，非居民纳税人享受协定待遇留存备查资料应按照税收征管法及其实施细则规定的期限保存。

118. 国际税收合作分为多边税收合作、区域性税收合作和单边税收合作。（　　）

【参考答案】 错误

【答案解析】 国际税收合作分为多边税收合作、区域性税收合作和双边税收合作。

119. 联合国从 1975 年开始涉足国际税收领域，开始为发达国家和发展中国家之间的税收协定制定协定范本。（　　）

【参考答案】 错误

【答案解析】 联合国从 1970 年开始涉足国际税收领域，开始为发达国家和发展中国家之间的税收协定制定协定范本。

120. 自 2012 年以来，联合国积极向发达国家提供税收技术援助，并开发实用工具包，帮助发达国家应对国际税收挑战。（　　）

【参考答案】 错误

【答案解析】 自 2012 年以来，联合国积极向发展中国家提供税收技术援助，并开发实用工具包，帮助发展中国家应对国际税收挑战。

121. 2016 年 4 月，OECD、IMF、联合国创建了税收合作平台，也称为三方平台，合作向发展中国家提供援助，以加强其税收体系的制度机制。（　　）

【参考答案】 错误

【答案解析】 2016 年 4 月，OECD、IMF、联合国、世界银行创建了税收合作平台，也称为四方平台，合作向发展中国家提供援助，以加强其税收体系的制度机制。

122. 区域性税收合作组织通常在区域经济一体化程度较低的地区出现。（　）

【参考答案】 错误

【答案解析】 区域性税收合作组织通常在区域经济一体化程度比较高的地区出现。

123. 目前最有影响力的区域性税收合作组织是欧洲联盟(EU)。（　）

【参考答案】 正确

【答案解析】 目前最有影响力的区域性税收合作组织是欧洲联盟(EU)，通过制定适合本区域的制度和加强合作促进区域经济发展。

124. 2018 年 11 月，我国主办了第 52 届 SGATAR 年会。（　）

【参考答案】 错误

【答案解析】 2018 年 11 月，我国主办了第 48 届 SGATAR 年会。

125. 国际税收情报交换是指税收协定缔约国家（地区）的主管当局为了正确执行税收协定及其所涉及税种的国内法而相互交换所需信息的行为。（　）

【参考答案】 正确

【答案解析】 国际税收情报交换是指税收协定缔约国家（地区）的主管当局为了正确执行税收协定及其所涉及税种的国内法而相互交换所需信息的行为。

126. 税收情报交换是作为税收协定缔约方承担的一项国际义务，也是与其他国家（地区）税务主管当局之间进行国际税收征管合作以及保护自身合法税收权益的重要方式。（　）

【参考答案】 正确

【答案解析】 税收情报交换是作为税收协定缔约方承担的一项国际义务，也是与其他国家（地区）税务主管当局之间进行国际税收征管合作以及保护自身合法税收权益的重要方式。

127. 税收情报交换的间接目的，一是避免国家之间可能存在的重复征税，二是防止跨境逃避税。（　）

【参考答案】 错误

【答案解析】 税收情报交换的直接目的，一是避免国家之间可能存在的重复征税，二是防止跨境逃避税。

128. 税收情报交换分为专项情报交换、自动情报交换、自发情报交换以及同期税务检查、授权代表访问和行业范围情报交换等类型。（　）

【参考答案】 正确

【答案解析】 税收情报交换分为专项情报交换、自动情报交换、自发情报交换以及同期税务检查、授权代表访问和行业范围情报交换等类型。

129. 由于人员、资本、货物和服务跨国流动加速，纳税人跨国经营的无国界性与税收管理有国界性之间的矛盾，造成税收管理的信息不对称，给开放经济条件下的税收征管带来

严峻挑战。( )

【参考答案】 正确

【答案解析】 由于人员、资本、货物和服务跨国流动加速,纳税人跨国经营的无国界性与税收管理有国界性之间的矛盾,造成税收管理的信息不对称,给开放经济条件下的税收征管带来严峻挑战。

130. 在经济全球化背景下,跨国企业利用国际税收规则存在的不足,以及各国税制差异和征管漏洞,最大限度地减少其全球总体税负,达到只对一个国家征税的效果,从而造成对各国税基的侵蚀。( )

【参考答案】 错误

【答案解析】 在经济全球化背景下,跨国企业利用国际税收规则存在的不足,以及各国税制差异和征管漏洞,最大限度地减少其全球总体税负,甚至达到双重不征税的效果,从而造成对各国税基的侵蚀。

131. 2021 年 7 月 1 日,OECD 发布各国协商一致形成具有广泛国际共识的数字经济国际税收规则——《关于以双支柱方案应对经济数字化税收挑战的声明》正式提出“双支柱”方案。( )

【参考答案】 正确

【答案解析】 2021 年 7 月 1 日,OECD 发布各国协商一致形成具有广泛国际共识的数字经济国际税收规则——《关于以双支柱方案应对经济数字化税收挑战的声明》正式提出“双支柱”方案。

132. 随着“一带一路”建设不断深入推进,营商环境越来越成为税收环境的重要指标,经贸便利越来越成为税收便利的重要保障,政府合作也越来越成为税收合作的重要组成部分。( )

【参考答案】 错误

【答案解析】 随着“一带一路”建设不断深入推进,税收环境越来越成为营商环境的重要指标,税收便利越来越成为经贸便利的重要保障,税收合作也越来越成为政府合作的重要组成部分。

133. “一带一路”税收征管合作机制是由“一带一路”国家(地区)税务部门共同建立的规范化、制度化的官方双边长效税收合作平台。( )

【参考答案】 错误

【答案解析】 “一带一路”税收征管合作机制是由“一带一路”国家(地区)税务部门共同建立的规范化、制度化的官方多边长效税收合作平台,秉持“共商共建共享”原则,面向所有支持“一带一路”倡议的国家开放,是现有国际税收合作体系的重要、有益补充,旨在促进投资贸易便利化,消除税收壁垒、优化生产要素跨境配置,推动经济包容性增长,实现联合国 2030 年可持续发展目标。

134.“一带一路”税收征管合作机制成员在尊重各自国内法律法规、巩固和支持国际税收义务及标准的基础上，共同推动“一带一路”建设参与国(地区)在以下税收领域开展务实合作：提高税收确定性、加快税收争议解决、提升纳税服务、加强税收能力建设等。(　)

【参考答案】 正确

【答案解析】 “一带一路”税收征管合作机制成员在尊重各自国内法律法规、巩固和支持国际税收义务及标准的基础上，共同推动“一带一路”建设参与国(地区)在以下税收领域开展务实合作：提高税收确定性、加快税收争议解决、提升纳税服务、加强税收能力建设等。

135.企业纳税信用级别为B级及以上的，税务机关可以优先受理企业提交的预约定价安排申请。(　)

【参考答案】 错误

【答案解析】 根据《国家税务总局关于完善预约定价安排管理有关事项的公告》(国家税务总局公告2016年第64号)第十六条，有下列情形之一的，税务机关可以优先受理企业提交的申请：(一)企业关联申报和同期资料完备合理，披露充分；(二)企业纳税信用级别为A级……

136.只要承诺参与金融账户涉税信息自动交换(CRS)的辖区，都会与我国交换CRS信息。(　)

【参考答案】 错误

【答案解析】 与我国建立CRS交换伙伴关系的辖区才会交换信息。

137.我国税法对独立交易原则的表述是指没有关联关系的交易各方，按照独立交易价格和行业常规进行业务往来遵循的原则。(　)

【参考答案】 错误

【答案解析】 《中华人民共和国企业所得税法》第四十一条规定，企业与其关联方之间的业务往来，不符合独立交易原则而减少企业或者其关联方应纳税收入或者所得额的，税务机关有权按照合理方法调整。《中华人民共和国企业所得税法实施条例》第一百一十条规定，企业所得税法第四十一条所称独立交易原则，是指没有关联关系的交易各方，按照公平成交价格和营业常规进行业务往来遵循的原则。

138.税收协定的主要作用包括增加所得来源国的税收、提高税收确定性、消除双重征税和通过相互协商机制妥善解决涉税争议等。(　)

【参考答案】 错误

【答案解析】 税收协定的主要作用包括降低跨境纳税人在东道国的税负、提高税收确定性、消除双重征税和通过相互协商机制妥善解决涉税争议。

139.国家税务总局不可以拒绝特别纳税调整相互协商程序申请。(　)

【参考答案】 错误

【答案解析】 《国家税务总局关于发布〈特别纳税调查调整及相互协商程序管理办法〉

的公告》(国家税务总局公告 2017 年第 6 号)第五十二条，有下列情形之一的，国家税务总局可以拒绝企业申请或者税收协定缔约对方税务主管当局启动相互协商程序的请求：(一)企业或者其关联方不属于税收协定任一缔约方的税收居民；(二)申请或者请求不属于特别纳税调整事项；(三)申请或者请求明显缺乏事实或者法律依据；(四)申请不符合税收协定有关规定；(五)特别纳税调整案件尚未结案或者虽然已经结案但是企业尚未缴纳应纳税款。

140. 企业被实施特别纳税调查调整，在收到《特别纳税调查调整通知书》后有异议的，可以先暂缓执行，及时依法申请行政复议。(　　)

【参考答案】 错误

【答案解析】 国家税务总局公告 2017 年第 6 号文件第四十一条规定，企业收到《特别纳税调查调整通知书》后有异议的，可以在依照《特别纳税调查调整通知书》缴纳或者解缴税款、利息、滞纳金或者提供相应的担保后，依法申请行政复议。

141. 预约定价安排的谈签与执行经过预备会谈、正式申请、审核评估、磋商、签订安排和监控执行 6 个阶段。(　　)

【参考答案】 错误

【答案解析】 《国家税务总局关于完善预约定价安排管理有关事项的公告》(国家税务总局公告 2016 年第 64 号)第二条规定，预约定价安排的谈签与执行经过预备会谈、谈签意向、分析评估、正式申请、协商签署和监控执行 6 个阶段。预约定价安排包括单边、双边和多边 3 种类型。

142. 非居民企业在中国境内未设立机构、场所的，或者虽设立机构、场所但取得的所得与其所设机构、场所没有实际联系的，应当就其来源于中国境内的所得缴纳企业所得税。对非居民企业取得此项所得应缴纳的企业所得税，实行源泉扣缴，以收款人为扣缴义务人。(　　)

【参考答案】 错误

【答案解析】 根据《中华人民共和国企业所得税法》第三十七条，对非居民企业取得本法第三条第三款规定的所得应缴纳的所得税，实行源泉扣缴，以支付人为扣缴义务人。

143. 企业申请双边或者多边预约定价安排的，应当向国家税务总局提出预备会谈申请，提交《预约定价安排预备会谈申请书》。(　　)

【参考答案】 错误

【答案解析】 根据《国家税务总局关于完善预约定价安排管理有关事项的公告》(国家税务总局公告 2016 年第 64 号)第五条，企业有谈签预约定价安排意向的，应当向税务机关书面提出预备会谈申请。税务机关可以与企业开展预备会谈。(一)企业申请单边预约定价安排的，应当向主管税务机关书面提出预备会谈申请，提交《预约定价安排预备会谈申请书》(附件 1)。主管税务机关组织与企业开展预备会谈……

144. 不具有法人资格的中外合作办学机构构成常设机构。(　　)

【参考答案】 正确

【答案解析】 不具有法人资格的中外合作办学机构，以及中外合作办学项目中开展教育教学活动的场所构成税收协定缔约对方居民在中国的常设机构。

145.预约定价安排适用年度的计算起点为企业提交正式申请的次年。（　　）

【参考答案】 错误

【答案解析】 根据国家税务总局公告 2016 年第 64 号文件第三条，预约定价安排适用于主管税务机关向企业送达接收其谈签意向的《税务事项通知书》之日所属纳税年度起 3 至 5 个年度的关联交易。

146.适用简易程序的单边预约定价安排包括申请评估、协商签署和监控执行 3 个阶段。（　　）

【参考答案】 正确

【答案解析】 根据《国家税务总局关于单边预约定价安排适用简易程序有关事项的公告》（国家税务总局公告 2021 年第 24 号）第二条，简易程序包括申请评估、协商签署和监控执行 3 个阶段。

147.开展国际税收合作，可以了解国际税收领域最新动态，为我国制定税收政策、实施征管改革提供借鉴。（　　）

【参考答案】 正确

【答案解析】 开展国际税收合作，可以了解国际税收领域最新动态，为我国制定税收政策、实施征管改革提供借鉴；对外宣传我国税收治理理念及先进做法，向国际税收界贡献中国智慧、中国方案；加强与外国税务机关与信，为携手应对共同挑战奠定基础。

148.我国对外签署的第三个税收协定是和日本。（　　）

【参考答案】 错误

【答案解析】 我国对外签署的第一个税收协定是和日本。

149.境外投资者按照本通知规定可以享受暂不征收预提所得税政策但未实际享受的，可在实际缴纳相关税款之日起两年内申请追补享受该政策，退还已缴纳的税款。（　　）

【参考答案】 错误

【答案解析】 根据《财政部 税务总局 国家发展改革委 商务部关于扩大境外投资者以分配利润直接投资暂不征收预提所得税政策适用范围的通知》（财税〔2018〕102 号）第五条，境外投资者按照本通知规定可以享受暂不征收预提所得税政策但未实际享受的，可在实际缴纳相关税款之日起三年内申请追补享受该政策，退还已缴纳的税款。

150.基于同一合同需要多次对外支付的，仅需在单笔支付首次超过等值 10 万美元时进行税务备案。（　　）

【参考答案】 错误

【答案解析】 根据《国家税务总局 国家外汇管理局关于服务贸易等项目对外支付税务备案有关问题的补充公告》（国家税务总局国家外汇管理局公告 2021 年第 19 号）的政策

解读,《公告》不改变40号公告规定的备案金额标准,即未超过等值5万美元的单笔对外支付无需进行税务备案。基于同一合同需要多次对外支付的,仅需在单笔支付首次超过等值5万美元时进行税务备案。

151. 第三届"一带一路"税收征管合作论坛由阿尔及利亚税务局主办。(　　)

【参考答案】 正确

【答案解析】 第三届"一带一路"税收征管合作论坛由阿尔及利亚税务局主办。

152. 在中国境内未设立机构、场所的非居民企业,转让财产所得以收入全额为应纳税所得额。(　　)

【参考答案】 错误

【答案解析】 根据《中华人民共和国企业所得税法》第十九条,非居民企业取得本法第三条第三款规定的所得,按照下列方法计算其应纳税所得额:(一)股息、红利等权益性投资收益和利息、租金、特许权使用费所得,以收入全额为应纳税所得额;(二)转让财产所得以收入全额减除财产净值后的余额为应纳税所得额;(三)其他所得,参照前两项规定的方法计算应纳税所得额。

153. 在中国境内未设立机构、场所的非居民企业,利息、租金、特许权使用费所得,以收入全额为应纳税所得额。(　　)

【参考答案】 正确

【答案解析】 根据《中华人民共和国企业所得税法》第十九条,非居民企业取得本法第三条第三款规定的所得,按照下列方法计算其应纳税所得额:(一)股息、红利等权益性投资收益和利息、租金、特许权使用费所得,以收入全额为应纳税所得额;(二)转让财产所得以收入全额减除财产净值后的余额为应纳税所得额;(三)其他所得,参照前两项规定的方法计算应纳税所得额。

154. 主管税务机关受理企业申请后,应当与企业就其关联交易是否符合独立交易原则进行协商,并于向企业送达受理申请的《税务事项通知书》之日起6个月内协商完毕。协商期间,主管税务机关可以要求企业补充提交相关资料,企业补充提交资料时间应计入上述6个月内。(　　)

【参考答案】 错误

【答案解析】 根据《国家税务总局关于单边预约定价安排适用简易程序有关事项的公告》(国家税务总局公告2021年第24号)第五条,主管税务机关受理企业申请后,应当与企业就其关联交易是否符合独立交易原则进行协商,并于向企业送达受理申请的《税务事项通知书》之日起6个月内协商完毕。协商期间,主管税务机关可以要求企业补充提交相关资料,企业补充提交资料时间不计入上述6个月内。

155. 主管税务机关受理企业申请后,应当与企业就其关联交易是否符合独立交易原则进行协商,并于向企业送达受理申请的《税务事项通知书》之日起3个月内协商完毕。(　　)

【参考答案】 错误

【答案解析】 根据《国家税务总局关于单边预约定价安排适用简易程序有关事项的公告》(国家税务总局公告 2021 年第 24 号)第五条,主管税务机关受理企业申请后,应当与企业就其关联交易是否符合独立交易原则进行协商,并于向企业送达受理申请的《税务事项通知书》之日起 6 个月内协商完毕。

156. 年度发生跨境关联交易,且合并该企业财务报表的最终控股企业所属企业集团已准备主体文档的企业应当准备主体文档。( )

【参考答案】 正确

【答案解析】 根据国家税务总局公告 2016 年第 42 号文件,符合下列条件之一的企业,应当准备主体文档:(一)年度发生跨境关联交易,且合并该企业财务报表的最终控股企业所属企业集团已准备主体文档。(二)年度关联交易总额超过 10 亿元。

157. 非居民企业在年度中间终止经营活动的,应当自实际经营终止之日起 30 日内,向税务机关办理当期企业所得税汇算清缴。( )

【参考答案】 错误

【答案解析】 《国家税务总局关于印发〈非居民企业所得税汇算清缴管理办法〉的通知》(国税发〔2009〕6 号)规定,个业在年度中间终止经营活动的,应当自实际经营终止之日起 60 日内,向税务机关办理当期企业所得税汇算清缴。

158. 临时来华承包工程和提供劳务不足 1 年,在年度中间终止经营活动,且已经结清税款,可不参加当年度的所得税汇算清缴。( )

【参考答案】 正确

【答案解析】 《国家税务总局关于印发〈非居民企业所得税汇算清缴管理办法〉的通知》(国税发〔2009〕6 号)规定,企业具有下列情形之一的,可不参加当年度的所得税汇算清缴:(1)临时来华承包工程和提供劳务不足 1 年,在年度中间终止经营活动,且已经结清税款;(2)汇算清缴期内已办理注销;(3)其他经主管税务机关批准可不参加当年度所得税汇算清缴。

159. 非居民企业在所得税汇算清缴期限内,发现当年度所得税申报有误的,应当在年度终了之日起 6 个月内向主管税务机关重新办理年度所得税申报。( )

【参考答案】 错误

【答案解析】 《国家税务总局关于印发〈非居民企业所得税汇算清缴管理办法〉的通知》(国税发〔2009〕6 号)规定,企业在所得税汇算清缴期限内,发现当年度所得税申报有误的,应当在年度终了之日起 5 个月内向主管税务机关重新办理年度所得税申报。

160. 提供劳务的场所属于非居民企业在中国境内设立的机构、场所。( )

【参考答案】 正确

【答案解析】 根据《中华人民共和国企业所得税法实施条例》第五条,企业所得税法第二条第二款所称机构、场所,是指在中国境内从事生产经营活动的机构、场所,包括:(一)管理机构、营业机构、办事机构。(二)工厂、农场、开采自然资源的场所;(三)提供劳务的场所。

161. 税收协定的条款包括特许权使用费、演艺人员和运动员、营业利润。(　　)

【参考答案】 正确

【答案解析】 特许权使用费、演艺人员和运动员、营业利润是税收协定的条款。

162. 母子或母子孙公司之间适用直接抵免。(　　)

【参考答案】 错误

【答案解析】 间接抵免是对进行境外投资所得已纳税款的抵扣。母子或母子孙公司之间适用间接抵免。

163. 境外所得采用简易办法计算抵免额的,不适用饶让抵免。(　　)

【参考答案】 正确

【答案解析】 境外所得采用简易办法计算抵免额的,不适用饶让抵免。

164. 税务机关应当以具有合理商业目的和经济实质的类似安排为基础,按照实质重于形式的原则实施特别纳税调整。(　　)

【参考答案】 正确

【答案解析】 《一般反避税管理办法(试行)》(国家税务总局令第 32 号)规定,税务机关应当以具有合理商业目的和经济实质的类似安排为基础,按照实质重于形式的原则实施特别纳税调整。

165. 企业取得的境外所得已直接缴纳和间接负担的税额为人民币以外货币的,在以人民币计算可予抵免的境外税额时,凡企业记账本位币为人民币的,应统一按实现该项境外所得对应的我国纳税年度最后一日的人民币汇率中间价进行换算。(　　)

【参考答案】 错误

【答案解析】 企业取得的境外所得已直接缴纳和间接负担的税额为人民币以外货币的,在以人民币计算可予抵免的境外税额时,凡企业记账本位币为人民币的,应按企业就该项境外所得记入账内时使用的人民币汇率进行换算,凡企业以人民币以外其他货币作为记账本位币的,应统一按实现该项境外所得对应的我国纳税年度最后一日的人民币汇率中间价进行换算。

166. 国际货币基金组织(IMF)属于政府间国际组织。(　　)

【参考答案】 正确

【答案解析】 国际货币基金组织(IMF)属于政府间国际组织。

167. 税务机关仅可以通过转让定价调查、同期资料管理和利润水平监控等手段,对企业实施特别纳税调整监控管理。(　　)

【参考答案】 错误

【答案解析】 根据国家税务总局公告 2017 年第 6 号文件第二条,税务机关通过关联申报审核、同期资料管理和利润水平监控等手段，对企业实施特别纳税调整监控管理。

168. 税收协定的主要作用包括降低跨境纳税人在东道国的税负、提高税收确定性、消除双重征税和通过相互协商机制妥善解决涉税争议等。（　）

【参考答案】 正确

【答案解析】 税收协定的主要作用包括降低跨境纳税人在东道国的税负、提高税收确定性、消除双重征税和通过相互协商机制妥善解决涉税争议等。

169. 特殊事项文档包括成本分摊协议特殊事项文档和资本弱化特殊事项文档。（　）

【参考答案】 正确

【答案解析】 根据国家税务总局公告 2016 年第 42 号文件，特殊事项文档包括成本分摊协议特殊事项文档和资本弱化特殊事项文档。

170. 预约定价安排执行期满后自动失效。企业申请续签的，应当在预约定价安排执行期满之日前 60 日内向税务机关提出续签申请。（　）

【参考答案】 错误

【答案解析】 根据国家税务总局公告 2016 年第 64 号文件第十一条，预约定价安排执行期满后自动失效。企业申请续签的，应当在预约定价安排执行期满之日前 90 日内向税务机关提出续签申请。

171. 受益所有人是指对所得或所得据以产生的权利或财产具有所有权和支配权的人。（　）

【参考答案】 正确

【答案解析】 《国家税务总局关于税收协定中“受益所有人”有关问题的公告》（国家税务总局公告 2018 年 9 号）第一条规定，“受益所有人”是指对所得或所得据以产生的权利或财产具有所有权和支配权的人。

172. “一带一路”税收征管合作机制成立时间为 2018 年 4 月 18 日。（　）

【参考答案】 错误

【答案解析】 “一带一路”税收征管合作机制成立时间为 2019 年 4 月 18 日。

173. 税基侵蚀和利润转移四项最低标准打击有害税收实践、防止税收协定滥用、国别报告、促进税收争端解决。（　）

【参考答案】 正确

【答案解析】 税基侵蚀和利润转移四项最低标准打击有害税收实践、防止税收协定滥用、国别报告、促进税收争端解决。

174. 国际上通用的避免双重征税协定范本有经合组织范本和联合国范本。（　）

【参考答案】 正确

【答案解析】 国际上通用的避免双重征税协定范本有经合组织范本和联合国范本。

175. 再销售价格法一般适用于再销售者未对商品进行改变外形、性能、结构或者更换商标等实质性增值加工的简单加工或者单纯购销业务。（　　）

【参考答案】 正确

【答案解析】 根据国家税务总局公告 2017 年第 6 号文件第十八条，再销售价格法一般适用于再销售者未对商品进行改变外形、性能、结构或者更换商标等实质性增值加工的简单加工或者单纯购销业务。

176. 企业应当在纳税年度终了后 5 个月内，向主管税务机关报送执行预约定价安排情况的纸质版和电子版年度报告。（　　）

【参考答案】 错误

【答案解析】 根据国家税务总局公告 2016 年第 64 号文件，企业应当在纳税年度终了后 6 个月内，向主管税务机关报送执行预约定价安排情况的纸质版和电子版年度报告，主管税务机关将电子版年度报告报送国家税务总局。

177. 预约定价安排执行期间，企业发生影响预约定价安排的实质性变化，应当在发生变化之日起 15 日内书面报告主管税务机关。（　　）

【参考答案】 错误

【答案解析】 根据国家税务总局公告 2016 年第 64 号文件，预约定价安排执行期间，企业发生影响预约定价安排的实质性变化，应当在发生变化之日起 30 日内书面报告主管税务机关，详细说明该变化对执行预约定价安排的影响，并附送相关资料。

178. 国家税务总局可以按照对外缔结的国际公约、协定、协议等有关规定，与其他国家（地区）税务主管当局就 2016 年 4 月 1 日以后签署的单边预约定价安排文本实施信息交换。（　　）

【参考答案】 错误

【答案解析】 根据国家税务总局公告 2016 年第 64 号文件第二十条，除涉及国家安全的信息以外，国家税务总局可以按照对外缔结的国际公约、协定、协议等有关规定，与其他国家（地区）税务主管当局就 2016 年 4 月 1 日以后签署的单边预约定价安排文本实施信息交换。

179. 预约定价安排执行期间，企业发生影响预约定价安排的实质性变化，应当书面报告主管税务机关，详细说明该变化对执行预约定价安排的影响，并附送相关资料。由于非主观原因而无法按期报告的，可以延期报告，但延长期限不得超过 45 日。（　　）

【参考答案】 错误

【答案解析】 根据国家税务总局公告 2016 年第 64 号文件，预约定价安排执行期间，企业发生影响预约定价安排的实质性变化，应当在发生变化之日起 30 日内书面报告主管税务机关，详细说明该变化对执行预约定价安排的影响，并附送相关资料。由于非主观原因而无法按期报告的，可以延期报告，但延长期限不得超过 30 日。

180. 对非居民企业在中国境内取得工程作业和劳务所得应缴纳的所得税，市级以上税务机关可以指定工程价款或者劳务费的支付人为扣缴义务人。（ ）

【参考答案】 错误

【答案解析】 根据《中华人民共和国企业所得税实施条例》第一百零六条，前款规定的扣缴义务人，由县级以上税务机关指定，并同时告知扣缴义务人所扣税款的计算依据、计算方法、扣缴期限和扣缴方式。

181. 企业以前年度的关联交易与预约定价安排适用年度相同或者类似的，经企业申请，税务机关可以将预约定价安排确定的定价原则和计算方法追溯适用于以前年度（最长 5 年）该关联交易的评估和调整。（ ）

【参考答案】 错误

【答案解析】 根据《国家税务总局关于完善预约定价安排管理有关事项的公告》（国家税务总局公告 2016 年第 64 号）第三条，企业以前年度的关联交易与预约定价安排适用年度相同或者类似的，经企业申请，税务机关可以将预约定价安排确定的定价原则和计算方法追溯适用于以前年度该关联交易的评估和调整。追溯期最长为 10 年。

182. 预约定价安排适用于主管税务机关向企业送达接收其谈签意向的《税务事项通知书》之日所属纳税年度起 3 个年度的关联交易。（ ）

【参考答案】 错误

【答案解析】 根据《国家税务总局关于完善预约定价安排管理有关事项的公告》（国家税务总局公告 2016 年第 64 号）第三条，预约定价安排适用于主管税务机关向企业送达接收其谈签意向的《税务事项通知书》之日所属纳税年度起 3 至 5 个年度的关联交易。

183. "一带一路"税收征管合作机制第一任副主席国包括：哈萨克斯坦、塞拉利昂、阿联酋、乌拉圭。（ ）

【参考答案】 正确

【答案解析】 "一带一路"税收征管合作机制第一任副主席国包括：哈萨克斯坦、塞拉利昂、阿联酋、乌拉圭。

184. 同时为缔约国双方居民的个人，应先按照习惯性居处判定其居民身份。（ ）

【参考答案】 错误

【答案解析】 同时为缔约国双方居民的个人，应先按照永久性住所判定其居民身份。

185. 第 48 届亚洲税收管理与研究组织（SGATAR）年会在中国召开。这是中国第五次举办 SGATAR 年会。（ ）

【参考答案】 错误

【答案解析】 亚洲税收管理与研究组织（SGATAR）于 1971 年由菲律宾发起成立并举办了第一届会议。中国国家税务总局曾于 1998 年在北京主办第 28 届 SGATAR 年会，于 2008 年在广州主办第 38 届 SGATAR 年会，并于 2018 年在杭州主办第 48 届 SGATAR 年会。

186. 国家税务总局决定暂停或者终止相互协商程序的，应当书面通知省级税务机关。（ ）

【参考答案】 正确

【答案解析】 根据《国家税务总局关于发布〈特别纳税调查调整及相互协商程序管理办法〉的公告》（国家税务总局公告 2017 年第 6 号）第五十五条，国家税务总局与税收协定缔约对方税务主管当局签署相互协商协议后，应当书面通知省税务机关，附送相互协商协议。

187. 负责特别纳税调整事项的主管税务机关应当在收到书面通知后 15 个工作日内，向企业送达《税务事项通知书》，附送相互协商协议。（ ）

【参考答案】 正确

【答案解析】 根据《国家税务总局关于发布〈特别纳税调查调整及相互协商程序管理办法〉的公告》（国家税务总局公告 2017 年第 6 号）第五十五条，国家税务总局与税收协定缔约对方税务主管当局签署相互协商协议后，应当书面通知省税务机关，附送相互协商协议。负责特别纳税调整事项的主管税务机关应当在收到书面通知后 15 个工作日内，向企业送达《税务事项通知书》，附送相互协商协议。需要补（退）税的，应当附送《特别纳税调整相互协商协议补（退）税款通知书》或者《预约定价安排补（退）税款通知书》，并监控执行补（退）税款情况。

188. 非居民企业甲在中国境内提供劳务，2022 年 6 月 15 日签订项目合同，则甲企业应于 2022 年 8 月 15 日之前向项目所在地主管税务机关办理税务登记手续。（ ）

【参考答案】 错误

【答案解析】 《非居民承包工程作业和提供劳务税收管理暂行办法》（国家税务总局令第 19 号）第五条规定，非居民企业在中国境内承包工程作业或提供劳务的，应当自项目合同或协议签订之日起 30 日内，向项目所在地主管税务机关办理税务登记手续。

189. 国别报告主要披露最终控股企业所属跨国企业集团所有成员实体的全球所得、税收和业务活动的国别分布情况。（ ）

【参考答案】 正确

【答案解析】 根据国家税务总局公告 2016 年第 42 号文件，国别报告主要披露最终控股企业所属跨国企业集团所有成员实体的全球所得、税收和业务活动的国别分布情况。

190. 预约定价安排采用四分位法确定价格或者利润水平，在预约定价安排执行期间，如果企业当年实际经营结果在四分位区间之外，税务机关可以将实际经营结果调整到四分位区间中位值。（ ）

【参考答案】 正确

【答案解析】 根据国家税务总局公告 2016 年第 64 号文件第十二条，预约定价安排采用四分位法确定价格或者利润水平，在预约定价安排执行期间，如果企业当年实际经营结果在四分位区间之外，税务机关可以将实际经营结果调整到四分位区间中位值。

191. 某企业实际利润水平低于可比企业利润率区间中位值，税务机关采用四分位法分析评估该企业利润水平时，原则上应当按照不低于中位值进行调整。（　　）

【参考答案】 正确

【答案解析】 根据国家税务总局公告2017年第6号文件第二十五条，税务机关采用四分位法分析评估企业利润水平时，企业实际利润水平低于可比企业利润率区间中位值的，原则上应当按照不低于中位值进行调整。

192. 企业拒不配合税务机关进行功能和风险实地访谈，税务机关可以拒绝企业提交谈签意向。（　　）

【参考答案】 错误

【答案解析】 企业拒不配合税务机关进行功能和风险实地访谈，税务机关可以拒绝企业提交正式申请。

193. 某非居民企业从事承包工程作业、设计和咨询劳务，该企业的利润率为15%—30%。（　　）

【参考答案】 正确

【答案解析】 根据《国家税务总局关于印发〈非居民企业所得税核定征收管理办法〉的通知》(国税发〔2010〕19号)，税务机关可按照以下标准确定非居民企业的利润率：(一)从事承包工程作业、设计和咨询劳务的，利润率为15%—30%；(二)从事管理服务的，利润率为30%—50%；(三)从事其他劳务或劳务以外经营活动的，利润率不低于15%。

194. 某非居民企业从事管理服务，该企业的利润率为30%—45%。（　　）

【参考答案】 错误

【答案解析】 根据《国家税务总局关于印发〈非居民企业所得税核定征收管理办法〉的通知》(国税发〔2010〕19号)，税务机关可按照以下标准确定非居民企业的利润率：(一)从事承包工程作业、设计和咨询劳务的，利润率为15%—30%；(二)从事管理服务的，利润率为30%—50%；(三)从事其他劳务或劳务以外经营活动的，利润率不低于15%。

195. 某非居民企业从事劳务以外经营活动，该企业的利润率为5%—15%。（　　）

【参考答案】 错误

【答案解析】 根据《国家税务总局关于印发〈非居民企业所得税核定征收管理办法〉的通知》(国税发〔2010〕19号)，税务机关可按照以下标准确定非居民企业的利润率：(一)从事承包工程作业、设计和咨询劳务的，利润率为15%—30%；(二)从事管理服务的，利润率为30%—50%；(三)从事其他劳务或劳务以外经营活动的，利润率不低于15%。

196. 开展国际税收合作，可以对外宣介我国税收治理理念及先进做法，向国际税收界贡献中国智慧、中国方案。（　　）

【参考答案】 正确

【答案解析】 开展国际税收合作，可以了解国际税收领域最新动态，为我国制定税收政策、实施征管改革提供借鉴；对外宣介我国税收治理理念及先进做法，向国际税收界贡献中国智慧、中国方案；加强与外国税务机关互信，为携手应对共同挑战奠定基础；利用国际优质资源服务税务干部能力建设。

197. 在中国境内设立机构、场所并据实申报缴纳企业所得税的非居民企业向税务机关报送年度企业所得税纳税申报表时，应当就其与关联方之间的业务往来进行关联申报，附送《中华人民共和国企业年度关联业务往来报告表》。（　　）

【参考答案】 正确

【答案解析】 根据国家税务总局公告 2016 年第 42 号文件，实行查账征收的居民企业和在中国境内设立机构、场所并据实申报缴纳企业所得税的非居民企业向税务机关报送年度企业所得税纳税申报表时，应当就其与关联方之间的业务往来进行关联申报，附送《中华人民共和国企业年度关联业务往来报告表》。

198. 预约定价安排包括单边、双边和多边 3 种类型。（　　）

【参考答案】 正确

【答案解析】 预约定价安排的谈签与执行经过预备会谈、谈签意向、分析评估、正式申请、协商签署和监控执行 6 个阶段。预约定价安排包括单边、双边和多边 3 种类型。

199. 国际税收情报交换可依据的法律基础包括《多边税收征管互助公约》《税收情报交换协定》《实施税收协定相关措施以防止税基侵蚀和利润转移的多边公约》。（　　）

【参考答案】 错误

【答案解析】 国际税收情报交换可依据的法律基础包括《多边税收征管互助公约》《税收情报交换协定》《双边税收协定》。

200. 税收饶让属于我国税法规定的特别纳税调整管理事项。（　　）

【参考答案】 错误

【答案解析】 根据《国家税务总局关于印发〈特别纳税调整实施办法（试行）〉的通知》（国税发〔2009〕2 号）第二条，本办法适用于税务机关对企业的转让定价、预约定价安排、成本分摊协议、受控外国企业、资本弱化以及一般反避税等特别纳税调整事项的管理。

201. 有形资产所有权转让金额（来料加工业务按照年度进出口报关价格计算）超过 2 亿元应当准备本地文档。（　　）

【参考答案】 正确

【答案解析】 根据国家税务总局公告 2016 年第 42 号文件第十三条，年度关联交易金额符合下列条件之一的企业，应当准备本地文档：（一）有形资产所有权转让金额（来料加工业务按照年度进出口报关价格计算）超过 2 亿元。（二）金融资产转让金额超过 1 亿元。（三）无形资产所有权转让金额超过 1 亿元。（四）其他关联交易金额合计超过 4 000 万元。

202. 金融资产转让金额超过 1 亿元应当准备本地文档。（　　）

【参考答案】 正确

【答案解析】 根据国家税务总局公告 2016 年第 42 号文件第十三条，年度关联交易金额符合下列条件之一的企业，应当准备本地文档：(一)有形资产所有权转让金额(来料加工业务按照年度进出口报关价格计算)超过 2 亿元。(二)金融资产转让金额超过 1 亿元。(三)无形资产所有权转让金额超过 1 亿元。(四)其他关联交易金额合计超过 4 000 万元。(　　)

203. 无形资产所有权转让金额超过 2 亿元应当准备本地文档(　　)。

【参考答案】 错误

【答案解析】 根据国家税务总局公告 2016 年第 42 号文件第十三条，年度关联交易金额符合下列条件之一的企业，应当准备本地文档：(一)有形资产所有权转让金额(来料加工业务按照年度进出口报关价格计算)超过 2 亿元。(二)金融资产转让金额超过 1 亿元。(三)无形资产所有权转让金额超过 1 亿元。(四)其他关联交易金额合计超过 4 000 万元。

204. 企业提交谈签意向后，税务机关应当分析预约定价安排申请草案内容，评估其是否符合独立交易原则。(　　)

【参考答案】 正确

【答案解析】 企业提交谈签意向后，税务机关应当分析预约定价安排申请草案内容，评估其是否符合独立交易原则。

205. 混合错配常见的类型包括：金融工具错配、混合体支付、正向混合和输入性错配。(　　)

【参考答案】 错误

【答案解析】 根据 BEPS 第 2 项行动计划成果报告，混合错配常见的类型包括：金融工具错配、混合体支付、反向混合和输入性错配。

206. 税收协定在我国适用的税种有企业所得税、个人所得税、消费税。(　　)

【参考答案】 错误

【答案解析】 税收协定在我国适用的税种有企业所得税、个人所得税。

207. 企业来源于中国境外的所得依照中国境外税收法律以及相关规定应当缴纳并已实际缴纳的企业所得税性质的税款可以作为“可抵免境外所得税税额”。(　　)

【参考答案】 正确

【答案解析】 根据《财政部 国家税务总局关于企业境外所得税收抵免有关问题的通知》(财税〔2009〕125 号)第四条，可抵免境外所得税税额，是指企业来源于中国境外的所得依照中国境外税收法律以及相关规定应当缴纳并已实际缴纳的企业所得税性质的税款。

208. 居民企业直接或间接持有外国企业股份或有表决权股份达到 10%(含)以上，且按照中国会计制度可确认的，应当在办理企业所得税预缴申报时向主管税务机关填报《居民企业参股外国企业信息报告表》。(　　)

【参考答案】 正确

【答案解析】 《国家税务总局关于居民企业报告境外投资和所得信息有关问题的公告》(国家税务总局公告 2014 年第 38 号)第一条规定,居民企业成立或参股外国企业,或者处置已持有的外国企业股份或有表决权股份,符合以下情形之一,且按照中国会计制度可确认的,应当在办理企业所得税预缴申报时向主管税务机关填报《居民企业参股外国企业信息报告表》(附件 1):(一)在本公告施行之日,居民企业直接或间接持有外国企业股份或有表决权股份达到 10%(含)以上……

209. 我国可依据《多边税收征管互助公约》与缔约伙伴间开展专项情报交换、自动情报交换。( )

【参考答案】 正确

【答案解析】 我国可依据《多边税收征管互助公约》与缔约伙伴间开展专项情报交换、自动情报交换。

210. 单边预约定价安排简易程序包括签谈意向、申请评估、协商签署和监控执行四个阶段。( )

【参考答案】 错误

【答案解析】 根据国家税务总局公告 2021 年第 24 号文件第二条,简易程序包括申请评估、协商签署和监控执行三个阶段。

211. 企业收到特别纳税调整风险提示或者发现自身存在特别纳税调整风险的,可以自行调整补税。( )

【参考答案】 正确

【答案解析】 根据国家税务总局公告 2017 年第 6 号文件第三条,企业收到特别纳税调整风险提示或者发现自身存在特别纳税调整风险的,可以自行调整补税。

212. 在中国境内、外支付给工作人员的工资薪金不属于外国常驻代表机构的经费支出。( )

【参考答案】 错误

【答案解析】 根据《国家税务总局关于印发〈外国企业常驻代表机构税收管理暂行办法〉的通知》(国税发〔2010〕18 号),代表机构的经费支出额包括:在中国境内、外支付给工作人员的工资薪金、奖金、津贴、福利费、物品采购费(包括汽车、办公设备等固定资产)、通讯费、差旅费、房租、设备租售费、交通费、交际费、其他费用等。

213. 澳大利亚属于亚洲税收管理与研究组织(SGATAR)成员。( )

【参考答案】 正确

【答案解析】 亚洲税收管理与研究组织(SGATAR)目前有 18 个成员:澳大利亚、中国、中国香港、印度尼西亚、日本、韩国、中国澳门、马来西亚、新西兰、巴布亚新几内亚、菲律宾、新加坡、中国台北、泰国、越南、老挝、蒙古和柬埔寨。

214. 强化国际税收合作。要落实防止税基侵蚀和利润转移行动计划,严厉打击国际逃

避税。( )

【参考答案】 正确

【答案解析】 根据《关于进一步深化税收征管改革的意见》,强化国际税收合作。深度参与数字经济等领域的国际税收规则和标准制定,持续推动全球税收治理体系建设。落实防止税基侵蚀和利润转移行动计划,严厉打击国际逃避税,保护外资企业合法权益,维护我国税收利益。不断完善"一带一路"税收征管合作机制,支持发展中国家提高税收征管能力。进一步扩大和完善税收协定网络,加大跨境涉税争议案件协商力度,实施好对所得避免双重征税的双边协定,为高质量引进来和高水平走出去提供支撑。

215. 甲公司持有乙公司 20%的股份,则甲、乙公司构成关联关系。( )

【参考答案】 错误

【答案解析】 根据国家税务总局公告 2016 年第 42 号文件,企业与其他企业、组织或者个人具有下列关系之一的,构成本公告所称关联关系:(一)一方直接或者间接持有另一方的股份总和达到 25%以上;双方直接或者间接同为第三方所持有的股份达到 25%以上……

216. 可预见相关性原则是对外发起专项情报交换请求应遵循的基本原则之一。( )

【参考答案】 正确

【答案解析】 "穷尽国内手段原则"和"可预见相关性原则"是对外发起专项情报交换请求应遵循的基本原则。

217. 设立在中国内地的"一带一路"税务学院包括:"一带一路"税务学院·上海、"一带一路"税务学院·北京。( )

【参考答案】 错误

【答案解析】 设立在中国内地的"一带一路"税务学院包括:"一带一路"税务学院·扬州、"一带一路"税务学院·北京。

218. 境内机构和个人选择在办税服务厅办理服务贸易等项目对外支付税务备案的,在银行付汇环节需要出具《服务贸易等项目对外支付税务备案表》编号和验证码。( )

【参考答案】 正确

【答案解析】 根据《国家税务总局 国家外汇管理局关于服务贸易等项目对外支付税务备案有关问题的补充公告》(国家税务总局 国家外汇管理局公告 2021 年第 19 号)第五条,备案人可凭《备案表》编号和验证码,按照外汇管理相关规定,到银行办理付汇手续。

219. 世界银行成立于 1946 年。( )

【参考答案】 错误

【答案解析】 世界银行成立于 1945 年。

220. 世界银行以帮助发达国家高速发展,促进可持续发展为使命。( )

【参考答案】 错误

【答案解析】 世界银行以帮助发展中国家消除贫困，促进可持续发展为使命。

221. 世界银行总部位于美国纽约。（　　）

【参考答案】 错误

【答案解析】 世界银行总部位于美国华盛顿。

222. 当年年度亏损的非居民企业不需要参与当年年度的非居民企业所得税汇算清缴。（　　）

【参考答案】 错误

【答案解析】 根据《国家税务总局关于印发〈非居民企业所得税汇算清缴管理办法〉的通知》（国税发〔2009〕6号）第一条，企业具有下列情形之一的，可不参加当年度所得税汇算清缴：(1)临时来华承包工程和提供劳务不足1年，在年度中间终止经营活动，且已经结清税款；(2)汇算清缴期内已办理注销；(3)其他经主管税务机关批准可不参加当年度所得税汇算清缴。

223. 企业在主管税务机关向其送达受理单边预约定价安排申请的《税务事项通知书》之日所属纳税年度前3个年度，每年度发生的关联交易金额4 000万元人民币以上，并且已向主管税务机关提供拟提交申请所属年度前3个纳税年度的财务报告的，可以申请适用简易程序。（　　）

【参考答案】 错误

【答案解析】 根据国家税务总局公告2021年第24号文件第三条，企业在主管税务机关向其送达受理申请的《税务事项通知书》之日所属纳税年度前3个年度，每年度发生的关联交易金额4 000万元人民币以上，并符合下列条件之一的，可以申请适用简易程序。(一)已向主管税务机关提供拟提交申请所属年度前3个纳税年度的、符合《国家税务总局关于完善关联申报和同期资料管理有关事项的公告》（2016年第42号）规定的同期资料，(二)自企业提交申请之日所属纳税年度前10个年度内，曾执行预约定价安排，且执行结果符合安排要求的；(三)自企业提交申请之日所属纳税年度前10个年度内，曾受到税务机关特别纳税调查调整目结案的。

224. 国际税收情报交换案件中可涉及的税种不包括增值税。（　　）

【参考答案】 错误

【答案解析】 根据《多边税收征管互助公约》，情报交换可涉及的税种包括除关税外，以缔约方名义征收的其他各类税种。

225. 扣缴义务人应扣未扣、应收而不收税款的，由税务机关向纳税人追缴税款，对扣缴义务人处应扣未扣、应收未收税款百分之五十以上三倍以下的罚款。（　　）

【参考答案】 正确

【答案解析】 根据《中华人民共和国税收征收管理法》第六十九条，扣缴义务人应扣未扣、应收而不收税款的，由税务机关向纳税人追缴税款，对扣缴义务人处应扣未扣、应收未收税款百分之五十以上三倍以下的罚款。根据《中华人民共和国企业所得税法》第三十九条,依照本法第三十七条、第三十八条规定应当扣缴的所得税,扣缴义务人未依法扣缴或者无法履行扣缴义务的,由纳税人在所得发生地缴纳。

226.企业进行双(多)边预约定价安排正式申请时不需要提交启动预约定价安排程序申请表。( )

【参考答案】 正确

【答案解析】 根据《国家税务总局关于完善预约定价安排管理有关事项的公告》(国家税务总局公告2016年第64号)第八条和《国家税务总局关于发布〈特别纳税调查调整及相互协商程序管理办法〉的公告》(国家税务总局公告2017年第6号)第四十八条的相关规定。

227.预约定价安排的类型包括单边、双边和多边3种类型。( )

【参考答案】 正确

【答案解析】 根据国家税务总局公告2016年第64号文件第二条,预约定价安排包括单边、双边和多边3种类型。

228.开展国际税收合作,可以加强与外国税务机关互信,为携手应对共同挑战奠定基础。( )

【参考答案】 正确

【答案解析】 开展国际税收合作,可以了解国际税收领域最新动态,为我国制定税收政策、实施征管改革提供借鉴;对外宣介我国税收治理理念及先进做法,向国际税收界贡献中国智慧、中国方案;加强与外国税务机关互信,为携手应对共同挑战奠定基础;利用国际优质资源服务税务干部能力建设。

229.开展国际税收合作,可以利用国际优质资源服务税务干部能力建设。( )

【参考答案】 正确

【答案解析】 开展国际税收合作,可以了解国际税收领域最新动态,为我国制定税收政策、实施征管改革提供借鉴;对外宣介我国税收治理理念及先进做法,向国际税收界贡献中国智慧、中国方案;加强与外国税务机关互信,为携手应对共同挑战奠定基础;利用国际优质资源服务税务干部能力建设。

230.金融账户涉税信息自动交换标准(CRS)旨在通过加强各税收管辖区之间有关金融账户信息的自动情报交换,提高全球税收透明度,打击跨境逃避税。经国务院批准,我国于2018年9月首次完成了交换信息。( )

【参考答案】 正确

【答案解析】 经国务院批准,我国对外承诺于2018年9月首次交换金融机构收集并报送的非居民金融账户涉税信息。

231.税收情报交换的目的,一是避免国家之间可能存在的重复征税,二是防止跨境逃避税。( )

【参考答案】 正确

【答案解析】 税收情报交换的目的，一是避免国家之间可能存在的重复征税，二是防止跨境逃避税。

232. 自发情报交换，是指缔约国双方主管当局之间根据约定，以批量形式自动提供有关纳税人取得专项收入的税收情报的行为。（　　）

【参考答案】 错误

【答案解析】 自发情报交换，是指缔约国一方主管当局将在税收执法过程中获取的其认为有助于缔约国另一方主管当局执行税收协定及其所涉及税种的国内法的信息，主动提供给缔约国另一方主管当局的行为。

233. 企业所有者降低股本比重，提高贷款比重，以贷款替代募股的避税方式属于通过资金流动来避税。（　　）

【参考答案】 错误

【答案解析】 上述避税方法属于资本弱化。

234. 我国目前同时采用居所标准与停留时间标准判定纳税人的居民身份。（　　）

【参考答案】 正确

【答案解析】 我国目前同时采用居所标准与停留时间标准判定纳税人的居民身份。

235. 目前我国采用注册地标准和管理机构所在地标准来判定法人的居民身份。（　　）

【参考答案】 正确

【答案解析】 目前我国采用注册地标准和管理机构所在地标准来判定法人的居民身份。

236. 2015 年，OECD 发布了应对税基侵蚀和利润转移的 15 项行动计划，修订了常设机构的定义，缩小了代理型常设机构的范围。（　　）

【参考答案】 错误

【答案解析】 OECD 在常设机构这一项中扩大了代理型常设机构的范围。

237. 我国采取国际税收协定优于国内法的模式，当国际税收协定与国内法冲突时，协定效力始终优先于国内法。（　　）

【参考答案】 错误

【答案解析】 在我国，当协定与国内法发生冲突时，协定优先；当国内法规定的待遇优于协定时，则适用国内法。

238. 管理机构所在地标准以是否在本国依法注册成立来确定跨国纳税人是否为本国法人居民。（　　）

【参考答案】 错误

【答案解析】 注册地标准以是否在本国依法注册成立来确定跨国纳税人是否为本国

法人居民。管理机构所在地标准以法人的管理机构是否设在本国境内，来确认跨国纳税人是否具有法人居民身份。

239.建立直接导管公司是滥用税收协定的常见方法之一。直接导管公司是指介于两个公司之间，能得到有关税收协定优惠的两个或两个以上的中介公司。（ ）

【参考答案】 错误

【答案解析】 直接导管公司是指介于两个公司之间能得到有关税收协定优惠的一个中介公司。

240.税收作为全球治理的重要组成部分，有助于优化生产要素配置、消除跨境投资障碍、推动国际经济合作，对推动"一带一路"建设发挥着重要作用。（ ）

【参考答案】 正确

【答案解析】 税收作为全球治理的重要组成部分，有助于优化生产要素配置、消除跨境投资障碍、推动国际经济合作，对推动"一带一路"建设发挥着重要作用。

241.国际税收反映的是国家与纳税人之间的利益分配关系。（ ）

【参考答案】 错误

【答案解析】 国际税收反映的是国家与国家之间的利益分配关系。

242.国际税收协定的联合国范本强调的是居民税收管辖权原则，而经合组织范本较为注重扩大收入来源国的税收管辖权。（ ）

【参考答案】 错误

【答案解析】 国际税收协定的经合组织范本强调的是居民税收管辖权原则，而联合国范本较为注重扩大收入来源国的税收管辖权。

243.国际税收协定经合组织范本更侧重维护发展中国家的利益。（ ）

【参考答案】 错误

【答案解析】 联合国范本旨在为发展中国家对外谈签税收协定提供可遵循的原则，因而比经合组织范本更加注重维护来源国征税权。

244.《多边税收征管互助公约》旨在通过加强各税收管辖区之间有关金融账户信息的自动情报交换，提高全球税收透明度，打击跨境逃避税。（ ）

【参考答案】 错误

【答案解析】 金融账户涉税信息自动交换标准（CRS）旨在通过加强各税收管辖区之间有关金融账户信息的自动情报交换，提高全球税收透明度，打击跨境逃避税。

245.在判断是否对非居民企业通过常设机构取得的经营所得征税时，实际所得原则要求仅对非居民企业通过常设机构实际取得的经营所得征税。（ ）

【参考答案】 正确

【答案解析】 对于非居民企业不通过其常设机构取得的经营所得是否征税的问题，目前各国奉行两个原则：一是实际所得原则，二是引力原则。实际所得原则是指一国只对非居民企业通过常设机构实际取得的经营所得征税。

246.在判断纳税人财产所得来源地时,不动产所得一般以不动产转让地为标准。(　　)

【参考答案】 错误

【答案解析】 不动产所得一般以不动产实际所在地为判断标准。

247.2019年4月,第一届"一带一路"税收征管合作论坛在中国召开,论坛发布了《乌镇声明》以及《乌镇行动计划(2019—2021)》,为共同推动"一带一路"税收征管合作,更好地发挥税收促进世界经济持续、稳定、健康发展起到重要作用。(　　)

【参考答案】 正确

【答案解析】 上述内容均为第一届"一带一路"税收征管合作论坛的成果。

248.在国际税收中,消除双重征税通常采用免税法或抵免法。(　　)

【参考答案】 正确

【答案解析】 在国际税收中,消除双重征税通常采用免税法或抵免法。

249.国际税收的纳税人必须是从事跨国经营活动并且同时负有两个以上国家的双重或多重纳税义务的自然人或法人。(　　)

【参考答案】 错误

【答案解析】 国际税收的纳税人必须是从事跨国经营活动并且同时负有两个或两个以上国家的双重或多重纳税义务的自然人或法人。

250.我国目前同时采用居所标准与停留时间标准判定纳税人的居民身份。(　　)

【参考答案】 错误

【答案解析】 我国目前同时采用住所标准与停留时间标准判定纳税人的居民身份。

251.尽管国际避税是一种不违法行为,但因为该行为给政府税收收入造成的有害后果与偷税行为是不一样的,对此,世界各国都提出了反国际避税的要求,许多国家已经形成了一套较有效的反国际避税的方法。(　　)

【参考答案】 错误

【答案解析】 尽管国际避税是一种不违法行为,但该行为给政府税收收入造成的有害后果与非法偷税行为是一样的。对此,世界各国都提出了反国际避税的要求,许多国家已经形成了一套较有效的反国际避税的方法与措施。

252.各国的涉外税法和国际税收协定中处理国际重复征税通常采用免税法和抵免法两种,其中免税法是普遍采用的。(　　)

【参考答案】 错误

【答案解析】 各国的涉外税法和国际税收协定中,处理国际重复征税通常采用免税法和抵免法两种,其中抵免法是普遍采用的。

253.国际经济的合作与交流,促使各种资源要素在全世界范围内得到更合理的利用,

促进国际性专业化分工，加速各国经济的发展。（　　）

【参考答案】 正确

【答案解析】 国际经济的合作与交流，促使各种资源要素在全世界范围内得到更合理的利用，促进国际性专业化分工，加速各国经济的发展。

254. 从现实情况来看，作为国际重复征税的根本原因，各国行使的税收管辖权的重叠的各种情况中，最主要的是有关国家对同一跨国纳税人的同一项所得同时行使收入来源地管辖权和居民管辖权造成税收管辖权的重叠。（　　）

【参考答案】 正确

【答案解析】 从现实情况来看，作为国际重复征税的根本原因，各国行使的税收管辖权的重叠的各种情况中，最主要的是有关国家对同一跨国纳税人的同一项所得同时行使收入来源地管辖权和居民管辖权造成税收管辖权的重叠。

255. 国际税收分配关系的一系列矛盾的产生都与税收管辖权有关。（　　）

【参考答案】 正确

【答案解析】 国际税收分配关系一系列矛盾的产生都与税收管辖权有关。税收管辖权是指主权国家根据其法律所拥有和行使的征税权力，是国际法公认的国家基本权利，属于国家主权在税收领域中的体现是一个国家在征税方面的主权范围。

256. 国际税收的产生需要两个客观条件：一是收入的国际化，二是所得税制的普遍推行。（　　）

【参考答案】 正确

【答案解析】 国际税收的产生需要两个客观条件：一是收入的国际化，二是所得税制的普遍推行。

257. 利息股息属于投资所得。（　　）

【参考答案】 正确

【答案解析】 投资所得是指因拥有一定的产权而取得的收益。

258. 国际上对跨国自然人居民身份的判定，通常采用的标准有永久性住所、习惯性住所。（　　）

【参考答案】 错误

【答案解析】 国际上对跨国自然人居民身份的判定，通常有国籍标准和户籍标准。

259. “一带一路”指的是海上丝绸之路经济带和 21 世纪海上丝绸之路。（　　）

【参考答案】 错误

【答案解析】 “一带一路”指的是丝绸之路经济带和 21 世纪海上丝绸之路。

260. 国与国之间税收竞争更加激烈，国际社会加强税收协调与合作更加重要。（　　）

【参考答案】 正确

【答案解析】 国际税收的发展表现出来的特征包括：国与国之间税收竞争更加激烈，

国际社会加强税收协调与合作更加重要；区域经济一体化不断发展，区域性国际税收协调前景更加广阔；各国之间加强税收征管国际合作，共同应对国际避税和偷税行为；数字经济的发展带来国际税收新课题。

261.各国之间加强税收征管国际合作，共同应对国际避税和偷税行为是国际税收的发展表现出来的特征。（　）

【参考答案】 正确

【答案解析】 国际税收的发展表现出来的特征包括：国与国之间税收竞争更加激烈，国际社会加强税收协调与合作更加重要；区域经济一体化不断发展，区域性国际税收协调前景更加广阔；各国之间加强税收征管国际合作，共同应对国际避税和偷税行为；数字经济的发展带来国际税收新课题。

262.数字经济的发展带来国际税收新课题。（　）

【参考答案】 正确

【答案解析】 国际税收的发展表现出来的特征包括：国与国之间税收竞争更加激烈，国际社会加强税收协调与合作更加重要；区域经济一体化不断发展，区域性国际税收协调前景更加广阔；各国之间加强税收征管国际合作，共同应对国际避税和偷税行为；数字经济的发展带来国际税收新课题。

263.国籍无差别待遇属于税收无差别待遇反对任何形式的税收歧视的内容。（　）

【参考答案】 正确

【答案解析】 税收无差别待遇反对任何形式的税收歧视，主要包含的内容有：国籍无差别待遇、支付无差别待遇、常设机构无差别待遇、资本无差别待遇。

264.常设机构无差别待遇不属于税收无差别待遇反对任何形式的税收歧视的内容。（　）

【参考答案】 错误

【答案解析】 税收无差别待遇反对任何形式的税收歧视，主要包含的内容有：国籍无差别待遇、支付无差别待遇、常设机构无差别待遇、资本无差别待遇。

265.区域经济一体化不断发展，区域性国际税收协调前景更加广阔属于国际税收的发展表现出来的特征。（　）

【参考答案】 正确

【答案解析】 国际税收的发展表现出来的特征包括：国与国之间税收竞争更加激烈，国际社会加强税收协调与合作更加重要、区域经济一体化不断发展，区域性国际税收协调前景更加广阔、各国之间加强税收征管国际合作，共同应对国际避税和偷税行为、数字经济发展带来的国际税收新课题。

266.国际税收中性原则属于国际税收的基本原则。（　）

【参考答案】 正确

【答案解析】 国际税收基本原则包括:单一课税原则、受益原则、国际税收中性原则。

267.国际上居住国政府可选择采用免税法抵免法、税收饶让、扣除法和低税法等方法,减除国际重复征税,其中最常用的方法是税收饶让。( )

【参考答案】 错误

【答案解析】 国际上居住国政府可选择采用免税法、抵免法、税收饶让、扣除法和低税法等方法,减除国际重复征税,其中抵免法是普遍采用的方法。

268.国际公认的常设机构利润范围的确定方法是归属法。( )

【参考答案】 正确

【答案解析】 常设机构利润范围的确定一般采用归属法和引力法,其中归属法已得到国际公认。

269.双重居民身份下最终居民身份判定标准的排序是:(1)永久性住所;(2)重要利益中心;(3)习惯性居处;(4)国籍。( )

【参考答案】 正确

【答案解析】 双重居民身份下最终居民身份判定标准的排序是:(1)永久性住所;(2)重要利益中心;(3)习惯性居处;(4)国籍。

270.自然人居民身份的判定标准有:法律标准、住所标准、停留时间标准。( )

【参考答案】 正确

【答案解析】 自然人居民身份的判定标准有:法律标准、住所标准、停留时间标准。

271.跨国从事表演的艺术家,其所得来源地税收管辖权判定标准是演出活动所在地标准。( )

【参考答案】 正确

【答案解析】 跨国从事表演的艺术家,其所得来源地税收管辖权判定标准是演出活动所在地标准。

272.关于董事费来源地的判断,国际通行的标准是权利所在地标准。( )

【参考答案】 错误

【答案解析】 关于董事费来源地的判断,国际通行的标准是所得支付地标准。

273.独立劳务所得来源地的确定,国际上通行的标准是固定基地标准、停留期间标准、劳务发生地标准。( )

【参考答案】 错误

【答案解析】 独立劳务所得来源地的确定,国际上通行的标准是固定基地标准、停留期间标准、所得支付者标准。

274.加比规则的使用是有先后顺序的,只有当使用前一标准无法解决问题时才使用后一标准。( )

【参考答案】 正确

【答案解析】 加比规则的使用是有先后顺序的，只有当使用前一标准无法解决问题时才使用后一标准。

275. 同一人有可能同时为缔约国双方居民，为了解决这种情况下个人最终居民身份的归属，税收协定普遍采取“加比规则”。（　）

【参考答案】 正确

【答案解析】 同一人有可能同时为缔约国双方居民，为了解决这种情况下个人最终居民身份的归属，税收协定普遍采取“加比规则”。

276. 公司及其他团体的双重居民身份冲突协调规则，一般以实际管理机构为依据判定。（　）

【参考答案】 正确

【答案解析】 公司及其他团体的双重居民身份冲突协调规则，一般以实际管理机构为依据判定。

277. 税收协定中都包含加比原则。（　）

【参考答案】 错误

【答案解析】 有些协定没有加比原则，需要根据其他条款的规定，如根据协商条款进行处理。

278. 安装工程连续达到规定时间（通常为 6 个月）以上的，构成工程型常设机构。（　）

【参考答案】 正确

【答案解析】 安装工程连续达到规定时间（通常为 6 个月）以上的，构成工程型常设机构。

279. 一般常设机构是指具有固定性、持续性和经营性的营业场所，包括从事协定所列举的专门从事准备性、辅助性活动的机构。（　）

【参考答案】 错误

【答案解析】 一般常设机构是指具有固定性、持续性和经营性的营业场所，但不包括从事协定所列举的专门从事准备性、辅助性活动的机构。

280. 某企业通过在缔约国另一方的常设机构进行营业，归属于该常设机构的利润不得在另一国征税。（　）

【参考答案】 错误

【答案解析】 缔约国一方企业的利润应仅在该国征税，但该企业通过设在缔约国另一方的常设机构进行营业的除外；如果该企业通过在缔约国另一方的常设机构进行营业其利润可以在另一国征税，但应仅以归属于该常设机构的利润为限。

281. 基于“国际运输一海运和空运”典型条款，我国对外签订的税收协定，大多数采用税收分享原则。（　）

【参考答案】 错误

【答案解析】 基于“国际运输一海运和空运”典型条款，我国对外签订的税收协定，大多数采用居民国独占征税权原则。

282. 自 2017 年 1 月 1 日起，企业可以选择按国(地区)别分别计算，或者不按国(地区)别汇总计算其来源于境外的应纳税所得额。(　　)

【参考答案】 正确

【答案解析】 自 2017 年 1 月 1 日起，企业可以选择按国(地区)别分别计算，或者不按国(地区)别汇总计算其来源于境外的应纳税所得额。

283. 目前，企业可以选择按国(地区)别分别计算，或者不按国(地区)别汇总计算其来源于境外的应纳税所得额，一经选择，3 年内不得改变。(　　)

【参考答案】 错误

【答案解析】 根据《财政部 税务总局关于完善企业境外所得税收抵免政策问题的通知》(财税〔2017〕84 号)的规定，企业可以选择按国(地区)别分别计算(即“分国(地区)不分项”)，或者不按国(地区)别汇总计算(即“不分国(地区)不分项”)其来源于境外的应纳税所得额，并按照财税〔2009〕125 号文件第八条规定的税率，分别计算其可抵免境外所得税税额和抵免限额。上述方式一经选择，5 年内不得改变。

284. 居民国对本国居民取得的来自缔约国另一方的利息拥有征税权，利息来源国对利息也有征税的权利，但对利息来源国的征税权设定了最高税率，当受益所有人为银行或金融机构的情况下，利息的征税税率为 5%。(　　)

【参考答案】 错误

【答案解析】 当受益所有人为银行或金融机构的情况下，利息的征税税率为 7%。

285. 居民国对本国居民取得的来自缔约国另一方的利息拥有征税权，利息来源国对利息没有征税的权利。(　　)

【参考答案】 错误

【答案解析】 居民国对本国居民取得的来自缔约国另一方的利息拥有征税权，利息来源国对利息也有征税的权利，但对利息来源国的征税权设定了最高税率。

286. 我国对外签署的税收协定中，明确了居民国和所得来源国对特许权使用费都有征税权。(　　)

【参考答案】 正确

【答案解析】 我国对外签署的税收协定中，明确了居民国和所得来源国对特许权使用费都有征税权。

287. 如果特许权使用费受益所有人是缔约国另一方居民，则所征税款不应超过特许权使用费总额的 15%。(　　)

【参考答案】 错误

【答案解析】 我国对外签署的税收协定中，明确了居民国和所得来源国对特许权使用费都有征税权，如果特许权使用费受益所有人是缔约国另一方居民，则所征税款不应超过特许权使用费总额的10%。

288.因少缴或迟缴境外所得税而追加的利息能作为“可抵免境外所得税税额”。(　　)

【参考答案】 错误

【答案解析】 因少缴或迟缴境外所得税而追加的利息、滞纳金或罚款不应作为可予抵免境外所得税税额。

289.企业来源于中国境外所得依照中国境外税收法规计算而缴纳的税额能作为“可抵免境外所得税税额”。(　　)

【参考答案】 正确

【答案解析】 企业来源于中国境外所得依照中国境外税收法规计算而缴纳的税额能作为“可抵免境外所得税税额”。

290.非营利组织属于消极非金融机构。(　　)

【参考答案】 错误

【答案解析】 非营利组织不属于消极非金融机构。

291.上一公历年度内取得股息收入占其总收入50%以上的非金融机构属于消极非金融机构。(　　)

【参考答案】 正确

【答案解析】 上一公历年度内取得股息收入占其总收入50%以上的非金融机构属于消极非金融机构。

292.优先征税原则属于国际税法原则。(　　)

【参考答案】 正确

【答案解析】 国际税法原则包括优先征税原则、独占征税原则、税收分享原则、无差异原则。

293.税收分享原则属于国际税法原则。(　　)

【参考答案】 正确

【答案解析】 国际税法原则包括优先征税原则、独占征税原则、税收分享原则、无差异原则。

294.中性原则属于国际税法原则。(　　)

【参考答案】 错误

【答案解析】 中性原则属于国际税收原则。

295.单一课税原则和受益原则是国际税收问题谈判的出发点。(　　)

【参考答案】 正确

【答案解析】 单一课税原则和受益原则是国际税收问题谈判的出发点，是来源国和居民国税收管辖权分配的国际惯例。

296. 国际税收中性原则和受益原则是来源国和居民国税收管辖权分配的国际惯例。(　　)

【参考答案】 错误

【答案解析】 单一课税原则和受益原则是国际税收问题谈判的出发点，是来源国和居民国税收管辖权分配的国际惯例。

297. 目前世界上的税收管辖权分为收入来源地管辖权、居民管辖权、公民管辖权。(　　)

【参考答案】 正确

【答案解析】 根据行使征税权力的原则和税收管辖范围、内容的不同，目前世界上的税收管辖权分为收入来源地管辖权(地域管辖权)、居民管辖权、公民管辖权。

298. 使用工业、商业和科学实验的文字和信息中确定的知识产权，在有许可的情况下支付的款项属于《中华人民共和国政府和新加坡共和国政府关于对所得避免双重征税和防止偷漏税的协定》中的特许权使用费所得。(　　)

【参考答案】 正确

【答案解析】 使用工业、商业和科学实验的文字和信息中确定的知识产权，在有许可的情况下支付的款项属于《中华人民共和国政府和新加坡共和国政府关于对所得避免双重征税和防止偷漏税的协定》中的特许权使用费所得。

299. 使用有关工业、商业、科学经验的情报取得的所得属于《中华人民共和国政府和新加坡共和国政府关于对所得避免双重征税和防止偷漏税的协定》中的特许权使用费所得。(　　)

【参考答案】 错误

【答案解析】 特许权使用费包括使用或有权使用工业、商业、科学设备取得的所得，即设备租金。但不包括设备所有权最终转移给用户的有关融资租赁协议涉及的支付款项中被认定为利息的部分，也不包括使用不动产取得的所得。

300. 根据我国非居民金融账户涉税信息尽职调查管理规定，受政府监管的退休金账户无须尽职调查。(　　)

【参考答案】 错误

【答案解析】 同时符合下列条件的退休金账户，无须开展尽职调查：(1)受政府监管；(2)享受税收优惠；(3)向税务机关申报账户相关信息；(4)达到规定的退休年龄等条件时才可取款；(5)每年缴款不超过 5 万美元，或者终身缴款不超过 100 万美元。

301. 缔约对方居民且在缔约对方上市的公司从中国取得的所得为股息时，直接判定申请人具有“受益所有人”身份。(　　)

【参考答案】 正确

【答案解析】 下列申请人从中国取得的所得为股息时，直接判定申请人具有“受益所有人”身份：(1)缔约对方政府；(2)缔约对方居民且在缔约对方上市的公司；(3)缔约对方居民个人；(4)申请人被第(1)至(3)项中的一人或多人直接或间接持有100%股份，且间接持有股份情形下的中间层为中国居民或缔约对方居民。

302. 申请人被缔约对方居民个人直接或间接持有100%股份，从中国取得的所得为股息时，直接判定申请人具有“受益所有人”身份。(　　)

【参考答案】 错误

【答案解析】 下列申请人从中国取得的所得为股息时，直接判定申请人具有“受益所有人”身份：(1)缔约对方政府；(2)缔约对方居民且在缔约对方上市的公司；(3)缔约对方居民个人；(4)申请人被第(1)至(3)项中的一人或多人直接或间接持有100%股份，且间接持有股份情形下的中间层为中国居民或缔约对方居民。

303. 同时符合下列条件的退休金账户，无须开展尽职调查：(1)受政府监管；(2)享受税收优惠；(3)向税务机关申报账户相关信息；(4)达到规定的退休年龄等条件时才可取款。(　　)

【参考答案】 错误

【答案解析】 同时符合下列条件的退休金账户，无须开展尽职调查：(1)受政府监管；(2)享受税收优惠；(3)向税务机关申报账户相关信息；(4)达到规定的退休年龄等条件时才可取款；(5)每年缴款不超过5万美元，或者终身缴款不超过100万美元。

304. 税务机关需要采用询问方式收集特别纳税调整调整证据材料的，应当由两名以上调查人员实施询问，并制作《勘验笔录》。(　　)

【参考答案】 错误

【答案解析】 根据《国家税务总局关于发布〈特别纳税调查调整及相互协商程序管理办法〉的公告》(国家税务总局公告2017年第6号)第十一条的规定，税务机关需要采用询问方式收集证据材料的，应当由两名以上调查人员实施询问，并制作《询问(调查)笔录》。

305. 某公司是以融资上市为主要目的在境外成立控股公司，仅因融资上市活动所产生的附带利益向境外关联方支付特许权使用费，符合独立交易原则的，税务机关可以按照已税前扣除的金额全额实施特别纳税调整。(　　)

【参考答案】 错误

【答案解析】 根据《国家税务总局关于发布〈特别纳税调查调整及相互协商程序管理办法〉的公告》(国家税务总局公告2017年第6号)第三十三条的规定，企业以融资上市为主要目的在境外成立控股公司或者融资公司，仅因融资上市活动所产生的附带利益向境外关联方支付特许权使用费，不符合独立交易原则的，税务机关可以按照已税前扣除的金额全额实施特别纳税调整。

306.税前扣除应遵循的原则包括:(1)权责发生制原则;(2)配比原则;(3)合理性原则。

【参考答案】 正确

【答案解析】 税前扣除应遵循的原则包括:(1)权责发生制原则;(2)配比原则;(3)合理性原则。

307.真实性原则属于税前扣除应遵循的原则。( )

【参考答案】 错误

【答案解析】 税前扣除应遵循的原则包括:(1)权责发生制原则;(2)配比原则;(3)合理性原则。

308.合理性原则属于税前扣除凭证管理应遵循的原则。( )

【参考答案】 错误

【答案解析】 税前扣除凭证管理应遵循的原则包括:(1)真实性原则;(2)合法性原则;(3)关联性原则。

309.税前扣除凭证管理应遵循的原则包括:(1)真实性原则;(2)合法性原则;(3)关联性原则。( )

【参考答案】 正确

【答案解析】 税前扣除凭证管理应遵循的原则包括:(1)真实性原则;(2)合法性原则;(3)关联性原则。

310.利润范围的确定方法包括归属法和引力法。( )

【参考答案】 正确

【答案解析】 利润范围的确定方法包括归属法和引力法。

311.利润的计算方法包括分配法、核定法。( )

【参考答案】 正确

【答案解析】 利润的计算方法包括分配法、核定法。

312.引力法在当前国际税收协定实践中被广泛使用。( )

【参考答案】 错误

【答案解析】 引力法在当前国际税收协定实践中已经被弃之不用。

313.独立劳务所得来源地的确定,国际上通行的标准是固定基地标准、停留期间标准、所得支付者标准。( )

【参考答案】 正确

【答案解析】 独立劳务所得来源地的确定,国际上通行的标准是固定基地标准、停留期间标准、所得支付者标准。

314.劳务发生地标准属于确定独立劳务所得来源地的国际上通行的标准。( )

【参考答案】 错误

【答案解析】 独立劳务所得来源地的确定,国际上通行的标准是固定基地标准、停留期间标准、所得支付者标准。

315.其他劳务所得中董事费来源地的确定,国际上通行的做法是按所得支付地标准确认支付董事费的公司所在国有权征税。( )

【参考答案】 正确

【答案解析】 其他劳务所得中董事费来源地的确定,国际上通行的做法是按所得支付地标准确认支付董事费的公司所在国有权征税。

316.其他劳务所得中董事费来源地的确定,国际上通行的做法是按固定基地标准确认支付董事费的公司所在国有权征税。( )

【参考答案】 错误

【答案解析】 其他劳务所得中董事费来源地的确定,国际上通行的做法是按所得支付地标准确认支付董事费的公司所在国有权征税。

317.其他劳务所得中董事费来源地的确定,国际上通行的做法是按权利提供地标准确认支付董事费的公司所在国有权征税。( )

【参考答案】 错误

【答案解析】 其他劳务所得中董事费来源地的确定,国际上通行的做法是按所得支付地标准确认支付董事费的公司所在国有权征税。

318.其他劳务所得中董事费来源地的确定,国际上通行的做法是按停留期间标准确认支付董事费的公司所在国有权征税。( )

【参考答案】 错误

【答案解析】 其他劳务所得中董事费来源地的确定,国际上通行的做法是按所得支付地标准确认支付董事费的公司所在国有权征税。

319.所得支付地标准是投资所得来源地的判定标准。( )

【参考答案】 错误

【答案解析】 投资所得来源地的判定标准包括:(1)权利提供地标准:反映了居住国或国籍国的利益。(2)权利使用地标准:代表着非居住国的利益。(3)双方分享征税权力:国际通常接利益共享原则合理划分征税权。

320.权利使用地标准是投资所得来源地的判定标准。( )

【参考答案】 正确

【答案解析】 投资所得来源地的判定标准包括:(1)权利提供地标准:反映了居住国或国籍国的利益。(2)权利使用地标准:代表着非居住国的利益。(3)双方分享征税权力:国际通常接利益共享原则合理划分征税权。

321.权利提供地标准是投资所得来源地的判定标准。( )

【参考答案】 正确

【答案解析】 投资所得来源地的判定标准包括:(1)权利提供地标准:反映了居住国或

国籍国的利益。(2)权利使用地标准:代表着非居住国的利益。(3)双方分享征税权力:国际通常接利益共享原则合理划分征税权。

322.工程型常设机构包括建筑工地,建筑、装配或安装工程,或者与其有关的监督管理活动,但仅以该工地、工程或活动连续达到规定时间(通常为12个月)以上的为限,未达到该规定时间的则不构成常设机构。( )

【参考答案】 错误

【答案解析】 工程型常设机构包括建筑工地,建筑、装配或安装工程,或者与其有关的监督管理活动,但仅以该工地、工程或活动连续达到规定时间(通常为6个月)以上的为限,未达到该规定时间的则不构成常设机构。

323.营业代理人的主体,须是中国境内的单位。( )

【参考答案】 错误

【答案解析】 营业代理人的主体,既可以是中国境内的单位,也可以是中国境内的个人。

324.代理型常设机构代理人的代理活动必须是经常性(固定、长期发生)的行为。( )

【参考答案】 正确

【答案解析】 代理型常设机构代理人的代理活动必须是经常性(固定、长期发生)的行为。

325.代理型常设机构代理人代理的具体行为,包括代其签订合同代其储存、交付货物等。( )

【参考答案】 正确

【答案解析】 代理型常设机构代理人代理的具体行为,包括代其签订合同代其储存、交付货物等。

326.我国签订的税收协定中明确了居民国和来源国对股息都有征税权,来源国即指分配股息公司的所在国。( )

【参考答案】 正确

【答案解析】 我国签订的税收协定中明确了居民国和来源国对股息都有征税权,来源国即指分配股息公司的所在国。

327.一般而言,来源国基于税收协定对股息所得实行限制性税率。( )

【参考答案】 正确

【答案解析】 一般而言,来源国基于税收协定对股息所得实行限制性税率。

328.我国签订的税收协定中明确了居民国和来源国对股息都有征税权,其中受益所有人是公司(合伙企业除外)并直接拥有支付股息公司至少25%资本,优惠税率不应超过股息总额的7%。( )

【参考答案】 错误

【答案解析】 受益所有人是公司(合伙企业除外)并直接拥有支付股息公司至少25%资本,优惠税率不应超过股息总额的5%。

329.我国签订的税收协定中明确了居民国和来源国对股息都有征税权,其中受益所有人是除了受益所有人是公司的其他情形,优惠税率不应超过股息总额的10%。(　　)

【参考答案】 正确

【答案解析】 其他情形优惠税率不应超过股息总额的10%。

330.当受益人为缔约双方政府机构及其拥有的,且不从事商业活动的金融机构或基金从缔约国一方取得的利息在该国不征税。(　　)

【参考答案】 错误

【答案解析】 当受益人为缔约双方政府机构及其拥有的,且不从事商业活动的金融机构或基金从缔约国一方取得的利息应在该国免税。

331.如果特许权使用费受益所有人是缔约国另一方居民,则所征税款不应超过特许权使用费总额的10%。(　　)

【参考答案】 正确

【答案解析】 如果特许权使用费受益所有人是缔约国另一方居民,则所征税款不应超过特许权使用费总额的10%。

332.对于使用或有权使用工业、商业、科学设备而支付的特许权使用费,按支付特许权使用费总额的50%确定税基。(　　)

【参考答案】 错误

【答案解析】 对于使用或有权使用工业、商业、科学设备而支付的特许权使用费,按支付特许权使用费总额的60%确定税基。

333.当跨国纳税人在国外经营普遍盈利且国外税率与国内税率不一致时(纳税人在高税国与低税国均有投资),采用分国抵免限额对纳税人有利。(　　)

【参考答案】 错误

【答案解析】 当跨国纳税人在国外经营普遍盈利且国外税率与国内税率不一致时(纳税人在高税国与低税国均有投资),采用综合抵免限额对纳税人有利。

334.当跨国纳税人在国外经营普遍盈利且国外税率与国内税率不一致时(纳税人在高税国与低税国均有投资),采用综合抵免限额对纳税人有利。(　　)

【参考答案】 正确

【答案解析】 当跨国纳税人在国外经营普遍盈利且国外税率与国内税率不一致时(纳税人在高税国与低税国均有投资),采用综合抵免限额对纳税人有利。

335.当跨国纳税人在国外经营普遍盈利且国外税率与国内税率不一致时(纳税人在高税国与低税国均有投资),采用分项抵免限额对居住国有利。(　　)

【参考答案】 错误

【答案解析】 当跨国纳税人在国外经营普遍盈利且国外税率与国内税率不一致时(纳税人在高税国与低税国均有投资),采用综合抵免限额对纳税人有利,采用分国抵免限额对居住国有利。

336.当跨国纳税人在国外经营普遍盈利且国外税率与国内税率不一致时(纳税人在高税国与低税国均有投资),采用分国抵免限额对居住国有利。( )

【参考答案】 正确

【答案解析】 当跨国纳税人在国外经营普遍盈利且国外税率与国内税率不一致时(纳税人在高税国与低税国均有投资),采用综合抵免限额对纳税人有利,采用分国抵免限额对居住国有利。

337.当跨国纳税人的国外经营活动盈亏并存时,采用综合抵免限额对纳税人有利。( )

【参考答案】 错误

【答案解析】 当跨国纳税人的国外经营活动盈亏并存时,采用分国抵免限额对纳税人有利,采用综合抵免限额对居住国有利。

338.当跨国纳税人的国外经营活动盈亏并存时,采用综合抵免限额对居住国有利。( )

【参考答案】 正确

【答案解析】 当跨国纳税人的国外经营活动盈亏并存时,采用分国抵免限额对纳税人有利,采用综合抵免限额对居住国有利。

339.企业以船舶或飞机经营客运或货运取得的收入属于国际运输收入。( )

【参考答案】 正确

【答案解析】 国际运输收入包括:(1)企业以船舶或飞机经营客运或货运取得的收入。(2)以程租、期租形式出租船舶或以湿租形式出租飞机(包括所有设备、人员及供应)取得的租赁收入。(3)下列与国际运输业务紧密相关的收入应作为国际运输收入的一部分:为其他国际运输企业代售客票取得的收入、从市区至机场运送旅客取得的收入、通过货车从事货仓至机场、码头或者后者至购货者间的运输,以及直接将货物发送至购货者取得的运输收入、仅为其承运旅客提供中转住宿而设置的旅馆取得的收入。

340.以程租、期租形式出租船舶或以湿租形式出租飞机(包括所有设备、人员及供应)取得的租赁收入属于国际运输收入。( )

【参考答案】 正确

【答案解析】 国际运输收入包括:(1)企业以船舶或飞机经营客运或货运取得的收入。(2)以程租、期租形式出租船舶或以湿租形式出租飞机(包括所有设备、人员及供应)取得的租赁收入。(3)下列与国际运输业务紧密相关的收入应作为国际运输收入的一部分:为其他国际运输企业代售客票取得的收入、从市区至机场运送旅客取得的收入、通过货车从事货仓至机场、码头或者后者至购货者间的运输,以及直接将货物发送至购货者取得的运输收入、仅为其承运旅客提供中转住宿而设置的旅馆取得的收入。

341.企业从事以光租形式出租船舶或以干租形式出租飞机取得的收入属于国际运输收入。( )

【参考答案】 错误

【答案解析】 下列收入不属于国际运输收入:(1)企业从事以光租形式出租船舶或以干租形式出租飞机取得的收入。(2)使用、保存或出租用于运输货物或商品的集装箱(包括拖车和运输集装箱的有关设备)等租赁业务取得的收入。

342.使用、保存或出租用于运输货物或商品的集装箱(包括拖车和运输集装箱的有关设备)等租赁业务取得的收入不属于国际运输收入。( )

【参考答案】 正确

【答案解析】 下列收入不属于国际运输收入:(1)企业从事以光租形式出租船舶或以干租形式出租飞机取得的收入。(2)使用、保存或出租用于运输货物或商品的集装箱(包括拖车和运输集装箱的有关设备)等租赁业务取得的收入。

343.最能维护本国的税收利益的是只实行地域管辖权。( )

【参考答案】 错误

【答案解析】 应同时实行所得来源地管辖权和居民(公民)管辖权。

344.由经济合作与发展组织起草的一个国际税收协定范本是《关于避免双重征税的协定范本》。( )

【参考答案】 错误

【答案解析】 由经济合作与发展组织起草的一个国际税收协定范本是《关于对所得和财产避免双重征税的协定范本(草案)》。

345.办事处具有独立法人地位。( )

【参考答案】 错误

【答案解析】 常设机构主要包括:管理场所、分支机构、办事处、工厂、作业场所、矿场、油井或气井、采石场或者任何其他开采自然资源的场所以及达到一定时间标准的工程或劳务项目,不具有独立法人地位。

346.常设机构具有独立法人地位。( )

【参考答案】 错误

【答案解析】 常设机构主要包括:管理场所、分支机构、办事处、工厂、作业场所、矿场、油井或气井、采石场或者任何其他开采自然资源的场所以及达到一定时间标准的工程或劳务项目,不具有独立法人地位。

347.总公司属于国际税收中常设机构。( )

【参考答案】 错误

【答案解析】 常设机构是指企业进行全部或部分营业的固定营业场所，主要包括管理场所、分支机构、办事处、工厂、作业场所、矿场、油井或气井、采石场或者任何其他开采自然资源的场所以区达到一定时间标准的工程或劳务项目。

348. 国际税收的形成不但取决于跨国所得的产生，而且取决于世界各国普遍征收的所得税。（　　）

【参考答案】 正确

【答案解析】 国际税收的形成不但取决于跨国所得的产生，而且取决于世界各国普遍征收的所得税。

349. 税收抵免方法中的间接抵免适用于总分公司之间。（　　）

【参考答案】 错误

【答案解析】 间接抵免一般适用于母、子公司之间的税收抵免。它是指母公司所在的居住国政府，允许母公司将其子公司已缴东道国的所得税中应由母公司分得股息承担的那部分税额，来冲抵母公司应纳税额的办法。

350. 税收抵免方法中的间接抵免适用于母子公司之间。（　　）

【参考答案】 正确

【答案解析】 间接抵免一般适用于母、子公司之间的税收抵免。它是指母公司所在的居住国政府，允许母公司将其子公司已缴东道国的所得税中应由母公司分得股息承担的那部分税额，来冲抵母公司应纳税额的办法。

351. 对于同时具有两个国家居民身份的跨国自然人的判断，税收协定中所规定的顺序标准，首位标准是永久性住所。（　　）

【参考答案】 正确

【答案解析】 对于同时具有两个国家居民身份的跨国自然人的判断，税收协定中所规定的顺序标准，首位标准是永久性住所。

352. 对于同时具有两个国家居民身份的跨国自然人的判断，税收协定中所规定的顺序标准，第二位标准是习惯性住所。（　　）

【参考答案】 错误

【答案解析】 对于同时成为两个国家居民的跨国自然人的特殊情况，应该按照下列顺序的国际规范来行使居民税收管辖权：(1)永久性住所；(2)重要利益中心；(3)习惯性住所；(4)国籍标准；(5)协商。

353. 我国税法在企业所得税的抵免上的规定是分国不分项和分国分项。（　　）

【参考答案】 错误

【答案解析】 企业可以选择分国不分项或者不分国不分项计算其来源于境外的应纳税所得额，上述方式一经选择，5 年内不得改变。

354. 国际税收情报交换也称为税收情报交换，是指中国与相关税收协定缔约国家的主

管当局为了正确执行税收协定及其所涉及税种的国内法而相互交换所需信息的行为。( )

【参考答案】 正确

【答案解析】 国际税收情报交换也称为税收情报交换,是指中国与相关税收协定缔约国家的主管当局为了正确执行税收协定及其所涉及税种的国内法而相互交换所需信息的行为。

355.税收情报交换分为专项情报交换、自动情报交换、自发情报交换以及同期税务检查、授权代表访问和行业范围情报交换等类型。( )

【参考答案】 正确

【答案解析】 税收情报交换分为专项情报交换、自动情报交换、自发情报交换以及同期税务检查、授权代表访问和行业范围情报交换等类型。

356.跨国纳税人常采用的避税方法有:采取人员流动避税,通过资金、货物或劳务流动避税,利用企业组织形式避税等。( )

【参考答案】 正确

【答案解析】 在国际经济活动中,跨国纳税人利用各国税收的差异进行避税的手法多种多样,常采用的避税方法有:采取人员流动避税,通过资金、货物或劳务流动避税,利用企业组织形式避税,用税收优惠避税,资本弱化,利用转让定价避税,利用避税地避税。

357.跨国纳税人常采用的避税方法有:用税收优惠避税,资本弱化,利用转让定价避税,利用避税地避税等。( )

【参考答案】 正确

【答案解析】 在国际经济活动中,跨国纳税人利用各国税收的差异进行避税的手法多种多样,常采用的避税方法有:采取人员流动避税,通过资金、货物或劳务流动避税,利用企业组织形式避税,用税收优惠避税,资本弱化,利用转让定价避税,利用避税地避税。

358.劳务所得来源地的标准包括劳务提供地标准、劳务所得支付地标准、劳务提供者国籍标准。( )

【参考答案】 错误

【答案解析】 劳务所得来源地的标准包括劳务提供地标准、劳务所得支付地标准、劳务合同签订地标准。

359.国际避税地最多的地方是太平洋沿岸。( )

【参考答案】 错误

【答案解析】 国际避税地多数集中于大西洋沿岸。

360.旨在通过开展国际税收征管协作,打击跨境逃、避税行为,维护公平税收秩序的多边条约是《多边税收征管互助公约》。( )

【参考答案】 正确

【答案解析】 《多边税收征管互助公约》是一项旨在通过开展国际税收征管协作,打击跨境逃、避税行为,维护公平税收秩序的多边条约,其影响力不断上升,正日益成为开展国际税收征管协作的新标准。

361.我国采用户籍标准确定跨国自然人居民身份时规定的居住期限是182天。( )

【参考答案】 错误

【答案解析】 《中华人民共和国个人所得税法》将在中国境内居住的时间这一判定居民个人和非居民个人的标准,由是否满1年调整为是否满183天,以更好地行使税收管辖权,维护国家税收权益。

362.OECD范本和UN范本两大范本要求按照以下四个标准来判定纳税人的最终居民身份,该判定过程是按照一定的顺序进行的,其排序为国籍、永久性住所、习惯性住所、重要利益中心。( )

【参考答案】 错误

【答案解析】 对于同时成为两个国家居民的跨国自然人的特殊情况,应该按照下列顺序的国际规范来行使居民税收管辖权:(1)永久性住所;(2)重要利益中心;(3)习惯性住所;(4)国籍标准;(5)协商。

363.我国企业所得税法规定的受控外国公司包括中国居民企业直接持有50%表决权股份的外国公司,中国居民企业共同持有40%表决权股份的外国公司。( )

【参考答案】 错误

【答案解析】 《中华人民共和国企业所得税法》第四十五条所称"控制",包括:(1)居民企业或者中国居民直接或者间接单一持有外国企业10%以上有表决权股份,且由其共同持有该外国企业50%以上股份;(2)居民企业,或者居民企业和中国居民持股比例没有达到上述规定的标准,但在股份、资金、经营、购销等方面对该外国企业构成实质控制。

364.金融企业法定债权性投资和权益性投资的比例标准为5∶1。( )

【参考答案】 正确

【答案解析】 金融企业法定债权性投资和权益性投资的比例标准为5∶1。

365.其他企业法定债权性投资和权益性投资的比例标准为5∶1。( )

【参考答案】 错误

【答案解析】 其他企业法定债权性投资和权益性投资的比例标准为2∶1。

366.我国的企业所得税法明确的反避税方法有受控外国公司和限制资本弱化。( )

【参考答案】 正确

【答案解析】 我国的企业所得税法明确的反避税方法有受控外国公司和限制资本弱化。

367.中国台湾地区同胞属于我国税法上的税收居民。( )

【参考答案】 错误

【答案解析】 中国台湾地区同胞不属于我国税法上的税收居民。

368. 在境内居住，且一个纳税年度内，一次离境不超过 30 日，或多次累计不超过 90 日的外籍人员属于我国税法上的税收居民。(　　)

【参考答案】 正确

【答案解析】 在境内居住，且一个纳税年度内，一次离境不超过 30 日，或多次累计不超过 90 日的外籍人员属于我国税法上的税收居民。

369. 国际税收协定按涉及的缔约国数量可分为单边税收协定和双边税收协定。(　　)

【参考答案】 错误

【答案解析】 国际税收协定按涉及的缔约国数量可分为双边和多边税收协定。

370. 自然人境外缴纳的个人所得税可以采用直接抵免法解决国际双重征税。(　　)

【参考答案】 正确

【答案解析】 直接抵免主要适用于自然人境外缴纳的个人所得税、企业就来源于境外的营业利润所得在境外缴纳的企业所得税，以及就来源于或发生于境外的股息、红利等权益性投资所得、利息、租金、特许权使用费、财产转让等所得在境外被源泉扣缴的预提所得税。

371. 母公司的国外子公司缴纳的公司所得税可以采用直接抵免法解决国际双重征税。(　　)

【参考答案】 错误

【答案解析】 直接抵免主要适用于自然人境外缴纳的个人所得税、企业就来源于境外的营业利润所得在境外缴纳的企业所得税，以及就来源于或发生于境外的股息、红利等权益性投资所得、利息、租金、特许权使用费、财产转让等所得在境外被源泉扣缴的预提所得税。

372. 发展中国家侧重于地域管辖权。(　　)

【参考答案】 正确

【答案解析】 发展中国家所侧重的税收管辖权是地域管辖权。

373. 国际税收协定又称为避免双重征税协定。(　　)

【参考答案】 正确

【答案解析】 国际税收协定又称为避免双重征税协定。

374. 国际税收协定是两个或两个以上主权国家(或税收管辖区为了协调相互之间的税收管辖关系和处理有关税务问题通过谈判缔结的书面协议。(　　)

【参考答案】 正确

【答案解析】 国际税收协定是两个或两个以上主权国家(或税收管辖区为了协调相互之间的税收管辖关系和处理有关税务问题通过谈判缔结的书面协议。

375. 对于同时具有两个国家居民身份且在其中任何一国都无永久性住所的跨国自然

人的最终居民身份的判定，税收协定所规定的首要标准是国籍。（ ）

【参考答案】 错误

【答案解析】 对于同时具有两个国家居民身份且在其中任何一国都无永久性住所的跨国自然人的最终居民身份的判定，税收协定所规定的首要标准是习惯性居所。

376.收入的国际化为国际税收的产生创造了前提条件。（ ）

【参考答案】 正确

【答案解析】 收入的国际化仅为国际税收的产生创造了前提条件，所得税制的普遍推行才是国际税收形成的直接动力。

377.所得税制的普遍推行是国际税收形成的直接动力。（ ）

【参考答案】 正确

【答案解析】 收入的国际化仅为国际税收的产生创造了前提条件，所得税制的普遍推行才是国际税收形成的直接动力。

378.利用避税港进行避税常用的是转移住所方式。（ ）

【参考答案】 错误

【答案解析】 利用避税港进行避税常用的是虚构避税港方式。

379.所得税制的普遍推行为国际税收的产生创造了前提条件。（ ）

【参考答案】 错误

【答案解析】 收入的国际化仅为国际税收的产生创造了前提条件，所得税制的普遍推行才是国际税收形成的直接动力。

380.收入的国际化是国际税收形成的直接动力。（ ）

【参考答案】 错误

【答案解析】 收入的国际化仅为国际税收的产生创造了前提条件，所得税制的普遍推行才是国际税收形成的直接动力。

381.国际税收的研究对象是各国政府处理与其他国家之间的税收分配关系的准则和规范。（ ）

【参考答案】 正确

【答案解析】 国际税收是指两个或两个以上国家，对跨国纳税人行使各自征税权力而形成的税收分配关系。

382.国际税收协定的首要目标就是要妥善处理国家之间的税收管辖权问题。（ ）

【参考答案】 错误

【答案解析】 国际税收协定的首要目标就是要妥善处理国家之间的双重征税问题。

383.国际税收协定的基本任务是妥善处理国家之间的双重征税问题。（ ）

【参考答案】 正确

【答案解析】 国际税收协定的首要目标就是要妥善处理国家之间的双重征税问题，这也是国际税收协定的基本任务。

384. 各国消除经济性双重征税的主要方法。具体有直接抵免法、间接抵免法和税收饶让法。（　）

【参考答案】 正确

【答案解析】 各国消除经济性双重征税的主要方法。具体有直接抵免法、间接抵免法和税收饶让法。

385. 负有双重纳税义务的跨国法人能成为国际税收涉及的纳税人。（　）

【参考答案】 正确

【答案解析】 国际税收是指两个或两个以上的主权国家或地区，各自基于其课税主权，在对跨国纳税人进行分别课税而形成的征纳关系中，所发生的国家或地区之间的税收分配关系。

386. 只负有本国纳税义务的非跨国自然人能成为国际税收涉及的纳税人。（　）

【参考答案】 错误

【答案解析】 国际税收是指两个或两个以上的主权国家或地区，各自基于其课税主权，在对跨国纳税人进行分别课税而形成的征纳关系中，所发生的国家或地区之间的税收分配关系。

387. 我国国际税收主要的法律依据目前主要有个人所得税法、企业所得税法。（　）

【参考答案】 错误

【答案解析】 税收征管法属于我国国际税收的执法手段。我国国际税收主要的法律依据是个人所得税法、企业所得税法和税收协定。

388. 税收协定是我国国际税收的执法手段。（　）

【参考答案】 错误

【答案解析】 税收征管法属于我国国际税收的执法手段。我国国际税收主要的法律依据是个人所得税法、企业所得税法和税收协定。

389. 国际税收协议中的税收无差别待遇是为了防范纳税人受到税收歧视。（　）

【参考答案】 正确

【答案解析】 国际税收协议中的税收无差别待遇是为了防范纳税人受到税收歧视。

390. 国际税收需要解决的主要问题是防止或者缓解国际重复征税和防范国际避税。（　）

【参考答案】 正确

【答案解析】 国际税收需要解决的主要问题是防止或者缓解国际重复征税和防范国际避税。

391. 境内机构和个人向非居民发包工程作业或劳务项目的，应当自项目合同签订之日起 15 日内，向主管税务机关办理合同备案或劳务项目报告。（　）

【参考答案】 错误

【答案解析】 境内机构和个人向非居民发包工程作业或劳务项目的，应当自项目合同签订之日起30日内，向主管税务机关办理合同备案或劳务项目报告。

392. 境内机构和个人发包工程作业或劳务项目变更的，应于项目合同变更之日起15日内，向主管税务机关办理变更报告。（ ）

【参考答案】 错误

【答案解析】 境内机构和个人发包工程作业或劳务项目变更的，应于项目合同变更之日起10日内，向主管税务机关办理变更报告。

393. 境内机构和个人向非居民发包工程作业或劳务项目，被税务机关指定为扣缴义务人的，应按照规定办理扣缴税款登记。（ ）

【参考答案】 正确

【答案解析】 境内机构和个人向非居民发包工程作业或劳务项目，被税务机关指定为扣缴义务人的，应按照规定办理扣缴税款登记。

394. 境内机构和个人不向非居民支付工程价款或劳务费的，应当在项目完工开具验收证明前，向其主管税务机关报告非居民在项目所在地的项目执行进度、支付人名称、身份证号及其支付款项金额、支付日期等相关情况。（ ）

【参考答案】 错误

【答案解析】 向其主管税务机关报告非居民在项目所在地的项目执行进度、支付人名称及其支付款项金额、支付日期等相关情况。

395. 境内机构和个人向非居民发包工程作业或劳务项目，与非居民的主管税务机关不一致的，应当自非居民申报期限届满之日起15日内向境内机构和个人的主管税务机关报送非居民申报纳税证明资料复印件。（ ）

【参考答案】 正确

【答案解析】 境内机构和个人向非居民发包工程作业或劳务项目，与非居民的主管税务机关不一致的，应当自非居民申报期限届满之日起15日内向境内机构和个人的主管税务机关报送非居民申报纳税证明资料复印件。

396. 境内机构和个人向境外单笔支付等值5万美元以上（含）符合条件的，应向所在地主管税务机关进行税务备案。（ ）

【参考答案】 错误

【答案解析】 境内机构和个人向境外单笔支付等值5万美元以上（不含）符合条件的，应向所在地主管税务机关进行税务备案。

397. 境内机构和个人向境外单笔支付等值5万美元以上（不含）符合条件的，应向所在地主管税务机关进行税务备案。（ ）

【参考答案】 正确

【答案解析】 境内机构和个人向境外单笔支付等值5万美元以上（不含）符合条件的，

应向所在地主管税务机关进行税务备案。

398. 外国投资者以境内直接投资合法所得在境内再投资单笔5万美元以上的，按照本事项进行税务备案。（ ）

【参考答案】 正确

【答案解析】 外国投资者以境内直接投资合法所得在境内再投资单笔5万美元以上的，按照本事项进行税务备案。

399. 境外机构或个人从境内获得的包括运输、旅游、通信、建筑安装及劳务承包、保险服务、金融服务、计算机和信息服务、专有权利使用和特许、体育文化和娱乐服务、其他商业服务、政府服务等服务贸易收入，境内机构和个人向境外单笔支付等值5万美元以上外汇资金，应向所在地税务机关进行税务备案。（ ）

【参考答案】 正确

【答案解析】 境内机构和个人向境外单笔支付等值5万美元以上下列外汇资金，应向所在地税务机关进行税务备案：(1)境外机构或个人从境内获得的包括运输、旅游、通信、建筑安装及劳务承包、保险服务、金融服务、计算机和信息服务、专有权利使用和特许、体育文化和娱乐服务、其他商业服务、政府服务等服务贸易收入；(2)境外个人在境内的工作报酬，境外机构或个人从境内获得的股息、红利、利润、直接债务利息、担保费以及非资本转移的捐赠、赔偿、税收、偶然性所得等收益和经常转移收入；(3)境外机构或个人从境内获得的融资租赁租金、不动产的转让收入、股权转让所得以及外国投资者其他合法所得。

400. 境内机构对外支付外汇资金，用于境内机构在境外发生的差旅、会议、商品展销等各项费用，无需进行税务备案。（ ）

【参考答案】 正确

【答案解析】 境内机构对外支付外汇资金，用于境内机构在境外发生的差旅、会议、商品展销等各项费用，无需进行税务备案。

401. 同一笔合同需要多次对外支付的，纳税人只需在首次付汇前办理税务备案手续。（ ）

【参考答案】 正确

【答案解析】 根据税务总局相关规定，同一笔合同需要多次对外支付的，纳税人只需在首次付汇前办理税务备案手续。

402. 外国投资者以境内直接投资合法所得在境内再投资无需办理税务备案。（ ）

【参考答案】 正确

【答案解析】 根据《国家税务总局 国家外汇管理局关于服务贸易等项目对外支付税务备案有关问题的补充公告》(国家税务总局 国家外汇管理局公告2021年第19号)的规定，下列事项无需办理税务备案：

(一)外国投资者以境内直接投资合法所得在境内再投资；

(二)财政预算内机关、事业单位、社会团体非贸易非经营性付汇业务。

403.境内个人对外支付外汇资金用于境内个人境外留学、旅游、探亲等因私用汇,无需进行税务备案。(　　)

【参考答案】 正确

【答案解析】 境内个人对外支付外汇资金用于境内个人境外留学、旅游、探亲等因私用汇,无需进行税务备案。

404.企业应当依据规定,按纳税年度准备并按税务机关要求提供其关联交易的同期资料。(　　)

【参考答案】 正确

【答案解析】 企业应当依据《中华人民共和国企业所得税法实施条例》第一百一十四条的规定,按纳税年度准备并按税务机关要求提供其关联交易的同期资料。

405.同期资料包括主体文档、本地文档。(　　)

【参考答案】 错误

【答案解析】 同期资料包括主体文档、本地文档和特殊事项文档。

406.特殊事项文档包括成本分摊协议特殊事项文档和资本弱化特殊事项文档。(　　)

【参考答案】 正确

【答案解析】 特殊事项文档包括成本分摊协议特殊事项文档和资本弱化特殊事项文档。

407.年度发生跨境关联交易,且合并该企业财务报表的最终控股企业所属企业集团已准备主体文档的企业应当准备特殊事项文档。(　　)

【参考答案】 错误

【答案解析】 企业符合下列条件之一的,应当准备主体文档:(1)年度发生跨境关联交易,且合并该企业财务报表的最终控股企业所属企业集团已准备主体文档。(2)年度关联交易总额超过10亿元。

408.年度关联交易总额超过15亿元,应当准备主体文档。(　　)

【参考答案】 错误

【答案解析】 企业符合下列条件之一的,应当准备主体文档:(1)年度发生跨境关联交易,且合并该企业财务报表的最终控股企业所属企业集团已准备主体文档。(2)年度关联交易总额超过10亿元。

409.企业年度关联交易有形资产所有权转让金额(来料加工业务按照年度进出口报关价格计算)超过2亿元的应当准备本地文档。(　　)

【参考答案】 正确

【答案解析】 企业年度关联交易金额符合下列条件之一的,应当准备本地文档:(1)有形资产所有权转让金额(来料加工业务按照年度进出口报关价格计算)超过 2 亿元。(2)金融资产转让金额超过 1 亿元。(3)无形资产所有权转让金额超过 1 亿元。(4)其他关联交易金额合计超过 4 000 万元。

410. 企业与其关联方发生劳务交易支付或者收取价款符合独立交易原则且不减少企业或者其关联方应纳税收入或者所得额的,税务机关可以实施特别纳税调整。(　　)

【参考答案】 错误

【答案解析】 根据《国家税务总局关于发布〈特别纳税调查调整及相互协商程序管理办法〉的公告》(国家税务总局公告 2017 年第 6 号)第三十四条的规定,企业与其关联方发生劳务交易支付或者收取价款不符合独立交易原则而减少企业或者其关联方应纳税收入或者所得额的,税务机关可以实施特别纳税调整。

411. 税务机关在进行可比性分析时,应使用公开信息,不可以使用非公开信息。(　　)

【参考答案】 错误

【答案解析】 根据《国家税务总局关于发布〈特别纳税调查调整及相互协商程序管理办法〉的公告》(国家税务总局公告 2017 年第 6 号)第二十四条的规定,税务机关在进行可比性分析时,优先使用公开信息,也可以使用非公开信息。

412. 企业签订或者执行成本分摊协议的,应当准备成本分摊协议特殊事项文档。(　　)

【参考答案】 正确

【答案解析】 企业签订或者执行成本分摊协议的,应当准备成本分摊协议特殊事项文档。

413. 企业关联债资比例超过标准比例需要说明符合独立交易原则的,应当准备资本弱化特殊事项文档。(　　)

【参考答案】 正确

【答案解析】 企业关联债资比例超过标准比例需要说明符合独立交易原则的,应当准备资本弱化特殊事项文档。

414. 主体文档应当在企业集团最终控股企业会计年度终了之日起 6 个月内准备完毕。(　　)

【参考答案】 错误

【答案解析】 主体文档应当在企业集团最终控股企业会计年度终了之日起 12 个月内准备完毕。

415. 本地文档和特殊事项文档应当在关联交易发生年度次年 5 月 31 日之前准备完毕。(　　)

【参考答案】 错误

【答案解析】 本地文档和特殊事项文档应当在关联交易发生年度次年6月30日之前准备完毕。

416. 同期资料应当自税务机关要求之日起30日内提供。（ ）

【参考答案】 正确

【答案解析】 同期资料应当自税务机关要求之日起30日内提供。

417. 企业因不可抗力无法按期提供同期资料的，应当在不可抗力消除后60日内提供同期资料。（ ）

【参考答案】 错误

【答案解析】 企业因不可抗力无法按期提供同期资料的，应当在不可抗力消除后30日内提供同期资料。

418. 企业执行预约定价安排的，可以不准备预约定价安排涉及关联交易的本地文档和特殊事项文档，且关联交易金额不计入规定的关联交易金额范围。（ ）

【参考答案】 正确

【答案解析】 企业执行预约定价安排的，可以不准备预约定价安排涉及关联交易的本地文档和特殊事项文档，且关联交易金额不计入规定的关联交易金额范围。

419. 企业仅与境内关联方发生关联交易的，可以不准备主体文档和特殊事项文档，只需要准备本地文档。（ ）

【参考答案】 错误

【答案解析】 企业仅与境内关联方发生关联交易的，可以不准备主体文档、本地文档和特殊事项文档。

420. 依照规定需要准备主体文档的企业集团，如果集团内企业分属两个以上税务机关管辖，可以选择任一企业主管税务机关主动提供主体文档。（ ）

【参考答案】 正确

【答案解析】 依照规定需要准备主体文档的企业集团，如果集团内企业分属两个以上税务机关管辖，可以选择任一企业主管税务机关主动提供主体文档。

421. 集团内其他企业被主管税务机关要求提供主体文档时，在向主管税务机关书面报告集团主动提供主体文档情况后，可免于提供。（ ）

【参考答案】 正确

【答案解析】 集团内其他企业被主管税务机关要求提供主体文档时，在向主管税务机关书面报告集团主动提供主体文档情况后，可免于提供。

422. 企业为境外关联方从事来料加工或者进料加工等单一生产业务，或者从事分销、合约研发业务，原则上应当保持合理的利润水平，如出现亏损，可以不准备同期资料本地文档。（ ）

【参考答案】 错误

【答案解析】 企业为境外关联方从事来料加工或者进料加工等单一生产业务，或者从事分销、合约研发业务，原则上应当保持合理的利润水平，如出现亏损，无论是否达到《国家税务总局关于完善关联申报和同期资料管理有关事项的公告》(国家税务总局公告 2016 年第 42 号)规定的同期资料准备标准，均应当就亏损年度准备同期资料本地文档。

423. 企业合并、分立的，应当由合并、分立后的企业保存同期资料。(　　)

【参考答案】 正确

【答案解析】 企业合并、分立的，应当由合并、分立后的企业保存同期资料。

424. 同期资料应当自税务机关要求的准备完毕之日起保存 15 年。(　　)

【参考答案】 错误

【答案解析】 同期资料应当自税务机关要求的准备完毕之日起保存 10 年。

425. 非居民企业发生间接转让中国应税财产的，交易双方以及被间接转让股权的中国居民企业可以向主管税务机关报告股权转让事项。(　　)

【参考答案】 正确

【答案解析】 非居民企业发生间接转让中国应税财产的，交易双方以及被间接转让股权的中国居民企业可以向主管税务机关报告股权转让事项。

426. 关于非居民企业间接转让财产事项报告，被转让的应税财产属于非居民企业在中国境内所设机构、场所的，主管税务机关为该机构场所的主管税务机关。(　　)

【参考答案】 正确

【答案解析】 被转让的应税财产属于非居民企业在中国境内所设机构、场所的，主管税务机关为该机构场所的主管税务机关。

427. 关于非居民企业间接转让财产事项报告，被转让的财产归属于中国境内不动产的，主管税务机关为不动产所在地税务机关。(　　)

【参考答案】 错误

【答案解析】 被转让的财产归属于中国境内不动产的，主管税务机关为扣缴义务人主管税务机关或者不动产所在地税务机关。

428. 关于非居民企业间接转让财产事项报告，被转让的财产归属于在中国居民企业的权益性投资资产的，主管税务机关为被转让企业主管税务机关。(　　)

【参考答案】 错误

【答案解析】 关于非居民企业间接转让财产事项报告，被转让的财产归属于在中国居民企业的权益性投资资产的，主管税务机关为扣缴义务人主管税务机关或者被转让企业主管税务机关。

429. 股权转让方通过直接转让同一境外企业股权导致间接转让两项以上中国应税财产，涉及两个以上主管税务机关的，间接转让中国应税财产的交易双方或者被间接转让股权的中国居民企业选择向其中一个主管税务机关提交相关资料时，该主管税务机关负责规

定的相关审核工作。(　　)

【参考答案】 正确

【答案解析】 股权转让方通过直接转让同一境外企业股权导致间接转让两项以上中国应税财产,涉及两个以上主管税务机关的,间接转让中国应税财产的交易双方或者被间接转让股权的中国居民企业选择向其中一个主管税务机关提交相关资料时,该主管税务机关负责规定的相关审核工作。

430. 如果间接转让行为被税务机关重新定性,确认为直接转让中国居民企业股权等财产的,扣缴义务人、非居民纳税人应按照有关规定扣缴或申报缴纳企业所得税。(　　)

【参考答案】 正确

【答案解析】 如果间接转让行为被税务机关重新定性,确认为直接转让中国居民企业股权等财产的,扣缴义务人、非居民纳税人应按照有关规定扣缴或申报缴纳企业所得税。

431. 股权转让方通过直接转让同一境外企业股权导致间接转让两项以上中国应税财产,按照规定应予征税,涉及两个以上主管税务机关的,股权转让方可选择其中一个税务机关申报缴纳企业所得税。(　　)

【参考答案】 错误

【答案解析】 股权转让方通过直接转让同一境外企业股权导致间接转让两项以上中国应税财产,按照规定应予征税,涉及两个以上主管税务机关的,股权转让方应分别到各所涉主管税务机关申报缴纳企业所得税。

432. 非居民企业股权转让选择特殊性税务处理的,应于股权转让合同或协议生效且完成工商变更登记手续 15 日内进行备案。(　　)

【参考答案】 错误

【答案解析】 非居民企业股权转让选择特殊性税务处理的,应于股权转让合同或协议生效且完成工商变更登记手续 30 日内进行备案。

433. 非居民企业向与其具有 100%直接控股关系的居民企业转让其拥有的另一居民企业股权,选择特殊性税务处理的,应同时符合以下条件:(1)具有合理的商业目的,且不以减少、免除或者推迟缴纳税款为主要目的。(2)被收购、合并或分立部分的资产或股权比例符合规定的比例。(3)企业重组后的连续 12 个月内不改变重组资产原来的实质性经营活动等。(　　)

【参考答案】 正确

【答案解析】 非居民企业向与其具有 100%直接控股关系的居民企业转让其拥有的另一居民企业股权,选择特殊性税务处理的,应同时符合以下条件:(1)具有合理的商业目的,且不以减少、免除或者推迟缴纳税款为主要目的。(2)被收购、合并或分立部分的资产或股权比例符合规定的比例。(3)企业重组后的连续 12 个月内不改变重组资产原来的实质性经营活动。

434. 非居民企业向其100%直接控股的另一非居民企业转让其拥有的居民企业股权，选择特殊性税务处理除需要符合部分条件外，还要求没有因此造成以后该项股权转让所得预提税负担变化，且转让方非居民企业向主管税务机关书面承诺在3年（含3年）内不转让其拥有受让方非居民企业的股权。（　　）

【参考答案】 正确

【答案解析】 根据规定，非居民企业向其100%直接控股的另一非居民企业转让其拥有的居民企业股权，选择特殊性税务处理除需要符合部分条件外，还要求没有因此造成以后该项股权转让所得预提税负担变化，且转让方非居民企业向主管税务机关书面承诺在3年（含3年）内不转让其拥有受让方非居民企业的股权。

435. 非居民企业股权转让选择特殊性税务处理，属于非居民企业向其100%直接控股的另一非居民企业转让其拥有的居民企业股权的，由受让方向被转让企业所在地主管税务机关备案。（　　）

【参考答案】 错误

【答案解析】 非居民企业股权转让选择特殊性税务处理，属于非居民企业向其100%直接控股的另一非居民企业转让其拥有的居民企业股权的，由转让方向被转让企业所在地主管税务机关备案。

436. 非居民企业股权转让选择特殊性税务处理，属于非居民企业向与其具有100%直接控股关系的居民企业转让其拥有的另一居民企业股权的，由转让方向其所在地主管税务机关备案。（　　）

【参考答案】 错误

【答案解析】 非居民企业股权转让选择特殊性税务处理，属于非居民企业向与其具有100%直接控股关系的居民企业转让其拥有的另一居民企业股权的，由受让方向其所在地主管税务机关备案。

437. 境外注册中资控股企业（以下简称境外中资企业）符合居民企业认定条件的，应向其中国境内主要投资者登记注册地主管税务机关提出居民企业认定申请。（　　）

【参考答案】 正确

【答案解析】 境外注册中资控股企业（以下简称境外中资企业）符合居民企业认定条件的，应向其中国境内主要投资者登记注册地主管税务机关提出居民企业认定申请。

438. 对于实际管理机构的判断，应当遵循实质重于形式的原则。（　　）

【参考答案】 正确

【答案解析】 对于实际管理机构的判断，应当遵循实质重于形式的原则。

439. 境外中资企业应当根据生产经营和管理的实际情况，由国家税务总局判定实际管理机构是否设立在中国境内。（　　）

【参考答案】 错误

【答案解析】 境外中资企业应当根据生产经营和管理的实际情况，自行判定实际管理机构是否设立在中国境内。

440. 主管税务机关发现境外中资企业符合规定但未申请成为中国居民企业的，可以对该境外中资企业的实际管理机构所在地情况进行调查，并要求境外中资企业提供规定的资料。（　　）

【参考答案】 正确

【答案解析】 主管税务机关发现境外中资企业符合规定但未申请成为中国居民企业的，可以对该境外中资企业的实际管理机构所在地情况进行调查，并要求境外中资企业提供规定的资料。

441. 非境内注册居民企业应当自收到居民身份认定书之日起 30 日内向主管税务机关申报办理税务登记。（　　）

【参考答案】 正确

【答案解析】 非境内注册居民企业应当自收到居民身份认定书之日起 30 日内向主管税务机关申报办理税务登记。

442. 关于国际税收业务中企业所得税的扣缴，扣缴义务人应当自扣缴义务发生之日起 15 日内向扣缴义务人所在地主管税务机关申报和解缴代扣税款。（　　）

【参考答案】 错误

【答案解析】 关于国际税收业务中企业所得税的扣缴，扣缴义务人应当自扣缴义务发生之日起七日内向扣缴义务人所在地主管税务机关申报和解缴代扣税款。

443. 非居民企业取得来源于中华人民共和国境内的股息、红利等权益性投资收益和利息、租金、特许权使用费所得、转让财产所得以及其他所得应当缴纳的企业所得税，实行源泉扣缴，以支付人为扣缴义务人。（　　）

【参考答案】 正确

【答案解析】 根据规定，非居民企业取得来源于中华人民共和国境内的股息、红利等权益性投资收益和利息、租金、特许权使用费所得、转让财产所得以及其他所得应当缴纳的企业所得税，实行源泉扣缴，以支付人为扣缴义务人。

444. 非居民企业在中华人民共和国境内取得工程作业和劳务所得应缴纳的所得税，税务机关可以指定工程价款或者劳务费的支付人为扣缴义务人。（　　）

【参考答案】 正确

【答案解析】 非居民企业在中华人民共和国境内取得工程作业和劳务所得应缴纳的所得税，税务机关可以指定工程价款或者劳务费的支付人为扣缴义务人。

445. 关于国际税收企业所得税的扣缴业务中，扣缴义务人未依法履行扣缴义务的，依照国际税法有关规定承担相应法律责任。（　　）

【参考答案】 错误

【答案解析】 扣缴义务人未依法履行扣缴义务的，依照税收征管法有关规定承担相应法律责任。

446. 扣缴义务人未依法扣缴或者无法履行扣缴义务的，非居民企业应按照规定自行向所得发生地税务机关申报缴纳企业所得税。(　　)

【参考答案】 正确

【答案解析】 扣缴义务人未依法扣缴或者无法履行扣缴义务的，非居民企业应按照规定自行向所得发生地税务机关申报缴纳企业所得税。

447. 实行源泉扣缴的扣缴义务人可以提前将合同提交给税务机关，以便税务机关对合同信息进行采集或者变更。(　　)

【参考答案】 正确

【答案解析】 实行源泉扣缴的扣缴义务人可以提前将合同提交给税务机关，以便税务机关对合同信息进行采集或者变更。

448. 依照外国(地区)法律成立且实际管理机构不在中国境内，但在中国境内设立机构、场所的非居民企业，在季度终了后 7 日内，向税务机关申报预缴企业所得税。(　　)

【参考答案】 错误

【答案解析】 依照外国(地区)法律成立且实际管理机构不在中国境内，但在中国境内设立机构、场所的非居民企业，在季度终了后 15 日内，向税务机关申报预缴企业所得税。

四、问答题

1. 国际税收的概念是什么？

【参考答案】 国际税收是两个或两个以上国家(地区)，对纳税人跨境交易产生的所得行使各自征税权力而形成的税收分配关系。

2.《中华人民共和国企业所得税法》所称非居民企业是指什么？

【参考答案】《中华人民共和国企业所得税法》第二条规定，本法所称非居民企业，是指依照外国(地区)法律成立且实际管理机构不在中国境内，但在中国境内设立机构、场所的，或者在中国境内未设立机构、场所，但有来源于中国境内所得的企业。

3. 什么是源泉扣缴？

【参考答案】《中华人民共和国企业所得税法》第三十七条规定，对非居民企业取得本法第三条第三款规定的所得应缴纳的所得税，实行源泉扣缴，以支付人为扣缴义务人。税款由扣缴义务人在每次支付或者到期应支付时，从支付或者到期应支付的款项中扣缴。

4. 企业所得税法中特别纳税调整所称独立交易原则是什么？

【参考答案】《中华人民共和国企业所得税法实施条例》第一百一十条规定，企业所得税法第四十一条所称独立交易原则，是指没有关联关系的交易各方，按照公平成交价格和营业常规进行业务往来遵循的原则。

5.企业所得税法中特别纳税调整所称预约定价安排是什么内容?

【参考答案】《中华人民共和国企业所得税法实施条例》第一百一十三条规定,企业所得税法第四十二条所称预约定价安排,是指企业就其未来年度关联交易的定价原则和计算方法,向税务机关提出申请,与税务机关按照独立交易原则协商、确认后达成的协议。

6.《中华人民共和国个人所得税法》所称非居民个人是指什么?

【参考答案】《中华人民共和国个人所得税法》第一条规定,在中国境内无住所又不居住,或者无住所而一个纳税年度内在中国境内居住累计不满一百八十三天的个人,为非居民个人。非居民个人从中国境内取得的所得,依照本法规定缴纳个人所得税。

7.制定《税收协定相互协商程序实施办法》的意义是什么?

【参考答案】 根据《国家税务总局关于发布〈税收协定相互协商程序实施办法〉的公告》(国家税务总局公告 2013 年第 56 号),为正确适用税收协定,避免双重征税,解决国际税收争议,维护中国居民(国民)的合法利益和国家税收权益,规范与外国(地区)税务主管当局涉及税收协定的相互协商工作,国家税务总局制定了《税收协定相互协商程序实施办法》。

8.什么是税收协定相互协商程序?

【参考答案】 根据《国家税务总局关于发布〈税收协定相互协商程序实施办法〉的公告》(国家税务总局公告 2013 年第 56 号)第二条的规定,本法所称相互协商程序,是指我国主管当局根据税收协定有关条款规定,与缔约对方主管当局之间,通过协商共同处理涉及税收协定解释和适用问题的过程。

9.税收协定相互协商程序主要目的是什么?

【参考答案】 根据《国家税务总局关于发布〈税收协定相互协商程序实施办法〉的公告》(国家税务总局公告 2013 年第 56 号)第二条的规定,税收协定相互协商程序主要目的是确保税收协定正确和有效适用,切实避免双重征税,消除缔约双方对税收协定的解释或适用产生的分歧。

10.税收协定中"受益所有人"是指谁?

【参考答案】《国家税务总局关于税收协定中"受益所有人"有关问题的公告》(国家税务总局公告 2018 年第 9 号)规定,税收协定中"受益所有人"是指对所得或所得据以产生的权利或财产具有所有权和支配权的人。

11.税收协定中劳务活动构成常设机构的条件是什么?

【参考答案】 根据《国家税务总局关于税收协定执行若干问题的公告》(国家税务总局公告 2018 年第 11 号)的规定,税收协定中劳务活动构成常设机构的条件是在任何十二个月中连续或累计超过 183 天。

12.什么是从事国际运输业务取得的收入?

【参考答案】 根据《国家税务总局关于税收协定执行若干问题的公告》(国家税务总局

公告2018年第11号)的规定，从事国际运输业务取得的收入是指企业以船舶或飞机经营客运或货运取得的收入，以及以程租、期租形式出租船舶或以湿租形式出租飞机(包括所有设备、人员及供应)取得的租赁收入。

13. 非居民纳税人自行判断享受协定待遇的流程是什么?

【参考答案】 根据《非居民纳税人享受协定待遇管理办法》第三条的规定，非居民纳税人自行判断享受协定待遇可在纳税申报时，或通过扣缴义务人在扣缴申报时，自行享受协定待遇，同时按照本办法的规定归集和留存相关资料备查，并接受税务机关后续管理。

14. 什么是受控外国企业?

【参考答案】 根据《国家税务总局关于印发〈特别纳税调整实施办法(试行)〉的通知》(国税发〔2009〕2号)第七十六条的规定，受控外国企业是指根据所得税法第四十五条的规定，由居民企业，或者由居民企业和居民个人(以下统称中国居民股东，包括中国居民企业股东和中国居民个人股东)控制的设立在实际税负低于所得税法第四条第一款规定税率水平50%的国家(地区)，并非出于合理经营需要对利润不作分配或减少分配的外国企业。

15. 避税安排具有哪些特征?

【参考答案】 根据《一般反避税管理办法(试行)》(国家税务总局令第32号)第四条的规定，避税安排的特征是:(一)以获取税收利益为唯一目的或者主要目的;(二)以形式符合税法规定、但与其经济实质不符的方式获取税收利益。

16. 关联交易中的有形资产包括哪些?

【参考答案】 根据《国家税务总局关于完善关联申报和同期资料管理有关事项的公告》(国家税务总局公告2016年第42号)的规定，关联交易主要包括:(一)有形资产使用权或者所有权的转让。有形资产包括商品、产品、房屋建筑物、交通工具、机器设备、工具器具等……

17. 关联交易中的无形资产包括哪些?

【参考答案】 根据《国家税务总局关于完善关联申报和同期资料管理有关事项的公告》(国家税务总局公告2016年第42号)的规定，关联交易主要包括:……(三)无形资产使用权或者所有权的转让。无形资产包括专利权、非专利技术、商业秘密、商标权、品牌、客户名单、销售渠道、特许经营权、政府许可、著作权等。

18. 关联交易中的金融资产包括哪些?

【参考答案】 根据《国家税务总局关于完善关联申报和同期资料管理有关事项的公告》(国家税务总局公告2016年第42号)的规定，关联交易主要包括:……(二)金融资产的转让。金融资产包括应收账款、应收票据、其他应收款项、股权投资、债权投资和衍生金融工具形成的资产等……

19. 同期资料应该在什么期限内准备完毕?

【参考答案】 根据《国家税务总局关于完善关联申报和同期资料管理有关事项的公

告》(国家税务总局公告 2016 年第 42 号)第十九条,主体文档应当在企业集团最终控股企业会计年度终了之日起 12 个月内准备完毕;本地文档和特殊事项文档应当在关联交易发生年度次年 6 月 30 日之前准备完毕。同期资料应当自税务机关要求之日起 30 日内提供。

20. 同期资料的保存期限是多少年?

【参考答案】 根据《国家税务总局关于完善关联申报和同期资料管理有关事项的公告》(国家税务总局公告 2016 年第 42 号)第二十四条,同期资料应当自税务机关要求的准备完毕之日起保存 10 年。

21. 预约定价安排的流程是什么?

【参考答案】 根据《国家税务总局关于完善预约定价安排管理有关事项的公告》(国家税务总局公告 2016 年第 64 号)第二条,预约定价安排的谈签与执行经过预备会谈、谈签意向、分析评估、正式申请、协商签署和监控执行 6 个阶段。预约定价安排包括单边、双边和多边 3 种类型。

22. 转让定价方法包括哪些?

【参考答案】 根据《特别纳税调查调整及相互协商程序管理办法》第十六条,税务机关应当在可比性分析的基础上,选择合理的转让定价方法,对企业关联交易进行分析评估。转让定价方法包括可比非受控价格法、再销售价格法、成本加成法、交易净利润法、利润分割法及其他符合独立交易原则的方法。

23. 非居民企业是否可以享受小型微利企业所得税优惠政策,为什么?

【参考答案】 不可以。根据《国家税务总局关于非居民企业不享受小型微利企业所得税优惠政策问题的通知》(国税函〔2008〕650 号),企业所得税法第二十八条规定的小型微利企业是指企业的全部生产经营活动产生的所得均负有我国企业所得税纳税义务的企业。因此,仅就来源于我国所得负有我国纳税义务的非居民企业,不适用该条规定的对符合条件的小型微利企业减按 20%税率征收企业所得税的政策。

24. 企业所得税核定征收的非居民企业,在中国境内从事适用不同核定利润率的经营活动,并取得应税所得的,应如何缴纳企业所得税?

【参考答案】 根据《国家税务总局关于印发〈非居民企业所得税核定征收管理办法〉的通知》(国税发〔2010〕19 号)第八条,企业所得税核定征收的非居民企业,在中国境内从事适用不同核定利润率的经营活动,并取得应税所得的,应分别核算并适用相应的利润率计算缴纳企业所得税;凡不能分别核算的,应从高适用利润率,计算缴纳企业所得税。

25. 什么是境外注册中资控股企业?

【参考答案】 根据《国家税务总局关于境外注册中资控股企业依据实际管理机构标准认定为居民企业有关问题的通知》(国税发〔2009〕82 号)第一条,境外中资企业是指由中国境内的企业或企业集团作为主要控股投资者,在境外依据外国(地区)法律注册成立的企业。

26. 什么是可抵免境外所得税税额?

【参考答案】 根据《财政部 国家税务总局关于企业境外所得税收抵免有关问题的通知》(财税〔2009〕125 号),可抵免境外所得税税额是指企业来源于中国境外的所得依照中国境外税收法律以及相关规定应当缴纳并已实际缴纳的企业所得税性质的税款。

27. BEPS(税基侵蚀与利润转移)15 项行动计划项目成果是什么?

【参考答案】 BEPS(税基侵蚀与利润转移)项目成果具体是:(1)应对数字经济的税收挑战;(2)消除混合错配安排的影响;(3)制定有效受控外国企业规则;(4)对利用利息扣除和其他款项支付实现的税基侵蚀予以限制;(5)考虑透明度和实质性因素,有效打击有害税收实践;(6)防止税收协定优惠的不当授予;(7)防止人为规避构成常设机构;(8—10)确保转让定价结果与价值创造相匹配;(11)衡量和监控 BEPS;(12)强制披露规则;(13)转让定价文档和国别报告;(14)使争议解决机制更有效;(15)开发用于修订双边税收协定的多边工具。

28. 如何判定关联劳务交易符合独立交易原则?

【参考答案】 《国家税务总局关于发布〈特别纳税调查调整及相互协商程序管理办法〉的公告》(国家税务总局公告 2017 年第 6 号)第三十四条规定,符合独立交易原则的关联劳务交易应当是受益性劳务交易,并且按照非关联方在相同或者类似情形下的营业常规和公平成交价格进行定价。

29. 什么是混合错配安排?

【参考答案】 根据 BEPS 第 2 项行动计划成果报告,混合错配安排,是指利用两个或两个以上税收管辖区对同一混合实体或混合工具在税务处理上的差异产生税收结果错配,从而减少参与方总体税负的安排。

30.《非居民纳税人享受协定待遇管理办法》中所称的协定待遇是指什么?

【参考答案】 《国家税务总局关于发布〈非居民纳税人享受协定待遇管理办法〉的公告》(国家税务总局公告 2019 年第 35 号)第四条规定,本办法所称协定待遇,是指按照协定可以减轻或者免除按照国内税收法律规定应当履行的企业所得税、个人所得税纳税义务。

31. 税务机关可以按照相关规定,对企业实施的不具有合理商业目的而获取税收利益的避税安排,实施特别纳税调整。其中税收利益是指什么?

【参考答案】 《一般反避税管理办法(试行)》(国家税务总局令第 32 号)第三条规定,税收利益是指减少、免除或者推迟缴纳企业所得税应纳税额。

32. 什么是最终控股企业?

【参考答案】 《国家税务总局关于完善关联申报和同期资料管理有关事项的公告》(国家税务总局公告 2016 年第 42 号)第五条规定,最终控股企业是指能够合并其所属跨国企业集团所有成员实体财务报表的,且不能被其他企业纳入合并财务报表的企业。

33. 预约定价安排一般适用于什么样的企业?

【参考答案】 《国家税务总局关于完善预约定价安排管理有关事项的公告》(国家税务总局公告 2016 年第 64 号)第四条规定,预约定价安排一般适用于主管税务机关向企业送达接收其谈签意向的《税务事项通知书》之日所属纳税年度前 3 个年度每年度发生的关联交易金额 4 000 万元人民币以上的企业。

34. 什么是税收协定?

【参考答案】 《"走出去"税收指引》(2021 年修订版)规定,税收协定关于对所得和财产避免双重征税和防止偷漏税的协定,是两个或两个以上主权国家(或税收管辖区),为协调相互之间的税收管辖关系和处理有关税务问题,通过谈判缔结的书面协议。

35. 税务机关分析评估被调查企业关联交易是否符合独立交易原则时,可以根据实际情况选择哪些方法?

【参考答案】 《国家税务总局关于发布〈特别纳税调查调整及相互协商程序管理办法〉的公告》(国家税务总局公告 2017 年第 6 号)第二十五条规定,税务机关分析评估被调查企业关联交易是否符合独立交易原则时,可以根据实际情况选择算术平均法、加权平均法或者四分位法等统计方法,逐年分别或者多年度平均计算可比企业利润或者价格的平均值或者四分位区间。

36.《关于进一步深化税收征管改革的意见》中"强化国际税收合作"的具体内容是什么?

【参考答案】 根据《中共中央办公厅国务院办公厅印发〈关于进一步深化税收征管改革的意见〉》第二十四条,深度参与数字经济等领域的国际税收规则和标准制定,持续推动全球税收治理体系建设。落实防止税基侵蚀和利润转移行动计划,严厉打击国际逃避税,保护外资企业合法权益,维护我国税收利益。不断完善"一带一路"税收征管合作机制,支持发展中国家提高税收征管能力。进一步扩大和完善税收协定网络,加大跨境涉税争议案件协商力度,实施好对所得避免双重征税的双边协定,为高质量引进来和高水平走出去提供支撑。

37. 什么是国际税收情报交换?

【参考答案】 国际税收情报交换是指税收协定缔约国家(地区)的主管当局为了正确执行税收协定及其所涉及税种的国内法而相互交换所需信息的行为。

38. 纳税人应该向哪个税务机关申请开具《中国税收居民身份证明》?

【参考答案】 根据《国家税务总局关于调整〈中国税收居民身份证明〉有关事项的公告》(国家税务总局公告 2019 年第 17 号)的规定,申请人应向主管其所得税的县税务局申请开具《税收居民证明》。中国居民企业的境内、境外分支机构应由其中国总机构向总机构主管税务机关申请。合伙企业应当以其中国居民合伙人作为申请人,向中国居民合伙人主管税务机关申请。

39. 什么是国别报告？

【参考答案】 《国家税务总局关于完善关联申报和同期资料管理有关事项的公告》(国家税务总局公告 2016 年第 42 号)第五条规定，国别报告是指跨国企业集团按照《国家税务总局关于完善关联申报和同期资料管理有关事项的公告》(国家税务总局公告 2016 年第 42 号)规定应该向税务机关报告的信息，主要内容包括集团所有成员实体的全球所得、纳税和业务活动的国别分布情况。

40.《外国企业常驻代表机构税收管理暂行办法》中的外国企业常驻代表机构指的是什么？

【参考答案】 根据《外国企业常驻代表机构税收管理暂行办法》第二条，外国企业常驻代表机构指按照国务院有关规定，在工商行政管理部门登记或经有关部门批准，设立在中国境内的外国企业(包括港澳台企业)及其他组织的常驻代表机构。

41. 非居民企业间接转让中国应税财产是指什么？

【参考答案】 根据《国家税务总局关于非居民企业间接转让财产企业所得税若干问题的公告》(国家税务总局公告 2015 年第 7 号)第一条规定，非居民企业间接转让中国应税财产，是指非居民企业通过转让直接或间接持有中国应税财产的境外企业(不含境外注册中国居民企业，以下称境外企业)股权及其他类似权益(以下称股权)，产生与直接转让中国应税财产相同或相近实质结果的交易，包括非居民企业重组引起境外企业股东发生变化的情形。

42. 特许权使用费一般包括哪三个方面的内容？

【参考答案】 根据国家税务总局《税收协定条款解读之九——特许权使用费》，特许权使用费一般包括三个方面的内容，第一是因使用或有权使用专利、版权类知识产权而支付的报酬，这些知识产权包括各种形式的文学、艺术、科技等方面的专利或版权权利，这些权利是否已经或者必须在规定的部门注册登记不是必要条件。此外还应注意，这一定义既包括在有许可的情况下支付的款项，也包括因侵权支付的赔偿款。第二是因使用或有权使用工业、商业、科学设备而支付的报酬，即设备租金。需要指出的是，并非所有协定中都有该项内容，但我们的协定政策比较明确，尽可能在谈判时争取将该类所得包括在特许权使用费的定义之内。第三是为获得工业、商业、科学经验的信息而支付的报酬，这些信息通常指专有技术，一般是指进行某项产品的生产或加工所必需的、未曾公开的、具有专有技术性质的信息和资料。

43. 什么是饶让抵免？

【参考答案】 国家税务总局《税收协定条款解读之十六——消除双重征税方法》第二十三条规定，饶让抵免是税收协定特有的规定，其内容是在缔约国一方本该缴纳但因优惠政策而未缴纳的税款，被视同已经缴纳，回国后照样可以抵免。

44. 什么是转让定价管理？

【参考答案】 根据《国家税务总局关于印发〈特别纳税调整实施办法(试行)〉的通知》

(国税发〔2009〕2 号)第一章第三条的规定,转让定价管理是指税务机关按照所得税法第六章和征管法第三十六条的有关规定,对企业与其关联方之间的业务往来是否符合独立交易原则进行审核评估和调查调整等工作的总称。

45. 什么是预约定价安排管理?

【参考答案】 根据《国家税务总局关于印发〈特别纳税调整实施办法(试行)〉的通知》(国税发〔2009〕2 号)第一章第四条的规定,预约定价安排管理是指税务机关按照所得税法第四十二条和征管法实施细则第五十三条的规定,对企业提出的未来年度关联交易的定价原则和计算方法进行审核评估,并与企业协商达成预约定价安排等工作的总称。

46. 什么是成本分摊协议管理?

【参考答案】 根据《国家税务总局关于印发〈特别纳税调整实施办法(试行)〉的通知》(国税发〔2009〕2 号)第一章第五条的规定,成本分摊协议管理是指税务机关按照所得税法第四十一条第二款的规定,对企业与其关联方签署的成本分摊协议是否符合独立交易原则进行审核评估和调查调整等工作的总称。

47. 什么是受控外国企业管理?

【参考答案】 根据《国家税务总局关于印发〈特别纳税调整实施办法(试行)〉的通知》(国税发〔2009〕2 号)第一章第六条的规定,受控外国企业管理是指税务机关按照所得税法第四十五条的规定,对受控外国企业不作利润分配或减少分配进行审核评估和调查,并对归属于中国居民企业所得进行调整等工作的总称。

48. 什么是资本弱化管理?

【参考答案】 根据《国家税务总局关于印发〈特别纳税调整实施办法(试行)〉的通知》(国税发〔2009〕2 号)第一章第七条的规定,资本弱化管理是指税务机关按照所得税法第四十六条的规定,对企业接受关联方债权性投资与企业接受的权益性投资的比例是否符合规定比例或独立交易原则进行审核评估和调查调整等工作的总称。

49. 什么是一般反避税管理?

【参考答案】 根据《国家税务总局关于印发〈特别纳税调整实施办法(试行)〉的通知》(国税发〔2009〕2 号)第一章第八条的规定,一般反避税管理是指税务机关按照所得税法第四十七条的规定,对企业实施其他不具有合理商业目的的安排而减少其应纳税收入或所得额进行审核评估和调查调整等工作的总称。

五、案例题(不定项选择题)

(一)

我国甲银行向 B 国某企业贷出 1 000 万元,合同约定利率为 6%。2023 年甲银行收到 B 国企业 54 万元税后利息(已扣除就应付利息 60 万元在甲国扣缴的预提所得税 6 万元,预提所得税税率为 10%)。甲银行应纳税所得总额为 2 000 万元,已在应纳税所得总额中扣除的该笔境外贷款的融资成本为本金的 5%。

1. 在就境外所得计算应对应调整扣除的有关成本费用时，应予以特别注意的成本费用是(　　)。

A. 股息、红利，与境外投资业务有关的项目研究、融资成本和管理费用

B. 利息，为取得该项利息而发生的相应的融资成本和相关费用

C. 特许权使用费，提供特许使用的资产的研发、摊销等费用

D. 财产转让，被转让财产的成本净值和相关费用

【参考答案】 ABCD

【答案解析】 根据《企业境外所得税收抵免操作指南》，在就境外所得计算应对应调整扣除的有关成本费用时，应对如下成本费用(但不限于)予以特别注意：

(1)股息、红利，应对应调整扣除与境外投资业务有关的项目研究、融资成本和管理费用；

(2)利息，应对应调整扣除为取得该项利息而发生的相应的融资成本和相关费用；

(3)租金，属于融资租赁业务的，应对应调整扣除其融资成本；属于经营租赁业务的，应对应调整扣除租赁物相应的折旧或折耗；

(4)特许权使用费，应对应调整扣除提供特许使用的资产的研发、摊销等费用；

(5)财产转让，应对应调整扣除被转让财产的成本净值和相关费用。

2. 来源于境外的利息、租金、特许权使用费、转让财产等收入，应确认收入实现的日期是(　　)。

A. 合同约定应付交易对价款的日期

B. 实际支付应付交易对价款的日期

C. 决定支付应付交易对价款的日期

D. 交易活动开始的日期

【参考答案】 A

【答案解析】 根据《企业境外所得税收抵免操作指南》第三条，来源于境外的利息、租金、特许权使用费、转让财产等收入，应按有关合同约定应付交易对价款的日期确认收入实现。

3. 境外利息收入总额为(　　)万元。

A. 54　　B. 60

C. 10　　D. 4

【参考答案】 B

【答案解析】 境外利息收入总额＝税后利息＋已扣除税额＝54＋6＝60(万元)。

4. 境外利息收入对应调整扣除相关成本费用后的应纳税所得额为(　　)万元。

A. 4　　B. 0

C. 60　　　　D. 10

【参考答案】 D

【答案解析】 对应调整扣除相关成本费用后的应纳税所得额＝60－1 000×5%＝10(万元)。

5. B国所得税抵免限额为(　　)万元。

A. 2.5　　　　B. 1

C. 0　　　　D. 15

【参考答案】 A

【答案解析】 B国所得税抵免限额＝2 000×25%×10÷2 000＝2.5(万元)。

(二)

A企业为境内居民企业,B企业为境外非居民企业,A企业与B企业签订咨询服务合同,合同规定由B企业为A企业提供咨询服务,合同总金额为100万元,由A企业向B企业支付,A企业为代扣代缴义务人,涉及税款全部由非居民企业B承担。假设非居民企业B需要缴纳企业所得税和增值税,非居民适用企业所得税税率为10%,适用增值税税率为6%,城市维护建设税、教育费附加、地方教育附加合计为增值税的12%。

1. 境内机构和个人向境外单笔支付等值(　　)万美元以上外汇资金,应向所在地主管税务机关进行税务备案。

A. 2　　　　B. 5

C. 10　　　　D. 50

【参考答案】 B

【答案解析】 根据《国家税务总局 国家外汇管理局关于服务贸易等项目对外支付税务备案有关问题的公告》(国家税务总局 国家外汇管理局公告2013年第40号)第一条的相关规定。

2. 在这种情况下,A企业所有应支付金额的总额应(　　)。

A. 大于100万元　　　　B. 等于100万元

C. 小于100万元　　　　D. 无法确定

【参考答案】 B

【答案解析】 因为税款由非居民企业自行承担,作为支付方的居民企业A按照合同总金额代扣代缴税款后将剩下的部分通过银行支付出境,所以A企业所有应支付金额的总额为100万元。

3. A企业应代扣代缴的增值税及其附加税费为(　　)。

A. 增值税5.66万元,附加税费0.68万元

B. 增值税6万元,附加税费0.72万元

C. 增值税 6.04 万元，附加税费 0.73 万元

D. 增值税 6.72 万元，附加税费 0.81 万元

【参考答案】 A

【答案解析】 增值税不含税价格＝100÷(1＋6%)＝94.34(万元)，应扣缴增值税＝94.34×6%＝5.66(万元)；应扣缴附加税费＝5.66×12%＝0.68(万元)。

4. A 企业应代扣代缴的企业所得税为(　　)万元。

A. 9.43　　B. 10

C. 10.42　　D. 11.2

【参考答案】 A

【答案解析】 应代扣代缴的企业所得税＝94.34×10%＝9.43(万元)。

5. A 企业税后实际对外支付金额为(　　)万元。

A. 115.77　　B. 100

C. 84.23　　D. 83.28

【参考答案】 C

【答案解析】 税后实际对外支付金额＝100－9.43－5.66－0.68＝84.23(万元)。

（三）

A 企业为境内居民企业，B 企业为境外非居民企业，A 企业与 B 企业签订咨询服务合同，合同规定由 B 企业为 A 企业提供咨询服务，合同总金额为 100 万元，由 A 企业向境外 B 企业支付，A 企业为代扣代缴义务人，涉及税款全部由居民企业 A 承担。假设非居民企业 B 需要缴纳企业所得税和增值税，非居民适用企业所得税税率为 10%，适用增值税税率为 6%，城市维护建设税、教育费附加、地方教育附加合计为增值税的 12%。

1. 对外支付备案人选择在电子税务局等在线方式办理备案的。完成备案后，可凭(　　)，按照外汇管理相关规定，到银行办理付汇手续。

A. 税务登记证原件及复印件　　B.《备案表》编号和验证码

C. 经办人身份证原件及复印件　　D. 对外支付合同

【参考答案】 B

【答案解析】 根据《国家税务总局 国家外汇管理局关于服务贸易等项目对外支付税务备案有关问题的补充公告》(国家税务总局 国家外汇管理局公告 2021 年第 19 号)第四条的相关规定。

2. 在这种情况下，A 企业应支付金额的总额应(　　)。

A. 大于 100 万元　　B. 等于 100 万元

C. 小于 100 万元　　D. 无法确定

【参考答案】 A

【答案解析】 因为税款由居民企业承担，作为支付方的居民企业 A 要按照合同金额通过银行支付出境，同时还要代扣代缴税款，所以 A 企业应支付金额的总额大于 100 万元。

3. A 企业应代扣代缴的增值税及其附加税费为（　　）。

A. 增值税 5.66 万元，附加税费 0.68 万元

B. 增值税 6 万元，附加税费 0.72 万元

C. 增值税 6.04 万元，附加税费 0.73 万元

D. 增值税 6.72 万元，附加税费 0.81 万元

【参考答案】 D

【答案解析】 增值税不含税价格＝100÷（1－10％－6％×12％）＝112.01（万元），应扣缴增值税＝112.01×6％＝6.72（万元）；应扣缴附加税费＝6.72×12％＝0.81（万元）。

4. A 企业应代扣代缴的企业所得税为（　　）万元。

A. 9.43　　B. 10

C. 10.42　　D. 11.2

【参考答案】 D

【答案解析】 应代扣代缴的企业所得税＝112.01×10％＝11.2（万元）。

5. A 企业税后实际对外支付金额为（　　）万元。

A. 83.28　　B. 84.23

C. 100　　D. 115.77

【参考答案】 C

【答案解析】 应支付总金额＝100＋11.2＋6.72＋0.81＝118.73（万元）。

税后实际支付金额＝118.73－11.2－6.72－0.81＝100（万元）。

（四）

中国境内税收居民个人张先生上年度取得的各项收入分别是：工资，薪金所得境内 40 万元，境外（甲国）30 万元；经营所得境内 40 万元，境外（甲国）亏损 20 万元；利息、股息所得境内 30 万元，境外（甲国）20 万元；财产租赁所得境内 20 万元，境外（甲国）10 万元。

已知：（1）工资应纳税所得额＝收入－6 万元－专项扣除－专项附加扣除（为方便计算，专项扣除及专项附加扣除均为 0）。（2）居民个人工资、薪金所得：30 万－42 万元税率为 25％，速算扣除数为 3.192 万元；42 万－66 万元税率为 30％，速算扣除数为 5.292 万元。（3）经营所得：9 万－30 万元税率为 20％，速算扣除数为 1.05 万元；30 万－50 万元税率为 30％，速算扣除数为 4.05 万元。

1. 张先生在甲国综合所得抵免限额为（　　）万元。

A. 0　　B. 3.708

C. 5.96　　D. 13.908

【参考答案】 C

【答案解析】 计算综合所得抵免限额需要合并境内外综合收入汇总计算全部综合所得的应纳税所得额，再根据综合所得各项收入占比计算在甲国的综合所得抵免限额。(1)年度综合所得应纳税所得额=(40+30−6−0−0)×30%−5.292=13.908(万元)；(2)在甲国的综合所得抵免限额=13.908×30÷70=5.96(万元)。

2. 张先生在甲国经营所得抵免限额为(　　)万元。

A. 0　　B. 1.95

C. 7.95　　D. 20

【参考答案】 A

【答案解析】 计算经营所得抵免限额需要合并境内外收入计算应纳税所得额，再分配计算经营所得在甲国的抵免限额。(1)年度经营所得应纳税所得额=40×30%−4.05=7.95(万元)；(2)张先生在甲国的经营所得抵免限额=经营所得应纳税所得额×0÷境内外经营应纳税所得额合计=0(元)。

3. 张先生在甲国股息、利息所得抵免限额为(　　)万元。

A. 0　　B. 4

C. 6.67　　D. 10

【参考答案】 B

【答案解析】 计算股息、利息所得抵免限额需要按中国税法分别计算，在甲国取得的股息、利息所得的应纳税所得额，并且不与境内其他所得合并。(1)年度股息、利息所得应纳税所得额=30×20%+20×20%=10(万元)；(2)在甲国的股息、利息所得抵免限额=20×20%=4(万元)。

4. 张先生在甲国财产租赁所得抵免限额为(　　)万元。

A. 0　　B. 1.6

C. 4.8　　D. 10

【参考答案】 B

【答案解析】 计算财产租赁所得抵免限额需要按中国税法分别计算，在甲国取得的财产租赁所得的应纳税所得额，并且不与境内其他所得合并。(1)年度财产租赁所得应纳税所得额=(20+10)×(1−20%)×20%=4.8(万元)；(2)在甲国的财产租赁所得抵免限额=10×(1−20%)×20%=1.6(万元)。

5. 张先生在甲国抵免限额按照"分国且分项"方法计算，合计为(　　)万元。

A. 0　　B. 11.56

C. 20　　D. 21.46

【参考答案】 B

【答案解析】 在甲国抵免限额合计=综合所得抵免限额+经营所得抵免限额+股息、

利息所得抵免限额＋财产租赁所得抵免限额＝5.96＋0＋4＋1.6＝11.56(万元)。

（五）

中国居民企业甲，成立于2012年，其主要业务如下：(1)2012－2013年，甲企业主要在中国境内从事家具生产、批发与零售，无境外业务。(2)2014－2015年，甲企业开始尝试在美国销售本企业生产的家具，起初通过参加商品展销会推销企业产品。甲企业租用展位展示产品，同时在展会上与潜在的经销商或买家谈判并签订合同。(3)2016－2017年，甲企业开始通过美国的代理商和经销商销售本企业产品。与代理商签订合同，由代理商向甲企业采购，代理商再将产品销售给美国的经销商和消费者。一般由美国代理商来中国采购，甲企业无须在美国从事业务推销活动。(4)2018－2019年，甲企业在美国设立办事处，最初办事处的工作人员主要负责与经销商联系，收集市场信息，协调经销商的采购、发货和售后服务事宜。后来，办事处的工作人员在美国与潜在的客户进行谈判，签订销售合同，再由甲企业从中国向客户发货。(5)2020－2021年，甲企业在美国成立了销售子公司A，由A公司负责销售中国母公司生产的产品。A公司在美国建立了销售网络，在美国销售的产品由甲企业销售给A公司，再由A公司销售给美国的代理商和经销商。(6)2022年至今，甲企业在英属维尔京群岛成立了BVI贸易公司，所有出口的产品由甲企业销售给BVI贸易公司，BVI贸易公司再销售给A公司，由A公司销售给代理商和经销商。

1. 根据业务(2)，甲企业在境外的纳税情况说法正确的是(　　)。

A. 无需在美国纳税

B. 需要就来源于美国的所得在美国缴纳企业所得税

C. 需要就全部所得在美国缴纳企业所得税

D. 无法确定

【参考答案】 A

【答案解析】 根据中美之间签订的避免双重征税协定，只有甲企业在美国构成常设机构的情况下，才需要就来源于美国的生产经营所得纳税，参加展会通常不会认定为构成常设机构，因此无需在美国纳税。

2. 根据业务(3)，甲企业在境外的纳税情况说法正确的是(　　)。

A. 无需在美国纳税

B. 需要就来源于美国的所得在美国缴纳企业所得税

C. 需要就全部所得在美国缴纳企业所得税

D. 无法确定

【参考答案】 A

【答案解析】 由于甲企业未在美国从事任何经营行为，所以无需在美国纳税。

3. 根据业务(4),甲企业在境外的纳税情况说法正确的是( )。

A. 无需在美国纳税

B. 需要就来源于美国的所得在美国缴纳企业所得税

C. 需要就全部所得在美国缴纳企业所得税

D. 无法确定

【参考答案】 B

【答案解析】 办事处直接从事营业活动,如直接谈签销售合同,那么办事处在美国构成常设机构,需要就来源于美国的所得在美国缴纳企业所得税

4. 根据业务(5),甲企业在境外的纳税情况说法正确的是( )。

A. 无需在美国纳税

B. 需要就来源于美国的所得在美国缴纳企业所得税

C. 需要就全部所得在美国缴纳企业所得税

D. 如果 A 公司进行税后利润分配,则甲企业需要在美国就分配所得的税后利润缴纳预提所得税

【参考答案】 AD

【答案解析】 甲企业不再在美国从事任何经营活动,无需在美国纳税。但是 A 公司的税后利润分配给甲企业,所以甲企业需要在美国缴纳预提所得税。

5. 根据业务(6),BVI 贸易公司的纳税情况说法正确的是( )。

A. 无需缴纳任何税款

B. 需要在中国缴纳企业所得税

C. 需要在美国缴纳企业所得税

D. 需要在英属维尔京群岛缴纳企业所得税

【参考答案】 A

【答案解析】 BVI 贸易公司是从事离岸业务的公司,无需缴纳任何税款,只需要每年缴纳一定的公司注册费。

(六)

A 公司是一家在美国注册的公司,A 企业通过其在英属维尔京群岛设立的特殊目的公司 BVI 公司,在中国境内设立了一家外商投资企业 B 公司。BVI 公司是一家空壳公司,自成立以来不从事任何实质性业务,没有配备资产和人员,也没有取得经营性收入。A 公司及其子公司相关股权架构为:A 公司→BVI(境外)→B 公司(境内),持股比例均为 100%。

B 公司于 2022 年发生了如下业务:(1)4 月 10 日,通过 BVI 公司向 A 公司分配股息 2 000 万元;(2)6 月 20 日,向 A 公司支付商标使用费 1 500 万元,咨询费 1 000 万元,6 月 30 日向甲公司支付设计费 10 万元;(3)12 月 25 日,A 公司将 BVI 公司的全部股权转让给另一

中国居民企业C公司(假设:1美元=7.5元人民币)。

1. B公司向BVI公司分配股息时应代扣代缴的企业所得税为(　　)万元。

A. 100　　B. 200

C. 400　　D. 500

【参考答案】 B

【答案解析】 应代扣代缴的企业所得税=2 000×10%=200(万元)。

2. B公司向A公司支付商标使用费、咨询费、设计费应代扣代缴的增值税为(　　)万元。

A. 288.76　　B. 150.6

C. 142.08　　D. 84.91

【参考答案】 C

【答案解析】 应代扣代缴的增值税=(1500+1 000+10)÷(1+6%)×6%=142.08(万元)。

3. B公司向A公司支付商标使用费应、咨询费、设计费代扣代缴的企业所得税为(　　)万元。

A. 141.51　　B. 150

C. 236.79　　D. 251

【参考答案】 A

【答案解析】 应代扣代缴企业所得税=1500÷(1+6%)×10%=141.51(万元)。完全发生在境外的劳务,无需在我国缴税。

4. B公司上述对外支付的款项中,需要办理税务备案手续的项目有(　　)。

A. 分配股息、支付商标使用费、咨询费、设计费

B. 分配股息、支付商标使用费、设计费

C. 支付商标使用费、咨询费、设计费

D. 分配股息、支付商标使用费、咨询费

【参考答案】 D

【答案解析】 境内机构和个人向境外单笔支付等值5万美元以上(不含)的外汇资金,除无需进行税务备案的情形外,均应向所在地主管税务机关进行税务备案。单笔支付限额=5×7.5=37.5(万元),B公司对外支付的股息、商标使用费、咨询费均高于37.5万元人民币,应当办理税务备案。

5. 根据上述业务,下列说法正确的是(　　)。

A. A公司转让BVI公司的股权不需要在中国缴纳企业所得税

B. A公司将BVI公司的全部股权转让的行为应确认为直接转让中国居民企业股权

C. A公司取得股息收益,相关应纳税款扣缴义务发生之日为股息实际支付之日

D. A公司取得股息收益以收入全额为应纳税所得额，不得扣除税法规定之外的税费支出

【参考答案】 BCD

【答案解析】 A公司转让BVI公司的股权需要在中国缴纳企业所得税。非居民企业通过实施不具有合理商业目的的安排，间接转让中国居民企业股权等财产，规避企业所得税纳税义务的，应按照《中华人民共和国企业所得税法》的有关规定，重新定性该间接转让交易，确认为直接转让中国居民企业股权等财产，应在中国境内缴纳企业所得税。

（七）

中国居民企业A公司2022年境内应纳税所得额为5 000万元，A公司在甲、乙两国设有分支机构，甲国分支机构当年应纳税所得额为1 000万元，甲国规定所得税税率为20%；A公司直接从甲国取得特许权使用费所得400万元，甲国的预提所得税税率为10%。乙国分支机构当年应纳税所得额为800万元，乙国规定所得税税率为30%；A公司直接从乙国取得租金所得200万元，乙国的预提所得税税率为8%。（假设：A公司适用25%的企业所得税税率，无纳税调整，境外已纳税额选择分国不分项抵免方式，不考虑税收协定影响）

1. A公司在甲国实际缴纳税额为（ ）万元。

A. 350　　B. 290

C. 240　　D. 200

【参考答案】 C

【答案解析】 A公司在甲国实际缴纳税额＝1 000×20%＋400×10%＝240（万元）。

2. A公司来源于甲国所得的抵免限额为（ ）万元。

A. 350　　B. 290

C. 240　　D. 200

【参考答案】 A

【答案解析】 来源于甲国所得的抵免限额＝（1 000＋400）×25%＝350（万元）。

3. A公司来源于乙国所得的实际抵免税额为（ ）万元。

A. 200　　B. 240

C. 250　　D. 280

【参考答案】 C

【答案解析】 来源于乙国所得的抵免限额＝（800＋200）×25%＝250（万元）；来源于乙国所得的实际缴纳税额＝800×30%＋200×8%＝256（万元），250小于256，所以实际抵免税额是250万元。

4. A 公司 2022 年境内外所得在我国实际应缴纳的企业所得税为(　　)万元。

A. 1 500　　B. 1 360

C. 1 260　　D. 1 050

【参考答案】 B

【答案解析】 实际应在我国缴纳企业所得税＝境内外总所得×25%－甲国实际抵免额－乙国实际抵免额。A 公司 2022 年境内外应纳税所得额＝5 000＋1 000＋400＋800＋200＝7 400(万元)，境内外所得按照中国税法应纳税额＝7 400×25%＝1 850(万元)；来源于甲国所得实际缴纳税额为 240 万元，抵免限额为 350 万元，两者比较取小者为实际抵免税额，因此可从应纳税额中扣除的税额为 240 万元。来源于甲、乙两国的境外所得可从应纳税额中扣除的税额分别为 240 万元和 250 万元。A 公司实际应在中国缴纳企业所得税＝1 850－240－250＝1 360(万元)。

5. 假设甲国的分支机构在 2021 年度发生了亏损，因当年无法弥补。其可以在(　　)项目报 2022 年应纳税所得额时弥补。

A. 甲国　　B. 乙国

C. 甲国的其他项目　　D. 乙国的其他项目

【参考答案】 AC

【答案解析】 在汇总计算境外应纳税所得额时，企业在境外同一国家(地区)设立不具有独立纳税地位的分支机构，按照企业所得税法及实施条例的有关规定计算的亏损，不得抵减其境内或他国(地区)的应纳税所得额，但可以用同一国家(地区)其他项目或以后年度的所得按规定弥补。

2023 年大比武国际税收模拟试卷(一)

(时间:90 分钟　满分:100 分)

一、单选题(本题型共 20 小题,每题 1.5 分,共 30 分,每题只有一个正确答案,请将正确答案填在括号内)

1. 企业在主管税务机关向其送达受理申请的《税务事项通知书》之日所属纳税年度前 3 个年度,每年度发生的关联交易金额(　　)万元人民币以上,并符合特定条件的,可以申请适用简易程序。

A. 1 000　　B. 3 000

C. 4 000　　D. 5 000

2. 居民企业甲在境外设立不具有独立纳税地位的分支机构 A 取得的各项境外所得,则 A 计入该居民企业应纳税所得额的时间是(　　)。

A. 作出纳税申报的当天

B. 作出利润分配决定的当天

C. 汇回中国境内的当天

D. 无论是否汇回中国境内,均应计入该企业所属纳税年度的境外应纳税所得额

3. 甲企业与关联方与 2022 年 5 月 1 日签订(变更)成本分摊协议,则甲企业最晚应于(　　),向主管税务机关报送成本分摊协议副本,并在年度企业所得税纳税申报时,附送《中华人民共和国企业年度关联业务往来报告表》。

A. 2022 年 5 月 16 日　　B. 2022 年 5 月 31 日

C. 2020 年 6 月 15 日　　D. 2022 年 6 月 30 日

4. 符合下列条件之一的企业,应当准备主体文档:(一)年度发生跨境关联交易,且合并该企业财务报表的最终控股企业所属企业集团已准备主体文档。(二)年度关联交易总额超过(　　)元。

A. 5 000 万　　B. 5 亿

C. 10 亿　　D. 15 亿

5. 境内 A 银行向甲国 B 企业贷款 2 000 万元，合同约定利率为 10%。2022 年 A 银行收到甲国 B 企业 90 万元利息(已扣除甲国预提所得税，甲国预提所得税税率为 10%)。该笔境外贷款的融资成本为本金的 4%。则 A 银行应纳税所得总额中境外利息收入的应纳税所得额为(　　)万元。

A. 5　　B. 10

C. 15　　D. 20

6. 在中国境内设立机构、场所的非居民企业在年度中间终止经营活动的，应当自实际经营终止之日起(　　)日内，向税务机关办理当期企业所得税汇算清缴。

A. 30　　B. 45

C. 60　　D. 90

7. 税务机关应当以具有合理商业目的和经济实质的类似安排为基础，按照实质重于形式的原则实施特别纳税调整。下列调整方法中表述错误的是(　　)。

A. 对安排的全部或者部分交易重新定性

B. 在税收上肯定交易方的存在，或者将交易方与其他交易方视为统一实体

C. 对相关所得、扣除、税收优惠、境外税收抵免等重新定性或者在交易各方间重新分配

D. 其他合理方法

8. 税收协定的主要作用不包括(　　)。

A. 增加所得来源国的税收　　B. 提高税收确定性

C. 消除双重征税　　D. 降低跨境纳税人在东道国的税负

9. 预约定价安排执行期满后自动失效。企业申请续签的，应当在预约定价安排执行期满之日前(　　)日内向税务机关提出续签申请。

A. 30　　B. 45

C. 60　　D. 90

10. 下列属于国际上通用的避免双重征税协定范本是(　　)。

A. 经合组织范本　　B. 国际货币经济组织范本

C. 世界银行范本　　D. 世界贸易组织范本

11. 企业应当在纳税年度终了后(　　)个月内，向主管税务机关报送执行预约定价安排情况的纸质版和电子版年度报告，主管税务机关将电子版年度报告报送国家税务总局；涉及双边或者多边预约定价安排的，企业应当向主管税务机关报送执行预约定价安排情况的纸质版和电子版年度报告，同时将电子版年度报告报送国家税务总局。

A. 3　　B. 5

C. 6　　D. 9

12. 对非居民企业在中国境内取得工程作业和劳务所得应缴纳的所得税，税务机关可以指定工程价款或者劳务费的支付人为扣缴义务人。此款规定的扣缴义务人，由(　　)以

上税务机关指定。

A. 县级　　B. 区级

C. 市级　　D. 省级

13. 境内居民企业A向非居民企业B借款，约定借款期限自2021年1月1日起至2021年12月31日，2021年12月31日一次还本付息。而A企业实际支付利息时间为2022年6月30日。A企业在2021年12月31日将该项利息支出计入自建固定资产原值，并于2022年3月31日进行2021年度企业所得税汇算清缴申报。则A企业应就该利息支出代扣代缴企业所得税的时点为(　　)。

A. 2021年12月31日　　B. 2022年3月31日

C. 2022年6月30日　　D. 2022年12月31日

14. 非居民企业A在中国境内承包工程作业，则他应当自项目合同或协议签订之日起(　　)内，向项目所在地主管税务机关办理税务登记手续。

A. 15日　　B. 30日

C. 45日　　D. 60日

15. 税务机关按照以下标准确定非居民企业的利润率：从事承包工程作业、设计和咨询劳务的，利润率为(　　)。

A. 5%—20%　　B. 15%—30%

C. 30%—45%　　D. 30%—50%

16. 实行查账征收的居民企业和(　　)非居民企业向税务机关报送年度企业所得税纳税申报表时，应当就其与关联方之间的业务往来进行关联申报，附送《中华人民共和国企业年度关联业务往来报告表》。

A. 在中国境内设立机构、场所的

B. 在中国境内设立机构、场所并实行核定征收的

C. 在中国境内设立机构、场所并据实申报缴纳企业所得税的

D. 在中国境内未设立机构、场所但有来源于中国境内所得的

17. 税务机关实施特别纳税调查，应当重点关注具有风险特征的企业，包括由居民企业，或者由居民企业和中国居民控制的设立在实际税负(　　)的国家(地区)的企业，并非由于合理的经营需要而对利润不作分配或者减少分配。

A. 低于5%　　B. 低于10%

C. 低于12.5%　　D. 低于15%

18. 各地税务机关出国(境)项目由省税务局外事管理部门起草请示件，要经部分部门审核，省税务局主要负责人批准后，报税务总局审批。出访请示应由省税务局主要负责人签发，或由主持工作的负责人签发。下列部门不需要(　　)部门审核。

A. 财务　　B. 人事

C. 纪检　　　　　　　　　　　　　　　D. 督查内审

19. 税务机关实施转让定价调查时，应当进行可比性分析，以下不属于可比性分析的内容的是（　　）。

A. 交易资产或者劳务特性

B. 交易各方执行的功能、承担的风险和使用的资产

C. 经营策略

D. 税收贡献度

20. 下列可以作为“可抵免境外所得税税额”的是（　　）。

A. 因少缴或迟缴境外所得税而追加的利息、滞纳金或罚款

B. 境外所得税纳税人或者其利害关系人从境外征税主体得到实际返还或补偿的境外所得税税款

C. 按照我国企业所得税法及其实施条例规定，已经免征我国企业所得税的境外所得负担的境外所得税税款

D. 企业来源于中国境外的所得依照中国境外税收法律以及相关规定应当缴纳并已实际缴纳的企业所得税性质的税款

二、多选题（本题型共 15 小题，每题 2 分，共 30 分，每题均有两个或两个以上正确答案，请将正确答案填在括号内，错选、多选、少选均不得分）

1. 按照企业所得税法规定，企业分为（　　）。

A. 居民企业　　　　　　　　　　　　B. 合资企业

C. 非居民企业　　　　　　　　　　　D. 独资企业

2. 非居民企业在中国境内未设立机构、场所的，或者虽设立机构、场所但取得的所得与其所设机构、场所没有实际联系，其来源于中国境内所得以收入全额计算应纳税所得额有（　　）。

A. 股息、红利等权益性投资收益　　　B. 转让财产所得

C. 利息、租金　　　　　　　　　　　D. 特许权使用费所得

3. 非居民企业在中国境内设立机构、场所，是指在中国境内从事生产经营活动的机构、场所，包括（　　）。

A. 管理机构、营业机构、办事机构

B. 工厂、农场、开采自然资源的场所

C. 提供劳务的场所

D. 从事建筑、安装、装配、修理、勘探等工程作业的场所

4. 下列所得可以免征企业所得税的是（　　）。

A. 外国政府向中国政府提供贷款取得的利息所得

B. 外国企业向居民企业提供优惠贷款取得的利息所得

C. 国际金融组织向中国政府提供优惠贷款取得的利息所得

D. 国际金融组织向居民企业提供优惠贷款取得的利息所得

5. 纳税人需要按照税收协定股息条款规定纳税的，应该取得并保有的有关信息资料包括（　　）。

A. 由协定缔约对方税务主管当局或其授权代表签发的税收居民身份证明以及支持该证明的税收协定缔约对方国内法律依据和相关事实证据

B. 纳税人在税收协定缔约对方的纳税情况

C. 纳税人是否构成中国税收居民

D. 纳税人在中国居民公司的持股情况

6. 税收协定中常设机构是指一个相对固定的营业场所，下列属于常设机构通常情况下具备的特点（　　）。

A. 该营业场所是实质存在的

B. 该营业场所是相对固定的，并且在时间上具有一定的持久性

C. 全部或部分的营业活动是通过该营业场所进行的

D. 专为储存、陈列或者交付本企业货物或者商品的目的而使用的设施

7. 境内机构和个人选择在办税服务厅办理服务贸易等项目对外支付税务备案的，在银行付汇环节需要出具的税务备案资料是（　　）。

A.《服务贸易等项目对外支付税务备案表》编号

B.《服务贸易等项目对外支付税务备案表》验证码

C. 对外贸易经营许可证件

D. 备案人税务登记证件

8. 下列属于成本分摊协议主要内容的是（　　）。

A. 参与方的名称、所在国家（地区）、关联关系、在协议中的权利和义务

B. 协议期限

C. 参与方预期收益的计算方法和假设

D. 参与方初始投入和后续成本支付的金额、形式、价值确认的方法以及符合独立交易原则的说明

9. 下列企业具有关联关系的有（　　）。

A. 甲企业直接持有乙企业 30%股份

B. 甲企业持有乙企业 10%股份，甲、乙之间借贷资金总额占乙企业实收资本的 30%

C. 甲企业持有乙企业 15%股份，乙企业的生产经营活动须由甲企业提供专利权才能正常进行

D. 甲企业有 12 名董事，其中 5 名由乙企业任命

10. 在企业预约定价安排过程中，税务机关可以拒绝企业提交谈签意向的情形有（　　）。

A. 税务机关已经对企业实施特别纳税调整立案调查，已经结案的

B. 企业未按照有关规定填报年度关联业务往来报告表

C. 企业未按照有关规定准备、保存和提供同期资料

D. 预备会谈阶段税务机关和企业无法达成一致意见

11. 税务机关可以通过下列（　　）手段，对企业实施特别纳税调整监控管理。

A. 关联申报审核　　B. 预约定价安排谈签

C. 同期资料管理　　D. 利润水平监控

12. 下列情形，不需要向所在地主管税务机关进行税务备案的是（　　）。

A. 甲企业向境外支付发生在境外的 10 万美元保险费

B. 居民个人乙向境外支付 8 万美元留学因私用汇

C. 丙企业向境外 A 公司支付 6 万美元特许权使用费

D. 丁企业向境外 B 公司支付 4 万美元股息

13. 可抵免境外所得税税额不包括（　　）。

A. 按照境外所得税法律及相关规定属于错缴或错征的境外所得税税款

B. 按照税收协定规定不应征收的境外所得税税款

C. 因少缴或迟缴境外所得税而追加的利息、滞纳金或罚款

D. 按照我国法律规定，已经免征我国企业所得税的境外所得负担的境外所得税税款

14. 下列选项，属于《非居民金融账户涉税信息尽职调查管理办法》所称金融机构的是（　　）。

A. 商业银行　　B. 信托公司

C. 金融资产管理公司　　D. 货币经纪公司

15. 截至 2023 年 2 月，“一带一路”税收征管能力促进联盟相继成立 5 所“一带一路”税务学院，包括（　　）。

A. “一带一路”税务学院・北京　　B. “一带一路”税务学院・上海

C. “一带一路”税务学院・扬州　　D. “一带一路”税务学院・澳门

三、判断题（本题型共 20 小题，每题 1 分，共 20 分，请将你认为正确的画对号，错误的画叉号，不画或错画均不得分）

1. 关于国际税收业务中，企业所得税的扣缴，扣缴义务人应当自扣缴义务发生之日起 15 日内向扣缴义务人所在地主管税务机关申报和解缴代扣税款。（　　）

2. 非居民企业取得来源于中华人民共和国境内的股息、红利等权益性投资收益和利息、租金、特许权使用费所得、转让财产所得以及其他所得应当缴纳的企业所得税，实行源泉扣缴，以支付人为扣缴义务人。（　　）

3. 主管税务机关发现境外中资企业符合规定但未申请成为中国居民企业的，可以对该

境外中资企业的实际管理机构所在地情况进行调查，并要求境外中资企业提供规定的资料。（ ）

4. 非境内注册居民企业应当自收到居民身份认定书之日起 30 日内向主管税务机关申报办理税务登记。（ ）

5. 非居民企业向其 100%直接控股的另一非居民企业转让其拥有的居民企业股权，选择特殊性税务处理除需要符合部分条件外，还要求没有因此造成以后该项股权转让所得预提税负担变化，且转让方非居民企业向主管税务机关书面承诺在 3 年（含 3 年）内不转让其拥有受让方非居民企业的股权。（ ）

6. 非居民企业股权转让选择特殊性税务处理，属于非居民企业向其 100%直接控股的另一非居民企业转让其拥有的居民企业股权的，由受让方向被转让企业所在地主管税务机关备案。（ ）

7. 主体文档应当在企业集团最终控股企业会计年度终了之日起 6 个月内准备完毕。（ ）

8. 企业年度关联交易有形资产所有权转让金额（来料加工业务按照年度进出口报关价格计算）超过 2 亿元的应当准备本地文档。（ ）

9. 境外机构或个人从境内获得的包括运输、旅游、通信、建筑安装及劳务承包、保险服务、金融服务、计算机和信息服务、专有权利使用和特许、体育文化和娱乐服务、其他商业服务、政府服务等服务贸易收入，境内机构和个人向境外单笔支付等值 5 万美元以上外汇资金，应向所在地税务机关进行税务备案。（ ）

10. 境内机构和个人向非居民发包工程作业或劳务项目的，应当自项目合同签订之日起 15 日内，向主管税务机关办理合同备案或劳务项目报告。（ ）

11. 税收协定是我国国际税收的执法手段。（ ）

12. 负有双重纳税义务的跨国法人能成为国际税收涉及的纳税人。（ ）

13. 收入的国际化是国际税收形成的直接动力。（ ）

14. 非居民企业为中国境内客户提供劳务取得的收入，其提供的服务同时发生在中国境内外的，应以劳务发生地为原则划分其境内外收入。（ ）

15. 发展中国家侧重于地域管辖权。（ ）

16. 国际税收协定又称为避免双重征税协定。（ ）

17. 在境内居住，且一个纳税年度内，一次离境不超过 30 日，或多次累计不超过 90 日的外籍人员属于我国税法上的税收居民。（ ）

18. 我国企业所得税法规定的受控外国公司包括中国居民企业直接持有 50%表决权股份的外国公司，中国居民企业共同持有 40%表决权股份的外国公司。（ ）

19. 税收抵免方法中的间接抵免适用于总分公司之间。（ ）

20. 使用、保存或出租用于运输货物或商品的集装箱（包括拖车和运输集装箱的有关设

备）等租赁业务取得的收入不属于国际运输收入。（　　）

四、问答题（本题型共2题，每题5分，共10分，请将正确答案写在试卷上）

1. 非居民企业间接转让中国应税财产是指什么？

2. 什么是受控外国企业？

五、计算题（本题型共1题5小问，每小问2分，共10分，每题有一个或多个正确答案，请将正确答案填在括号内）

A企业为境内居民企业，B企业为境外非居民企业，A企业与B企业签订咨询服务合同，合同规定由B企业为A企业提供咨询服务，合同总金额为100万元，由A企业向境外B企业支付，A企业为代扣代缴义务人，涉及税款全部由居民企业A承担。假设非居民企业B需要缴纳企业所得税和增值税，非居民适用企业所得税税率为10%，适用增值税税率为6%，城市维护建设税、教育费附加、地方教育附加合计为增值税的12%。

1. 对外支付备案人选择在电子税务局等在线方式办理备案的。完成备案后，可凭（　　），按照外汇管理相关规定，到银行办理付汇手续。

A. 税务登记证原件及复印件　　B.《备案表》编号和验证码

C. 经办人身份证原件及复印件　　D. 对外支付合同

2. 在这种情况下，A企业所有应支付金额的总额应（　　）。

A. 大于100万元　　B. 等于100万元

C. 小于100万元　　D. 无法确定

3. A企业应代扣代缴的增值税及其附加税费为（　　）。

A. 增值税5.66万元，附加税费0.68万元

B. 增值税6万元，附加税费0.72万元

C. 增值税6.04万元，附加税费0.73万元

D. 增值税6.72万元，附加税费0.81万元

4. A 企业应代扣代缴的企业所得税为(　　)万元。

A. 9.43　　B. 10

C. 10.42　　D. 11.2

5. A 企业税后实际对外支付金额为(　　)万元。

A. 83.28　　B. 84.23

C. 100　　D. 115.77

2023年大比武国际税收模拟试卷(一)答案

一、单选题

1.【参考答案】 C

【答案解析】 根据《国家税务总局关于单边预约定价安排适用简易程序有关事项的公告》(国家税务总局公告2021年第24号)第三条,企业在主管税务机关向其送达受理申请的《税务事项通知书》之日所属纳税年度前3个年度,每年度发生的关联交易金额4 000万元人民币以上,并符合下列条件之一的,可以申请适用简易程序。(一)已向主管税务机关提供拟提交申请所属年度前3个纳税年度的、符合《国家税务总局关于完善关联申报和同期资料管理有关事项的公告》(2016年第42号)规定的同期资料;(二)自企业提交申请之日所属纳税年度前10个年度内,曾执行预约定价安排,且执行结果符合安排要求的;(三)自企业提交申请之日所属纳税年度前10个年度内,曾受到税务机关特别纳税调查调整且结案的。

2.【参考答案】 D

【答案解析】 居民企业在境外设立不具有独立纳税地位的分支机构取得的各项境外所得,无论是否汇回中国境内,均应计入该企业所属纳税年度的境外应纳税所得额。

3.【参考答案】 B

【答案解析】 根据《国家税务总局关于规范成本分摊协议管理的公告》(国家税务总局公告2015年第45号)第一条,企业应自与关联方签订(变更)成本分摊协议之日起30日内,向主管税务机关报送成本分摊协议副本,并在年度企业所得税纳税申报时,附送《中华人民共和国企业年度关联业务往来报告表》。

4.【参考答案】 C

【答案解析】 根据《国家税务总局关于完善关联申报和同期资料管理有关事项的公告》(国家税务总局公告2016年第42号)第十一条,符合下列条件之一的企业,应当准备主体文档:(一)年度发生跨境关联交易,且合并该企业财务报表的最终控股企业所属企业集团已准备主体文档。(二)年度关联交易总额超过10亿元。

5.【参考答案】 D

【答案解析】　境外利息收入总额＝90÷(1－10％)＝100(万元)，对应调整扣除相关成本费用后的应纳税所得额＝100－2 000×4％＝20(万元)。

6.【参考答案】　C

【答案解析】　《国家税务总局关于印发〈非居民企业所得税汇算清缴管理办法〉的通知》(国税发〔2009〕6 号)规定，个业在年度中间终止经营活动的，应当自实际经营终止之日起 60 日内，向税务机关办理当期企业所得税汇算清缴。

7.【参考答案】　B

【答案解析】　《一般反避税管理办法(试行)》(国家税务总局令第 32 号)第一章第五条规定，税务机关应当以具有合理商业目的和经济实质的类似安排为基础，按照实质重于形式的原则实施特别纳税调整。调整方法包括：(一)对安排的全部或者部分交易重新定性；(二)在税收上否定交易方的存在，或者将交易方与其他交易方视为统一实体；(三)对相关所得、扣除、税收优惠、境外税收抵免等重新定性或者在交易各方间重新分配；(四)其他合理方法。

8.【参考答案】　A

【答案解析】　税收协定的主要作用包括降低跨境纳税人在东道国的税负、提高税收确定性、消除双重征税和通过相互协商机制妥善解决涉税争议等。

9.【参考答案】　D

【答案解析】　根据国家税务总局公告 2016 年第 64 号文件第十一条，预约定价安排执行期满后自动失效。企业申请续签的，应当在预约定价安排执行期满之日前 90 日内向税务机关提出续签申请。

10.【参考答案】　A

【答案解析】　国际上通用的避免双重征税协定范本有经合组织范本和联合国范本。

11.【参考答案】　C

【答案解析】　根据国家税务总局公告 2016 年第 64 号文件，企业应当在纳税年度终了后 6 个月内，向主管税务机关报送执行预约定价安排情况的纸质版和电子版年度报告，主管税务机关将电子版年度报告报送国家税务总局；涉及双边或者多边预约定价安排的，企业应当向主管税务机关报送执行预约定价安排情况的纸质版和电子版年度报告，同时将电子版年度报告报送国家税务总局。

12.【参考答案】　A

【答案解析】　根据《中华人民共和国企业所得税实施条例》第一百零六条，前款规定的扣缴义务人，由县级以上税务机关指定，并同时告知扣缴义务人所扣税款的计算依据、计算方法、扣缴期限和扣缴方式。

13.【参考答案】　B

【答案解析】　根据《国家税务总局关于非居民企业所得税管理若干问题的公告》(国家

税务总局公告 2011 年第 24 号），中国境内企业（以下称为企业和非居民企业签订与利息，金，特许权使用费等所得有关的合同或协议，如果未按照合同或协议约定的日期支付上述所得款项，或者变更或修改合同或协议延期支付，但已计入企业当期成本、费用，并在企业所得税年度纳税申报中作税前扣除的，应在企业所得税年度纳税申报时按照企业所得税法有关规定代扣代缴企业所得税。如果企业上述到期未支付的所得款项，不是一次性计入当期成本，费用，而是计入相应资产原价或企业筹办费，在该类资产投入使用或开始生产经营后分期摊入成本，费用，分年度在企业所得税税前扣除的，应在企业计入相关资产的年度纳税申报时就上述所得全额代扣代缴企业所得税。

14.**【参考答案】** B

【答案解析】 《非居民承包工程作业和提供劳务税收管理暂行办法》（国家税务总局令第 19 号）第五条规定，非居民企业在中国境内承包工程作业或提供劳务的，应当自项目合同或协议签订之日起 30 日内，向项目所在地主管税务机关办理税务登记手续。

15.**【参考答案】** B

【答案解析】 根据《国家税务总局关于印发〈非居民企业所得税核定征收管理办法〉的通知》（国税发〔2010〕19 号），税务机关可按照以下标准确定非居民企业的利润率：（一）从事承包工程作业、设计和咨询劳务的，利润率为 15％－30％；（二）从事管理服务的，利润率为 30％－50％；（三）从事其他劳务或劳务以外经营活动的，利润率不低于 15％。

16.**【参考答案】** C

【答案解析】 根据国家税务总局公告 2016 年第 42 号文件，实行查账征收的居民企业和在中国境内设立机构、场所并据实申报缴纳企业所得税的非居民企业向税务机关报送年度企业所得税纳税申报表时，应当就其与关联方之间的业务往来进行关联申报，附送《中华人民共和国企业年度关联业务往来报告表》。

17.**【参考答案】** C

【答案解析】 根据《国家税务总局关于发布〈特别纳税调查调整及相互协商程序管理办法〉的公告》（国家税务总局公告 2017 年第 6 号）第四条，税务机关实施特别纳税调查，应当重点关注具有风险特征的企业，包括（一）关联交易金额较大或者类型较多；（二）存在长期亏损、微利或者跳跃性盈利；（三）低于同行业利润水平；（四）利润水平与其所承担的功能风险不相匹配，或者分享的收益与分摊的成本不相配比；（五）与低税国家（地区）关联方发生关联交易；（六）未按照规定进行关联申报或者准备同期资料；（七）从其关联方接受的债权性投资与权益性投资的比例超过规定标准；（八）由居民企业，或者由居民企业和中国居民控制的设立在实际税负低于 12.5％的国家（地区）的企业，并非由于合理的经营需要而对利润不作分配或者减少分配；（九）实施其他不具有合理商业目的的税收筹划或者安排。

18.**【参考答案】** D

【答案解析】 根据《国家税务总局关于印发〈全国税务系统外事工作管理规定〉和〈全

国税务系统因公短期出国培训管理办法〉的通知》(税总发〔2019〕135 号)的有关规定,各地税务机关出国(境)项目由省税务局外事管理部门起草请示件,经财务、人事、纪检部门审核,省税务局主要负责人批准后,报税务总局审批。出访请示应由省税务局主要负责人签发,或由主持工作的负责人签发。

19.**【参考答案】** D

【答案解析】 根据国家税务总局公告 2017 年第 6 号文件第十五条,税务机关实施转让定价调查时,应当进行可比性分析,可比性分析一般包括以下五个方面。税务机关可以根据案件情况选择具体分析内容:交易资产或者劳务特性;交易各方执行的功能、承担的风险和使用的资产;合同条款;经济环境;经营策略。

20.**【参考答案】** D

【答案解析】 根据《财政部 国家税务总局关于企业境外所得税收抵免有关问题的通知》(财税〔2009〕125 号)第四条,可抵免境外所得税税额,是指企业来源于中国境外的所得依照中国境外税收法律以及相关规定应当缴纳并已实际缴纳的企业所得税性质的税款。但不包括:(一)按照境外所得税法律及相关规定属于错缴或错征的境外所得税税款;(二)按照税收协定规定不应征收的境外所得税税款(三)因少缴或迟缴境外所得税而追加的利息、滞纳金或罚款(四)境外所得税纳税人或者其利害关系人从境外征税主体得到实际返还或补偿的境外所得税税款;(五)按照我国企业所得税法及其实施条例规定,已经免征我国企业所得税的境外所得负担的境外所得税税款,(六)按照国务院财政、税务主管部门有关规定已经从企业境外应纳税所得额中扣除的境外所得税税款。

二、多选题

1.**【参考答案】** AC

【答案解析】 《中华人民共和国企业所得税法》第二条规定,企业分为居民企业和非居民企业。

2.**【参考答案】** ACD

【答案解析】 《中华人民共和国企业所得税法》第十九条规定,非居民企业取得本法第三条第三款规定的所得,按照下列方法计算其应纳税所得额:

(一)股息、红利等权益性投资收益和利息、租金、特许权使用费所得,以收入全额为应纳税所得额;

(二)转让财产所得,以收入全额减除财产净值后的余额为应纳税所得额;

(三)其他所得,参照前两项规定的方法计算应纳税所得额。

3.**【参考答案】** ABCD

【答案解析】 《中华人民共和国企业所得税法实施条例》第五条规定,企业所得税法第二条第三款所称机构、场所,是指在中国境内从事生产经营活动的机构、场所,包括:(一)管理机构、营业机构、办事机构;(二)工厂、农场、开采自然资源的场所;(三)提供劳务的场所;

(四)从事建筑、安装、装配、修理、勘探等工程作业的场所;(五)其他从事生产经营活动的机构、场所。

4.**【参考答案】** ACD

【答案解析】 《中华人民共和国企业所得税法实施条例》第九十一条规定,下列所得可以免征企业所得税:

(一)外国政府向中国政府提供贷款取得的利息所得;

(二)国际金融组织向中国政府和居民企业提供优惠贷款取得的利息所得;

(三)经国务院批准的其他所得。

5.**【参考答案】** ABCD

【答案解析】 《国家税务总局关于执行税收协定股息条款有关问题的通知》(国税函〔2009〕81号)第五条规定,纳税人需要按照税收协定股息条款规定纳税的,相关纳税人或扣缴义务人应该取得并保有支持其执行税收协定股息条款规定的信息资料,并按有关规定及时根据税务机关的要求报告或提供。有关的信息资料包括:

(一)由协定缔约对方税务主管当局或其授权代表签发的税收居民身份证明以及支持该证明的税收协定缔约对方国内法律依据和相关事实证据;

(二)纳税人在税收协定缔约对方的纳税情况,特别是与取得由中国居民公司支付股息有关的纳税情况;

(三)纳税人是否构成任一第三方(国家或地区)税收居民;

(四)纳税人是否构成中国税收居民;

(五)纳税人据以取得中国居民公司所支付股息的相关投资(转让)合同、产权凭证、利润分配决议、支付凭证等权属证明;

(六)纳税人在中国居民公司的持股情况;

(七)其他与执行税收协定股息条款规定有关的信息资料。

6.**【参考答案】** ABC

【答案解析】 《国家税务总局关于印发〈《中华人民共和国政府和新加坡共和国政府关于对所得避免双重征税和防止偷漏税的协定》及议定书条文解释〉的通知》(国税发〔2010〕75号)第五条第一款对"常设机构"一语做一般定义。即,常设机构是指一个相对固定的营业场所。通常情况下,具备以下特点:(一)该营业场所是实质存在的。(二)该营业场所是相对固定的,并且在时间上具有一定的持久性。(三)全部或部分的营业活动是通过该营业场所进行的。

7.**【参考答案】** B

【答案解析】 根据《国家税务总局 国家外汇管理局关于服务贸易等项目对外支付税务备案有关问题的补充公告》(国家税务总局 国家外汇管理局公告2021年第19号)第五条,备案人可凭《备案表》编号和验证码,按照外汇管理相关规定,到银行办理付汇手续。

8.【参考答案】 ABCD

【答案解析】《国家税务总局关于印发〈特别纳税调整实施办法(试行)〉的通知》(国税发〔2009〕2号)第六十八条规定,成本分摊协议主要包括以下内容:

(一)参与方的名称、所在国家(地区)、关联关系、在协议中的权利和义务;

(二)成本分摊协议所涉及的无形资产或劳务的内容、范围,协议涉及研发或劳务活动的具体承担者及其职责、任务;

(三)协议期限;

(四)参与方预期收益的计算方法和假设;

(五)参与方初始投入和后续成本支付的金额、形式、价值确认的方法以及符合独立交易原则的说明;

(六)参与方会计方法的运用及变更说明;

(七)参与方加入或退出协议的程序及处理规定;

(八)参与方之间补偿支付的条件及处理规定;

(九)协议变更或终止的条件及处理规定;

(十)非参与方使用协议成果的规定。

9.【参考答案】 AC

【答案解析】《国家税务总局关于完善关联申报和同期资料管理有关事项的公告》(国家税务总局公告2016年第42号)第二条规定,企业与其他企业、组织或者个人具有下列关系之一的,构成本公告所称关联关系:

(一)一方直接或者间接持有另一方的股份总和达到25%以上;双方直接或者间接同为第三方所持有的股份达到25%以上。

如果一方通过中间方对另一方间接持有股份,只要其对中间方持股比例达到25%以上,则其对另一方的持股比例按照中间方对另一方的持股比例计算。

两个以上具有夫妻、直系血亲、兄弟姐妹以及其他抚养、赡养关系的自然人共同持股同一企业,在判定关联关系时持股比例合并计算。

(二)双方存在持股关系或者同为第三方持股,虽持股比例未达到本条第(一)项规定,但双方之间借贷资金总额占任一方实收资本比例达到50%以上,或者一方全部借贷资金总额的10%以上由另一方担保(与独立金融机构之间的借贷或者担保除外)。

借贷资金总额占实收资本比例=年度加权平均借贷资金/年度加权平均实收资本,其中:

年度加权平均借贷资金=i笔借入或者贷出资金账面金额×i笔借入或者贷出资金年度实际占用天数/365

年度加权平均实收资本=i笔实收资本账面金额×i笔实收资本年度实际占用天数/365

(三)双方存在持股关系或者同为第三方持股,虽持股比例未达到本条第(一)项规定,但一方的生产经营活动必须由另一方提供专利权、非专利技术、商标权、著作权等特许权才能正常进行。

(四)双方存在持股关系或者同为第三方持股,虽持股比例未达到本条第(一)项规定,但一方的购买、销售、接受劳务、提供劳务等经营活动由另一方控制。

上述控制是指一方有权决定另一方的财务和经营政策,并能据以从另一方的经营活动中获取利益。

(五)一方半数以上董事或者半数以上高级管理人员(包括上市公司董事会秘书、经理、副经理、财务负责人和公司章程规定的其他人员)由另一方任命或者委派,或者同时担任另一方的董事或者高级管理人员;或者双方各自半数以上董事或者半数以上高级管理人员同为第三方任命或者委派。

(六)具有夫妻、直系血亲、兄弟姐妹以及其他抚养、赡养关系的两个自然人分别与双方具有本条第(一)至(五)项关系之一。

(七)双方在实质上具有其他共同利益。

10.**【参考答案】** BCD

【答案解析】《国家税务总局关于完善预约定价安排管理有关事项的公告》(国家税务总局公告2016年第64号)第六条规定,税务机关和企业在预备会谈期间达成一致意见的,主管税务机关向企业送达同意其提交谈签意向的《税务事项通知书》。企业收到《税务事项通知书》后向税务机关提出谈签意向……(三)有下列情形之一的,税务机关可以拒绝企业提交谈签意向:(1)税务机关已经对企业实施特别纳税调整立案调查或者其他涉税案件调查,且尚未结案的;(2)未按照有关规定填报年度关联业务往来报告表;(3)未按照有关规定准备、保存和提供同期资料;(4)预备会谈阶段税务机关和企业无法达成一致意见。

11.**【参考答案】** ACD

【答案解析】《特别纳税调查调整及相互协商程序管理办法》第三条规定,税务机关通过关联申报审核、同期资料管理和利润水平监控等手段,对企业实施特别纳税调整监控管理。

12.**【参考答案】** ABD

【答案解析】《国家税务总局 国家外汇管理局关于服务贸易等项目对外支付税务备案有关问题的公告》(国家税务总局 国家外汇管理局公告2013年第40号)第一条规定,境内机构和个人向境外单笔支付等值5万美元以上(不含等值5万美元,下同)下列外汇资金,除本公告第三条规定的情形外,均应向所在地主管税务机关进行税务备案……第三条规定,境内机构和个人对外支付下列外汇资金,无需办理和提交《备案表》:

(一)境内机构在境外发生的差旅、会议、商品展销等各项费用;

(二)境内机构在境外代表机构的办公经费,以及境内机构在境外承包工程的工程款;

（三）境内机构发生在境外的进出口贸易佣金、保险费、赔偿款；

（四）进口贸易项下境外机构获得的国际运输费用；

（五）保险项下保费、保险金等相关费用；

（六）从事运输或远洋渔业的境内机构在境外发生的修理、油料、港杂等各项费用；

（七）境内旅行社从事出境旅游业务的团费以及代订、代办的住宿、交通等相关费用；

（八）亚洲开发银行和世界银行集团下属的国际金融公司从我国取得的所得或收入，包括投资合营企业分得的利润和转让股份所得、在华财产（含房产）出租或转让收入以及贷款给我国境内机构取得的利息；

（九）外国政府和国际金融组织向我国提供的外国政府（转）贷款（含外国政府混合（转）贷款）和国际金融组织贷款项下的利息。本项所称国际金融组织是指国际货币基金组织、世界银行集团、国际开发协会、国际农业发展基金组织、欧洲投资银行等；

（十）外汇指定银行或财务公司自身对外融资如境外借款、境外同业拆借、海外代付以及其他债务等项下的利息；

（十一）我国省级以上国家机关对外无偿捐赠援助资金；

（十二）境内证券公司或登记结算公司向境外机构或境外个人支付其依法获得的股息、红利、利息收入及有价证券卖出所得收益；

（十三）境内个人境外留学、旅游、探亲等因私用汇；

（十四）境内机构和个人办理服务贸易、收益和经常转移项下退汇；

（十五）国家规定的其他情形。

13.**【参考答案】** ABCD

【答案解析】《财政部 国家税务总局关于企业境外所得税收抵免有关问题的通知》（财税〔2009〕125号）第四条规定，可抵免境外所得税税额，是指企业来源于中国境外的所得依照中国境外税收法律以及相关规定应当缴纳并已实际缴纳的企业所得税性质的税款。但不包括：

（一）按照境外所得税法律及相关规定属于错缴或错征的境外所得税税款；

（二）按照税收协定规定不应征收的境外所得税税款；

（三）因少缴或迟缴境外所得税而追加的利息、滞纳金或罚款；

（四）境外所得税纳税人或者其利害关系人从境外征税主体得到实际返还或补偿的境外所得税税款；

（五）按照我国企业所得税法及其实施条例规定，已经免征我国企业所得税的境外所得负担的境外所得税税款；

（六）按照国务院财政、税务主管部门有关规定已经从企业境外应纳税所得额中扣除的境外所得税税款。

14.**【参考答案】** AB

【答案解析】《非居民金融账户涉税信息尽职调查管理办法》第七条规定，下列机构属于本办法第六条规定的金融机构：

（一）商业银行、农村信用合作社等吸收公众存款的金融机构以及政策性银行；

（二）证券公司；

（三）期货公司；

（四）证券投资基金管理公司、私募基金管理公司、从事私募基金管理业务的合伙企业；

（五）开展有现金价值的保险或者年金业务的保险公司、保险资产管理公司；

（六）信托公司；

（七）其他符合条件的机构。

第八条规定，下列机构不属于本办法第六条规定的金融机构：

（一）金融资产管理公司；

（二）财务公司；

（三）金融租赁公司；

（四）汽车金融公司；

（五）消费金融公司；

（六）货币经纪公司；

（七）证券登记结算机构；

（八）其他不符合条件的机构。

15.【参考答案】 ACD

【答案解析】“一带一路”税收征管能力促进联盟相继成立中国扬州、中国北京、哈萨克斯坦阿斯塔纳、中国澳门、沙特阿拉伯利雅得5所“一带一路”税务学院，构建起了覆盖英语、汉语、俄语、葡萄牙语、阿拉伯语地区的多语种培训机构网络。

三、判断题

1.【参考答案】 错误

【答案解析】关于国际税收业务中，企业所得税的扣缴，扣缴义务人应当自扣缴义务发生之日起七日内向扣缴义务人所在地主管税务机关申报和解缴代扣税款。

2.【参考答案】 正确

【答案解析】非居民企业取得来源于中华人民共和国境内的股息、红利等权益性投资收益和利息、租金、特许权使用费所得、转让财产所得以及其他所得应当缴纳的企业所得税，实行源泉扣缴，以支付人为扣缴义务人。

3.【参考答案】 正确

【答案解析】主管税务机关发现境外中资企业符合规定但未申请成为中国居民企业的，可以对该境外中资企业的实际管理机构所在地情况进行调查，并要求境外中资企业提供规定的资料。

4.【参考答案】 正确

【答案解析】 非境内注册居民企业应当自收到居民身份认定书之日起30日内向主管税务机关申报办理税务登记。

5.【参考答案】 正确

【答案解析】 非居民企业向其100%直接控股的另一非居民企业转让其拥有的居民企业股权，选择特殊性税务处理除需要符合部分条件外，还要求没有因此造成以后该项股权转让所得预提税负担变化，且转让方非居民企业向主管税务机关书面承诺在3年(含3年)内不转让其拥有受让方非居民企业的股权。

6.【参考答案】 错误

【答案解析】 非居民企业股权转让选择特殊性税务处理，属于非居民企业向其100%直接控股的另一非居民企业转让其拥有的居民企业股权的，由转让方向被转让企业所在地主管税务机关备案。

7.【参考答案】 错误

【答案解析】 主体文档应当在企业集团最终控股企业会计年度终了之日起12个月内准备完毕。

8.【参考答案】 正确

【答案解析】 企业年度关联交易金额符合下列条件之一的，应当准备本地文档：(1)有形资产所有权转让金额(来料加工业务按照年度进出口报关价格计算)超过2亿元。(2)金融资产转让金额超过1亿元。(3)无形资产所有权转让金额超过1亿元。(4)其他关联交易金额合计超过4 000万元。

9.【参考答案】 正确

【答案解析】 境内机构和个人向境外单笔支付等值5万美元以上下列外汇资金，应向所在地税务机关进行税务备案：(1)境外机构或个人从境内获得的包括运输、旅游、通信、建筑安装及劳务承包、保险服务、金融服务、计算机和信息服务、专有权利使用和特许、体育文化和娱乐服务、其他商业服务、政府服务等服务贸易收入；(2)境外个人在境内的工作报酬，境外机构或个人从境内获得的股息、红利、利润、直接债务利息、担保费以及非资本转移的捐赠、赔偿、税收、偶然性所得等收益和经常转移收入；(3)境外机构或个人从境内获得的融资租赁租金、不动产的转让收入、股权转让所得以及外国投资者其他合法所得。

10.【参考答案】 错误

【答案解析】 境内机构和个人向非居民发包工程作业或劳务项目的，应当自项目合同签订之日起30日内，向主管税务机关办理合同备案或劳务项目报告。

11.【参考答案】 错误

【答案解析】 税收征管法属于我国国际税收的执法手段。我国国际税收主要的法律依据目前主要是个人所得税法、企业所得税法和税收协定。

12.【参考答案】 正确

【答案解析】 国际税收是指两个或两个以上的主权国家或地区,各自基于其课税主权,在对跨国纳税人进行分别课税而形成的征纳关系中,所发生的国家或地区之间的税收分配关系。

13.【参考答案】 错误

【答案解析】 收入的国际化仅为国际税收的产生创造了前提条件,所得税制的普遍推行才是国际税收形成的直接动力。

14.【参考答案】 正确

【答案解析】 根据《国家税务总局关于印发〈非居民企业所得税核定征收管理办法〉的通知》(国税发 2010)19 号)第七条,非居民企业为中国境内客户提供劳务取得的收入凡其提供的服务全部发生在中国境内的,应全额在中国境内申报缴纳企业所得税。凡其提供的服务同时发生在中国境内外的,应以劳务发生地为原则划分其境内外收入,并就其在中国境内取得的劳务收入申报缴纳企业所得税。

15.【参考答案】 正确

【答案解析】 发展中国家所侧重的税收管辖权是地域管辖权。

16.【参考答案】 正确

【答案解析】 国际税收协定又称为避免双重征税协定。

17.【参考答案】 正确

【答案解析】 在境内居住,且一个纳税年度内,一次离境不超过 30 日,或多次累计不超过 90 日的外籍人员属于我国税法上的税收居民。

18.【参考答案】 错误

【答案解析】《中华人民共和国企业所得税法》第四十五条所称控制,包括:居民企业或者中国居民直接或者间接单一持有外国企业 10%以上有表决权股份,且由其共同持有该外国企业 50%以上股份;居民企业,或者居民企业和中国居民持股比例没有达到上述规定的标准,但在股份、资金、经营、购销等方面对该外国企业构成实质控制。

19.【参考答案】 错误

【答案解析】 间接抵免一般适用于母、子公司之间的税收抵免。它是指母公司所在的居住国政府,允许母公司将其子公司已缴东道国的所得税中应由母公司分得股息承担的那部分税额,来冲抵母公司应纳税额的办法。

20.【参考答案】 正确

【答案解析】 以下收入不属于国际运输收入:(1)企业从事以光租形式出租船舶或以干租形式出租飞机取得的收入;(2)使用、保存或出租用于运输货物或商品的集装箱(包括拖车和运输集装箱的有关设备)等租赁业务取得的收入。

四、问答题

1.【参考答案】 根据《国家税务总局关于非居民企业间接转让财产企业所得税若干问题的公告》(国家税务总局公告 2015 年第 7 号)第一条的规定，非居民企业间接转让中国应税财产，是指非居民企业通过转让直接或间接持有中国应税财产的境外企业(不含境外注册中国居民企业，以下称境外企业)股权及其他类似权益(以下称股权)，产生与直接转让中国应税财产相同或相近实质结果的交易，包括非居民企业重组引起境外企业股东发生变化的情形。

2.【参考答案】 根据《国家税务总局关于印发《特别纳税调整实施办法(试行)》的通知》(国税发〔2009〕2 号)第七十六条的规定，受控外国企业是指根据所得税法第四十五条的规定，由居民企业，或者由居民企业和居民个人(以下统称中国居民股东，包括中国居民企业股东和中国居民个人股东)控制的设立在实际税负低于所得税法第四条第一款规定税率水平 50%的国家(地区)，并非出于合理经营需要对利润不作分配或减少分配的外国企业。

五、计算题

1.【参考答案】 B

【答案解析】 根据《国家税务总局 国家外汇管理局关于服务贸易等项目对外支付税务备案有关问题的补充公告》(国家税务总局 国家外汇管理局公告 2021 年第 19 号)第四条的相关规定。

2.【参考答案】 A

【答案解析】 因为税款由居民企业承担，作为支付方的居民企业 A 要按照合同金额通过银行支付出境，同时还要代扣代缴税款，此种情况所有应支付金额的总额大于 100 万元。

3.【参考答案】 D

【答案解析】 增值税不含税价格＝100÷(1－10%－6%×12%)＝112.01(万元)。

应扣缴增值税＝112.01×6%＝6.72(万元)。

应扣缴附加税费＝6.72×12%＝0.81(万元)。

4.【参考答案】 D

【答案解析】 应扣缴的企业所得税＝112.01×10%＝11.2(万元)。

5.【参考答案】 C

【答案解析】 应支付总金额＝100＋11.2＋6.72＋0.81＝118.73(万元)。

税后实际支付金额＝118.73－11.2－6.72－0.81＝100(万元)。

2023年大比武国际税收模拟试卷(二)

(时间:90分钟 满分:100分)

一、单选题(本题型共20小题,每题1.5分,共30分,每题只有一个正确答案,请将正确答案填在括号内)

1. 非居民企业向与其具有100%直接控股关系的居民企业转让其拥有的另一居民企业股权,选择特殊性税务处理的,应同时符合部分条件,下列说法正确的是( )。

A. 企业重组后的连续6个月内不改变重组资产原来的实质性经营活动

B. 企业重组后的连续12个月内不改变重组资产原来的实质性经营活动

C. 企业重组后的连续18个月内不改变重组资产原来的实质性经营活动

D. 企业重组后的连续24个月内不改变重组资产原来的实质性经营活动

2. 非居民企业股权转让选择特殊性税务处理的,应于股权转让合同或协议生效且完成工商变更登记手续( )日内进行备案。

A. 15　　B. 30

C. 45　　D. 60

3. 需要参与当年度的非居民企业所得税汇算清缴的情况是( )。

A. 当年度亏损的非居民企业

B. 临时来华承包工程和提供劳务不足1年,在年度中间终止经营活动,且已经结清税款的

C. 汇算清缴期内已办理注销的

D. 其他经主管税务机关批准可不参加当年度所得税汇算清缴的

4. 中国税收居民身份证明的办理,主管税务机关自受理申请之日起( )内办结。

A. 5日　　B. 5个工作日

C. 10日　　D. 10个工作日

5. 下列情形,税务机关不可以优先受理企业提交的申请的是( )。

A. 企业关联申报和同期资料完备合理,披露充分

B. 企业纳税信用级别为 A 级

C. 税务机关曾经对企业实施特别纳税调查调整

D. 签署的预约定价安排执行期满，企业申请续签，且安排所述事实和经营环境没有发生实质性变化

6. 下列不属于国家税务总局可以暂停相互协商程序的情形的是(　　)。

A. 企业申请暂停相互协商程序

B. 税收协定缔约对方税务主管当局请求暂停相互协商程序

C. 企业或者其关联方不提供与案件有关的必要资料，或者提供虚假、不完整资料，或者存在其他不配合的情形

D. 申请必需以另一被调查企业的调查调整结果为依据，而另一被调查企业尚未结束调查调整程序

7. 关于扣缴义务人应扣未扣预提税的情况，下列说法错误的是(　　)。

A. 非居民企业应到所得发生地主管税务机关申报纳税

B. 对扣缴义务人处以税款的 50%以上 3 倍以下的罚款

C. 向扣缴义务人追缴税款

D. 对逾期仍未缴纳的税款征收滞纳金

8. 国际公认的常设机构利润范围的确定方法是(　　)。

A. 归属法　　B. 引力法

C. 分配法　　D. 控股法

9. 在国际税收中，下列不属于自然人居民身份判定标准的是(　　)。

A. 家庭所在地标准　　B. 法律标准

C. 停留时间标准　　D. 住所标准

10. 居民国对本国居民取得的来自缔约国另一方的利息拥有征税权，利息来源国对利息也有征税的权利，但对利息来源国的征税权设定了最高税率，当受益所有人是银行或金融机构的情况下，利息的征税税率为(　　)。

A. 5%　　B. 7%

C. 10%　　D. 15%

11. 我国对外签署的税收协定中，明确了居民国和所得来源国对特许权使用费都有征税权，如果特许权使用费受益所有人是缔约国另一方居民，则所征税款不应超过特许权使用费总额的(　　)。

A. 5%　　B. 7%

C. 10%　　D. 15%

12. 甲国居民公司 A 公司在乙国、丙国分别设立 B 分公司、C 分公司。A 公司 2021 年取得来源于甲国的应税所得 100 万元，甲国企业所得税税率为 25%。乙国 B 分公司，当年

取得来源于乙国的应税所得200万元，乙国企业所得税税率为20%。丙国C分公司，当年亏损300万元，丙国企业所得税税率为30%。下列有关说法，错误的是（　　）。

A. 综合抵免限额为0元，可实际抵免税额0元

B. 相对于综合抵免限额法，分国抵免限额法对A公司有利

C. 采用分国抵免限额法，乙国B分公司可实际抵免税额50万元

D. 采用分国抵免限额法，丙国C分公司抵免限额为0元

13. 根据中国与新加坡签订的税收协定，贷款人分担债务人公司风险的判定因素不包括（　　）。

A. 该贷款的偿还次于其他贷款人的债权或股息的支付

B. 所签订的贷款合同对偿还日期作出明确的规定

C. 利息的支付水平取决于公司的利润

D. 债权人将分享公司的任何利润

14. 根据《金融机构客户尽职调查和客户身份资料及交易记录保存管理办法》的规定，金融机构为自然人客户办理的下列现金存取业务，不需要识别并核实客户身份，了解并登记资金的来源或者用途的是（　　）。

A. 人民币单笔3万元的现金存取业务

B. 人民币单笔6万元的现金存取业务

C. 外币等值6万美元以上现金存取业务

D. 外币等值3万美元以上现金存取业务

15. 国际税收的发展大致经历了三个阶段，第三阶段是有关国家和国际组织不断总结经验，税收协定由单项向综合、由（　　）发展，逐步实现税收协定的规范化阶段。

A. 单边向双边　　B. 单边向多边

C. 双边向三边　　D. 双边向多边

16. 下列关于税收管辖权的行使的说法中，正确的是（　　）。

A. 仅行使居民管辖权

B. 同时行使地域管辖权和公民管辖权

C. 同时行使公民管辖权和居民管辖权

D. 同时行使地域管辖权、居民管辖权和公民管辖权

17. 税收饶让的实行，通常需要通过签订双边税收协定的方式予以确定，通常发生在（　　）之间。

A. 发达国家　　B. 发展中国家

C. 发达国家与发展中国家　　D. 以上都是

18. 国际避税产生的原因，包括主观原因和客观原因。主观方面，纳税人有尽可能减轻税收负担，实现利润最大化的强烈愿望。客观原因主要三个方面，下列不属于客观原因的

是(　　)。

A. 国家间的税制差异
B. 国际税收规则存在的缺陷
C. 税收征管能力不足
D. 纳税人判别标准的差异

19. 境外投资者通过股权转让、回购、清算等方式实际收回享受暂不征收预提所得税政策待遇的直接投资,在实际收取相应款项后(　　)日内,按规定程序向税务部门申报补缴递延的税款。

A. 3
B. 5
C. 7
D. 15

20. 下列不属于国际税收情报交换类型的是(　　)。

A. 专项情报交换
B. 自动情报交换
C. 自发税务检查
D. 自发情报交换

二、多选题(本题型共 15 小题,每题 2 分,共 30 分,每题均有两个或两个以上正确答案,请将正确答案填在括号内,错选、多选、少选均不得分)

1. 下列属于税收协定条款的是(　　)。

A. 营业利润
B. 营业收入
C. 居民
D. 常设机构

2. 税务机关实施转让定价调查时,应当进行可比性分析,可比性分析一般包括(　　)。

A. 交易资产或者劳务特性

B. 交易各方执行的功能、承担的风险和使用的资产

C. 合同条款

D. 经济环境、经营策略

3. 对非居民企业在中国境内取得工程作业和劳务所得应缴纳的所得税,税务机关可以指定工程价款或者劳务费的支付人为扣缴义务人。可以指定扣缴义务人的情形包括(　　)

A. 预计工程作业或者提供劳务收入超过 5 000 万元的

B. 预计工程作业或者提供劳务期限不足一个纳税年度,且有证据表明不履行纳税义务的

C. 没有办理税务登记或者临时税务登记,且未委托中国境内的代理人履行纳税义务的

D. 未按照规定期限办理企业所得税纳税申报或者预缴申报的

4. 主管税务机关实施一般反避税调查,审核企业、筹划方、关联方以及与关联业务调查有关的其他企业提供的资料,可以采用的核实方式有(　　)。

A. 现场调查
B. 传唤证人
C. 发函协查
D. 查阅公开信息

5. 关于非居民企业为中国境内客户提供劳务取得的收入,下列说法正确的是(　　)。

A. 凡其提供的服务全部发生在中国境内的，应全额在中国境内申报缴纳企业所得税

B. 凡其提供的服务全部发生在中国境内的，应差额在中国境内申报缴纳企业所得税

C. 凡其提供的服务同时发生在中国境内外的，应以劳务发生地为原则划分其境内外收入，并就其在中国境内取得的劳务收入申报缴纳企业所得税

D. 凡其提供的服务同时发生在中国境内外的，应就其在境内外取得的所有劳务收入申报缴纳企业所得税

6. 境外中资企业或其中国主要投资者向税务机关提出居民企业申请时，应同时向税务机关提供的资料的有（　　）。

A. 企业法律身份证明文件

B. 企业集团组织结构说明及生产经营概况

C. 企业最近三个年度的公证会计师审计报告

D. 负责企业生产经营等事项的高层管理机构履行职责的场所的地址证明

7. 出国（境）人员严格执行各项经费开支标准，不得擅自突破，严禁接受或变相接受企事业单位资助，严禁向（　　）摊派或转嫁出访费用。

A. 同级机关　　B. 下级机关、下属单位

C. 企业　　D. 驻外机构

8. 税务机关可以优先受理企业提交预约定价安排申请的情形有（　　）。

A. 企业关联申报和同期资料完备合理，披露充分

B. 企业纳税信用级别为 B 级以上

C. 税务机关曾经对企业实施特别纳税调查调整，并已经结案

D. 企业积极配合税务机关开展预约定价安排谈签工作

9. 国际税收组织在促进多边税收合作中发挥着重要作用。参与国际税收合作的主要组织有（　　）。

A. 经济合作与发展组织（OECD）　　B. 联合国

C. 世界银行集团　　D. 国际货币基金组织（IMF）

10. 在中国境内未设立机构、场所的非居民企业，以融资租赁方式将设备、物件等租给中国境内企业使用，租赁期满后设备、物件所有权归中国境内企业（包括租赁期满后作价转让给中国境内企业），非居民企业按照合同约定的期限收取租金，应以（　　），作为（　　）所得计算缴纳企业所得税，由中国境内企业在支付时代扣代缴。

A. 租赁费（包括租赁期满后作价转让给中国境内企业的价款）扣除设备、物件价款后的余额

B. 租赁费（包括租赁期满后作价转让给中国境内企业的价款）

C. 贷款利息

D. 特许权使用费

11. 根据OECD《利润分割法应用指南》，利润分割法的适用条件与我国政策规定相比有所差异，其适用条件包括(　　)。

A. 交易各方均作出独特且有价值的贡献

B. 业务运作高度整合，以致于无法单独评估交易各方的贡献

C. 交易各方存在紧密的利益关系

D. 交易各方共同承担重大经济风险，或各自承担密切相关的风险

12. 以下选项，属于特别纳税调查调整文书的是(　　)。

A.《特别纳税调查结论通知书》

B.《特别纳税调查初步调整通知书》

C.《特别纳税调查调整通知书》

D.《特别纳税调查无问题结案通知书》

13. 境内机构和个人向境外单笔支付等值5万美元以上(不含等值5万美元)下列外汇资金，应向所在地主管税务机关进行税务备案的有(　　)。

A. 境外机构或个人从境内获得的包括运输、旅游、通信、建筑安装及劳务承包、保险服务、金融服务、计算机和信息服务、专有权利使用和特许、体育文化和娱乐服务、其他商业服务、政府服务等服务贸易收入

B. 境外个人在境内的工作报酬

C. 境外机构或个人从境内获得的融资租赁租金、不动产的转让收入、股权转让所得以及外国投资者其他合法所得

D. 境外机构或个人从境内获得的股息、红利、利润、直接债务利息、担保费以及非资本转移的捐赠、赔偿、税收、偶然性所得等收益和经常转移收入

14. 全国税务系统因公短期出国培训费用开支范围包括(　　)。

A. 培训费　　　　B. 礼品费

C. 国际旅费　　　　D. 国外城市间交通费

15. 对非居民企业在中国境内取得工程作业和劳务所得应缴纳的所得税，税务机关可以指定扣缴义务人的情形包括(　　)。

A. 预计工程作业或者提供劳务期限不足一个纳税年度，且有证据表明不履行纳税义务的

B. 扣缴义务人未依法扣缴或无法履行扣缴义务的

C. 没有办理税务登记或者临时税务登记，且未委托中国境内的代理人履行纳税义务的

D. 未按照规定期限办理企业所得税纳税申报或者预缴申报的

三、判断题(本题型共10小题，每题1分，共10分，请将你认为正确的画对号，错误的画叉号，不画或错画均不得分)

1. 居民管辖权是指一国对本国税法中规定的居民取得的所得行使征税权。居民是指

自然人。(　　)

2. 居民身份的判定是实施居民管辖权的前提,对征税权的行使具有十分重要的意义。(　　)

3. 判定个人劳务所得或受雇所得来源地的标准主要分为:劳务提供地标准、劳务所得支付地标准。(　　)

4. 间接抵免是指企业作为税款的间接缴纳者,就其境外所得在境外缴纳的所得税税额在居民国应纳税额中抵免。(　　)

5. 从各国所签订的一系列双边税收协定来看,其结构及内容基本上与经合组织范本或联合国范本保持一致。(　　)

6. 税收无差别待遇反对任何形式的税收歧视。(　　)

7. 对于居住时间的规定,各国采取的规定均为半年(183 天)。(　　)

8. 资本弱化是基于一般情况下利息支出可以在税前扣除而股息红利不能扣除的规定,企业所有者在向公司注入资金时,人为提高股权投资的比重,降低债权投资的比重,导致公司的资本结构中股权投资的比重大大超过债权投资的比重。(　　)

9. 如果关联方设定的转让价格与市场价格不同,税务机关应提请政府并申请调整转让价格,从而防止本国税基受到侵蚀,确保征收合理份额的税收收入。(　　)

10. 国际税收协定必须首先明确其适用范围,包括缔约国双方或各方的人和税种的范围。(　　)

11. 税收情报交换是作为税收协定缔约方承担的一项国际义务,也是与其他国家(地区)税务主管当局之间进行国际税收征管合作以及保护自身合法税收权益的重要方式。(　　)

12. 在经济全球化背景下,跨国企业利用国际税收规则存在的不足,以及各国税制差异和征管漏洞,最大限度地减少其全球总体税负,达到只对一个国家征税的效果,从而造成对各国税基的侵蚀。(　　)

13. 企业纳税信用级别为 B 级及以上的,税务机关可以优先受理企业提交的预约定价安排申请。(　　)

14. 我国税法对独立交易原则的表述是指没有关联关系的交易各方,按照独立交易价格和行业常规进行业务往来遵循的原则。(　　)

15. 税收协定的主要作用包括增加所得来源国的税收、提高税收确定性、消除双重征税和通过相互协商机制妥善解决涉税争议等。(　　)

16. 企业被实施特别纳税调查调整,在收到《特别纳税调查调整通知书》后有异议的,可以先暂缓执行,及时依法申请行政复议。(　　)

17. 非居民企业在中国境内未设立机构、场所的,或者虽设立机构、场所但取得的所得与其所设机构、场所没有实际联系的,应当就其来源于中国境内的所得缴纳企业所得税。

对非居民企业取得此项所得应缴纳的企业所得税，实行源泉扣缴，以收款人为扣缴义务人。(　　)

18. 境外投资者按照本通知规定可以享受暂不征收预提所得税政策但未实际享受的，可在实际缴纳相关税款之日起两年内申请追补享受该政策，退还已缴纳的税款。(　　)

19. 在中国境内未设立机构、场所的非居民企业，利息、租金、特许权使用费所得，以收入全额为应纳税所得额。(　　)

20. 主管税务机关受理企业申请后，应当与企业就其关联交易是否符合独立交易原则进行协商，并于向企业送达受理申请的《税务事项通知书》之日起 6 个月内协商完毕。协商期间，主管税务机关可以要求企业补充提交相关资料，企业补充提交资料时间应计入上述 6 个月内。(　　)

四、问答题(本题型共 2 题，每题 5 分，共 10 分，请将正确答案写在试卷上)

1. 什么是混合错配安排？

2.《关于进一步深化税收征管改革的意见》中“强化国际税收合作”的具体内容是什么？

五、计算题(本题型共 1 题 5 小问，每小问 2 分，共 10 分，每题有一个或多个正确答案，请将正确答案填在括号内)

A 公司是一家在美国注册的公司，A 企业通过其在英属维尔京群岛设立的特殊目的公司 BVI 公司，在中国境内设立了一家外商投资企业 B 公司。BVI 公司是一家空壳公司，自成立以来不从事任何实质性业务，没有配备资产和人员，也没有取得经营性收入。A 公司及其子公司相关股权架构为：A 公司→BVI(境外)→B 公司(境内)，持股比例均为 100%。

B 公司于 2022 年发生了如下业务：(1)4 月 10 日，通过 BVI 公司向 A 公司分配股息 2 000万元；(2)6 月 20 日，向 A 公司支付商标使用费 1 500 万元，咨询费 1 000 万元，6 月 30 日向甲公司支付设计费 10 万元；(3)12 月 25 日，A 公司将 BVI 公司的全部股权转让给另一中国居民企业 C 公司(假设：1 美元＝7.5 元人民币)。

1. B公司向BVI公司分配股息时应代扣代缴的企业所得税为(　　)万元。

A. 100　　B. 200

C. 400　　D. 500

2. B公司向A公司支付商标使用费、咨询费、设计费应代扣代缴的增值税为(　　)万元。

A. 288.76　　B. 150.6

C. 142.08　　D. 84.91

3. B公司向A公司支付商标使用费应、咨询费、设计费代扣代缴的企业所得税为(　　)万元。

A. 141.51　　B. 150

C. 236.79　　D. 251

4. B公司上述对外支付的款项中,需要办理税务备案手续的项目有(　　)。

A. 分配股息、支付商标使用费、咨询费、设计费

B. 分配股息、支付商标使用费、设计费

C. 支付商标使用费、咨询费、设计费

D. 分配股息、支付商标使用费、咨询费

5. 根据上述业务,下列说法正确的是(　　)。

A. A公司转让BVI公司的股权不需要在中国缴纳企业所得税

B. A公司将BVI公司的全部股权转让的行为应确认为直接转让中国居民企业股权

C. A公司取得股息收益,相关应纳税款扣缴义务发生之日为股息实际支付之日

D. A公司取得股息收益以收入全额为应纳税所得额,不得扣除税法规定之外的税费支出

2023年大比武国际税收模拟试卷(二)答案

一、单选题

1.【参考答案】 B

【答案解析】 非居民企业向与其具有100%直接控股关系的居民企业转让其拥有的另一居民企业股权,选择特殊性税务处理的,应同时符合以下条件:(1)具有合理的商业目的,且不以减少、免除或者推迟缴纳税款为主要目的。(2)被收购、合并或分立部分的资产或股权比例符合规定的比例。(3)企业重组后的连续12个月内不改变重组资产原来的实质性经营活动(4)重组交易对价中涉及股权支付金额符合规定比例。

2.【参考答案】 B

【答案解析】 非居民企业股权转让选择特殊性税务处理的,应于股权转让合同或协议生效且完成工商变更登记手续30日内进行备案。

3.【参考答案】 A

【答案解析】 根据《国家税务总局关于印发〈非居民企业所得税汇算清缴管理办法〉的通知》(国税发〔2009〕16号)第一条,企业具有下列情形之一的,可不参加当年度的得税汇算清缴:(1)临时来华承包工程和提供劳务不足1年,在年度中间终止经营活动,且已经结清税款;(2)汇算清缴期内已办理注销;(3)其他经主管税务机关批准可不参加当年度所得税汇算清缴。

4.【参考答案】 D

【答案解析】 中国税收居民身份证明的办理,主管税务机关自受理申请之日起10个工作日内办结;无法准确判断居民身份的,需要报告上级税务机关的,20个工作日内办结。

5.【参考答案】 C

【答案解析】 有下列情形之一的,税务机关可以优先受理企业提交的申请:(1)企业关联申报和同期资料完备合理,披露充分;(2)企业纳税信用级别为A级;(3)税务机关曾经对企业实施特别纳税调查调整,并已经结案;(4)签署的预约定价安排执行期满,企业申请续签,且安排所述事实和经营环境没有发生实质性变化。

6.【参考答案】 C

【答案解析】 有下列情形之一的，国家税务总局可以暂停相互协商程序：(1)企业申请暂停相互协商程序；(2)税收协定缔约对方税务主管当局请求暂停相互协商程序；(3)申请必需以另一被调查企业的调查调整结果为依据，而另一被调查企业尚未结束调查调整程序；(4)其他导致相互协商程序暂停的情形。

7.【参考答案】 C

【答案解析】 根据《中华人民共和国税收征收管理法》第六十九条，扣缴义务人应扣未扣、应收而不收税款的，由税务机关向纳税人追缴税款，对扣缴义务人处应扣未扣、应收未收税款百分之五十以上三倍以下的罚款。根据《中华人民共和国企业所得税法》第三十九条，依照本法第三十七条、第三十八条规定应当扣缴的所得税，扣缴义务人未依法扣缴或者无法履行扣缴义务的，由纳税人在所得发生地缴纳。

8.【参考答案】 A

【答案解析】 常设机构利润范围的确定一般采用归属法和引力法，其中归属法已得到国际公认。

9.【参考答案】 A

【答案解析】 自然人居民身份的判定标准有：法律标准、住所标准、停留时间标准。

10.【参考答案】 B

【答案解析】 居民国对本国居民取得的来自缔约国另一方的利息拥有征税权，利息来源国对利息也有征税的权利，但对利息来源国的征税权设定了最高税率，当受益所有人为银行或金融机构的情况下，利息的征税税率为7%；其他情况下利息的征税税率为10%。

11.【参考答案】 C

【答案解析】 我国对外签署的税收协定中，明确了居民国和所得来源国对特许权使用费都有征税权，如果特许权使用费受益所有人是缔约国另一方居民，则所征税款不应超过特许权使用费总额的10%。

12.【参考答案】 C

【答案解析】 选项A，综合抵免限额为0元<已纳税额=200×20%=40(万元)，可实际抵免税额=0(元)。选项CD，乙国B分公司抵免限额=200×25%=50(万元)>已纳税额40万元，可实际抵免税额=40(万元)；丙国C分公司抵免限额=0(元)，可实际抵免税额=0(元)，合计可实际抵免税额=40+0=40(万元)。

13.【参考答案】 B

【答案解析】 对贷款人是否分担企业风险的判定通常可考虑如下因素：(1)该贷款大大超过企业资本中的其他投资形式，并与公司可变现资产严重不符。(2)债权人将分享公司的任何利润。(3)该贷款的偿还次于其他贷款人的债权或股息的支付。(4)利息的支付水平取决于公司的利润。(5)所签订的贷款合同没有对具体的偿还日期作出明确的规定。

14.【参考答案】 A

【答案解析】 为完善反洗钱监管机制，进一步提升我国洗钱和恐怖融资风险防范能力，中国人民银行、中国银行保险监督管理委员会、中国证券监督管理委员会于2022年1月19日联合印发《金融机构客户尽职调查和客户身份资料及交易记录保存管理办法》。该办法对各类金融机构、非银行支付机构对客户的尽职调查，制定兜底要求和具体标准。第十条规定，商业银行、农村合作银行、农村信用合作社、村镇银行等金融机构为自然人客户办理人民币单笔5万元以上或者外币等值1万美元以上现金存取业务的，应当识别并核实客户身份，了解并登记资金的来源或者用途。

15.【参考答案】 D

【答案解析】 国际税收的发展大致经历了三个阶段：一是对国际税收的分配以及国际税收问题的处理，仅从一国国内法的角度通过单方面规范加以解决的萌芽阶段；二是有关国家针对出现的国家间重复征税问题，经过双边或多边谈判，共同签订书面协议，以协调相互之间国际税收分配关系的非规范化税收协定阶段；三是有关国家和国际组织不断总结经验，税收协定由单项向综合、由双边向多边发展，逐步实现税收协定的规范化阶段。

16.【参考答案】 D

【答案解析】 税收管辖权属于国家主权，各国可以根据自己的国情选择适合自己的税收管辖权类型。从各国税制来看，主要有以下三种情况：仅行使地域管辖权、同时行使地域管辖权和居民管辖权、同时行使地域管辖权、居民管辖权和公民管辖权。

17.【参考答案】 C

【答案解析】 税收饶让的实行，通常需要通过签订双边税收协定的方式予以确定，通常发生在发达国家与发展中国家之间。

18.【参考答案】 D

【答案解析】 国际避税产生的原因，包括主观原因和客观原因。主观方面，纳税人有尽可能减轻税收负担，实现利润最大化的强烈愿望。客观原因主要有三个方面：国家间的税制差异、国际税收规则存在的缺陷、税收征管能力不足。

19.【参考答案】 C

【答案解析】 根据《财政部 税务总局 国家发展改革委 商务部关于扩大境外投资者以分配利润直接投资暂不征收预提所得税政策适用范围的通知》（财税〔2018〕102号）第六条的规定，境外投资者通过股权转让、回购、清算等方式实际收回享受暂不征收预提所得税政策待遇的直接投资，在实际收取相应款项后7日内，按规定程序向税务部门申报补缴递延的税款。

20.【参考答案】 C

【答案解析】 国际税收情报交换也称为税收情报交换，是指中国与相关税收协定缔约国家的主管当局为了正确执行税收协定及其所涉及税种的国内法而相互交换所需信息的行为。税收情报交换又分为专项情报交换、自动情报交换、自发情报交换以及同期税务检查、授权代表访问和行业范围情报交换等类型。

二、多选题

1.【参考答案】 ACD

【答案解析】 常设机构、居民、营业利润属于税收协定的条款，营业收入不属于税收协定的条款。

2.【参考答案】 ABCD

【答案解析】 《国家税务总局关于发布〈特别纳税调查调整及相互协商程序管理办法〉的公告》(国家税务总局公告 2017 年第 6 号)第十五条规定，税务机关实施转让定价调查时，应当进行可比性分析，可比性分析一般包括以下五个方面。税务机关可以根据案件情况选择具体分析内容：

(一)交易资产或者劳务特性，包括有形资产的物理特性、质量、数量等；无形资产的类型、交易形式、保护程度、期限、预期收益等；劳务的性质和内容；金融资产的特性、内容、风险管理等。

(二)交易各方执行的功能、承担的风险和使用的资产。功能包括研发、设计、采购、加工、装配、制造、维修、分销、营销、广告、存货管理、物流、仓储、融资、管理、财务、会计、法律及人力资源管理等；风险包括投资风险、研发风险、采购风险、生产风险、市场风险、管理风险及财务风险等；资产包括有形资产、无形资产、金融资产等。

(三)合同条款，包括交易标的、交易数量、交易价格、收付款方式和条件、交货条件、售后服务范围和条件、提供附加劳务的约定、变更或者修改合同内容的权利、合同有效期、终止或者续签合同的权利等。合同条款分析应当关注企业执行合同的能力与行为，以及关联方之间签署合同条款的可信度等。

(四)经济环境，包括行业概况、地理区域、市场规模、市场层级、市场占有率、市场竞争程度、消费者购买力、商品或者劳务可替代性、生产要素价格、运输成本、政府管制，以及成本节约、市场溢价等地域特殊因素。

(五)经营策略，包括创新和开发、多元化经营、协同效应、风险规避及市场占有策略等。

3.【参考答案】 BCD

【答案解析】 《中华人民共和国企业所得税法实施条例》第一百零六条规定，企业所得税法第三十八条规定的可以指定扣缴义务人的情形，包括：

(一)预计工程作业或者提供劳务期限不足一个纳税年度，且有证据表明不履行纳税义务的；

(二)没有办理税务登记或者临时税务登记，且未委托中国境内的代理人履行纳税义务的；

(三)未按照规定期限办理企业所得税纳税申报或者预缴申报的。

4.【参考答案】 ACD

【答案解析】《一般反避税管理办法(试行)》(国家税务总局令第32号)第十五条规定，主管税务机关审核企业、筹划方、关联方以及与关联业务调查有关的其他企业提供的资料，可以采用现场调查、发函协查和查阅公开信息等方式核实。

5.【参考答案】 AC

【答案解析】《国家税务总局关于印发〈非居民企业所得税核定征收管理办法〉的通知》(国税发〔2010〕19号)第七条规定，非居民企业为中国境内客户提供劳务取得的收入，凡其提供的服务全部发生在中国境内的，应全额在中国境内申报缴纳企业所得税。凡其提供的服务同时发生在中国境内外的，应以劳务发生地为原则划分其境内外收入，并就其在中国境内取得的劳务收入申报缴纳企业所得税。

6.【参考答案】 ABD

【答案解析】《国家税务总局关于境外注册中资控股企业依据实际管理机构标准认定为居民企业有关问题的通知》(国税发〔2009〕82号)规定，境外中资企业或其中国主要投资者向税务机关提出居民企业申请时，应同时向税务机关提供如下资料：

(一)企业法律身份证明文件；

(二)企业集团组织结构说明及生产经营概况；

(三)企业最近一个年度的公证会计师审计报告；

(四)负责企业生产经营等事项的高层管理机构履行职责的场所的地址证明；

(五)企业董事及高层管理人员在中国境内居住记录；

(六)企业重大事项的董事会决议及会议记录；

(七)主管税务机关要求的其他资料。

7.【参考答案】 ABCD

【答案解析】 根据《全国税务系统外事工作管理规定》第三十八条，出国(境)人员严格执行各项经费开支标准，不得擅自突破，严禁接受或变相接受企事业单位资助，严禁向同级机关、下级机关、下属单位、企业、驻外机构摊派或转嫁出访费用。

8.【参考答案】 ACD

【答案解析】《国家税务总局关于完善预约定价安排管理有关事项的公告》(国家税务总局公告2016年第64号)第十六规定，有下列情形之一的，税务机关可以优先受理企业提交的申请：

(一)企业关联申报和同期资料完备合理，披露充分；

(二)企业纳税信用级别为A级；

(三)税务机关曾经对企业实施特别纳税调查调整，并已经结案；

(四)签署的预约定价安排执行期满，企业申请续签，且预约定价安排所述事实和经营环境没有发生实质性变化；

(五)企业提交的申请材料齐备,对价值链或者供应链的分析完整、清晰,充分考虑成本节约、市场溢价等地域特殊因素,拟采用的定价原则和计算方法合理;

(六)企业积极配合税务机关开展预约定价安排谈签工作;

(七)申请双边或者多边预约定价安排的,所涉及的税收协定缔约对方税务主管当局有较强的谈签意愿,对预约定价安排的重视程度较高;

(八)其他有利于预约定价安排谈签的因素。

9.**【参考答案】** ABCD

【答案解析】 OECD 主导了国际税收规则的制定,引领着国际税收合作实践,其影响范围远远超出了 OECD 成员国。联合国从 1970 年开始涉足国际税收领域,开始为发达国家和发展中国家之间的税收协定制定协定范本。世界银行集团通过其税务团队,为各个国家提供咨询服务。IMF 在经济、货币和税收问题上向各国提供技术援助,包括税收政策建议培训和立法的起草。2016 年 4 月,OECD、IMF、联合国、世界银行创建了税收合作平台,也称为四方平台,合作向发展中国家提供援助,以加强其税收体系的制度机制。

10.**【参考答案】** AC

【答案解析】 《国家税务总局关于非居民企业所得税管理若干问题的公告》(国家税务总局公告 2011 年第 24 号)第四条关于融资租赁和出租不动产的租金所得税务处理问题的规定,在中国境内未设立机构、场所的非居民企业,以融资租赁方式将设备、物件等租给中国境内企业使用,租赁期满后设备、物件所有权归中国境内企业(包括租赁期满后作价转让给中国境内企业),非居民企业按照合同约定的期限收取租金,应以租赁费(包括租赁期满后作价转让给中国境内企业的价款)扣除设备、物件价款后的余额,作为贷款利息所得计算缴纳企业所得税,由中国境内企业在支付时代扣代缴。

11.**【参考答案】** ABD

【答案解析】 根据 OECD《利润分割法应用指南》,存在以下三种情况时,利润分割法可能是最合适的转让定价方法:交易各方均作出独特且有价值的贡献;业务运作高度整合,以致于无法单独评估交易各方的贡献;交易各方共同承担重大经济风险,或各自承担密切相关的风险。

12.**【参考答案】** ABC

【答案解析】 国家税务总局公告 2017 年第 6 号文件第三十九条规定,经调查,税务机关未发现企业存在特别纳税调整问题的,应当作出特别纳税调查结论,并向企业送达《特别纳税调查结论通知书》。

第四十条规定,经调查,税务机关发现企业存在特别纳税调整问题的,应当按照以下程序实施调整:

(一)在测算、论证、可比性分析的基础上,拟定特别纳税调查调整方案。

(二)根据拟定调整方案与企业协商谈判,双方均应当指定主谈人,调查人员应当做好

《协商内容记录》，并由双方主谈人签字确认。企业拒签的，税务机关调查人员（两名以上）应当注明。企业拒绝协商谈判的，税务机关向企业送达《特别纳税调查初步调整通知书》。

（三）协商谈判过程中，企业对拟定调整方案有异议的，应当在税务机关规定的期限内进一步提供相关资料。税务机关收到资料后，应当认真审议，并作出审议结论。根据审议结论，需要进行特别纳税调整的，税务机关应当形成初步调整方案，向企业送达《特别纳税调查初步调整通知书》。

（四）企业收到《特别纳税调查初步调整通知书》后有异议的，应当自收到通知书之日起7日内书面提出。税务机关收到企业意见后，应当再次协商、审议。根据审议结论，需要进行特别纳税调整，并形成最终调整方案的，税务机关应当向企业送达《特别纳税调查调整通知书》。

（五）企业收到《特别纳税调查初步调整通知书》后，在规定期限内未提出异议的，或者提出异议后又拒绝协商的，或者虽提出异议但经税务机关审议后不予采纳的，税务机关应当以初步调整方案作为最终调整方案，向企业送达《特别纳税调查调整通知书》。

13.**【参考答案】**　ABCD

【答案解析】　根据《国家税务总局 国家外汇管理局关于服务贸易等项目对外支付税务备案有关问题的公告》（国家税务总局 国家外汇管理局公告2013年第40号）第一条的规定，境内机构和个人向境外单笔支付等值5万美元以上（不含等值5万美元，下同）下列外汇资金，除本公告第三条规定的情形外，均应向所在地主管税务机关进行税务备案：

（一）境外机构或个人从境内获得的包括运输、旅游、通信、建筑安装及劳务承包、保险服务、金融服务、计算机和信息服务、专有权利使用和特许、体育文化和娱乐服务、其他商业服务、政府服务等服务贸易收入；

（二）境外个人在境内的工作报酬，境外机构或个人从境内获得的股息、红利、利润、直接债务利息、担保费以及非资本转移的捐赠、赔偿、税收、偶然性所得等收益和经常转移收入；

（三）境外机构或个人从境内获得的融资租赁租金、不动产的转让收入、股权转让所得以及外国投资者其他合法所得。

14.**【参考答案】**　ACD

【答案解析】　《全国税务系统因公短期出国培训管理办法》第十五条规定，出国培训费用开支范围包括：培训费、国际旅费、国外城市间交通费、住宿费、伙食费、公杂费和其他费用。

15.**【参考答案】**　ACD

【答案解析】　《中华人民共和国企业所得税法实施条例》第一百零六条规定，企业所得税法第三十八条规定的可以指定扣缴义务人的情形，包括：（一）预计工程作业或者提供劳务期限不足一个纳税年度，且有证据表明不履行纳税义务的；（二）没有办理税务登记或者临时税务登记，且未委托中国境内的代理人履行纳税义务的；（三）未按照规定期限办理企业所得税纳税申报或者预缴申报的。

三、判断题

1.【参考答案】 错误

【答案解析】 居民管辖权是指一国对本国税法中规定的居民取得的所得行使征税权。居民包括自然人和法人。

2.【参考答案】 正确

【答案解析】 居民身份的判定是实施居民管辖权的前提，对征税权的行使具有十分重要的意义。

3.【参考答案】 错误

【答案解析】 判定个人劳务所得或受雇所得来源地的标准：(1)劳务提供地标准，以纳税人提供劳务地点或工作地点，来判断其获得的劳务所得或受雇所得的来源国。(2)劳务所得支付地标准，以支付劳务所得的居民或固定基地、常设机构的所在国为劳务所得或受雇所得的来源国。(3)劳务合同签订地标准，以劳务合同签订的地点来判定劳务所得或受雇所得的来源地。

4.【参考答案】 正确

【答案解析】 间接抵免是指企业作为税款的间接缴纳者，就其境外所得在境外缴纳的所得税税额在居民国应纳税额中抵免。

5.【参考答案】 正确

【答案解析】 从各国所签订的一系列双边税收协定来看，其结构及内容基本上与经合组织范本或联合国范本保持一致。

6.【参考答案】 正确

【答案解析】 税收无差别待遇反对任何形式的税收歧视。主要包括国籍无差别待遇、常设机构无差别待遇、支付无差别待遇和资本无差别待遇。

7.【参考答案】 错误

【答案解析】 对于居住时间的规定，各个国家规定不尽相同，有的规定为半年(183天)，有的则规定1年(365天)，这就给跨国纳税人避税提供了可利用的机会。

8.【参考答案】 错误

【答案解析】 资本弱化，又称为资本隐藏、股份隐藏或收益抽取，是基于一般情况下利息支出可以在税前扣除而股息红利不能扣除的规定，企业所有者在向公司注入资金时，人为降低股权投资的比重，提高债权投资的比重，导致公司的资本结构中债权投资的比重大大超过股权投资的比重。

9.【参考答案】 错误

【答案解析】 如果关联方设定的转让价格与市场价格不同，税务机关有权调整转让价格，从而防止本国税基受到侵蚀，确保征收合理份额的税收收入。

10.**【参考答案】** 正确

【答案解析】 国际税收协定必须首先明确其适用范围，包括缔约国双方或各方的人和税种的范围。这是协定执行的前提条件。

11.**【参考答案】** 正确

【答案解析】 税收情报交换是作为税收协定缔约方承担的一项国际义务，也是与其他国家（地区）税务主管当局之间进行国际税收征管合作以及保护自身合法税收权益的重要方式。

12.**【参考答案】** 错误

【答案解析】 在经济全球化背景下，跨国企业利用国际税收规则存在的不足，以及各国税制差异和征管漏洞，最大限度地减少其全球总体税负，甚至达到双重不征税的效果，从而造成对各国税基的侵蚀。

13.**【参考答案】** 错误

【答案解析】《国家税务总局关于完善预约定价安排管理有关事项的公告》（国家税务总局公告 2016 年第 64 号）第十六条规定，有下列情形之一的，税务机关可以优先受理企业提交的申请：（一）企业关联申报和同期资料完备合理，披露充分；（二）企业纳税信用级别为 A 级……

14.**【参考答案】** 错误

【答案解析】《中华人民共和国企业所得税法》第四十一条规定，企业与其关联方之间的业务往来，不符合独立交易原则而减少企业或者其关联方应纳税收入或者所得额的，税务机关有权按照合理方法调整。《中华人民共和国企业所得税法实施条例》第一百一十条规定，企业所得税法第四十一条所称独立交易原则，是指没有关联关系的交易各方，按照公平成交价格和营业常规进行业务往来遵循的原则。

15.**【参考答案】** 错误

【答案解析】 税收协定的主要作用包括降低跨境纳税人在东道国的税负、提高税收确定性、消除双重征税和通过相互协商机制妥善解决涉税争议。

16.**【参考答案】** 错误

【答案解析】 根据国家税务总局公告 2017 年第 6 号文件第四十一条，企业收到《特别纳税调查调整通知书》后有异议的，可以在依照《特别纳税调查调整通知书》缴纳或者解缴税款、利息、滞纳金或者提供相应的担保后，依法申请行政复议。

17.**【参考答案】** 错误

【答案解析】 根据《中华人民共和国企业所得税法》第三十七条，对非居民企业取得本法第三条第三款规定的所得应缴纳的所得税，实行源泉扣缴，以支付人为扣缴义务人。

18.**【参考答案】** 错误

【答案解析】 根据《财政部 税务总局国家发展改革委 商务部关于扩大境外投资者以分配利润直接投资暂不征收预提所得税政策适用范围的通知》(财税〔2018〕102 号)第五条，境外投资者按照本通知规定可以享受暂不征收预提所得税政策但未实际享受的，可在实际缴纳相关税款之日起三年内申请追补享受该政策，退还已缴纳的税款。

19.【参考答案】 正确

【答案解析】 根据《中华人民共和国企业所得税法》第十九条，非居民企业取得本法第三条第三款规定的所得，按照下列方法计算其应纳税所得额:(一)股息、红利等权益性投资收益和利息、租金、特许权使用费所得，以收入全额为应纳税所得额;(二)转让财产所得以收入全额减除财产净值后的余额为应纳税所得额;(三)其他所得，参照前两项规定的方法计算应纳税所得额。

20.【参考答案】 错误

【答案解析】 根据《国家税务总局关于单边预约定价安排适用简易程序有关事项的公告》(国家税务总局公告 2021 年第 24 号)第五条，主管税务机关受理企业申请后，应当与企业就其关联交易是否符合独立交易原则进行协商，并于向企业送达受理申请的《税务事项通知书》之日起 6 个月内协商完毕。协商期间，主管税务机关可以要求企业补充提交相关资料，企业补充提交资料时间不计入上述 6 个月内。

四、问答题

1.【参考答案】 根据 BEPS 第 2 项行动计划成果报告，混合错配安排，是指利用两个或两个以上税收管辖区对同一混合实体或混合工具在税务处理上的差异产生税收结果错配，从而减少参与方总体税负的安排。

2.【参考答案】 根据中共中央办公厅国务院办公厅印发的《关于进一步深化税收征管改革的意见》第二十四条，强化国际税收合作。深度参与数字经济等领域的国际税收规则和标准制定，持续推动全球税收治理体系建设。落实防止税基侵蚀和利润转移行动计划，严厉打击国际逃避税，保护外资企业合法权益，维护我国税收利益。不断完善“一带一路”税收征管合作机制，支持发展中国家提高税收征管能力。进一步扩大和完善税收协定网络，加大跨境涉税争议案件协商力度，实施好对所得避免双重征税的双边协定，为高质量引进来和高水平走出去提供支撑。

五、计算题

1.【参考答案】 B

【答案解析】 应代扣代缴的企业所得税＝2 000×10％＝200(万元)。

2.【参考答案】 C

【答案解析】 应代扣代缴的增值税＝(1 500＋1 000＋10)÷(1＋6％)×6％＝142.08(万元)。

3.【参考答案】 A

【答案解析】 应代扣代缴企业所得税＝1 500÷(1＋6%)×10%＝141.51(万元)。完全发生在境外的劳务，无需在我国缴税。

4.**【参考答案】** D

【答案解析】 境内机构和个人向境外单笔支付等值5万美元以上(不含)的外汇资金，除无须进行税务备案的情形外，均应向所在地主管税务机关进行税务备案。单笔支付限额＝5×7.5＝37.5(万元)，B公司对外支付的股息、商标使用费、咨询费均高于37.5万元人民币，应当办理税务备案。

5.**【参考答案】** BCD

【答案解析】 A公司转让BVI公司的股权需要在中国缴纳企业所得税。非居民企业通过实施不具有合理商业目的的安排，间接转让中国居民企业股权等财产，规避企业所得税纳税义务的，应按照《中华人民共和国企业所得税法》的有关规定，重新定性该间接转让交易，确认为直接转让中国居民企业股权等财产，应在中国境内缴纳企业所得税。

根据《国家税务总局关于非居民企业所得税源泉扣缴有关问题的公告》(国家税务总局公告2017年第37号)第七条，扣缴义务人应当自扣缴义务发生之日起7日内向扣缴义务人所在地主管税务机关申报和解缴代扣税款。扣缴义务人发生到期应支付而未支付情形，应按照《国家税务总局关于非居民企业所得税管理若干问题的公告》(国家税务总局公告2011年第24号)第一条规定进行税务处理。

非居民企业取得应源泉扣缴的所得为股息、红利等权益性投资收益的，相关应纳税款扣缴义务发生之日为股息、红利等权益性投资收益实际支付之日。

非居民企业采取分期收款方式取得应源泉扣缴所得税的同一项转让财产所得的，其分期收取的款项可先视为收回以前投资财产的成本，待成本全部收回后，再计算并扣缴应扣税款。

根据《中华人民共和国企业所得税法》第十九条，非居民企业取得本法第三条第三款规定的所得，按照下列方法计算其应纳税所得额：

(一)股息、红利等权益性投资收益和利息、租金、特许权使用费所得，以收入全额为应纳税所得额；

(二)转让财产所得，以收入全额减除财产净值后的余额为应纳税所得额；

(三)其他所得，参照前两项规定的方法计算应纳税所得额。